Ulrike Jureit

Magie des Authentischen

WERT DER VERGANGENHEIT

Herausgegeben von
Martin Sabrow und Achim Saupe

Ulrike Jureit

Magie des Authentischen

Das Nachleben von Krieg und Gewalt im Reenactment

WALLSTEIN VERLAG

Diese Veröffentlichung wurde gefördert von der
Hamburger Stiftung zur Förderung von Wissenschaft und Kultur.

Bibliografische Information der Deutschen Nationalbibliothek

Die Deutsche Nationalbibliothek verzeichnet diese Publikation in der Deutschen Nationalbibliografie; detaillierte bibliografische Daten sind im Internet über http://dnb.d-nb.de abrufbar.

www.wallstein-verlag.de
Vom Verlag gesetzt aus der Adobe Garamond
Umschlaggestaltung: Susanne Gerhards, Düsseldorf
Umschlagbild: © Ulrike Jureit: 150. Jahrestag der Schlacht bei Gettysburg, 5. Juli 2013
Lithografie: SchwabSantechnik, Göttingen
Druck und Verarbeitung: Hubert & Co, Göttingen

978-3-8353-3795-4

Inhalt

Magie des Authentischen . . . 7

Das Nachleben des Vergangenen . . . 7
Ich hoffe immer noch, dass gestern besser wird . . . 12
Wo bitte geht's zur Front? . . . 17

I. Simulierte Zeitreisen

Krieg will gut organisiert sein . . . 25

Pro Gloria et Patria . . . 25
Gefechtsexerzieren ist in allen Ortsteilen erlaubt . . . 27
Der taktische Körper . . . 31
Auf dem Feld des Elends . . . 35

Eine Art Wallfahrtsort . . . 39

Gettysburg, 4. Juli 2013 . . . 39
Ein Ort, an den man gerne geht . . . 50
Streit um Rituale . . . 57
The South may have lost the war . . . 69
Maybe this time . . . 74

Krieg ist immer eine böse Sache . . . 78

Amphibische Kriegführung . . . 78
Wir wollen das erleben . . . 87
Veteranenkultur und Traditionspflege . . . 95

Reenactment transnational . . . 108

Śmierć połączyła wszystkich – Der Tod eint sie alle . . . 108
Die *Schlacht bei Tannenberg* als historischer Ort . . . 117
People saw the Dead in the Streets . . . 127

Saubere Kriege und harte Kerle . . . 141

Operation *Irene* . . . 141
Very british . . . 149
Eine Art Trockenübung . . . 165

II. Lost in the Moment – Die Vergegenwärtigung historischer Ereignisse im Reenactment

Du bist, was du erlebst . . . 173

Geschichte als Erlebnis . . . 173
Reenactment mit und ohne Gemeinschaftsbildung . . . 177
So ähnlich könnte es gewesen sein . . . 184

Das A-Wort . . . 194

Simulierte Zeitsprünge . . . 194
Unverstellte Unmittelbarkeit . . . 200
It is just a jump to the left . . . 207

Ist das Erinnerung? . . . 214

Geschichte als Identitätsressource . . . 214
Es ist Krieg, und alle wollen hin . . . 222
Europa als Versöhnungsnarrativ . . . 232

Krieg als Sehnsuchtsort . . . 241

Erleben statt zuschauen . . . 241
Helden wie wir . . . 245

Quellen- und Literaturverzeichnis . . . 251
Abbildungsverzeichnis . . . 281
Abkürzungsverzeichnis . . . 283

Magie des Authentischen

Das Nachleben des Vergangenen

Aby Warburg beschäftigte sich zeitlebens mit der Wiederentdeckung und Aneignung der Antike in der Kunst. Dabei ging es ihm nicht nur um das Fortleben der antiken Bild- und Formensprache in der italienischen und deutschen Renaissance, sondern um die aktive Auseinandersetzung und Wiedererweckung antiker Motive, Formen und Symbole. Die Übertragung von Pathosformeln über Genre-, Material- und Mediengrenzen hinweg verstand Warburg als ihr *Nachleben*, und er identifizierte mit diesem Begriff vielschichtige Wiederholungs- und Übersetzungsvorgänge, deren Gemeinsamkeit er darin sah, dass durch sie fortlaufend neue Bedeutungen generiert werden.[1] Dabei haftet dem in dieser Weise verstandenen Nachleben der Umstand an, dass nur etwas wiederentdeckt oder aktualisiert werden kann, was zuvor erloschen, gestorben oder doch auf irgendeine andere Weise verloren gegangen war. Zwar wird die Präsenz von Toten und vor allem ihr Umherwandern gemeinhin als etwas Gespenstisches empfunden, gleichwohl lädt Warburgs Vorstellung fortwährender temporärer wie auch materieller Verschiebungen dazu ein, historiographische wie auch geschichtskulturelle Vergegenwärtigungen zurückliegender Ereignisse, Personen und Begebenheiten als ihr Nachleben zu begreifen.[2]

Kulturell variiert zwar die Vorstellung darüber, wie lange Gegenwart als solche empfunden wird, aber allgemein gilt jedes Geschehen schon recht bald als unwiderruflich vorbei und damit als vergangen. Manche Ereignisse entwickeln daraufhin über kürzere und oftmals auch längere Zeiträume hinweg eine zuweilen tatsächlich gespenstische, weil beständig wiederkehrende Präsenz, die zwar nach derzeitigem Verständnis vorzugsweise in Kategorien des kollektiven Erinnerns oder des »kulturellen Gedächtnisses«, in anderen Kontexten auch in denen des Traumas und

1 Vgl. Aby Warburg, Dürer und die italienische Antike (1906), in: ders., Ausgewählte Schriften und Würdigungen, hg. v. Dieter Wuttke, Baden-Baden 1980, S. 125-135.

2 Vgl. Ernst H. Gombrich, Aby Warburg. Eine intellektuelle Biographie, Frankfurt a.M. 1981, dort über das (Fort-)Leben der Symbole vor allem S. 348-408; Georges Didi-Huberman, Das Nachleben der Bilder: Kunstgeschichte und Phantomzeit nach Aby Warburg, Berlin 2010. Dazu auch der Vortrag von Ulrich Raulff, Nachleben. Herkünfte und Kontexte eines Begriffs, gehalten am 12.7.2016 im Warburg-Haus in Hamburg, https://lecture2go.uni-hamburg.de/l2go/-/get/l/4722 (Zugriff: 18.5.2020).

der historischen Tradition beschrieben wird, die aber aufgrund der damit einhergehenden Inanspruchnahmen, Aneignungen und Überformungen zutreffender als ihr Nachleben verstanden werden kann. Es geht um ein Wiederholungsgeschehen, das zwar kulturell codierte Kontinuitäten erzeugen und tradieren kann, das aber zurückliegende Begebenheiten nicht etwa reproduziert oder wieder lebendig werden lässt, wie oft behauptet wird, sondern sie in andere Bedeutungskontexte transferiert und dadurch neu konfiguriert.[3]

Das Spektrum der kulturell verfügbaren Formen, die für das Nachleben von Ereignissen und Begebenheiten prägend sind, erweist sich als ebenso variabel wie historisch gewachsen. Besondere Aufmerksamkeit kommt demnach den Veränderungen im Repertoire zu, schließlich werden dadurch Umgestaltungen im Verhältnis zur vergegenwärtigten Geschichte sichtbar. In den 1960er Jahren entwickelte sich zunächst in den USA, anschließend auch in Europa und an anderen Orten der Welt eine neue Form der Geschichtsdarstellung, die sich seither als populäres geschichtskulturelles Format in vielen Ländern etabliert hat und sich gegenwärtig noch immer stark verbreitet. Eine wachsende Anzahl mehrheitlich männlicher Akteure spielt historische Ereignisse, vorzugsweise monumentale Schlachten und militärische Gefechte, nach und will dies als einen körperlich-emotionalen Zugang zur Geschichte verstanden wissen. Ähnlich wie bei anderen Darstellungsformen verbindet sich damit der Anspruch, Geschichte nicht nur bewahren, sondern sie besonders authentisch vermitteln und erleben zu können. Der Erfolg scheint den Akteuren Recht zu geben. Tausende Darsteller investieren regelmäßig viel Zeit, allerhand Geld und noch mehr Ehrgeiz in ein Hobby, das ihnen nicht weniger als eine Reise in die Vergangenheit in Aussicht stellt. Nicht zuletzt wegen solcher Versprechen konnte sich *Historisches Reenactment* in den letzten Jahren zu einem spezifischen Format im komplexen Nachleben vergangener Geschehnisse ausbilden. Reenactment ist ein Phänomen, das es nicht nur wegen seiner global wachsenden Attraktivität, sondern auch wegen seiner geschichtskulturellen Tragweite sowie der damit einhergehenden historiographischen Ansprüche anzuschauen lohnt.

Dabei gilt es allerdings zu klären, was unter Historischem Reenactment zu verstehen ist. Der an dieser Stelle übliche Verweis auf den britischen Philosophen Robin G. Collingwood führt nämlich insofern in die Irre,

3 Vgl. zu kulturellen wie temporären Übersetzungsprozessen: Doris Bachmann-Medick, Übersetzung zwischen den Zeiten – ein *travelling concept?*, in: Saeculum 67 (2017), Heft I, S. 21-43; dies., Translational Turn, in: dies., Cultural Turns. Neuorientierungen in den Kulturwissenschaften, Reinbek bei Hamburg 2006, S. 238-283.

da sich Collingwood in den 1930er Jahren vornehmlich mit Erkenntnismöglichkeiten historischer Forschung befasst hat und im Zentrum seines Erklärungsmodells folglich Historiker und nicht Laien standen.[4] Collingwood hielt es für ausschlaggebend, dass der Historiker in der Lage sei, die Gedanken historischer Persönlichkeiten *wieder-aufzuführen* (to re-enact), um durch dieses Eintauchen in die Wahrnehmungswelt der Protagonisten ihr Handeln nachvollziehen und erklären zu können.[5] Mal davon abgesehen, dass durchaus fraglich ist, ob es sich hierbei um eine historiographische Methode handelt oder nicht vielmehr erkenntnistheoretische Ziele historischen Forschens ausgelotet werden, bleibt es für den hier diskutierten Zusammenhang evident, dass Collingwood kein emphatisches Nachfühlen vergangener Handlungszusammenhänge meinte. Für ihn hieß historisches Denken stets kritisches Denken. Weil historische Forschung sowohl die äußere wie auch die innere Seite vergangener Geschehnissen zu untersuchen habe, letztere jedoch nicht direkt beobachtet werden könne, müsse der Historiker die Gedanken des Handelnden *wieder-denken* (re-thinking). Die »Geschichte von Gedanken und daher Geschichte überhaupt ist die Wieder-Aufführung von vergangenen Gedanken im Verstand des Historikers«.[6] Zwar formulierte Collingwood darüber hinaus noch so etwas wie ein Veto-Recht der Quellen, entscheidend aber bleibt, dass es ihm im Kern um die Frage der Erkenntnisfähigkeit der professionellen Geschichtsschreibung und nicht um eine theatrale Wiederaufführung historischer Begebenheiten ging. Zudem wurde seine Hintergrundannahme, intrinsische Prozesse ließen sich durch Einfühlung in die damaligen Akteure nachvollziehen, bereits zu seinen Lebzeiten scharf kritisiert und wäre in der historischen Forschung mittlerweile wohl auch kaum noch konsensfähig.

Trotzdem gelten Collingwoods Thesen für das, was unter der Bezeichnung Reenactment subsumiert wird, als grundlegend, zumindest wird regelmäßig auf sie verwiesen, wenn diese Art der Geschichtsdarstellung wissensgeschichtlich verortet werden soll. Allgemein versteht man unter *Reenactment* die (Wieder-)Aufführung oder auch Nachstellung historischer

4 Collingwood sprach nur von Historikern, weibliche Vertreterinnen der Zunft hatte er nicht im Blick. Vgl. Robin George Collingwood, The Idea of History, Oxford 1993; ders., The Principles of History, Oxford 1999; ebenso: William Dray, History as Re-enactment: R. G. Collingwoods Idea of History, Oxford 1995. Im Folgenden wird überwiegend von *Reenactor* und *Darsteller* die Rede sein, was der Tatsache Rechnung trägt, dass die meisten Akteure in diesen Handlungszusammenhängen männlich sind.

5 Vgl. hierzu Doris Gerber, Analytische Metaphysik der Geschichte. Handlungen, Geschichten und ihre Erklärung, Berlin 2012, hier vor allem S. 39-66.

6 Collingwood, Idea of History, S. 215.

Geschehnisse durch Laiendarsteller, wobei selbst eine so oberflächliche Beschreibung bereits auf Aspekte rekurriert, die nicht für jede Variante des darstellenden Spiels zutreffen. Denn wenn beispielsweise von *Wieder*-Aufführen gesprochen wird, spiegelt das bereits ein bestimmtes Verständnis wider, und ebenso wäre es falsch zu behaupten, ausschließlich Laien würden sich in dieser Weise mit Geschichte auseinandersetzen. Reenactment ist aufgrund seiner vielfältigen Ausprägungen ein Phänomen, das sich nicht so ohne weiteres eindeutig definieren lässt.[7] Daher hat es sich als sinnvoll erwiesen, von vornherein verschiedene Erscheinungsformen zu unterscheiden.[8] Als Erstes wäre das klassische Historische Reenactment zu nennen, also eine handlungs-, erlebnis- und körperorientierte Form der Geschichtsaneignung, bei der in der Regel kostümierte Laien vergangene Ereignisse, Personen und Begebenheiten imitieren. Obgleich dabei die historischen Bezugsereignisse erheblich variieren, gehört das Nachstellen von Schlachten und Gefechten immer noch zu den bevorzugten Referenzgrößen. Historisches Reenactment ist eine gegenwarts- und akteursbezogene Form der Geschichtsbetrachtung, die sich im Spannungsfeld zwischen Ritual und Spiel vollzieht und auf die individuelle wie kollektive Vergegenwärtigung historischer Handlungsabläufe zielt. Der Reenactor möchte sich durch authentifizierte Kontexte und detailgetreue Ausstattungen vergangenen Ereignissen körperlich-emotional annähern, was zugleich bedeutet, dass Geschichte weniger erlernt oder reflektiert, sondern in erster Linie erlebt und gefühlt werden will.

Davon zu unterscheiden ist die in vielerlei Hinsicht verwandte, aber stärker didaktisch ausgerichtete *Living History*. Auch hier sind es Laien, die vergangene Zeiten in der Gegenwart lebendig werden lassen möchten, allerdings spielen sie keine komplexen Handlungs- und Ereignisabläufe, sondern zeigen bei entsprechenden Veranstaltungen oder im Museum kurze Szenen tradierter Lebensformen, vermitteln historische Kulturtechniken durch Anschauung und Illustration oder treten als kostümierte Ich-Erzähler vor Publikum auf, um über historische Begeben-

7 Für einen ersten Überblick vgl. Sarah Willner/Georg Koch/Stefanie Samida (Hg.), Doing History. Performative Praktiken in der Geschichtskultur, Münster 2016; Anja Dreschke/Ilham Huynh/Raphaela Knipp/David Sittler (Hg.), Reenactments. Medienpraktiken zwischen Wiederholung und kreativer Aneignung, Bielefeld 2016; Wolfgang Hochbruck, Geschichtstheater. Formen der »Living History«. Eine Typologie, Bielefeld 2013; Jens Roselt/Ulf Otto (Hg.), Theater als Zeitmaschine. Zur performativen Praxis des Reenactments. Theater- und kulturwissenschaftliche Perspektiven, Bielefeld 2012; Iain McCalman/Paul A. Pickering (Hg.), Historical Reenactment. From Realism to the Affective Turn, Basingstoke/Hampshire 2010; Vanessa Agnew, What is Reenactment?, in: Criticism 46 (2004), Heft 3, S. 327-339.

8 Zum Versuch einer Typologie vgl. Hochbruck, Geschichtstheater, S. 33-129.

heiten, überlieferte Arbeitspraktiken und vergangene Lebenswelten zu berichten. Im Unterschied zum klassischen Reenactment kommt bei der Living History der Vermittlungsabsicht eine weitaus größere Bedeutung zu. Zwar veranstalten auch die meisten Reenactment-Gruppen öffentliche Darbietungen vor Publikum, gleichwohl kreist Historisches Reenactment um das ebenso subjektive wie gemeinschaftliche Erlebnis der beteiligten Akteure. Während ein öffentlicher Auftritt für manchen Reenactor eher eine Pflichtübung darstellt, kann er bei privaten, von Zuschauern und Beobachtern abgeschirmten Veranstaltungen eher das realisieren, was wohl die meisten am Reenactment reizt: ein Erlebnis mit (und weniger in) der Vergangenheit.[9]

Eine dritte Kategorie bezieht sich auf das seit den 2000er Jahren international wieder stärker in Erscheinung tretende Reenactment als Kunstform.[10] Die performative Wiederholung beziehungsweise Re-Inszenierung historischer Situationen und Begebenheiten zielt weniger auf die originalgetreue Nachstellung zurückliegender Geschehnisse als vielmehr auf die durch Wiederholung sichtbar gemachte mediale Repräsentation von Geschichte. Dabei fragt der künstlerische Rückgriff auf Vergangenheiten nach deren Relevanz für das Hier und Jetzt, bezweckt in erster Linie keine affirmative Bestätigung des Geschehenen, sondern will dessen Bedeutung für die Gegenwart herausstellen.[11] Im Unterschied zum Historischen

9 Eine spezifische Variante von Reenactment und Living History ist die Mitwirkung in Film- und Fernsehproduktionen – ein Tätigkeitsfeld, das die Vermittlung von Geschichte zwar immer stärker beeinflusst, hier aber nicht ausführlicher aufgegriffen wird, da es sich dabei um keine substantiell andere Erscheinungsform handelt. Ähnliches gilt für *Reenactment* als didaktische Methode in der schulischen und außerschulischen Bildungsarbeit. Beide Formate werden in diesem Buch nur am Rande berücksichtigt. Ebenfalls außen vor bleibt trotz fließender Übergänge das sogenannte *Live Acting Role Playing* (LARP), ein partizipatives und betont offenes Fantasy-Spiel, in dem zwar immer mal wieder historische Stoffe aufgegriffen werden, dies aber allenfalls dazu dient, einen opulenten Handlungsrahmen für das auf Improvisation zielende Live-Rollenspiel zu schaffen. Einen knappen Einblick in die verschiedenen Formen liefert: Berit Pleitner, Erlebnis- und erfahrungsorientierte Zugänge zur Geschichte. Living History und Reenactment, in: Sabine Horn/Michael Sauer (Hg.), Geschichte und Öffentlichkeit. Orte – Medien – Institutionen, Göttingen 2009, S. 40-47. Zu Reenactment als Zeitreise vgl. das Kapitel: »Das A-Wort«.

10 Vgl. Inke Arns/Gabriele Horn (Hg.), History will Repeat Itself. Strategien des Reenactment in der zeitgenössischen (Medien-)Kunst und Performance, Frankfurt a. M. 2007; Rebecca Schneider, Performing Remains. Art and War in Times of theatrical Reenactment, New York 2011; Sven Lütticken (Hg.), Life, Once More. Forms of Reenactment in Contemporary Art, Rotterdam 2005.

11 Vgl. Magdalena Marszałek, Performative Wiederholung zwischen Skandal, Kitsch und Experiment. Zum ludischen und künstlerischen Reenactment in Polen, in:

Reenactment spielt der Originalschauplatz dabei meistens keine besondere Rolle, auch dienen Jahrestage oder Jubiläen nicht unbedingt als Anlässe für die inszenierte Darbietung. Im Zentrum stehen weder das individuelle Erleben der zumeist professionellen Darsteller noch deren Bedürfnisse nach Vergemeinschaftung, sondern die intendierte Wirkung auf ein – allerdings nicht zwingend anwesendes – Publikum.[12]

Ich hoffe immer noch, dass gestern besser wird[13]

Obgleich zwischen den drei Kategorien Historisches Reenactment, Living History und Reenactment als Kunstform fließende Übergänge existieren, wird es im Folgenden in erster Linie um Historische Reenactments gehen, genauer gesagt um das Nachleben militärischer Gewalt in gegenwärtigen Darstellungen. Dabei steht das öffentliche wie private Wieder-Aufführen von Schlachten und Gefechten des 19. und 20. Jahrhunderts im Mittelpunkt, wobei das Moment der Wiederholung hier nicht dahingehend zu verstehen ist, dass das historisch Geschehene in irgendeiner Weise wieder lebendig wird, sondern dass sich die Akteure einem historischen Original verpflichtet fühlen, unabhängig davon, ob und inwiefern sie sich dieser Vorlage tatsächlich anzunähern vermögen. Mit dem Schwerpunkt im 19. und 20. Jahrhundert bleiben gezwungenermaßen andere historische Bezugsereignisse außen vor, insbesondere alle nicht-militärischen und vormodernen Handlungszusammenhänge wie beispielsweise populäre Ritterspiele oder die in jedem Provinzstädtchen stets gut besuchten Mittelaltermärkte und Wikingerlager.[14] Die zeitliche

Esther Kilchmann (Hg.), artefrakte: Holocaust und Zweiter Weltkrieg in experimentellen Darstellungsformen in Literatur und Kunst, Köln 2016, S. 127-144; ebenso mehrere Beiträge in dem Band von Roselt/Otto, Theater als Zeitmaschine, vor allem: Milo Rau, Die seltsame Kraft der Wiederholung. Zur Ästhetik des Reenactments, S. 71-78; Nina Tecklenburg, Mythos Ereignis – Mythos Aufführung. Künstlerische Reenactments als Entmythisierungsverfahren, S. 79-100.

12 Immer wieder wird auch die Experimentelle Archäologie mit Reenactment und Living History in Verbindung gebracht, z. B. von: Hochbruck, Geschichtstheater, S. 37 ff. Allerdings handelt es sich dabei um eine fachwissenschaftliche Methode, die bestimmte archäologische Annahmen unter kontrollierten und dokumentierten Bedingungen experimentell zu überprüfen versucht, dazu zählen u. a. Gebrauchsspurenanalysen, Boots- und Schifffahrtsversuche, Handhabung steinzeitlicher Gerätschaften und bauarchäologische Experimente. Es bestehen hier also eher deutliche Unterschiede zum Reenactment als signifikante Gemeinsamkeiten.

13 Charles M. Schulz, Charlie Brown und seine Freunde, Nr. 699, Ravensburg 1979.

14 Zudem sind solche Reenactments bereits häufiger Gegenstand von museums- und fachdidaktischen Studien, vgl. Jan Carstensen/Uwe Meiners/Ruth-E. Mohrmann (Hg.), Living History im Museum: Möglichkeiten und Grenzen einer populären

Fokussierung hat zum einen forschungspraktische Gründe, zum anderen soll der Blick auf das im Reenactment praktizierte Nachleben moderner Militärkonflikte gerichtet werden, und dies vornehmlich in Gesellschaften, die bereits seit längerer Zeit keine Kriege mehr auf eigenem Territorium geführt und erlebt haben. Historisches Reenactment wird also nicht nur als spezifische Form der Geschichtsbetrachtung analysiert, sondern ebenso richtet sich der Blick auf das szenisch agierte Verhältnis der Akteure zu kriegerischer Gewalt.

Die Forschung hat sich mit dem Phänomen Reenactment zwar schon intensiver auseinandergesetzt, allerdings überwiegend nicht aus geschichtswissenschaftlicher Perspektive. In der Fachliteratur dominieren theater-, literatur-, medien- und kulturwissenschaftliche sowie ethnologische und kulturanthropologische Studien mit entsprechend fachspezifischen Zugriffen und Konzepten.[15] Erst in jüngster Zeit wird Reenactment im Zuge der *Public History* auch intensiver von Historikern und Historikerinnen diskutiert, zum einen als populäre Form nicht-wissenschaftlicher

Vermittlungsform, Münster 2008; Miriam Sénécheau/Stefanie Samida, Living History als Gegenstand historischen Lernens: Begriffe – Problemfelder – Materialien, Stuttgart 2015. Unberücksichtigt bleiben auch Reenactments, die sich mit traumatischen oder anderweitig gewalthaften Erlebnissen befassen, darunter das Nachspielen von Lynchmorden, Sklavenauktionen und Massenverbrechen. Dabei sind mitunter nicht nur die Übergänge zum künstlerischen Reenactment fließend, sondern auch zum therapeutischen Psychodrama. Vgl. Steve Rushton (Hg.), Essays on Rod Dickinson's Re-enactment of Stanley Milgram's Obedience to Authority Experiment, Maastricht 2003; Anja Schwarz, ›Not this Year!‹ Reenacting contested Pasts Aboard *The Ship*, in: Rethinking History 11 (2007), Heft 3, S. 427-446; Lisa Woolfork, Embodying American Slavery in contemporary culture, Urbana 2009; Joram Ten Brink/Joshua Oppenheimer (Hg.), Killer Images. Documentary Film, Memory and the Performance of Violence, London 2012; Mark Auslander, Touching the Past: Materializing Time in Traumatic »Living History« Reenactments, in: Signs and Society 1 (2013), Heft 1, S. 161-183. In Polen gibt es eine ganze Reihe solcher (stets kontrovers diskutierter) Reenactments, u. a. zum Warschauer Aufstand 1944, zur Ghettoliquidierung in Będzin 1943 und zum Massaker in Jedwabne 1941. Empörung löste das Projekt des polnischen Künstlers Artur Żmijewski aus, der einen Auschwitz-Überlebenden vor laufender Kamera dazu brachte, seine tätowierte Lagernummer in einem Tatto-Studio erneuern zu lassen. Vgl. Viola Vahrson, 80064 kuratieren. Zu einem fragwürdigen Umgang mit Geschichte im Werk von Artur Żmijewski, in: dies./Stefan Krankenhagen (Hg.), Geschichte kuratieren: kultur- und kunstwissenschaftliche An-Ordnungen von Vergangenheit, Köln 2017, S. 139-152. Zu ethischen Grenzen im künstlerischen wie auch im historischen Reenactment gibt es erstaunlich wenig Literatur, vgl. u. a. das Kapitel »The Un-reenactable« in: Stephen Gapps, Performing the Past: The Culture History of Historical Reenactment, Sydney 2002, hier S. 321-330.

15 Vgl. hierzu beispielhaft: Roselt/Otto, Theater als Zeitmaschine (2012); Hochbruck, Geschichtsheater (2013); Dreschke, Medienpraktiken (2016); Willner, Doing History (2016).

Geschichtsbetrachtungen und deren öffentlicher Präsentation, wie sie in Deutschland unter der begrifflichen Klammer »Angewandte Geschichte« thematisiert werden, zum anderen im Sinne einer an praxistheoretischen Ansätzen orientierten »Doing History«.[16] Mit Verweis auf die Arbeiten von Andreas Reckwitz gelten dabei Praktiken als »distinktive routinisierte Bewegungen und Aktivitäten des Körpers«, die auf implizitem und explizitem Wissen beruhen. Das Nachstellen historischer Geschehnisse wird im Sinne der Performanzforschung als »Geschichte in ihrem praktischen Vollzug« verstanden und darüber hinaus die interaktive »Herstellung von Bedeutung« betont.[17] Zweifellos sind mit der körperlich-emotionalen, der räumlichen wie auch der materiellen Dimension des imitierenden Spiels bereits entscheidende Aspekte benannt, gleichwohl wäre darüber hinaus konzeptionell danach zu fragen, welches Verhältnis zu Vergangenheit und Geschichte sich darin ausdrückt, wie diese spezifische Form der Geschichtsbetrachtung historiographisch analysiert und wie sie kategorial erfasst werden kann. Versteht man Reenactment zugleich als Bestandteil des stets kulturell codierten Nachlebens geschichtlicher Handlungszusammenhänge, dann ist seine gegenwärtige Konjunktur – hier konkret das Nachleben militärischer Gewalt – durchaus erklärungsbedürftig. Worauf ist Historisches Reenactment eigentlich die Antwort?

Der nachfolgende Versuch, diese und weitere Fragen anhand konkreter empirischer Beispiele in theoretisch-konzeptioneller Absicht zu beantworten, bewegt sich vornehmlich auf drei Ebenen: Zum einen soll es darum gehen, Reenactment und in diesem konkreten Fall die Darbietung von Gefechts- und Kampfszenen des 19. und 20. Jahrhunderts hinsichtlich der darin artikulierten Vorstellungen kriegerischer Konflikte zu betrachten. Hierfür wird der von Reenactment-Gruppen immer wieder formulierte Anspruch, Geschichte zu zeigen wie sie wirklich war, insofern ernst genommen, dass die unterschiedlichen Zeitebenen der historischen Bezugsereignisse einerseits und des imitierenden Spiels andererseits zueinander in Beziehung gesetzt werden. Entscheidend ist dabei weniger, Reenactment als ein notwendigerweise in vielerlei Hinsicht defizitäres Wieder-Aufführen vergangener Geschehnisse zu entlarven, sondern die Konfrontation zwischen Jetzt und Damals zielt

16 Vgl. vor allem: Wolfgang Hardtwig/Alexander Schug, Einleitung, in: dies. (Hg.), History Sells! Angewandte Geschichte als Wissenschaft und Markt, Stuttgart 2009; S. 9-17; Sarah Willner/Georg Koch/Stefanie Samida, Doing History – Geschichte als Praxis, in: dies., Doing History, S. 1-25.

17 Samida u. a., Doing History, S. 5. Zur Praxistheorie vgl. Andreas Reckwitz, Grundelemente einer Theorie sozialer Praktiken: Eine sozialtheoretische Perspektive, in: Zeitschrift für Soziologie 32 (2003), Heft 4, S. 282-301; ders., Praktiken und ihre Affekte, in: Mittelweg 36, 24 (2015), S. 27-45.

darauf, die szenisch konstruierten und im Reenactment öffentlich präsentierten Geschichtsbilder zu konturieren. Daraus folgt zweitens die Frage nach den begrifflichen wie auch nach den kategorialen Zuschreibungen. In der Forschung existiert eine Vielzahl von Definitions- und Typologisierungsanstrengungen, die Historisches Reenactment als geschichtskulturelles Phänomen zu erfassen versuchen, so beispielsweise die hier eher kritisch gesehene Bezeichnung *Geschichtstheater*.[18] Darunter werden »Präsentations- und Aneignungsformen historischer Ereignisse, Prozesse und Personen mit Praktiken des Theaters – Kostümierung, personalisierende Dramatisierung, Inszenierung – im öffentlichen und halböffentlichen Raum«[19] verstanden, während im Folgenden Reenactment in erster Linie als ambitioniertes Spiel gesehen wird, das auf einen zuweilen eigenwilligen, gleichwohl rasant anwachsenden populärkulturellen Gebrauch von Geschichte verweist, der sich wohl am ehesten als eine Form von Geschichtskonsum bezeichnen lässt. Zumindest soll hier der Beobachtung nachgegangen werden, dass die grassierende Lust an der Wiederholung symptomatisch ist für eine Geschichtskultur, die das Nachfühlen vergangener Epochen, Begebenheiten und Erlebnisse als substantiellen Gewinn an Geschichtsbewusstsein missversteht, sekundäre Zeugenschaft vorbehaltlos autorisiert und mediale Geschichtsbilder leichtsinnig reproduziert.[20] Ob wir es gegenwärtig trotz der allzeit präsenten Vergangenheit paradoxerweise doch mit einem »Verlust der Geschichte« zu tun haben, bleibt eine Frage, die Wolfgang Hardtwig bereits vor zehn Jahren umtrieb. Die radikale Pluralisierung von Geschichtsbildern und ihre populärkulturelle Zirkulation lassen seiner Meinung nach daran zweifeln, ob die fortschreitende Eventisierung von Geschichte tatsächlich zu einem tieferen Verständnis vergangener Geschehnisse und Entwicklungen beiträgt. Zu beobachten ist jedenfalls, dass es zu signifikanten Verwechslungen zwischen Wirklichkeit, Unterhaltung und Spiel kommt, was sich unter anderem darin äußert, dass Krimi-Schauspieler in Talkshows als Experten auftreten und aktuelle Kriminalitätsstatistiken kommentieren. Gleichwohl befriedigt das viel gescholtene Histotainment zweifellos Bedürfnisse, die von anderen »Anbietern auf dem boomenden Geschichtsmarkt« ignoriert oder als trivial zurückgewiesen werden.[21] Auf welche Weise darf Geschichte unterhaltsam sein?

18 Vgl. Hochbruck, Geschichtstheater, S. 11.
19 Ebd.
20 Vgl. Marszałek, Performative Wiederholung, S. 132.
21 Wolfgang Hardtwig, Verlust der Geschichte – oder wie unterhaltsam ist die Vergangenheit?, Berlin 2010, S. 39. Dazu auch: Gangolf Hübinger, Über die Aufgaben des Historikers, Berlin 2012.

Es geht somit drittens auch um das Spannungsverhältnis zwischen Geschichts-, Freizeit- und Populärkultur. Historische Reenactments sind oftmals kommerzielle Großveranstaltungen, die in erster Linie darauf zielen, das Dargebotene durch einen optimierten Erlebniswert für ein möglichst breites Publikum maximal attraktiv zu machen. Die Darstellung von Geschichte passt sich dabei zwangsläufig herrschenden Marktmechanismen an. Für eine gewinnorientierte Unterhaltungs-, Event- und Tourismusindustrie gehören öffentliche Geschichtsspektakel mittlerweile schlichtweg ins Programm, weil sie sich hervorragend dazu eignen, übersichtliche Inhalte anschaulich und erlebnisorientiert zu vermitteln. Ihre mediale Kompatibilität wie auch ihr dokumentarisches Image lassen vermuten, dass sie als geschichtskulturelle Events weiter an Akzeptanz gewinnen werden. Während Historisches Reenactment im Folgenden also als Erscheinungsform einer zunehmend kommerzialisierten Geschichtskultur eingehender untersucht wird, stehen die Beweggründe der Akteure, sich in dieser Weise mit Vergangenheiten auseinanderzusetzen, hier nicht im Mittelpunkt.[22] Das hat zum einen damit zu tun, dass zu diesem Themenfeld bereits Studien und Selbstzeugnisse vorliegen, zum anderen wird damit der Tatsache Rechnung getragen, dass bisherige Erkundungen auf diesem Terrain kaum mehr als standardisierte Erklärungsformeln zu Tage förderten.[23] Historisches Reenactment diene dazu, so die gängigen Antworten, die Geschichte so zu zeigen wie sie wirklich war, es ziele darauf, die Toten (im Kriegskontext also die Gefallenen) zu ehren und die Erinnerung an die historischen Geschehnisse in unserer Gegenwart wachzuhalten.[24] Als aufschlussreicher erweist es sich da, Reenactment zum einen als ein mehr oder weniger ritualisiertes Spiel zu begreifen und als solches auch ernst zu nehmen, zum anderen das Imitieren vergangener Geschehnisse als geschichtskulturelles Format kritisch zu hinterfragen

22 Im Rahmen der seit 2013 durchgeführten teilnehmenden Beobachtungen Historischer Reenactments in Europa und in den USA wurden daher keine systematischen Interviews mit Akteuren geführt, wohl aber nicht-standardisierte Gespräche, Korrespondenzen und Befragungen einbezogen und in einem Feldtagebuch dokumentiert.

23 Von den vielen Publikationen seien hier nur genannt: Tony Horwitz, Confederates in the Attic. Dispatches from the Unfinished Civil War, New York 1998; Charlie Schroeder, Man of War. My Adventures in the World of Historical Reenactment, New York 2012. Eine Mischung aus Selbstversuch und Analyse: Jenny Thompson, War Games. Inside the World of 20th-Century War Reenactors, Washington D.C 2004.

24 Diese und ähnliche Formulierungen findet man nahezu in allen Selbstdarstellungen, was Jenny Thompson dazu veranlasst, von einem immer gleichen »Mantra« zu sprechen. Vgl. Thompson, War Games, S. 150.

sowie darüber nachzudenken, warum es offenbar in unserer Gesellschaft ein wachsendes Bedürfnis nach sinnlich erfahrbarer Vergegenwärtigung von Geschichte gibt.

Wo bitte geht's zur Front?

In der kulturwissenschaftlichen Forschung wird Historisches Reenactment bereits seit geraumer Zeit mit der in verschiedenen Fachdisziplinen aufkommenden Emotionsforschung in Verbindung gebracht. Zeitgenössisches Reenactment sei

> indicative of history's recent affective turn, i. e. of historical representation characterized by conjectural interpretations of the past, the collapsing of temporalities and an emphasis on affect, individual experience and daily life rather than historical events, structure and processes.[25]

Dass das Wieder-Aufführen vergangener Ereignisse eine nicht nur körperliche, sondern auch eine emotionale Dimension aufweist und demzufolge eine komplexe sinnliche Erfahrung darstellt, wird niemand ernsthaft bestreiten wollen, nur ob es deswegen analytisch sinnvoll ist, Historisches Reenactment als eine in erster Linie affektuelle Art der Geschichtsbetrachtung zu verstehen, ist durchaus fraglich. Die Tendenz der Emotionsgeschichte, die Wirkmächtigkeit von Gefühlen, Affekten und Leidenschaften explizit hervorzuheben und sie in Abgrenzung zu rational gesteuerten Handlungsabläufen als bisher vernachlässigte und daher nun besonders eingehend zu analysierende Einflussfaktoren in den Mittelpunkt zu rücken, reproduziert letztlich eindimensionale Perspektiven auf individuelle wie kollektive Handlungszusammenhänge unter umgekehrtem Vorzeichen.[26] *Emotion* zum Leitbegriff historischer For-

25 Vanessa Agnew, History's Affective Turn: Historical Reenactment and Its Work in the Present, in: Rethinking History 11 (2007), Heft 3, S. 299-312, hier S. 299. Ebenso: Iain McCalman/Paul A. Pickering, From Realism to the Affective Turn: An Agenda, in: dies., Historical Reenactment, S. 1-17.

26 Zur Emotionsgeschichte vgl. Nina Verheyen, Geschichte der Gefühle, Version: 1.0, in: Docupedia-Zeitgeschichte, 18.6.2010, https://docupedia.de/zg/Geschichte_der_Gef%C3%BChle (Zugriff: 18.5.2020); Bettina Hitzer, Emotionsgeschichte – ein Anfang mit Folgen, in: H-Soz-Kult, 23.11.2011, https://www.hsozkult.de/searching/id/forschungsberichte-1221?title=emotionsgeschichte-ein-anfang-mit-folgen&q=Hitzer%20Emotionsgeschichte&sort=&fq=&total=16&recno=14&subType=fdl (Zugriff: 18.5.2020); Monique Scheer, Are Emotions a Kind of Practice (and Is That What Makes Them Have a History)? A Bourdieuan Approach to Defining Emotion, in: History and Theory 51 (2012), S. 193-220; Valentin Groebner,

schungen zu machen, überzeugt schon deswegen nicht, weil damit wiederum andere Dimensionen des Sozialen ausgeblendet blieben.

»There is no such thing as ›an emotion‹. What there is, are various ways of acting and feeling emotionally«, gibt der Philosoph Ted Schatzki zu bedenken.[27] Mal davon abgesehen, dass eine Differenzierung zwischen Emotionen, Gefühlen und Affekten ebenso notwendig wie strittig ist, scheint es einstweilen ergiebiger zu sein, Emotionalität (hier verstanden als Ordnungsbegriff) als *einen* von mehreren Handlungsmodi zu begreifen, die aufs Ganze gesehen nur in ihren wechselseitigen Durchdringungen angemessen berücksichtigt sind. Reenactment erweist sich dann als eine soziale Praxis, deren wissenschaftliche Betrachtung verschiedene Formen der Welterfassung ebenso einzubeziehen hat wie die Anordnung, Verwendung und Bedeutung der materiellen Dinge. Denn den als authentisch klassifizierten Objekten kommt im Spiel eine Wirkungsmacht zu, die zu ermöglichen vorgibt, hier und jetzt ähnliche Wahrnehmungen, Emotionen und Erfahrungen, wie sie beim historischen Bezugsereignis vermutet werden, zu erzeugen.[28] Reenactment steht damit für den Versuch, bestimmte Atmosphären und Handlungskontexte zu simulieren, die den Anschein erwecken, sich in andere, als historisch-authentisch bezeichnete Gegenwelten imaginieren zu können.[29]

Reenactments variieren nicht nur hinsichtlich ihrer historischen Bezugsereignisse, sondern auch nach Größe, Veranstaltungskontext und materieller Ausstattung. Es gibt monumentale Großveranstaltungen mit mehreren tausend Darstellern und hunderttausenden Zuschauern wie auch privat organisierte Spielanordnungen, bei denen gerade mal acht tapfere Krieger durch die Lüneburger Heide marschieren und fernab jeder öffentlichen Wahrnehmung *D-Day* spielen. Nicht allen Varianten kann hier Rechnung getragen werden. Den nachfolgenden Überlegungen liegen teilnehmende (wenngleich nicht interaktiv involvierte) Beobachtungen Historischer Reenactments in Deutschland, Polen, Großbritannien, Frankreich, Dänemark und in den USA zugrunde, mit denen zwar eine gewisse Bandbreite des zurzeit üblichen Wieder-Aufführens militä-

Ein Staubsauger namens Emotion. Geschichte und Gefühl als akademischer Komplex, in: Zeitschrift für Ideengeschichte 7 (2013), Heft 3, S. 109-116; Jan Philipp Reemtsma, Warum Affekte?, in: Mittelweg 36, 24 (2015), Heft 1-2, S. 15-26. Immer noch lesenswert: Jack Katz, How Emotions Work, Chicago 1999.

27 Theodore R. Schatzki, Social Practices: a Wittgensteinian approach to human activity and social, Cambridge 1996, S. 33; ders./Karin Knorr Cetina/Eike von Savigny (Hg.), The practice turn in contemporary theory, London 2001.

28 Vgl. Reckwitz, Praktiken und ihre Affekte.

29 Vgl. Christina Kerz, Atmosphäre und Authentizität. Gestaltung und Wahrnehmung in Colonial Williamsburg, Virgina (USA), Stuttgart 2017.

rischer Konflikte des 19. und 20. Jahrhunderts erfasst wird, die aber dennoch nicht alle praktizierten Formen abdeckt. Zudem schirmen sich manche privaten Reenactment-Gruppen gegenüber Journalisten, Wissenschaftlern und anderen neugierigen Menschen regelrecht ab, weil sie sich aus unterschiedlichen Gründen bewusst gegen öffentliche Auftritte entschieden haben und bei ihrem Kriegsspiel nicht beobachtet werden wollen.[30] Öffentliche Reenactments finden derweil meistens im Rahmen größerer Gedenk- oder Jubiläumsveranstaltungen statt und sind dadurch in geschichtskulturelle Gesamtarrangements eingebunden, die es bei ihrer Analyse mit zu berücksichtigen gilt. Die einzelnen Gefechtsnachstellungen, um die es im ersten Hauptteil des Buches konkret geht, stehen jeweils für einen oder mehrere thematische und/oder konzeptionelle Gesichtspunkte, die zwar auch an anderen Beispielen hätten beschrieben werden können, die sich aber anhand der hier gewählten Fälle besonders markant aufzeigen und analysieren lassen.

So dient das zum 200. Jahrestag der *Schlacht bei Großgörschen* im Mai 2013 veranstaltete Reenactment in dieser Untersuchung dazu, die materiellen, fachlichen wie auch organisatorischen Herausforderungen, die das Wieder-Aufführen anti-napoleonischer Freiheitskriege mit sich bringt, exemplarisch aufzuzeigen. Gleichzeitig werden die im Spiel aufeinander treffenden Zeitebenen zueinander in Beziehung gesetzt, um durch diesen Abgleich die szenisch konstruierte Geschichtsbetrachtung in ihrer spezifischen Perspektivität kenntlich machen zu können. Die Revolutions- und Freiheitskriege zwischen 1789 und 1815 gehören in Europa zu den am häufigsten wieder-aufgeführten Kriegsereignissen der Moderne. Zwischen Borodino und Waterloo ist die Napoleonik zweifellos eine der aktivsten Reenactment-Szenen auf dem Kontinent, während in den Vereinigten Staaten der Amerikanische Bürgerkrieg seit jeher alle anderen Geschichtsdarstellungen in den Schatten stellt. An mehr als 500 Orten der USA soll es regelmäßig Civil-War-Reenactments geben. Dabei ist die Schlacht nahe Gettysburg im Juli 1863 nicht nur das prominenteste, sondern seit den 1960er Jahren auch das prägendste Bezugsereignis. Keine andere Schlacht in der Geschichte hat Reenactment als geschichtskulturelles Format nachhaltiger beeinflusst. An dem zum 150. Jahrestag der *Schlacht bei Gettysburg* durchgeführten Reenactment im Juli 2013, das hier als zweites empirisches Beispiel eingehender betrachtet wird, lassen sich gleich mehrere Aspekte verdeutlichen: Zum einen versinnbildlicht die in Pennsylvania liegende Kleinstadt Gettysburg wie kein anderer Ort in den USA die Entstehung, Entwicklungsdynamik wie auch den Formenwandel

30 Vgl. zu dieser Thematik das Kapitel »Du bist, was Du erlebst«.

erlebnisorientierter und populärkultureller Geschichtsaneignungen und erlaubt daher eine exemplarische Rekonstruktion der Geschichte des modernen Historischen Reenactments seit 1863. Gleichzeitig sieht sich der Besucher in Gettysburg mit einer irritierend sorglosen Mischung aus fiktivem Geschichtsspektakel, erlebnispädagogischen Mitmachangeboten und kommerziellem Schlachtentourismus konfrontiert. Das kommt am historischen Ort zwar vergleichsweise trivial daher, gleichwohl ist Gettysburg bis heute *die* zentrale Gedenk-, Lern- und Vergnügungsstätte einer ebenso uneingeschränkt nationalen wie heftig umkämpften historischen Sinnstiftung.

Die Nation als Deutungs- und Sinnstiftungsnarrativ wurde beim Reenactment auf der dänischen Insel Als im Juni 2014, das im Rahmen dieser Untersuchung das dritte Fallbeispiel darstellt, zwar nicht in vergleichbar pompöser Weise in Szene gesetzt, allerdings verweist auch das zum 150. Jahrestag der letzten Schlacht des Deutsch-Dänischen Krieges gezeigte amphibische Gefecht darauf, dass Reenactments in sowohl national- wie auch militärgeschichtliche Referenzerzählungen eingebunden sind. Der Übergang der preußischen Truppen über den Als Sund am 29. Juni 1864 bildet den historischen Hintergrund für eine hier rekonstruierte Regimentsgeschichte, auf die sich die jeweiligen Reenactment-Gruppen identifikatorisch beziehen und dessen Traditionsbestand sie in der Regel übernehmen. Die Ambivalenzen einer durch Militarismus, Kaiserverehrung und nationales Pathos geprägten Überlieferung offenbaren sich nicht nur in einer weitgehend ungebrochenen Traditionspflege, sondern auch durch eine dezidiert selektive Bezugnahme auf die mittlerweile fast 160-jährige Regimentsgeschichte. Im Unterschied zum Civil-War-Reenactment entstand das Wieder-Aufführen militärischer Gefechte in diesen Fällen nicht direkt aus der Veteranenkultur des 19. Jahrhunderts heraus, sondern entwickelte sich erst in jüngster Zeit im Zuge des aus den USA nach Europa exportierten modernen Reenactments.

Nicht nur in Deutschland, Dänemark und Frankreich, auch in Polen hat sich seither eine überaus rege Reenactment-Szene etabliert, die mittlerweile vor allem Kriege des 20. Jahrhunderts ins Visier nimmt. Das im polnischen Szkotowo (Skottau) zum 100. Jahrestag der *Schlacht bei Tannenberg* veranstaltete Reenactment ist in diesem Buch das vierte Fallbeispiel und gleich in mehrfacher Hinsicht aufschlussreich, unter anderem, weil durch das Wieder-Aufführen dieser ersten großen Schlacht des im Sommer 1914 beginnenden Weltkrieges ein polnischer Gedenkort geschaffen werden soll, obgleich sich auf dem historischen Schlachtfeld keine polnischen, sondern deutsche und russische Armeen gegenüberstanden und das mehrtägige Gemetzel bekanntermaßen auch nicht auf polnischem Territorium stattfand. Während hier explizit nationale Deutungsperspektiven spielerisch inszeniert werden und zum viel beschworenen Tannenbergmythos in enger Beziehung stehen, kooperiert die Reenactment-Szene zum Ersten Weltkrieg insgesamt international sehr eng. Vor allem in Großbritannien existiert eine Vielzahl von Darstellungsgruppen, die nicht nur britische Regimenter des Great War, sondern auch andere nationale, häufig deutsche Militärverbände porträtieren. Das hängt zum einen mit der immensen Bedeutung des Ersten Weltkrieges für das britische Selbstverständnis zusammen, zum anderen mit der Offenheit der Briten gegenüber erlebnisbasierten Formen der Geschichtsaneignung. Großbritannien ist weltweit für Reenactor des Ersten und des Zweiten Weltkrieges äußerst attraktiv, schließlich finden dort mehrmals jährlich große Geschichtsfestivals statt, auf denen jedes nur erdenkliche historische Großereignis nachgestellt wird. Während vor allem in Deutschland die Kriege des 20. Jahrhunderts als tabu gelten, trifft sich die international vernetzte Reenactment-Szene derweil im englischen Beltring, Leicester oder Salisbury.

Eines dieser Festivals ist die *War and Peace Show* in der Grafschaft Kent. Jeden Sommer reisen tausende Reenactor aus aller Welt in den kleinen Ort südöstlich von London, um dort in erster Linie militärische Konflikte des 20. und 21. Jahrhunderts vor Publikum zu präsentieren. Nicht nur Reenactments zum Ersten und Zweiten Weltkrieg, auch zum Vietnam- und Koreakrieg sowie zu späteren Kampfeinsätzen u.a. in Somalia, in Afghanistan und im Irak stehen regelmäßig auf dem Programm. Anhand mehrerer dort präsentierter Gefechtsnachstellungen wird im letzten empirischen Teil des Buches nicht nur untersucht, wie sich Reenactments technisch, organisatorisch und darstellerisch verändern, wenn nicht mehr in Waterloo oder Sedan, sondern an der Somme, in der Normandie oder in Mogadishu gekämpft wird, es sollen darüber hinaus auch die politischen Implikationen militärhistorischer Festivals eingehender beleuchtet werden. Obgleich auch bei Reenactments zu historisch früheren Militärkonflikten die Frage im Raum steht (oder stehen sollte), wie mit der öffentlichen Präsentation von extremen oder verbrecherischen Gewalthandlungen umgegangen wird, spitzt sich diese Thematik in der öffentlichen Wahrnehmung vor allem dann erheblich zu, wenn es um die Darstellung deutscher Kampfeinheiten während des Zweiten Weltkrieges geht. Auf der War and Peace Show im britischen Paddock Wood steigen seit Jahren die Zahlen derjenigen Teilnehmer, die deutsche Eliteverbände der Wehrmacht, der Feldgendarmerie und der SS porträtieren und vorzugsweise militärische Gefechte in der Normandie 1944 und der Ardennenoffensive 1944/45 zeigen. Hier trifft sich eine internationale Reenactment-Szene, die sich regelmäßig mit dem Vorwurf konfrontiert sieht, rechtsextreme und neonazistische Mitglieder zu tolerieren und deren menschenverachtende Gesinnung zu unterstützen. Historisches Reenactment erweist sich an diesen und an vielen anderen Orten als weitaus politischer als es die meisten Akteure wahrhaben wollen.

Jenseits der empirischen Beispiele, die dieser Studie zugrunde liegen, sind für die Analyse Historischer Reenactments vor allem drei Deutungskonzepte grundlegend gewesen. An erster Stelle steht hier der Erlebnisbegriff. Reenactment trägt das Versprechen in sich, dass es in Leipzig, Verdun oder Stalingrad auch Jahrzehnte nach den historischen Schlachten noch etwas Entscheidendes zu erleben gibt. Geschichte als Erlebnis zu inszenieren, ist kein neues Phänomen. Politische Feste, lebende Bilder und historische Festumzüge waren bereits im 18. und 19. Jahrhundert populäre Ausdrucksformen eines Geschichtsverständnisses, das jene als bedeutsam erachteten Geschehnisse in die Gegenwart zu transferieren versprach. Während bis weit ins 20. Jahrhundert dabei häufig die nationale Vergemeinschaftung den entscheidenden Referenzrahmen bildete, steht heute das individuelle wie auch das gemeinsame Erleben des inszenierten Geschichtsspektakels selbst im Mittelpunkt. Dabei verbinden sich mit dem ritualisierten Spiel jene *magic moments*, die den Akteuren für kurze Zeit den Eindruck zu vermitteln scheinen, tatsächlich Handelnde in einem historisch-gegenwärtigen Geschehen zu sein.

Ein zweiter Deutungsansatz dieser Studie kreist um den Begriff *Authentizität*. Der Einfachheit halber in der Reenactmentszene zum A-Wort verkürzt, steht diese Bezeichnung für den Anspruch einer möglichst originalgetreuen Darbietung des historischen Bezugsereignisses. Dazu gehören nach Auffassung der Akteure die akkurate Rekonstruktion eines bestimmten historischen Handlungsrahmens, die Verwendung authentifizierter Objekte sowie das choreographierte Nachspielen historisch verbürgter Handlungsabläufe. Objekte, Praktiken wie auch der gesamte Veranstaltungsrahmen dienen dazu, die Kluft zwischen Jetzt und Damals zu überbrücken. An der als authentisch klassifizierten Spielkulisse hängt demnach die Glaubwürdigkeit der simulierten Zeitreise. Authentizität erweist sich auch hier als eine kulturelle Zuschreibung, die nie materi… gegeben ist, sondern durch mehr oder weniger aufwendige … und Beglaubigungsverfahren erst hergestellt werden will. …tifizierungsprozesse sind für Historische Reenactments …tar wie zwiespältig, schließlich erzwingt das Bedürfnis …er Unmittelbarkeit geradezu die Reproduktion histori… …, Unterscheidungs- und Klassifizierungssysteme. Diese

Ambivalenz wird von den Beteiligten erstaunlich wenig reflektiert, sondern eher durch geschichtskulturelle Ambitionen überdeckt. Reenactment erlebte in den letzten Jahrzehnten einen enormen Zulauf, allerdings wurde die damit verbundene Sensucht nach dem Authentischen lange kaum hinterfragt.

Im Folgenden geht es somit drittens auch um das Spannungsverhältnis zwischen erlebnisorientierten Geschichtsaneignungen, theatralen Vergangenheitspräsentationen und simulierenden Wiederholungsprozessen. Dabei lässt sich Historisches Reenactment als eine populäre Form des Geschichtskonsums verstehen, hinter der sich weniger ein publikumswirksames Geschichtstheater als vielmehr ein regelgebundenes Spiel verbirgt, das seine identitäts- und sinnstiftende Wirkung zugunsten spektakulärer Erlebnis- und Unterhaltungsangebote immer stärker und zuweilen sogar vollständig einbüßt. Für die einzelnen Reenactor öffnet sich in dem ambitionierten Spiel gleichwohl ein Handlungs- und Imaginationsraum, der es zu erlauben scheint, sich zwischen verschiedenen Zeitebenen hin und her zu bewegen. Die Darstellung kriegerischer Gewalt hat dabei ganz offenbar ihren besonderen Reiz. Mit der Behauptung, die Kriegserfahrungen von Soldaten so zeigen zu können, wie sie wirklich waren, werden nicht nur die eigenen Konstruktionsprinzipien der in Szene gesetzten Geschichte kaschiert, quasi unter der Hand lässt sich auf diese Weise offenbar auch etwas erleben, was in unserer Kultur ansonsten eher verleugnet wird: Krieg scheint trotz oder gerade wegen der damit verbundenen Todesgefahr für manche geradezu ein Faszinosum zu sein, vorzugsweise dann, wenn man dabei nicht um sein Leben fürchten muss.

I. Simulierte Zeitreisen

Krieg will gut organisiert sein

Abb. 1: Reenactment am 4. Mai 2013 zum 200. Jahrestag der *Schlacht bei Großgörschen*

Pro Gloria et Patria

Der Angriff kam völlig überraschend. Seit Tagen hatte es in der Region geregnet, der Boden war schwer und gänzlich aufgeweicht. Als französische Truppen am 1. Mai 1813 über Erfurt und Naumburg das zum Königreich Sachsen gehörende Dorf Lützen, etwa dreißig Kilometer südwestlich von Leipzig gelegen, erreichten, war die Gefechtslage aufgrund der lückenhaften Aufklärung unklar. Napoleon vermutete die preußisch-russischen Truppen in der Nähe Leipzigs und zog mit seinen Hauptstreitkräften bereits am nächsten Tag weiter – eine Fehleinschätzung, wie sich bald herausstellen sollte.[1] Der Oberbefehlshaber der preußisch-russischen

1 Vgl. zur Schlacht bei Großgörschen: Hans Delbrück, Das Leben des Feldmarschalls Grafen Neidhardt von Gneisenau (1882), 4. Auflage, Berlin 1921, Bd. 1, S. 293-301; Dorothea Schmidt (Hg.), Erinnerungen aus dem Leben des Generalfeldmarschalls Hermann von Boyen, Band II: 1811-1813, Berlin 1990, vor allem S. 568 ff.; Hartmut

Truppen, General Graf Ludwig Adolf Peter zu Sayn-Wittgenstein, bereitete für die frühen Morgenstunden einen Überraschungsangriff vor. Bei Tagesanbruch sollte das II. Armeekorps unter dem General der Kavallerie Gebhard Leberecht von Blücher von Pegau aus die rechte Flanke des Gegners attackieren, was faktisch bedeutete, die Truppen nachts an das Schlachtfeld heranführen zu müssen. Taktisch zwar durchaus raffiniert, war dieser Plan logistisch jedoch eine enorme Herausforderung, die sich in der Kürze der Zeit dann auch nicht wie geplant bewerkstelligen ließ. Verspätet und durch die langen Märsche erschöpft griffen die verbündeten Truppen schließlich erst um zwölf Uhr mittags von Süden her an.

Dreißig Geschütze der preußischen Artillerie eröffneten das Feuer auf die in Großgörschen biwakierenden Franzosen. Das III. Armeekorps unter Marschall Michel Ney, dem auch badische und hessische Infanterie-Regimenter des Rheinbundes angehörten und das mit insgesamt 45.000 Mann im Dörferviereck Groß- und Kleingörschen, Rahna und Kaja zurückgeblieben war, leistete erbitterte Gegenwehr. Es begann ein heftiger Kampf Mann gegen Mann. Alsbald stand Großgörschen in Flammen. Doch die ersten Erfolge der Verbündeten, die bereits eine Stunde nach Gefechtsbeginn drei von vier Dörfern erobert hatten, sollten nicht von Dauer sein. Gegen 14.30 Uhr erreichte Napoleon mit seiner Garde das Schlachtfeld. Im Laufe des Nachmittags trafen immer mehr Bataillone ein und die dadurch gestärkte kaiserlich-französische Armee konnte nach intensiven Gefechten die Initiative wiederum für sich reklamieren. Mehrmals wechselten in den Dörfern die Besatzungen. Bis zum Abend hielten die Kämpfe an, als es den insgesamt 145.000 Soldaten der napoleonischen Armee schließlich gelang, die für beide Seiten verlustreiche Schlacht für sich zu entscheiden. In der Zahl der Geschütze zwar deutlich überlegen, mussten sich die etwa 93.000 Soldaten zählenden Verbündeten der französischen Übermacht letztlich geschlagen geben. Zar Alexander I. und König Friedrich Wilhelm III. von Preußen wiesen den geordneten Rückzug in Richtung Altenburg an und bilanzierten die Verluste. Schätzungsweise 10.-15.000 ihrer Soldaten waren tot oder verwundet, unter ihnen der im Gefecht gefallene Prinz Leopold von Hessen-Homburg sowie der Chef des Generalstabes, Generalleutnant Gerhard von Scharnhorst, der wenige Wochen später an der erlittenen

Bücker/Dieter Härtig, Das Gefecht bei Rippach am 1. Mai 1813, die Schlacht bei Großgörschen am 2. Mai 1813 und der Überfall auf das Lützow'sche Freikorps bei Kitzen am 17. Juni 1813, Schwäbisch Hall 2004; Frank Bauer, Großgörschen 2. Mai 1813. Festigung des preußisch-russischen Bündnisses im Frühjahrsfeldzug, Potsdam 2005; Theodor Rehtwisch, Großgörschen 2. Mai 1813, Leipzig 1912.

Schussverletzung in Prag verstarb. Die Verluste der gegnerischen Seite stellten sich als noch verheerender dar. Mit 20.-30.000 Toten und Verwundeten gehörte die *Schlacht bei Großgörschen* zu den hart erkämpften Siegen Napoleons.[2]

Gefechtsexerzieren ist in allen Ortsteilen erlaubt

Durchschnittlich dreißig bis vierzig Kilogramm wog das Marschgepäck eines in den Freiheitskriegen kämpfenden Infanteriesoldaten. Neben der je nach Regimentszugehörigkeit variierenden Uniform über kratziger Unterwäsche war es vor allem die mehrere Kilogramm schwere Waffe, die jeden Marsch beschwerlich machte. Hinzu kamen in der Regel eine Decke, sämtliche Munition sowie Proviant und Wasser für drei Tage. Glücklicherweise sind beim Reenactment die Wege vom Biwak zum Schlachtfeld kurz. Die mehr als 2000 Darsteller der »historischen Traditionsgruppen« müssen nicht wie die Soldaten der Frühjahrsschlacht im Jahr 1813 stunden- oder gar tagelang durch das offene Gelände marschieren. Der Biwakplatz liegt in unmittelbarer Nähe zu dem Stoppelfeld, auf dem es als Höhepunkt des jährlich am ersten Maiwochenende stattfindenden Scharnhorstfestes zum Gefecht kommen wird. Die 200. Jahrfeier am 4. Mai 2013 ist zweifellos ein herausragendes Ereignis. Noch nie haben so viele Aktive an der Gefechtsnachstellung in Großgörschen teilgenommen, die Vielzahl der aus zahlreichen Ländern angereisten Darsteller übertrifft alle Erwartungen und der Veranstalter, das 1993 gegründete Scharnhorstkomitee, hat sich seit Monaten intensiv auf das Spektakel vorbereitet. Neben dem zentralen Gefechtsfeld unweit des Scharnhorstdenkmals wurden weitere Möglichkeiten zum Biwakieren geschaffen. In der gesamten Umgebung haben französische, belgische, russische, österreichische, deutsche und tschechische Traditionsdarsteller ihre Zelte aufgeschlagen oder übernachten in Scheunen und Heuschobern. Die Region beherbergt in diesen Tagen zweieinhalb Mal so viele Gäste wie sie Einwohner hat, und dass die Veranstaltung militärisch straff organisiert ist, kann angesichts des historischen Bezugsereignisses nicht verwundern. Gefechte dieser Größenordnung sind damals wie heute zuerst einmal logistische Herausforderungen.

Was man daher als Erstes lernt, wenn man das Wieder-Aufführen napoleonischer Schlachten in den Blick nimmt, ist ebenso so simpel wie

2 Vgl. Gaston Bodart (Hg.), Militär-Historisches Kriegslexikon (1618-1905), Wien/Leipzig 1908, S. 449.

aufschlussreich: Krieg will vor allem gut organisiert sein. Die Reglements für den 4. Mai 2013 sind dabei durchaus andere als um 1800. Das Biwakieren außerhalb der ausgewiesenen Plätze ist untersagt, die Platzeinweisung erfolgt allein durch die Feldgendarmerie, eine Böllergenehmigung ist für alle Ortsteile vorhanden. Es besteht zudem grundsätzlich die Möglichkeit zu Dorfgefechten und das »Gefechtsexerzieren ist in allen Ortsteilen einschließlich Sportplatz« möglich.[3] Wer mit Schusswaffen am Gefecht teilnehmen möchte, braucht nach §27 des Sprengstoffgesetzes einen gültigen Erlaubnisschein und bei Geschützen sogar ein »Beschusszeugnis«. Teilnahmekarten gibt es nur mit gültigem Versicherungsnachweis, gegen Vorlage einer entsprechenden Quittung erhalten die »Traditioner« – wie sie in der Szene heißen – sogar Zuschüsse für das mitgeführte Schwarzpulver. Den »erhöhten Sicherheitsanforderungen über die gesamte Veranstaltungszeit wird durch einen privaten Wachdienst« Rechnung getragen.[4] Ob kaiserlich-französisch oder preußisch-russisch: Mit behördlichen Kontrollen muss jederzeit und überall gerechnet werden.

Im Unterschied zur historischen Schlacht sieht das Veranstaltungsprogramm einen bereits erprobten Ablauf vor. Zum Auftakt wird in Pegau eine historische Parade geboten, bevor dann mit dem Gefecht bei Rippau vom 1. Mai 1813 das Kampfgeschehen in und um Großgörschen seinen Anfang nimmt. Bustransfer und Kaltverpflegung inklusive versteht sich. Ein weiterer Höhepunkt des ersten Gefechtstages ist zudem die (historisch verbürgte) Quartiernahme Napoleons am Schlosspark in Lützen sowie dessen Inspektion der kaiserlichen Verbände. Während einzelne Gruppen auf dem gesamten Gelände immer wieder beim Gefechtsexerzieren zu beobachten sind, verdeutlicht der im Programm als Übung ausgewiesene Angriff der alliierten Verbände auf das von französischen Truppen besetzte Kaja bereits, dass die für Samstagnachmittag angesetzte zentrale »historische Schlachtnachstellung« keineswegs eine reine Routineübung darstellt. Es wird kräftig und ausdauernd geprobt, jeder Soldat – ob zu Fuß oder hoch zu Pferd – ruft sich die einzelnen Kommandos und Befehle in Erinnerung, bereitet seine Ausrüstung für den Ernstfall vor und macht sich mit der Choreographie der Schlacht vertraut. Die Anspannung steigt.

Traditionell beginnt der eigentliche Gedenktag mit einem morgendlichen Appell am Denkmal für den in der Schlacht gefallenen Prinzen

3 Einladung des Scharnhorstkomitees Großgörschen e.V. zum 200. Jahrestag der Schlacht bei Großgörschen vom 1.-5. Mai 2013, http://www.scharnhorstkomitee.de/Einladung_2013.pdf (Zugriff: 19.3.2020).

4 Ebd.

Abb. 2: Militärische Prominenz vom Feinsten. Reenactment in Großgörschen (4. Mai 2013)

Leopold von Hessen-Homburg. Der 4. Mai 2013 ist ein milder Frühlingstag, und schon von weitem hört man die Kolonnen im Rhythmus durch die Straßen marschieren. Die Stiefel knallen auf das Kopfsteinpflaster, der Trommelschlag zwingt zum Gleichtakt und treibt die formierten Kolonnen vorwärts. Viele Menschen stehen am Straßenrand, beobachten die vorbeiziehenden Soldaten in ihren farbigen Uniformen, Kinder laufen nebenher und lassen sich mitreißen durch das Gleichmaß des hämmernden Taktes – ein buntes Treiben in ebenso entspannter wie militärisch-disziplinierter Stimmung. Die einzelnen Regimenter präsentieren sich ihrem Publikum und streben zum Appellplatz, wo die jeweiligen Kommandeure Stärke und Ausrüstung der Truppen in Augenschein nehmen. Die Generalität sticht durch ihre prunkvollen Uniformen aus der Masse der Soldaten heraus. Ob französisch, sächsisch oder russisch:

Hier präsentiert sich militärische Prominenz vom Feinsten. Die reich verzierten Uniformröcke und die mit Federbüschen geschmückten Zweispitze verweisen auf die auch nach der Französischen Revolution immer noch sichtbaren Standes- und Rangunterschiede.[5] Im Vergleich zu Marschall Michel Ney in seinem mit viel Gold dekorierten Rock fällt Napoleon vor allem durch seinen schlichten grauen Uniformmantel, durch den quer sitzenden Zweispitz und – wie sollte es anders sein – durch seine eher kleine Statur auf. Der französische Rechtsanwalt Frank Samson gibt Bonaparte mit bemerkenswertem Gespür für den kaiserlichen Habitus: selbstherrlich, kühl und zu allem entschlossen.

Heinrich Hexel ist Präsident des Scharnhorst-Komitees Großgörschen. Seine Begrüßung der Darsteller und Zuschauer fällt kurz und bündig aus, kein Mann für zeremonielle Verrenkungen, wohl aber mit einem Bewusstsein für die Geschichte des Ortes: »Lassen Sie uns an diesem Wochenende hier auf historischem Boden gemeinsam Geschichte leben und erleben«.[6] Gedenkrhetorik ist seine Sache nicht, und bei der anschließenden Kranzniederlegung am Scharnhorstdenkmal mit den nicht enden wollenden Ansprachen wird schnell deutlich, dass dies nicht der Teil der Feierlichkeiten ist, für den sich die in Reih und Glied angetretenen »Traditionsdarsteller« wirklich interessieren. Schon bald lichten sich die Reihen, man stellt sich abseits, plaudert, raucht oder geht zu den Zelten. Ein gewisses Desinteresse am Verbalen lässt sich kaum kaschieren. Manche Gruppe übt lieber nochmals die traditionelle Linienbildung, das Marschieren in der Kolonne, den Umgang mit der Waffe oder die Bewegung im Raum, während der Kultusminister des Landes Sachsen-Anhalt als Schirmherr der Veranstaltung die historische Bedeutung der Befreiungskriege für das zusammenwachsende Europa beschwört.[7] Hin und wieder unterbricht ein dreifaches »Hurra« die Ordnung der Zeremonie. Eine gewisse Ungeduld macht sich breit – wann geht es endlich los?

5 Vgl. Bayerisches Armeemuseum Ingolstadt, Vom Bunten Rock zum Kampfanzug. Uniformentwicklung vom Dreißigjährigen Krieg bis zur Gegenwart, Ingolstadt 1987, hier: S. 39-54; Frank Zielsdorf, Militärische Erinnerungskulturen in Preußen im 18. Jahrhundert. Akteure – Medien – Dynamiken, Göttingen 2016, zu den Uniformen vor allem S. 126-169.

6 Begrüßungsrede am 4. Mai 2013 in Großgörschen (privater Tonmitschnitt).

7 Ebd.

Moderatoren kommentieren die Schlacht
Am Ende ist keiner tot

Das europäische Kriegswesen befand sich um 1800 im Umbruch.[8] Wie vieles in dieser Zeit gingen auch die militärischen Erneuerungen von Frankreich aus. Napoleon setzte im Gefecht vor allem auf tief gestaffelte Kolonnen, deren vordere Linien von hinten immer wieder aufgefüllt wurden, um die Feuerkraft durchgängig aufrechtzuerhalten. Zudem kam dem Nahkampf mit aufgepflanztem Bajonett eine wachsende Bedeutung zu. Das auf französischer Seite praktizierte Tiraillieren, also das Kämpfen in aufgelöster Ordnung, galt um die Jahrhundertwende als revolutionäres Element, war allerdings unter den Militärs auch nicht unumstritten. Man glaubte noch nicht so recht an den selbständig agierenden Einzelkämpfer. 1794 resümierte der damals noch in Hannoverschen Diensten stehende Major Gerhard von Scharnhorst, dass der französische Krieg das »jetzt angenommene taktische System in einigen Punkten gewaltig erschüttern« werde und die französischen Tirailleurs »den größten Teil der Affairen in diesem Krieg entschieden haben«.[9] Neben der Umwandlung der alten Söldnerarmee in ein durch die allgemeine Wehrpflicht geprägtes Volksheer wurden auch in Preußen weitreichende Reformen in Gang gesetzt, die unter anderem die Umgestaltung der Schlachtordnung, die Veränderung der Fechtweise wie auch die Aufgaben des Generalstabs betrafen. Daraus entwickelte sich eine Kampftechnik, die insgesamt von mehr Beweglichkeit und dem koordinierteren Zusammenwirken der verschiedenen Waffengattungen geprägt war.[10] Scharnhorst dachte aber keineswegs daran, die bisherigen Linien vollständig aufzulösen oder die Infanterie in eine von Einzelschützen geprägte Kampfformation umzuwandeln. Die dreigliedrige Linear-Aufstellung blieb weiterhin die Grundform, während das dritte Glied – ohnehin durch seine Position innerhalb des taktischen Körpers[11] für die Salve nicht effektiv einsetzbar – nun auf

8 Einschlägig hierzu: Hans Delbrück, Geschichte der Kriegskunst. Teil 2: Die Neuzeit. Vom Kriegswesen der Renaissance bis zu Napoleon, Berlin 1920 (Neuausgabe Hamburg 2008); ebenso lesenswert: Dierk Walter, Preußische Heeresreformen 1807-1870. Militärische Innovationen und der Mythos der »Roonschen Reform«, Paderborn 2003.

9 Zit.n.: Max Lehmann, Scharnhorst, Bd. I, Leipzig 1886, S. 254.

10 Argumente für ein stehendes Heer findet man bei: Gerhard von Scharnhorst, Über die Vor- und Nachteile der stehenden Armeen (1792), in: ders., Ausgewählte militärische Schriften, hg. v. Hansjürgen Usczeck und Christa Gudzent, Berlin 1986, S. 63-73.

11 Zu diesem Begriff vgl. Delbrück, Geschichte der Kriegskunst, S. 535 ff. Zu Strategie und Taktik vgl. auch: Hans-Peter Müller/Jürgen Wittlinger, Napoleon gegen Europa: Geschichte der Befreiungskriege in Zinnfiguren, 2. Auflage, Neu-Ulm 2015;

die Flügel ausschwärmen und so die Feuerkraft des Ganzen intensivieren sollte. Unter Beibehaltung der zweigliedrigen und festgeschlossenen Front wurde somit das dritte Glied zu einer mobileren und damit flexibler einsetzbaren Kampfeinheit, die wie bisher als Verstärkung des taktischen Körpers dienen, die aber eben auch zum Tirailleur-Kampf eingesetzt werden konnte. In der Konsequenz bedeutete dieser Umbau, dass ein gewisser Teil der Soldaten fortan zu Schützen ausgebildet wurde, während die Mannschaften der beiden vorderen Linien eine derartige Spezialisierung vorerst nicht erfuhren. Sie sollten allenfalls »den Kopf grade aufrecht haltend horizontal anschlagen«.[12] Gezielte Schüsse wurden von ihnen ohnehin nicht erwartet (und waren auch mit den damals üblichen Waffen kaum möglich), der taktische Körper operierte vielmehr als eine Einheit, deren Kampftechnik darin bestand, in der richtigen Distanz zum Gegner auf Kommando ein ungezieltes Salvenfeuer abzugeben und auf diese Weise den Angriff derart zu konzentrieren, dass der Gegner dem Dauerfeuer nicht standhielt und früher oder später die Flucht ergriff – so jedenfalls die Theorie.

Linear-Aufstellung, Kolonnen und Schützengefecht wurden in der Praxis je nach Gefechtslage gleichzeitig oder abwechselnd angewandt.[13] Darüber hinaus bestimmte vor allem die Ausrüstung das Kampfgeschehen. Technisch war die Muskete eine schwerfällige Waffe. Selbst der geübte Soldat vermochte aufgrund des komplizierten Ladevorgangs nicht mehr als zwei bis drei Schüsse in der Minute abzufeuern. Bei einer maximalen Reichweite von etwa 300 Metern (wobei die Treffsicherheit bereits ab 100 Meter rapide abnahm) waren damit die entscheidenden Koordinaten eines Gefechtes bereits definiert. Auch die Artillerie konnte aufgrund ihrer begrenzten Reichweite und ihrer eingeschränkten Mobilität nur effektiv eingesetzt werden, wenn sie in ein strategisch kluges Gesamtkonzept eingebunden war. Ein Artilleriebeschuss richtete in der gegnerischen Infanterie zwar erhebliche Verwüstungen an, das setzte aber voraus, dass die schweren Geschütze nur wenige hundert Meter von ihrem Ziel in Stellung gebracht wurden. Die Kavallerie war zwar dazu geeignet, die Distanzen zu den gegnerischen Linien schnell zu überwinden, konnte aber beispielsweise gegen ein formiertes Karree der schweren Infanterie nicht wirklich viel ausrichten. Ihre strategische Stärke lag in der Schock-

ebenso die detaillierte Darstellung, http://www.preussenweb.de/preussstart.htm (Zugriff: 19.3.2020).

12 Befehl von General Wichard von Möllendorff, zit.n. Curt Jany, Die Gefechtsausbildung der preußischen Infanterie von 1806 (Urkundliche Beiträge zur Geschichte des preußischen Heeres, Heft 5), Berlin 1903.

13 Vgl. Delbrück, Geschichte der Kriegskunst, S. 526.

Abb. 3: Der taktische Körper am 4. Mai 2013 in Großgörschen

wirkung angreifender Reitermassen und ihr militärischer Nutzen in der operativen Aufklärungsarbeit, während prestigeträchtige Kavalleriegefechte für den Schlachtenverlauf nur selten entscheidend waren.

Um unter diesen waffentechnischen Bedingungen kämpferisch überhaupt etwas ausrichten zu können, musste der taktische Körper zum einen als Einheit reibungslos funktionieren, zum anderen galt es, die zum Teil mehrere zehntausend Soldaten umfassenden Verbände auf dem Schlachtfeld geschickt zu manövrieren, damit die Schlagkraft der miteinander verbundenen Waffengattungen gesteigert wurde und sich die Regimenter nicht – was oft genug geschah – ins Gehege kamen. Damit wird aber zugleich verständlicher, warum der Professionalisierung der Generalität wie auch ihrem militärstrategischen Erfahrungswissen im Laufe des 19. Jahrhunderts eine immer größere Bedeutung zukam.[14] Napoleon hat von sich behauptet, nie einen ausgearbeiteten Feldzugsplan gehabt zu haben. Die Schlacht sollte organisch aus den vorhergehenden Operationen wie auch aus der Dynamik des situativen Kampfgeschehens erwachsen. Kein Operationsplan reiche weiter – so brachte es Helmuth Graf von Moltke später auf den Punkt – als bis zum ersten Zusammentreffen der feindlichen Streitkräfte.

Das Gefecht stellte also spezifische Anforderungen an den einzelnen Soldaten wie auch an die Offiziere, womit bereits die Herausforderungen für das Wieder-Aufführen napoleonischer Schlachten auf der Hand liegen. Denn die »historischen Traditionsgruppen«, die nahezu jährlich nicht nur in Großgörschen, sondern auch an der Göhrde und in Leipzig, im belgischen Ligny und in Waterloo zum Gefecht antreten, erheben

14 Vgl. zu diesem gesamten Themenkomplex die Arbeit von Walter, Preußische Heeresreformen, S. 117-159.

den Anspruch, das historische Schlachtengeschehen möglichst authentisch nachzuspielen. Was sie dabei unter Authentizität verstehen, wird hier noch ausführlich zu erörtern sein, Tatsache ist gleichwohl, dass ihr Anspruch darauf zielt, nicht etwa ein karnevaleskes Spektakel mit fragwürdigem Unterhaltungswert darzubieten, sondern sie wollen ein militärisches Großereignis in seinen historischen Gegebenheiten szenisch rekonstruieren. Das setzt vor allem Sachverstand und Mut zur Lücke voraus.

Die Gefechtsnachstellung am 4. Mai 2013 beginnt – nach einigen angedeuteten Aufklärungsmanövern der Kavallerie – mit dem Angriff preußisch-russischer Verbände auf die biwakierende französische Division unter General Joseph Souham. Die Darbietung auf dem »historischen Schlachtfeld« setzt zeitlich mit der Gefechtssituation, wie sie sich etwa um 12 Uhr mittags darstellte, ein. Die Artillerie – 1813 waren es mehrere Batterien – beschießt das feindliche Lager, anschließend erstürmen preußische Brigaden unter Oberst Ernst von Klüx das Dorf Großgörschen. Daraufhin schwärmen französische Tirailleur-Rotten aus, um die feindliche Übermacht durch gezieltes Schützengefecht zurückzudrängen. Auf die Präsentation des Tirailleur-Kampfes in zerstreuter Ordnung wird auf beiden Seiten viel Wert gelegt, denn vor allem beim Nachladen und Abfeuern der damals gängigen Vorderlader zeigt sich die Versiertheit der Laiendarsteller.

Damit die schätzungsweise 10.000 Zuschauer eine ungefähre Vorstellung davon bekommen, was auf dem Gelände vor ihnen gerade geschieht, erläutern zwei fachkundige Kommentatoren, Rüdiger Peters und Peter Mechler, das dargebotene Spiel. Ihre Erklärungen sind auch unverzichtbar, denn obgleich an diesem 200. Jahrestag der Schlacht mehr als 2000 Laiendarsteller in Großgörschen im Einsatz sind, lässt sich die Gefechtssituation ja schon allein aufgrund der geringen Truppenstärke nur andeutungsweise zur Aufführung bringen. Dort, wo damals beängstigende Reitermassen aufeinanderstießen, liefern sich nun einzelne Kavalleristen schön anzuschauende Duelle. So reiten zwischendurch auch mal zwei polnische Ulanen mit Lanzen über das Schlachtfeld, ohne dass dies militärisch irgendwie Sinn zu machen scheint. Es geht hier ganz offensichtlich auch um die Darbietung der in großen Teilen bemerkenswert professionellen Ausstattung.

Bereits nach relativ kurzer Zeit ist das Gelände dann hinlänglich verqualmt, sodass sowohl Zuschauer als auch Teilnehmer etwas Mühe haben, den weiteren Verlauf des Spektakels nachzuverfolgen. Das ist durchaus beabsichtigt, denn aus historischen Schilderungen weiß man, dass es für den kämpfenden Soldaten oftmals schwierig war, sich auf dem

Schlachtfeld zu orientieren. Die farbigen Uniformen, die gut sichtbaren Fahnenträger, die Trommler und Hornisten dienten auch dazu, die Truppe im Eifer des Gefechtes zusammenzuhalten, die eigenen Linien zu markieren und bestimmte Kommandos trotz des ohrenbetäubenden Gefechtslärms kommunizieren zu können. Das Massenfeuer einer gut gedrillten und ununterbrochen schießenden Infanterie erzeugte relativ rasch einen undurchdringlichen Schwarzpulverrauch, der durch den Artilleriebeschuss noch zusätzlich verstärkt wurde. Wer hier Freund und wer hier Feind war, ließ sich im Zweifelsfalle nicht immer rechtzeitig ausmachen.

Nach etwa 45 Minuten nähert sich das Kampfgeschehen seinem Wendepunkt. Während sich am Rande des Schlachtfeldes etwa fünfzig prächtig ausgestattete Kavalleristen publikumswirksame Nahkämpfe liefern, treffen auf dem Hauptschauplatz nicht nur russische, sondern unübersehbar auch immer mehr französische Gardesoldaten ein. Es wird allmählich voll in der Kampfzone. Die Darsteller spielen derweil verschiedene Gefechtssituationen nach: So stehen sich immer mehr feindliche Linien in »historischer Entfernung« gegenüber und feuern pelotonweise aufeinander. Und während sich sächsische Grenadiere mit aufgepflanztem Bajonett und lautem Gebrüll auf ihre wenig beeindruckt wirkenden Gegner stürzen, wird eine Kavallerieattacke auf eine zum vollen Karree formierte Infanterieeinheit simuliert. Das insgesamt keine neunzig Minuten dauernde Reenactment präsentiert den groben Verlauf des Kampfgeschehens am 2. Mai 1813. Dabei konzentriert man sich zum einen auf die hartnäckigen Abwehrkämpfe der französischen Verbände, des Weiteren auf die ständig wechselnden Geländegewinne und die taktischen Bewegungen der kämpfenden Einheiten und nicht zuletzt wird die wachsende Übermacht der kaiserlich-französischen Seite, wie sie sich damals im Laufe des Nachmittags durch das Eintreffen zusätzlicher napoleonischer Armeekorps allmählich abzeichnete, nachempfunden. Auch in diesem Jahr trägt erwartungsgemäß die französische Armee den Sieg davon, wenn auch mit erheblicher Mühe. Überraschen kann das freilich nicht – doch dass am Ende kaum jemand tot auf dem »Schlachtfeld« liegt, ist dann aber doch irritierend.

Auf dem Feld des Elends

Der Einsatz eines Soldaten bestand während der napoleonischen Kriege zu einem erheblichen Teil aus Marschieren und Warten. Lückenhafte Aufklärung, uneindeutige Gefechtslagen und die logistische Herausforderung, zehntausende Soldaten in eine für die anstehende Schlacht vorteilhafte und nicht zuletzt auch aussichtsreiche Aufstellung zu bringen, machten den Kampfeinsatz zu einem überaus beschwerlichen Unterfangen. Die Soldaten waren oft schon völlig erschöpft und durchnässt, ohne auch nur einen einzigen Schuss abgegeben zu haben.[15] Die Verpflegung der Truppe war zudem nicht hinreichend gewährleistet, es gehörte daher zum damaligen Kriegsalltag, dass die Verbände plündernd durch die Dörfer und Ortschaften zogen. Viele Soldaten waren schlecht oder gar nicht ausgebildet, nach wenigen Wochen bereits körperlich entkräftet und die meiste Zeit vor allem müde und hungrig. Die Aussicht, mit geringer Überlebenschance in den vorderen Linien eingesetzt zu werden, erhöhte nicht gerade die Kampfbereitschaft, sondern allenfalls den Alkoholkonsum. Im Gefecht hatte der einzelne Soldat dann wenig Einblick in das, was um ihn herum geschah. Im Regelfall kannte er weder die allgemeine Gefechtslage, noch wusste er, wo sich genau die gegnerischen Linien befanden. Manchmal sah er den Feind erst, wenn dieser unmittelbar vor ihm stand und auf ihn schoss. Bei ungünstigem Terrain, starkem Alkoholkonsum und einer durch Rauchschwaden beeinträchtigten Sicht nahmen dann auch die Verluste durch die eigenen Kräfte rapide zu. Ein nicht unerheblicher Teil der Soldaten stirbt in jedem Krieg durch *friendly fire*.

Wer Glück hatte, wurde sofort tödlich getroffen, die anderen erlitten überwiegend Schuss-, Splitter- und Stichverletzungen, die es ihnen oft nicht ermöglichten, die Kampfzone eigenständig zu verlassen. Das Sanitätswesen war zu Beginn des 19. Jahrhunderts noch nicht derart organisiert, dass man von einer auch nur annähernd ausreichenden Versorgung der Verwundeten sprechen kann, vom medizinischen Wissensstand in Sachen Wundinfektion mal ganz abgesehen. Die meisten schwer verletzten Soldaten lagen somit tagelang unversorgt auf dem Schlachtfeld und krepierten qualvoll. Die Schreie der Sterbenden, das Gebrabbel der Traumatisierten, das Stöhnen der verwundeten Pferde, der unerträgliche Gestank, der alsbald über das Schlachtfeld zog – alle diese entsetzlichen Szenarien sind aus Berichten überlebender Soldaten und Zivilisten hinreichend bekannt. Letztere gingen nach der Schlacht über die Felder und durch die Ortschaften, in denen der Krieg gewütet hatte, allerdings weniger um bei der Versorgung der leicht Verletzten zu helfen, sondern

15 Sicherlich immer noch eine der besten Beschreibungen des Kriegserlebnisses: John Keegan, Die Schlacht. Azincourt 1415 – Waterloo 1815 – Somme 1916, München 1981, hier vor allem S. 131-239. Zum Kriegsalltag in den napoleonischen Kriegen vgl. Julia Murken, Bayerische Soldaten im Russlandfeldzug 1812. Ihre Kriegserfahrungen und deren Umdeutungen im 19. und 20. Jahrhundert, München 2006.

vor allem um zu plündern. Die meisten Toten lagen also binnen kurzem weitgehend unbekleidet auf dem Schlachtfeld, und alles, was von ihrer Ausrüstung und dem herumliegenden Kriegsmaterial irgendwie verwertbar war, wurde mitgenommen. Dem Elend der Sterbenden begegneten die Plünderer vergleichsweise gleichgültig, man konnte den schwer »Blessirten« ohnehin nicht helfen. Und daher warteten sie auch oft nicht darauf, bis Mensch oder Pferd tatsächlich tot waren.

Fünf Tage nach der *Schlacht bei Großgörschen* erreichte der Weißenfelser Goldschmied Heinrich Brembach das Schlachtfeld und notierte in sein Tagebuch:

> Wir hatten bei allem und vielem Heraumlaufen das ganze Schlachtfeld noch nicht überschritten, dessen Umfang drei Stunden betragen soll, und dennoch schätze ich die noch jetzt daliegenden todten Körper über 3000 und mehr als 3000 Pferde. Die Sonne brannte heiß und fing an auf die Leichname zu wirken und der Geruch wurde empfindlich, sodass wir öfterer als gewöhnlich Freund Klaffenbachs Tabakdose zusprechen mussten.[16]

In einem Brief vom 11. August 1813 beschreibt der Kaufmann August Gottlieb Lübbert, wie er am 5. Mai bei Großgörschen nach einem Verwandten suchte und dabei ein Terrain durchschritt,

> wo noch niemand begraben war, und die Leichen an manchem Ort besonders auf der Anhöhe bei Kaja, […], so dick lagen, dass man darüber weg steigen musste. Der Anblick war herzbrechend, wie die verstümmelten und sterbenden Braven auf den Ruinen der abgebrannten Dörfer herumlagen und vor Schmerz brüllend um Wasser und Brot baten, denn sie hatten nichts zu essen und nichts zu trinken.[17]

Die meisten starben nach mehreren Tagen an Wundbrand, andere verbluteten oder verdursteten, und wer nicht an seinen Verletzungen zugrunde ging, wurde von notorischen Plünderern »noch mit Bajonettstichen maltrâtiert«.[18] Mehr als vierzehn Tage soll das Verscharren der zumeist namenlosen Leichen gedauert haben – wie viele Tote die Schlacht letztlich insgesamt gefordert hat, lässt sich heute kaum zuverlässig schätzen.

Die Felder des Elends unterschieden sich kaum. Am 7. September 1812 starben in der *Schlacht bei Borodino* schätzungsweise 80.000 Soldaten,

16 Tagebuch des Weißenfelser Goldschmieds Heinrich Brembach vom 7. Mai 1813, zit.n.: Bücker/Härtig, Gefecht bei Rippach, S. 84f.

17 Brief vom 11. August 1813 von August Gottlieb Lübbert an seine Tante, zit.n.: ebd., S. 92.

18 Ebd.

am 18. Juni 1815 waren es in *Waterloo* etwa 45.000, und zwischen dem 16. und 19. Oktober 1813 forderte die *Völkerschlacht bei Leipzig* nahezu 100.000 Tote. An diesen und vielen weiteren ehemaligen Kriegsschauplätzen finden mittlerweile regelmäßig Reenactments statt. Am 20. Oktober 2013 zum 200. Jubiläum in Leipzig spielten mehr als 6000 Laiendarsteller die bis dahin größte Massenschlachten der Neuzeit nach – in Deutschland hatte es bis dahin noch nie eine so rege Beteiligung an einer solchen Veranstaltung gegeben.[19] 35.000 Zuschauer sahen sich das Spektakel in der Markkleeberger Weinteichsenke an und wurden auch dort – wie in Großgörschen einige Monat zuvor – mit lautstarkem Artilleriefeuer, dekorativen Reiterkämpfen und gut einstudierten Bewegungsgefechten unterhalten. Zwar lagen gegen Ende der Darbietungen dann jeweils einige Darsteller auf den Schlachtfeldern, doch eine entscheidende Dimension des historischen Geschehens – der massenhafte Tod von Soldaten – blieb in den szenischen Wiederholungen in Leipzig, Großgörschen oder Waterloo weitgehend ausgespart. Provisorische Feldlazarette mit arrangierten Beinamputationen deuteten allenfalls an, dass sich das historische Bezugsereignis als ebenso blutiges wie grausames Gemetzel vollzogen hatte. In Großgörschen erläuterten die Kommentatoren das dargebotene Spiel dahingehend, dass mit Rücksicht auf die Zuschauer die »blutige Seite« der Schlacht nicht gezeigt, sondern allenfalls darauf hingewiesen werden könne. Wie dann allerdings gleichzeitig die Behauptung aufrechtzuerhalten ist, dass die Nachstellung alles so zeige »wie es damals gewesen« sei, blieb offen.[20] Das spielerische Nachleben von Krieg und Gewalt offenbart hier die Paradoxie simulierender Geschichtsaneignung in signifikanter Weise, denn schließlich will kein Reenactor bereits in den ersten Minuten des Spektakels »tot« zu Boden sinken.

19 Zum Thema »Leipzig 1813 als Erinnerungsort« vgl. den Sammelband von Martin Hofbauer/Martin Rink (Hg.), Die Völkerschlacht bei Leipzig. Verläufe, Folgen, Bedeutungen 1813-1913-2013, München 2017. Der MDR nahm die 200. Jahrfeier zum Anlass, seine Berichterstattung als Echtzeitreportage zu produziere,n und sendete »live« vom Kriegsschauplatz. Vgl. dazu das Kapitel: »Ist das Erinnerung?«

20 Kommentar während der Gefechtsnachstellung am 4. Mai 2013 in Großgörschen (privater Tonmitschnitt).

Eine Art Wallfahrtsort

Abb. 4: Reenactment am 150. Jahrestag der *Schlacht bei Gettysburg*/Pennsylvania, 5. Juli 2013

Gettysburg, 4. Juli 2013

Keine andere Schlacht in der Geschichte hat das Nachspielen von Krieg, wie es vor allem seit den 1960er Jahren in Nordamerika und Europa, aber auch auf vielen anderen ehemaligen Kriegsschauplätzen praktiziert wird, in vergleichbarer Weise angeregt, beeinflusst und geformt. Das nicht einmal 8000 Einwohner zählende Gettysburg gilt weltweit als Mekka der Reenactment-Szene, dort im Süden Pennsylvanias in Adams County wird jährlich in den ersten Julitagen eine Massenschlacht des Amerikanischen Bürgerkrieges in einer Größenordnung und mit einer Professionalität dargestellt, wie sie ansonsten nirgendwo erreicht werden. Kaum verwunderlich, dass der 150. Jahrestag der *Schlacht bei Gettysburg* im Jahr 2013 einen erneuten Höhepunkt einer in den USA sehr langen und bis zum historischen Bezugsereignis zurückreichenden Geschichte des Reenactments bildete.[21] Etwa 15.000 Darsteller boten den schätzungsweise

21 Speziell zum Reenactment am 150. Jahrestag der Schlacht vgl. The Gettysburg Anniversary Committee, Gettysburg. Final Measure of Devotion. 150th Anniversary Commemorative, DVD, Gettysburg 2013; anhand zahlreicher Fotos der Reenactments im Juli 2013 erzählt Thomas R. Pero die Geschichte der Schlacht: ders., Gettysburg 1863. Seething Hell, Washington 2016. Zur Schlacht bei Gettysburg: eine noch vergleichsweise zeitnahe Darstellung mit zeitgenössischem Pathos von James Ford Rhodes, The Battle of Gettysburg, in: The American Historical Review 4 (1899), Heft 4, S. 665-677; einschlägig: James M. McPherson, Hallowed Ground: A Walk at Gettysburg, New York 2003; Stephen W. Sears, Gettysburg, New York

insgesamt 200.000 Zuschauern[22] ein mehrtägiges Spektakel, das selbst dezidierten Kritikern dieses in der US-amerikanischen Gedenkkultur seit den 1960er Jahren fest verankerten Kriegsspiels einen gewissen Respekt abverlangte. In Gettysburg inszenieren sich die Vereinigten Staaten als eine durch den Bürgerkrieg geeinte Nation, als freiheitsliebende Weltmacht und als wehrhafte Demokratie – und gleichzeitig wird genau dort, auf den ehemaligen Schlachtfeldern in Pennsylvania, Virginia und Tennessee, die tiefe Spaltung des Landes auf ebenso eindringliche wie beklemmende Weise deutlich.

Die *Schlacht bei Gettysburg* vom 1.-3. Juli 1863 steht für die Grausamkeit, die Brutalität und für die mit über 600.000 Toten überaus hohen Verluste des Civil War, wenngleich sie militärisch nicht *die* alleinige Entscheidungsschlacht war und der dort errungene Sieg der Union auch nicht das Ende des Bürgerkrieges herbeiführte.[23] Gettysburg war eine

2003; Allen C. Guelzo, Gettysburg: The Last Invasion, New York 2013; David Reisch/David M. Dettweiler, Gettysburg. The Story of the Battle with Maps, Mechanicsburg/PA 2013. Stellvertretend für die zahlreichen Brief- und Tagebucheditionen zum *Civil War*: All for the Union. The Civil War Diary and Letters of Elisha Hunt Rhodes, edited by Robert Hunt Rhodes, New York 1985. Lange Zeit ausgeblendete Kriegserfahrungen und ihre untergeordnete Rolle in der Memoralisierung untersucht Margaret S. Crighton, The Colors of Courage: Gettysburg's forgotten History. Immigrants, Women, and African Americans in the Civil War's defining Battle, New York 2005; eine Anleitung zur Darstellung von »people of color« liefert: Mary L. Jackson Fears, Civil War and living history reenacting about »people of color«. How to begin, what to wear, why reenact, Westminster/Maryland 2012; Reenactment als feministische Kritik schwarzer Amerikanerinnen an idealisierten Weiblichkeitsbildern untersucht Patricia G. Davis, The Other Southern Belles: Civil War Reenactment, African American Women, and the Performance of Idealized Femininity, in: Text and Performance Quarterly 32 (2012), Heft 4, S. 308-331. Generell zu African American Civil War Reenactments und der Kritik an konventionellen Darbietungen vgl. dies., Hardtack, Hoopskirts and Hybridity: Race, Heritage Tourism, and new south Narratives in African American Civil War Reenactment, in: Jeffrey Lee Meriwether/Laura Mattoon D'Amore (Hg.), We are what we remember: The American Past through Commemoration, Newcastle upon Tyne 2012, S. 2-22. Zu den etwa zwanzig African American Civil War Reenactment-Gruppen vgl. Monée Fields-White, Black Civil War Re-enactors Reclaim History (2011), https://www.theroot.com/black-civil-war-re-enactors-reclaim-history-1790863837 (Zugriff: 19.3.2020).

22 Die Angaben zu den Zuschauerzahlen variieren, 300.000 ist gleichwohl die höchste Zahl, die man in der Berichterstattung findet. Damit sind allerdings alle Besucher während der einwöchigen Feierlichkeiten gemeint, nicht nur die Besucher der Reenactments. Vgl. Vanessa Pellechio, Officials: Gettysburg 150th Attendance Numbers in Hundreds of thousands, in: Hanover Evening Sun, July 7, 2013.

23 Wenn man bedenkt, dass die USA damals etwa 31 Millionen Einwohner hatten (Union und Konföderation inkl. vier Millionen Sklaven), dann entsprechen 600.000 Tote fast 2 % der Bevölkerung. Zum Vergleich: Im Ersten Weltkrieg star-

sogenannte Begegnungsschlacht: Die konföderierten Truppen unter dem Befehl von General Robert E. Lee zogen nach ihrem überragenden Sieg bei Chancellorsville/Virginia Anfang Mai mit dem Ziel nach Norden, die Unionstruppen dort in einer selbstbestimmten, strategisch günstigen Ausgangskonstellation anzugreifen. Doch dieser Plan misslang, und Lee nutzte die Gelegenheit, trotz unzureichender Kenntnis über die Gefechtslage und fehlendem Truppennachschub die Entscheidung bereits südwestlich von Harrisburg zu suchen. In den drei Tagen im Juli 1863, an denen in und um Gettysburg die konföderierten Truppen auf die waffentechnisch, materiell und kämpferisch nur unwesentlich überlegene *Army of the Potomac* unter dem neuen Oberbefehl von Generalmajor George Gordon Meade trafen, verloren nach heutigen Schätzungen mindestens 51.000 Amerikaner ihr Leben und damit fast jeder Dritte, der am East Cemetery Hill, am Little Round Top oder bei Pickett's Charge für die eine oder eben für die andere Seite ins Feld gezogen war. Manche Regimenter wurden nahezu vollständig aufgerieben: Von den 496 Soldaten des 24th Michigan Volunteer Infantry Regiment starben in Gettysburg 396, das 26th North Carolina verlor 714 seiner 800 Soldaten – ein bestürzender Rekord, dem man zahllose weitere Beispiele hinzufügen könnte und der einmal mehr darauf aufmerksam macht, dass der Amerikanische Bürgerkrieg bereits Übergänge zu einer absoluten Kriegführung aufwies. Nicht unerwähnt bleiben sollen auch die mehreren tausend Pferde, die während der Kämpfe getötet wurden und deren Kadaver noch in den Tagen und Wochen nach der Schlacht überall herumlagen. Militärgeschichtlich war die Schlacht insofern von herausragender Bedeutung, da sich die von General Lee geführte Nord-Virginia-Armee hier mehr oder weniger letztmalig dem Gegner eigeninitiativ und auf dessen Territorium stellte. Nach ihrer Niederlage nahe Gettysburg konnte die konföderierte Armee mit ihren verbliebenen Truppen zwar noch nach Virginia

ben in Deutschland etwa 2,5 Millionen Soldaten und Zivilisten, das waren 3,8 % der Bevölkerung. Zum Civil War vgl. United States War Department, The War of the Rebellion: a Compilation of the Official Records of the Union and the Confederate Armies, Washington 1880-1901; ansonsten hier nur eine Auswahl der kaum mehr zu überschauenden Forschungsliteratur: Shelby Foote, The Civil War: A Narrative, 3 Bde., New York 1958-1974; James M. McPherson, Battle Cry of Freedom: The Civil War Era, New York 1988; ders., What they fought for, 1861-1865, Baton Rouge 1994; ders. (Hg.), Civil War, 1860-1865, Ipswich 2014. Einen kompakten Überblick zum *Civil War* liefert: Michael Hochgeschwender, Der Amerikanische Bürgerkrieg, München 2010; einschlägig mittlerweile die 1990 in den USA erstmals ausgestrahlte und preisgekrönte Dokumentation von Ken Burns, Civil War, 5 DVDs (2006).

abziehen, verlor aber operativ die Initiative und war trotz gewisser Einzelerfolge fortan gezwungen, aus der Defensive heraus zu agieren.

Die Schlacht bei Gettysburg bestand – wie die meisten Massenschlachten der Moderne – aus zahlreichen Einzelgefechten und vielen taktischen Manövern. Das Wieder-Aufführen solcher Kampfhandlungen setzt voraus, die einzelnen Phasen des Kriegsgeschehens auf einem mehrere Quadratkilometer großen Gelände im Detail nachvollziehen zu können, die Bewegungsdynamiken zehntausender Soldaten, die variierenden Truppenstärken und die geländespezifischen Angriffsformationen herauszuarbeiten sowie die Marsch- und Rückzugsrouten einzelner Regimenter zu rekonstruieren. Für Gettysburg ist der detaillierte Verlauf der einzelnen Gefechte hinreichend erforscht und bekannt, die Übersetzung des historischen Geschehens in ein darstellendes Spiel bleibt aber trotz umfangreicher Wissensressourcen darauf verwiesen, ein eigenes Skript für die simulierende Darstellung zu erarbeiten. Diese Transformation ist ein kreativer Akt, der sich verschiedener Hilfsmittel wie beispielsweise der Computersimulation oder der Darstellung als Diorama bedient,[24] der aber als Deutungsprozess insgesamt nicht transparent oder sichtbar wird. Sein Ergebnis ist zum einen eine Art adaptiertes Drehbuch mit teilweise recht groben Regieanweisungen für die beteiligten Darsteller, zum anderen das Reenactment selbst, mit dem und durch das sich die Vergegenwärtigung des historischen Geschehens realisiert.

Konkret bedeutete diese Übersetzungsarbeit beim 150. Jahrestag, dass sich das seit 1995 als Veranstalterin tätige *Gettysburg Anniversary Committee* (GAC)[25] in Kooperation mit zahlreichen weiteren Einrichtungen nahezu fünf Jahre auf dieses Großereignis vorbereitete und mit Unterstützung namhafter Experten – wie seit 1995 jährlich – anhand der verfügbaren und in diesem Fall überaus umfangreichen Quellen, der bisherigen und bereits erprobten Erfahrungen mit Schlachtennachstellungen am historischen Ort und unter Berücksichtigung der situativen Rahmenbedingungen wie zum Beispiel den erwarteten Teilnehmerzahlen, den konkreten Regimentszugehörigkeiten, dem aktuellen Geländezustand, dem verfügbaren Budget etc. eine eigene, dem Terrain und den Ressourcen angepasste Choreographie entwarf, die dann während der Präsentation mancherlei Eigendynamiken entwickelte und sich gewissermaßen imma-

24 Ein Diorama zur Schlacht bei Gettysburg findet man z.B. hier: http://www.fuhrmann-figuren.de/projekte/hauptteil_1_72_gettysburg_projekt__2.html (Zugriff: 19.3.2020).

25 Vgl. zu diesem regionalen Organisationskomitee vgl. dessen Selbstdarstellung: https://www.gettysburgreenactment.com/about-gac/ (Zugriff: 19.3.2020).

nent fortschrieb.[26] Die Vorgaben des Drehbuchs spiegeln somit wider, was die Organisatoren und Experten für sehenswert erachteten, was sie als typisch für das historische Bezugsereignis empfanden und was sie angesichts der Gegebenheiten vor Ort für realisierbar hielten. Doch bis ins letzte Detail ist das Wieder-Aufführen einer solchen Schlacht nicht festgelegt, so entscheidet beispielsweise oft das Los, wer aus welchem Regiment in welcher Gefechtslage und zu welchem Zeitpunkt »verwundet« oder »getötet« wird. Solche Vorgaben definieren einerseits den groben Ablauf, eröffnen den Darstellern aber andererseits gewisse, wenn auch begrenzte Möglichkeiten, ihr eigenes Rollenverständnis und ihre persönliche Deutung der unmittelbaren Geschehnisse zum Ausdruck zu bringen. Zwischen eingeübtem Ritual und reglementiertem Spiel entsteht ein Raum der Improvisation.

Am 1. Juli 1863 näherten sich zwei unter Befehl des konföderierten Generalmajors Henry Heth stehende Brigaden über den Chambersburg Pike der Stadt Gettysburg. Schon tags zuvor hatte Heth in der Stadt berittene Truppen ausgemacht, ging aber davon aus, dass es sich um lokale Einheiten oder um kleinere Unionsverbände handelte. Sein Irrtum wurde schnell offenbar. Zwei Stunden lieferten sich die Konföderierten mit den von Brigadegeneral John F. Buford befehligten (allerdings für diesen Einsatz abgesessenen) Kavalleristen am McPherson Ridge die ersten Gefechte, bevor auf beiden Seiten weitere Kräfte herangeführt wurden und sich das Kampfgeschehen nördlich und westlich der Stadt konzentrierte. Als die Unionstruppen dort am Nachmittag ihre Stellungen nicht mehr halten konnten und nach schweren Verlusten nach Süden auf den Cemetery Hill auswichen, marschierten konföderierte Truppen in Gettysburg ein. Der mittlerweile eingetroffene General Lee erkannte aufgrund der defensiven Stellung des Gegners die Chance, die Schlacht für sich zu entscheiden. Seine 25.000 Soldaten hatten an diesem 1. Juli 1863 die etwa 18.000 Unionssoldaten erfolgreich unter Druck gesetzt, sodass Lee für den nächsten Tag weitere konzentrierte Angriffe auf beide Flügel der Potomac-Armee befahl. Etwa 9000 Unionssoldaten und 6000 Konföderierte lagen allerdings an diesem ersten Abend bereits tot auf dem Schlachtfeld, waren schwer verwundet oder galten als vermisst.

Die Sommer in Pennsylvania sind heiß. Um 11 Uhr vormittags, als sich die ersten Reenactor auf dem Veranstaltungsgelände einfinden, misst das Thermometer bereits über 30 Grad. Die Darsteller in ihren blauen

26 Zu den Skripten und ihren Handlungsspielräumen vgl. Brad West, Historical Reenacting and Affective Authority: Performing the American Civil War, in: Annals of leisure research 17 (2014), Heft 2, S. 161-179.

(Union) beziehungsweise uneinheitlich graublau-braunen Uniformen (Konföderation) sind angesichts der klimatischen Verhältnisse erheblich herausgefordert, stundenlanges Marschieren und Exerzieren in der prallen Sonne fordern damals wie heute ihren Preis. Auf den offenen und gut gefüllten Zuschauerrängen ist die Stimmung locker und entspannt. Das Publikum – Männer und Frauen jeden Alters, zahlreiche Familien mit (teilweise kostümierten und »bewaffneten«) Kindern – warten neugierig auf den Beginn des großen Spektakels. Nicht nur zu den Jahrestagen befindet sich Gettysburg vollständig in touristischer Hand, die Kleinstadt mit dem *Gettysburg National Military Park* ist ganzjährig für durchschnittlich zwei Millionen Besucher ein bevorzugtes Reiseziel, im Jubiläumsjahr 2013 waren es am Ende sogar vier Millionen. Viele von ihnen sind weit gereist, denn Darsteller wie Zuschauer kommen aus allen Bundesstaaten der USA. Nach groben und vermutlich ungenauen Schätzungen reisen circa 400.000 Reenactor mehrmals im Jahr quer durch das Land, um ihrem ebenso aufwendigen wie kostspieligen Hobby nachzugehen.[27] Knapp $6000 investiert ein Reenactor durchschnittlich in seine Erstausstattung, dazu gehören Uniform, Zelt, Waffe, Wolldecke, Geschirr und vieles mehr. Die weitaus meisten Darsteller nehmen an Schlachtennachstellungen des Civil War teil, aber auch andere Kriegsereignisse der US-amerikanischen Geschichte werden in Szene gesetzt.[28]

27 Wirklich zuverlässige Schätzungen gibt es nicht. Man findet Gesamtzahlen von bis zu vier Millionen Aktiven in den USA, so z. B. in der Ankündigung des Buches von Kent Courteney/Al Thelin, Returning to the Civil War. Grand Reenactments of an anguished Time, Layton/Utah 1997. Auch die Zahl 400.000 wird immer wieder genannt, während Brad West von 50.000 Reenactor allein beim 135th Anniversary in Gettysburg spricht, vgl. West, Historical Re-enacting, S. 161. Tatsächlich war diese Veranstaltung 1998 mit etwa 15.000-20.000 Teilnehmern vermutlich das größte jemals durchgeführte Reenactment.

28 Zur US-amerikanischen Civil-War-Reenactment-Szene vgl. unter anderem die einschlägigen Periodika wie *Civil War News*, *The Watchdog Civil War Quarterly*, *Camp Chase Gazette* sowie *Civil War Courier*. In den zumeist monatlich erscheinenden Ausgaben findet man nicht nur zahllose Berichte über Reenactments und Living-History-Veranstaltungen, die Periodika fungieren auch als Kontaktbörsen zu den regionalen Vereinen, bündeln die aktuellen Civil War Events und publizieren thematisch relevante Buchrezensionen. Natürlich fehlt auch nicht eine An- und Verkaufsbörse für jegliche Art von Ausrüstungsgegenständen, die ein Civil-War-Reenactor früher oder später benötigt. Einen Einblick in Ausstattung, Organisation und soziale Zusammensetzung gibt: R. Lee Hadden, Reliving the Civil War. A reenactor's handbook, 2. Auflage, Mechanicsburg 1999; am Beispiel des mehrheitlich von Abolitionisten gebildeten 14th Brooklyn Regiment: Stephanie Decker, Conflict of Interest: Blue vs. Gray. Civil War reenctors' passion for history plays out on old battlefield, in: American Demographics 26 (2004), Heft, S. 10-11; zum 124th New York State Volunteers Regiment vgl. Charles LaRocca, Civil War

Der Unabhängigkeitskrieg zwischen 1775 und 1783 steht dabei ebenso auf dem Programm wie die *American Indian Wars*, wenngleich diese Veranstaltungen bei weitem nicht die Popularität wie die zum Amerikanischen Bürgerkrieg erlangen.

Der typische Civil-War-Reenactor ist männlich, weiß, mittleren Alters, verheiratet und hat Kinder. Er verfügt über eine gute Schulbildung, hat militärische Erfahrungen, verdient durchschnittlich $ 67.000 im Jahr und geht seinem Hobby oft gemeinsam mit anderen Familienmitgliedern nach. 80 % der US-amerikanischen Reenactor geben an, familiäre Bezüge zum Civil War zu haben, was sie als bedeutsam, aber nicht als ausschlaggebend ansehen. Als Hauptmotive für ihr Hobby werden ein ausgeprägtes Interesse an der Geschichte des Amerikanischen Bürgerkrieges, ein allgemeiner Aufklärungs- und Erziehungswille sowie das Bedürfnis nach Kameradschaft unter Gleichgesinnten genannt. Der Umgang mit Waffen spielt offenbar ebenso eine Rolle wie auch der Wunsch, sich durch das Spiel in eine andere Zeit zu versetzen.[29] Für dieses Erlebnis nimmt man einiges in Kauf. Denn ob in Shiloh, Richmond oder Chattanooga: Nicht nur Uniformen, Waffen und Marschgepäck wollen an die historischen Orte transportiert werden, auch die aus einfachem Leintuch bestehenden Zelte und unzählige andere Ausrüstungsgegenstände werden für die Reenactments benötigt.[30] Für die berittenen Regimenter vervielfacht sich der organisatorische und finanzielle Aufwand erheblich, und da sind die laufenden Kosten für die langwierige Ausbildung, für die

Reenactments – »A real and complete image«, in: Educational Leadership 50 (1993), Heft 7, S. 42-44. Erfahrungsberichte und Interviewauswertungen gibt es zahlreiche, z. B.: Rory Turner, Bloodless Battles: The Civil War Reenacted, in: TDR: The Drama Review 34 (1990), Heft 4, S. 123-136; Wendy Bryce Wilhelm/Sandra Mottner, An Empirical Study of the Motivations and Consumption Behaviors of Civil War Re-Enactors: Implications for Re-Enactment Tourism, in: Journal of Hospitality & Leisure Marketing 12 (2005), Heft 4, S. 27-55; West, Historical Reenacting, S. 161-179; Mark Elson/Jeannine Stein, Battlefields of Honor. American Civil War Reenactors, London 2012. Ein persönlicher Erlebnisbericht, der Reenactments u. a. zum Civil War, zum antiken Rom wie auch zum Zweiten Weltkrieg umfasst, stammt von: Schroeder, Man of War. Prominenter das Buch von Pulitzer-Prize-Träger Tony Horwitz, Confederates in the Attic. Die Rolle der Reenactor in den *National Parks,* allerdings mit Fokus auf die 225. Jahrfeier der Amerikanischen Revolution, untersucht Cathy Stanton, Reenactors in the Parks: A Study of external Revolutionary War Reenactment Activity at National Parks, Boston 1999.

29 Vgl. die Ergebnisse der 2005 am Beispiel der 15th Alabama Infantry Company durchgeführten Studie von Wilhelm/Mottner, Empirical Study, S. 43 ff.; eine Art Idealtypus entwirft: Jim Cullen, The Civil War in Popular Culture. A Reusable Past, Washington 1995, S. 172-199.

30 Vgl. zur Grundausstattung eines Laiendarstellers: Hadden, Reliving the Civil War.

Unterbringung und Ausstattung der Pferde noch gar nicht berücksichtigt. Mancher Teilnehmer verschafft sich noch einen zusätzlichen Kick, indem er tagelang zu Fuß zum ehemaligen Schlachtfeld nach Gettysburg marschiert – im festen Glauben, sich auf diese Weise dem historischen Erlebnis der Bürgerkriegssoldaten noch besser annähern zu können.

Aus aller Welt machten sich 2013 Darsteller nach Adams County auf, darunter Gruppen aus Brasilien, Japan und Italien. Zeit und Geld mussten auch die acht Deutschen investieren, die aus der Nordheide nahe Hamburg nach Gettysburg gereist waren. Bereits 2006 gründeten sie eine Reenactment-Gruppe und nehmen seither als 20th Maine Volunteer Infantry Regiment an historischen Schlachtennachstellungen teil.[31] Nicht immer müssen die etwa zwanzig Männer hierfür in die USA fliegen. Der Amerikanische Bürgerkrieg wird unter anderem auch im niedersächsischen Luttmersen, in Külsheim nahe Würzburg und im niederländischen Meterik wieder-aufgeführt. Hier und an zahlreichen anderen Orten in Europa trifft sich regelmäßig eine Reenactment-Szene, die sich auf den Civil War spezialisiert hat und beispielsweise das damals überwiegend

31 Vgl. die Homepage der Gruppe: http://20th-maine-germany.de/index.php (Zugriff: 19.3.2020). Eine detaillierte Handreichung für aktive Reenactor des Amerikanischen Bürgerkrieges und für die, die es gern werden wollen: Wolfgang Stephan, Das große Handbuch für den Civil War Reenactor. Lebendige Geschichte als Hobby, Wyk auf Föhr 1997. Der Autor geht bereits 1997 von weit über 60 Darstellergruppen allein in Deutschland aus, die intensive Kontakte zu Gleichgesinnten in ganz Europa und Nordamerika pflegen. Eine Art Erlebnisbericht eines Civil-War-Reenactors stammt von: Kip M. Grunska, From Farb to Pard. A Story of Civil War Reenactment, Lincoln 2003. Informationen zu möglichen »Rekrutierungen« einzelner Regimenter in der *Camp Chase Gazette*, http://www.campchase.com/previous-editions/ (Zugriff: 19.3.2020). Auch in Großbritannien, Dänemark, Schweden und Italien gibt es Civil-War-Reenactment-Gruppen, vgl. z. B. das etwa zwanzig Mitglieder umfassende 14th Louisiana Infantry Regiment, Company G, aus Italien, das ebenfalls beim 150. Jahrestag in Gettysburg dabei war: http://www.rievocazioni-guerra-civile.it/foto/category/41-gettysburg-150th-celebration-national-military-park-and-bga-reenactment-pennsylvania-usa?lang=en (Zugriff: 19.3.2020); dazu: Niccolò Ferrari, La Civiltà Perduta: gli Stati Confederati nella guerra civile americana, Verona 2013; ebenso das 5th Kentucky Regiment, Company B aus Dänemark: http://civilwar.dk/OM-REENACTMENT-I-DANMARK.html (Zugriff: 19.3.2020). Sowohl mehrere konföderierte als auch zahlreiche Unionsgruppen mit insgesamt etwa eintausend Mitgliedern haben sich in Großbritannien in der 1975 gegründeten *American Civil War Society* organisiert, vgl. http://www.acws.net/about_acws.htm (Zugriff: 19.3.2020); ebenso existiert die etwas kleinere *Southern Skirmish Association* (SOSKAN) mit etwa 500 Mitgliedern, zu Großbritannien vgl.: Stephen J. Hunt, But We're Men Aren't We! Living History as a Site of masculine identity Construction, in: Men and Masculinities 10 (2008), Heft 4, S. 460-480.

aus deutschen Einwanderern bestehende 17th Missouri, das 45th New York oder auch das 72nd Indiana Volunteer Infantry Regiment verkörpert. Wenn auch die Mitgliederzahlen solcher Gruppen eher übersichtlich ausfallen – gerade der freundschaftliche Kontakt zu Gleichgesinnten sowie das Darstellen des soldatischen Alltags sind für die Reenactor ausschlaggebend, sich in den Vereinen zu organisieren.[32] Für manchen erfüllt sich mit dem Besuch in Gettysburg ein großer Traum. Wer normalerweise mit zwanzig oder dreißig Mitstreitern durch die Lüneburger Heide marschiert, der erlebt ein Spektakel mit mehreren tausend Teilnehmern wie in Gettysburg als absolutes Highlight.

Das erste Reenactment am 4. Juli 2013 widmete sich unter dem auf ein berühmtes Zitat von General John Buford verweisenden Titel »The Devil's to Pay«[33] dem Auftakt der Kämpfe am Willoughby Run. Die Gefechtsnachstellung stellt das Aufeinandertreffen der unter Befehl von James J. Archer und Joseph R. Davis stehenden konföderierten Brigaden mit General Bufords abgesessener Kavallerie und einer berittenen Artilleriebatterie am Morgen des 1. Juli 1863 dar. Die als Erste aufmarschierenden Darsteller der konföderierten Truppen greifen die zahlenmäßig überlegenen Unionsverbände an, können diese zunächst quer über das gesamte Gelände »unter hohen Verlusten« zurückdrängen, bevor dann die sich in Schussweite gegenüberstehenden Einheiten wiederum in die Gegenrichtung ausweichen müssen. Die schätzungsweise 7000 bis 8000 Darsteller mit mehreren hundert Pferden wollen durch das wiederholte Hin und Her der Kampflinie die strategische Gefechtssituation, wie sie sich am 1. Juli 1863 bis etwa zum frühen Nachmittag darstellte, kenntlich machen. Dabei beschränkt sich die Nachstellung auf das Agieren in mehr oder weniger geordneten Linien, während die Zuschauer brutale Einzel- und Nahkämpfe, die historisch viele Gefechte prägten und häufig in filmischen Darstellungen des Bürgerkriegs

32 Viele dieser unterschiedlich großen Vereine sind miteinander vernetzt oder sogar überregional organisiert: vgl. zum Beispiel den UCR e.V.: Union & Confederate Reenactors International, völkerkundlicher Verein zur Nachstellung von Militärgeschichte e.V. (UCR e.V.), http://www.ucr-ev.de/Verzeichnis.htm (Zugriff: 19.3.2020). Allgemein zur Civil-War-Reenactment-Szene in Deutschland: http://www.wbts-forum.org/forum/index.php (Zugriff: 19.3.2020).

33 Vgl. Eric J. Wittenberg, The Devil's to Pay: John Buford at Gettysburg. A History and Walking Tour, El Dorado Hills/CA 2014. Weitere Literatur: Samuel M. Blackwell, In the First Line of Battle: The 12th Illinois Cavalry in the Civil War, DeKalb/IL 2001; Harry W. Pfanz, Gettysburg – The First Day, Chapel Hill 2001; Edward G. Longacre, General John Buford: A Military Biography, Conshohocken/PA 1995; Michael Phipps/John S. Peterson, »The Devil's To Pay« – General John Buford, USA, Gettysburg/PA 1995.

Abb. 5: »Tote« und »Verwundete« auf dem »Schlachtfeld«, Gettysburg 4. Juli 2013

Abb. 6: »Incidents of the war. A harvest of death, Gettysburg, July, 1863«

dominieren, nicht zu sehen bekommen.[34] Sehr bald schon liegen zahlreiche Reenactor, vor allem auf konföderierter Seite, regungslos oder »schwer verwundet« am Boden. Während Ärzte und Sanitäter mit blutverschmierten Kitteln und weibliche Zivilisten in historischen Kostümen über das Schlachtfeld gehen, um den Verletzten zu helfen oder sie notdürftig zu versorgen, sammeln andere bereits abgerissene Gliedmaßen ein, tragen Verwundete aus der Kampfzone oder vergewissern sich, ob die am Boden Liegenden tatsächlich »tot« sind. Obgleich davon ausgegangen werden muss, dass auch im Amerikanischen Bürgerkrieg die Präsenz von medizinischem Hilfspersonal vollkommen ungenügend war, erreicht die Allgegenwärtigkeit des Sterbens durch diese Art der Inszenierung eine gewisse Präsenz. Somit offenbart bereits diese erste Szene, dass in Gettysburg nicht nur überaus kompakte Militärmanöver und detaillierte Gefechtskonstellationen gezeigt werden, es wird auch deutlich, dass dem Sterben auf dem Schlachtfeld eine hohe Bedeutung zukommt.

Die circa neunzig Minuten dauernde Wieder-Aufführung am Vormittag des 4. Juli 2013 bildete den Auftakt zu einer Serie von insgesamt acht Reenactments, die in den nächsten Tagen durch das Nachspielen verschiedener Gefechtssituationen darauf zielten, den Verlauf, die Dynamik wie auch den Charakter der *Schlacht bei Gettysburg* zur Darstellung zu bringen. Dabei wurde vor allem auf berühmte und herausragende Personen, Regimenter, Zwischenfälle und Gefechte Bezug genommen,

34 Vgl. zum Beispiel die Anfangsszene in dem von Steven Spielberg produzierten Film »Lincoln« aus dem Jahr 2012 oder die Gefechtsszenen am *Little Round Top* in dem 1993 von Ronald F. Maxwell (Drehbuch und Regie) entstandenen Film »Gettysburg«. Das Nachstellen solcher Szenen findet indes eher bei den nicht-öffentlichen Reenactments statt, wie sie auch in Gettysburg und an anderen ehemaligen Kriegsschauplätzen des *Civil War* stattfinden.

wie zum Beispiel auf den Einsatz der *Iron Brigade*, eines Elite-Großverbands im I. Korps der Potomac-Armee, oder auf das als *Pickett's Charge* bekannte und mit mehr als 250 in Stellung gebrachten Geschützen überaus monumentale Artilleriegefecht, das am 3. Juli 1863 die letzte und damit entscheidende Wendung zugunsten der Nordstaaten gebracht hatte. Mit jeder der gezeigten Szenen versuchten die Veranstalter, die Besonderheiten der *Schlacht bei Gettysburg* oder das in ihren Augen Typische der einzelnen taktischen Manöver herauszuarbeiten. Am Abend des 4. Juli 2013 konzentrierte sich das Reenactment daher auf den Rückzug der Unionstruppen bis zum *Cemetery Ridge*, während in den nächsten Tagen die Kämpfe am *Little Round Top*, das *Wheatfield Battle*, die Auseinandersetzungen am *East Cemetery* und am *Culp's Hill* sowie als Abschluss das in den USA als *Pickett's Charge* legendär gewordene Gefecht am *Seminary Ridge* im Mittelpunkt standen, Letzteres wurde zum runden Jubiläum von imponierenden 15.000 Darstellern präsentiert.

Darüber hinaus standen insgesamt drei Kavalleriegefechte auf dem Programm, was auch damit zusammenhängt, dass für die meisten Zuschauer Reiterkämpfe stets zu den Höhepunkten solcher Spektakel gehören. Während mit der Company A der 6th Michigan Cavalry und den unter Befehl von Brigadegeneral Wade Hampton stehenden Kavalleristen noch eine halbwegs überschaubare Menge an Reitern den Hinterhalt am *Beaverdam Creek* nahe Hunterstown darstellten, zeigten mehrere hundert berittene Soldaten zwei Tage später eines der größten und auch grausamsten Kavalleriegefechte des Amerikanischen Bürgerkrieges, das sich am 3. Juli 1863 drei Meilen östlich von Gettysburg ereignete. Dort, auf dem East Cavalry Field, hatten sich die konföderierten Verbände von General J. E. B. Stuart mit denen des Unionsgenerals David M. Gregg mehrere Stunden erbitterte Kämpfe geliefert, die als Reenactment zwar aufgrund der reiterlichen Fähigkeiten der Teilnehmer zu beeindrucken wussten, die aber insgesamt eher anmutig und ästhetisch reizvoll daherkamen. Die Zuschauer störte die Romantisierung des blutigen Gemetzels keineswegs. Kavalleriegefechte sind nicht nur in Gettysburg außerordentlich beliebt. Beim anschließenden »pleasing close-up Calvary Review« präsentierten sich die Kavalleristen ihrem gut gelaunten Publikum mit gezogenen (und scharfen) Säbeln. Die Stimmung auf den Zuschauerrängen war bereits am Tag zuvor beim »Cavalry Tactical«, das zu den außergewöhnlichen, weil selten öffentlich zugänglichen Reenactments gehörte,[35] geradezu euphorisch gewesen. Historisch bezog sich die nach-

35 Auch während der 150. Jahrfeier in Gettysburg gab es nicht-öffentliche Reenactments, so am 5. Juli 2013 das sogenannte »Twilight Tactical«. Ebenso soll es auch

gestellte Szene auf die verspätete Ankunft der unter dem Befehl von General James Ewell Brown Stuart stehenden konföderierten Kavallerie am 2. Juli 1863, doch das Besondere dieser Darbietung bestand darin, dass hier der aus Sicherheitsgründen ansonsten relativ detailliert vorgeschriebene Ablauf zugunsten einer improvisierten und damit offeneren Variante abgewandelt wurde. Diese nicht nur bei den Zuschauern, sondern vor allem auch bei den Teilnehmern beliebte Form des eher freien Spiels eröffnet zweifellos größere Bewegungs- und Handlungsspielräume, die nach Aussagen von Beteiligten den individuellen Erlebniswert des Reenactments erheblich steigern. Die wenigen Regieanweisungen, die sich vor allem auf die Ausgangssituation der sich gegenüberstehenden Reiterverbände beziehen, definieren zwar einen gewissen Handlungsrahmen, doch im anschließenden simulierten Gefecht – so berichten jedenfalls Akteure – soll es dann am ehesten zu jenen magischen Momenten kommen, in denen der Reenactor das Gefühl hat, tatsächlich Handelnder in einem historisch-gegenwärtigen Geschehen zu sein.[36] Die Zuschauer honorierten diese Form der Darbietung jedenfalls mit starkem und lang anhaltendem Applaus. Im Anschluss präsentierten sich die Darsteller sichtbar stolz und hoch zu Ross ihrem begeisterten Publikum – spätestens jetzt hielt es auf den Zuschauerrängen kaum noch jemanden auf seinem Platz.

Ein Ort, an den man gerne geht

Gettysburg gehört zu den prominenten Orten in den Vereinigten Staaten, an denen die US-amerikanische Geschichte in einer Mischung aus patriotischem Gefallenengedenken, historischem Lernort, nationaler Selbstinszenierung und erlebnisorientierter Geschichtsvermittlung sichtbar und greifbar wird. Für viele Amerikaner ist Gettysburg heiliger

unmittelbar vor den offiziellen Feierlichkeiten Gefechtsnachstellungen gegeben haben, die aufgrund der stärker gewaltbetonten Darstellung ohne Publikum stattfanden. Zu *tacticals* vgl. Courteney/Thelin, Returning, S. 14.

36 Vgl. ebenda, sowie u. a. die Beschreibung von Bryan Allred in einem Brief an Randal Allred vom 24. April 1994, in dem es heißt: »The best moments are when I forget that I'm a 20th century man. When I get lost in the perceptual cues and I think for one magic moment that I'm actually a Civil War soldier in the war, then is the moment that all the work and cost and training is trivial and I have my reward.« Vgl. Randal Allred, Catharsis, Revision, and Re-enactment: Negotiating the meaning of the American Civil War, in: Journal of American Culture 19 (1996), Heft 4, S. 1-14, Zitat S. 6. Ähnliche Aussagen findet man in nahezu allen Berichten und Interviews, so auch mit durchaus kritischen Gedanken bei: Turner, Civil War Reenacted, S. 126 ff.

Boden, an dem heute etwa 6000 Tote begraben liegen – nicht nur Soldaten des Civil War, auch Gefallene anderer Kriege, die die Vereinigten Staaten seit 1865 geführt haben. Manch anderer sieht in der Kleinstadt südwestlich von Harrisburg eher eine Art Disneyland des Amerikanischen Bürgerkrieges, ein Zentrum der populären Gedenkkultur, wie sie sich mit und seit dem Civil War an vielen der insgesamt etwa 10.000 Kampfschauplätze entwickelt hat. Die 1863 gerade einmal 2400 Einwohner zählende Stadt ist heute zwar nur dreimal so groß, dafür aber ein touristischer Magnet ersten Ranges. In der Altstadt reiht sich ein Souvenirladen an den nächsten, hier ist alles auf die kommerzielle Vermarktung der *Schlacht bei Gettysburg* ausgerichtet: Vom Rebel BBQ Set bis zum Stars & Stripes-Nagellack, vom unionsblauen Hunde-Cape bis zur täuschend echten Civil-War-Muskete bieten die zahllosen Läden so ziemlich jeden erdenklichen Kitsch, den ein professionelles Merchandising für diesen ebenso speziellen wie lukrativen Souvenirmarkt anzubieten weiß.[37] Seit jeher sind Andenken mit konföderierter Symbolik besonders gefragt, was aber trotzdem nicht hinreichend erklärt, wie ein *Confederate Dream Catcher* zum absoluten Verkaufsschlager avancieren konnte. Die kommerzielle Vermarktung der *Schlacht bei Gettysburg* erweist sich nicht erst in letzter Zeit, aber seit einigen Jahren wieder verstärkt als Seismograph für allgemeine politische Tendenzen in den USA. Die Union gewann zwar vor mehr als 150 Jahren den Bürgerkrieg, den anschließenden Kampf um das Gedenken an der zum wichtigsten Ereignis der US-amerikanischen Geschichte stilisierten Schlacht konnten gleichwohl die Konföderierten häufiger für sich entscheiden.[38]

Wer sich in pompösen viktorianischen Kostümen im nostalgischen Retrostil fotografieren lassen möchte (beworben mit dem Slogan »Take Your Place in History«), schon immer mal an einer nächtlichen Geisterjagd teilnehmen wollte oder einfach nur beabsichtigt, sich am »General

37 Das Gettysburg College verfügt über eine Sammlung von »Artifacts and Memorabilia«, die die Vielfalt des lokalen Souvenirmarktes widerspiegelt, vgl. The Battle of Gettysburg 150th Commemoration Collection MS-150, Gettysburg College, Musselman Library special collections.

38 Vgl. Wolfgang Hochbruck, Geschöpfe des Epimetheus. Veteranen, Erinnerung und die Reproduktion des amerikanischen Bürgerkriegs, Trier 2011, S. 212. Zur US-amerikanischen Gedenkkultur vgl. Thomas J. Pressly, Americans Interpret Their Civil War, Princeton 1954; John Bodnar, Remaking America: Public Memory, Commemoration, and Patriotism in the Twentieth Century, Princeton 1993; Garry W. Gallagher, Lee and his Generals in War and Memory, Louisiana 1998; David W. Blight, Race and Reunion: The Civil War in American Memory, Cambridge 2002; Will Kaufmann, The Civil War in American Culture, Edinburgh 2006; Michel-Rolp Trouillot, Silencing the Past: Power and the Production of History, Boston 2015.

Pickett's All-you-can-eat-Buffet« den Bauch vollzuschlagen, der ist in Gettysburg genau richtig. Doch die weitaus meisten Besucher nehmen das bunte Spaßprogramm zwar rege in Anspruch, wollen aber in erster Linie den historischen Ort erleben. Dazu gehört zum einen der mit Museum, Besucherzentrum und rund 800 Denkmälern und Gedenktafeln insgesamt 23 Quadratkilometer große *Gettysburg National Military Park*, zum anderen der am 19. November 1863 von Abraham Lincoln eingeweihte *Soldiers' National Cemetery*. Letzterer ist neben dem Nationalfriedhof in Arlington/Virginia einer der berühmtesten Ehrenfriedhöfe für die in den US-amerikanischen Militär- und Kriegseinsätzen gefallenen Soldaten.[39] Nicht nur Kriegsveteranen, sondern vermutlich die meisten US-Amerikaner empfinden den Soldatenfriedhof in Gettysburg als sakralen Ort, an dem sie denjenigen ihren Respekt zollen, die nicht nur Opfer dieses Krieges wurden, sondern die nach ihrem Verständnis ihr Leben für die Nation opferten.

This Place is for us – so beschrieb es ein an beiden Beinen amputierter Afghanistan-Veteran, als er während der Feierlichkeiten zum 150. Jahrestag auf die mit Fahnen und Blumen geschmückten Gräber schaute. Gettysburg – das bedeutet für ihn bis heute soldatische Ehre, nationaler Ruhm und tiefe Trauer. Die Geschichte dieses Ortes schließt die wohl berühmteste Rede Abraham Lincolns ein, die er dort am 19. November 1863 hielt.[40] Mit der nur 269 Wörter umfassenden *Gettysburg address* prägte der 16. Präsident der Vereinigten Staaten die Deutung des Civil War so elementar, dass sie nicht nur bis in die Gegenwart nachwirkt, sondern nach seiner Ermordung am 15. April 1865 zu seinem zentralen politischen Vermächtnis wurde. Mit Bezug zur Unabhängigkeitserklärung von 1776, mit der sich eine Nation in Freiheit und Gleichheit gegründet habe, deutete Lincoln den Amerikanischen Bürgerkrieg als eine Art historische Prüfung, »whether that nation or any nation so conceived and so

39 Vgl. zu den Ehrenfriedhöfen in den USA: James Edward Peters, Arlington National Cemetery. Shrine to America's Heroes, Bethesda 2008; Edward Steere, Shrines of the Honored Dead. A Study of the National Cemetery System, Washington D. C. 1954.

40 Vgl. John S. Patterson, A Patriotic Landscape: Gettysburg, 1863-1913, in: Prospects 7 (1982), S. 315-333; Garry Wills, Lincoln at Gettysburg: The Words that Remade America, New York 2006. Zum demokratischen Totenkult in den USA und der Vorstellung eines »living memorial« vgl. Michael Geyer, Amerikanisches Totengedenken. Privatisierung des Leids und Nationalisierung der Toten, in: Manfred Hettling/Jörg Echternkamp (Hg.), Gefallenengedenken im globalen Vergleich. Nationale Tradition, politische Legitimation und Individualisierung der Erinnerung, München 2013, S. 483-513.

dedicated can long endure«.[41] Dass das Sterben der dort in Gettysburg begrabenen Soldaten nicht umsonst gewesen sein dürfe, verband Lincoln mit der für ihn Ende 1863 keineswegs bereits bewältigten Herausforderung, »that this nation under God shall have a new birth of freedom«.[42] Von der Union war nun keine Rede mehr, vielmehr rief Lincoln in tiefer Religiosität dazu auf, für die demokratische und freiheitliche Ordnung der Vereinigten Staaten einzutreten und in der Nachfolge der in Gettysburg Gestorbenen das Überleben eben dieses nationalen Staatswesens zu sichern. Gleichzeitig beschwor er die Wiedergeburt der Nation in Freiheit, was seit seiner »Emancipation Proclamation« vom 1. Januar 1863 auch als Bekenntnis zur Abschaffung der Sklaverei verstanden wurde. Mit der Einweihung des Friedhofs legte er den Grundstein für die Sakralisierung dieses Ortes,[43] denn er transformierte damit das durch Massentod, Kriegsgewalt und Feindschaft verwüstete Schlachtfeld in einen *sacred spot*, einen Ort der Trauer, der Mahnung und der nationalen Einheit (wenn auch zunächst nur für gefallene Unionssoldaten). *The New Birth of Freedom* gehört seither zu den wohl gängigsten wie auch eindringlichsten Formeln US-amerikanischen Selbstverständnisses, wenn es um die Deutung des Civil War geht. Lincolns *Gettysburg address* war und ist zweifellos eines der herausragenden Bezugsereignisse der nationalen Sinnstiftung – ein historischer Moment, der die USA ebenso herausgefordert wie polarisiert hat, der aber auch für die Sakralisierung des Nationalen steht und viele Amerikaner bis heute emotional bindet. In Gettysburg wird der Bürgerkrieg als zweite Geburt der US-amerikanischen Nation zelebriert, gerade weil die politischen Gegensätze damals wie heute unversöhnlich aufeinanderprallen und ansonsten in vielerlei Hinsicht unüberwindbar scheinen.

Zum 150. Jahrestag der Schlacht fanden in Gettysburg unzählige Vortragsveranstaltungen, Exkursionen, Geländeführungen, Ausstellungen und Filmdarbietungen statt.[44] Historiker referierten über berühmte

41 Vgl. die *Gettysburg address* von Abraham Lincoln als handschriftlicher Manuskriptentwurf, https://www.usconstitution.net/i_getty1.html (Zugriff: 19.3.2020).

42 Ebd.

43 Im Bürgerkrieg wandelte sich die Bestattungs- und Gedenkkultur von einer bislang privaten, kirchlichen und kommunalen Angelegenheit zu einer einzelstaatlichen bzw. nationalen Kriegsgräberkultur. Vgl. dazu: Geyer, Amerikanisches Totengedenken, S. 496ff. Dazu auch: Kirk Savage, Standing Soldiers, Kneeling Slaves. Race, War, and Monument in Nineteenth-Century America, Princeton 1997; John R. Neff, Honoring the Civil War Dead. Commemoration and the Problem of Reconciliation, Lawrence/Kansas 2005; John W. Busey (Hg.), The Last Full Measure. Burials in the Soldiers' National Cemetery at Gettysburg, Hightstown 1988.

44 Vgl. The Battle of Gettysburg 150th Commemoration Collection MS-150, Gettysburg College, Musselman Library special collections.

Generäle, über einzelne Regimenter und zivile Tote, Ehrenamtliche führten durch die Ausstellung, erklärten das 1884 von Paul Dominique Philippoteaux geschaffene 360°-Cyclorama und erläuterten die über Jahrzehnte gewachsene Denkmalkultur des *National Military Park*.[45] Die Besucher konnten sich vorzugweise vor oder nach einem Reenactment im Rahmen des »Living History Programs« nicht nur von »General James Longstreet« die Militärstrategie der konföderierten Verbände erklären lassen, auch »General Robert E. Lee«, gespielt von dem legendären Darsteller Al Stone,[46] gab in einem Veranstaltungszelt bereitwillig darüber Auskunft, warum er für das Recht auf Sezession kämpft. Die *American Living History Education Society* informierte die Besucher, wie man ein Civil War Reenactor wird und was der Spaß kostet, andere Experten erläuterten die Komplikationen bei unsachgemäßen Beinamputationen oder referierten über die damals auf dem Schlachtfeld anwesenden Photographen.[47] Wer weniger an inszenierten Lagebesprechungen der konföderierten Generalität interessiert war, schlenderte durch *Sutler Village* oder nahm an einer Hochzeitszeremonie im Biwak der Unionssoldaten teil. Die irritierend sorglose Mischung aus fiktivem Geschichtstheater, erlebnispädagogischen Mitmachangeboten und kommerziellem Schlachtentourismus bildete nicht nur den Kern der professionell aufgezogenen Gesamtinszenierung, die Reenactments waren dadurch auch eingebunden in eine Eventstruktur, die sich trotz und mit der dezidierten Südstaatennostalgie der kollektiven Erzählung von der nationalen Wiedergeburt verpflichtet fühlte. Dass dabei das emotionale Erleben der real anwesenden wie auch der imaginierten nationalen Gemeinschaft im Mittelpunkt stand, blieb niemandem verborgen. Die einzelnen Reenactments waren stets vom gemeinsamen Singen der Nationalhymne oder dem ebenso beliebten *God bless America* gerahmt – bei mehreren zehntausend Zuschauern verfehlte dieses Ritual nicht die intendierte Wirkung, die der Kommentator dann auch mit dem schlichten Satz *I love when we are doing this* emotional zu spiegeln verstand. Viele Besucher hatten spätestens jetzt Tränen in den Augen. Dass sich hier fast ausnahmslos weiße mittelständische US-Amerikaner ihrer Zusammengehörig-

45 Vgl. Jennifer M. Murray, On a great battlefield: the making, management, and memory of Gettysburg National Military Park, 1933-2013, Knoxville 2014.

46 Vgl. Allan K. Stone: GeneraLee Speaking: My Life as a Living Historian, North Charleston 2016.

47 Zu dieser Thematik der Hinweis auf die sehenswerte Ausstellung »Photography and the American Civil War«, die vom 2.4.-2.9.2013 im Metropolitan Museum of Art in New York zu sehen war. Dazu der Katalog: Jeff L. Rosenheim, Photography and the American Civil War, New York 2013.

keit vergewisserten, schien indes für die Anwesenden ebenso selbstverständlich wie unproblematisch zu sein.

Reenactment erweist sich in Gettysburg als Teil einer patriotischen Gesamtinszenierung, die aus der historischen Erfahrung des Bürgerkriegs den politischen Willen, die moralische Pflicht wie auch die nationale Mobilisierung zu schöpfen versucht, mit der – so die gängige Wahrnehmung – eine Spaltung des Landes bisher verhindert werden konnte. Jedenfalls wird Lincolns *Gettysburg address* als dezidierte Handlungsaufforderung verstanden, das Vermächtnis der Toten zu ehren, indem man für Freiheit, Demokratie und Gleichheit einsteht und den Gefallenen und Veteranen an den Jahrestagen der großen Schlachten sowie am jährlichen *Memorial Day* aufrichtig dankt.[48] Doch seit einigen Jahren bleibt diese ebenso tradierte wie populäre Form der Bürgerkriegserinnerung nicht unwidersprochen. Die gegenwärtig erbitterten Auseinandersetzungen über südstaatliche Gedenksymbolik, vor allem seit den rassistisch motivierten Morden in Charleston/South Carolina 2015 und der Polizeigewalt gegen Schwarze wie beispielsweise in Ferguson/Missouri im Jahr zuvor, beziehen sich nicht nur auf die vielerorts existierenden Denkmäler zu Ehren von Robert E. Lee oder J. E. B. Stuart, sondern auch darauf, dass bis vor kurzem noch die Kriegsfahne der Konföderierten vor dem Parlamentsgebäude in Columbia/South Carolina wehte. Zwar ließ die Gouverneurin Nikki Haley die Fahne mittlerweile ins Museum verfrachten und vielerorts wurden umstrittene Denkmäler entfernt, das Problem indes blieb.[49] Die landesweiten Konflikte um konföderierte Gedenkorte und über die weit verbreitete Südstaatennostalgie sind nicht nur angesichts der aktuellen Debatte über den Rassismus in den USA hinlänglich explosiv, sie verweisen auch darauf, wie politisch brisant die kollektive Vergegenwärtigung des Bürgerkrieges bis heute ist, auch wenn sie geschichtskulturell eher als triviales Spektakel daherzukommen scheint. Ob die konföderierte Kriegsflagge schon immer und ausschließlich ein Symbol des Rassismus war, darüber wird nicht nur in Richmond und New Orleans, sondern auch in Baltimore und Boston heftig gestritten, doch evident ist, dass diese Fahne gegenwärtig zweifellos als Symbol für Rassismus und Hass genutzt wird. Neben den sogenannten Traditionalisten, die sich der Geschichte ihrer Vorfahren verpflichtet fühlen und konföderierte Symbolik als ihr kulturelles Erbe betrachten, sammeln sich

48 Vgl. zum *Decoration Day* bzw. *Memorial Day*: Patterson, A Patriotic Landscape, S. 315-333; allgemein: Blight, Race and Reunion, S. 64-97.

49 Zu diesen Auseinandersetzungen vgl. Gary Shapiro, The Meaning of our Confederate Monuments, in: New York Times, May 15, 2017; Karen L. Cox, Why Confederate Monuments Must Fall, in: New York Times, August 15, 2017.

bis an die Zähne bewaffnete und für eine weiße Vorherrschaft in den USA kämpfende Rassisten und Faschisten unter den *Stars and Bars*.[50]

In einer derart aufgeheizten und latent gewalttätigen Stimmung ist die Differenz zwischen einem historischen Erinnerungszeichen, das auf die Geschichte der Memoralisierung des Bezugsereignisses verweist und in diesem Sinne zum geschichtskulturellen Traditionsbestand gehört, und einer politischen Kampfsymbolik, die die im Objekt verdichtete Geschichte für ihre gegenwärtigen Ziele aktualisiert und vereinnahmt, nur noch schwer vermittelbar. Dass der Konflikt über konföderierte Gedenksymbole früher oder später auch in Gettysburg zu Auseinandersetzungen führen würde, war absehbar.[51] Bereits am 5. März 2016 kam es zu Zusammenstößen von gegnerischen Demonstranten auf dem Gelände des *National Military Parks*.[52] Andere Zwischenfälle an den ehemaligen Kriegsschauplätzen des Civil War folgten, in Charlottesville/Virginia befand sich unter den militanten Gruppen dann auch der Ku Klux Klan.

50 Die Geschichte der konföderierten Fahne ist insofern kompliziert, weil es zwischen sechs verschiedenen Varianten, u.a. der *First National Flag* (1861), der *Battle Flag* (1861) und *Naval Jack* (1863), zu differenzieren gilt. Letztere (auf rotem Grund ein weißumrahmtes blaues Schragenkreuz bedeckt mit dreizehn weißen Sternen) wird häufig als *Konföderiertenflagge* oder als *Rebellenflagge* bezeichnet, war aber genau genommen die (quadratische) Kriegsflagge der *Army of Northern Virginia*. Daher sieht man sie während der Reenactments sehr häufig. Davon zu unterscheiden sind wiederum die einzelnen Staatenfahnen der Konföderation. Vgl. Philip R.N. Katcher, Confederate Flags of the Civil War, Chicago 2003.

51 Zum Verhältnis von *Confederate Reenactors* und *Neo-Confederates* vgl. die u.a. auf Interviews beruhende Studie von Mitchell D. Strauss, Identity Construction among Confederate Civil War Reenactors: A Study of Dress, Stage Props, and Discourse, in: Clothing and Textiles Research Journal 20 (2003), Heft 4, S. 149-161. Bemerkenswert ist die von Strauss bei einigen Teilnehmern festgestellte Korrelation zwischen der Identifizierung mit *the southern way of life*, vor allem mit der Idee einer *white hegemony*, und dem empfundenen Status- und Machtverlust innerhalb der US-amerikanischen Gesellschaft. Reenactment werde bei einigen Teilnehmern zu einer sozial legitimierten Form, *white supremacy* öffentlich darzustellen. Die Identifikation mit den durch die konföderierte Uniform symbolisierten Werten zeigt sich u.a. an der historisch nicht zu rechtfertigenden hohen Anzahl konföderierter Flaggen während eines Reenactments, aber vor allem auch dann, wenn »reenactors were required to change sides«, um bei öffentlichen Schlachtennachstellungen auf beiden Seiten etwa gleich viele Teilnehmer zu haben. Für einige von Mitchells Interviewpartnern wäre ein solcher Uniformwechsel *(galvanizing)* unvorstellbar und käme einem Verrat gleich. Vgl. zu dieser Thematik auch: Mike Hill (Hg.), Whiteness: A critical Reader, New York 1997; Blight, Race and Reunion; sowie die 2001 auf History Channel gezeigte und in der Reenactment-Szene umstrittene Dokumentation: »The Unfinished Civil War« von Craig Haffner, https://www.youtube.com/watch?v=OJ7vJ7H6r2U (Zugriff: 19.3.2020).

52 Vgl. Nicole Hensley, Throngs of Confederate Flag supporters and counter-protesters face-off at Gettysburg, in: Daily News, March 5, 2016.

Im Sommer 2017 kursierten im Internet Gerüchte, dass autonome Gruppierungen während der Jahresfeier in Gettysburg die Entweihung von Soldatengräbern planten. Dass es sich dabei um fingierte Meldungen gehandelt haben könnte, blieb ungeklärt, gleichwohl formierten sich daraufhin militante und schwer bewaffnete *Supremacists* auf dem Gelände des *Gettysburg National Military Park*, fest entschlossen, den *hallowed ground* auch mit Gewalt gegen mögliche Angriffe zu verteidigen. Als sich ein Demonstrant während der Aktionen offenbar versehentlich ins Bein schoss, sorgte das bei den Sicherheitskräften verständlicherweise für erhebliche Nervosität.[53] Und eine solche Alarmbereitschaft erwies sich als durchaus berechtigt, da kurze Zeit später in Middletown/Virgina ein Civil-War-Reenactment abgesagt wurde, nachdem eine Rohrbombe gefunden worden war. Und auch in Gettysburg mussten sich die kommunalen Behörden mit derlei Gewalt auseinandersetzen. Als kurz vor dem 154. Jahrestag der *Gettysburg address* bei der Lokalzeitung eine Bombendrohung einging, konnte die jährlich stattfindende historische Parade, an der traditionell auch viele Reenactor teilnehmen, nur unter massivem Polizeischutz abgehalten werden.[54] Gettysburg ist – wie andere ehemalige Kriegsschauplätze des Civil War auch – heute ein Ort der geschichtskulturellen Gegensätze und der politischen Konfrontation.

Streit um Rituale

In der geschichtskulturellen Debatte über Ursachen und Ziele des Amerikanischen Bürgerkriegs verengt sich die Kontroverse gegenwärtig darauf, welche Rolle die Sklaverei und ihre Abschaffung beziehungsweise ihre von der Konföderation angestrebte Beibehaltung für den *War between the States* spielte. Die internationale Forschung hat dazu bereits zahlreiche Studien vorgelegt, die den Civil War in erster Linie als einen für das 19. Jahrhundert typischen Staats- und Nationsbildungskrieg kennzeichnen.[55] Die territoriale Integrität des Staatswesens, die Durchsetzung

53 Vgl. Christopher Mathias/Andy Campbell, Guns and KKK Members at Gettysburg, in: HuffPost, July 5, 2017; Amy Lynne Thomas, AntiFa to Burn Flag and Desecrate Graves in Gettysburg, in: Harrisburg 100, June 13, 2017; Christine Vendel, Armed »patriot« accidentally shoots self in leg at Gettysburg battlefield, in: Pennsylvania Real Time News, July 1, 2017.

54 Vgl. Grace Griffaton, Annual Remembrance Day Parade takes place despite threat in Gettysburg,in: Fox 43, November 18, 2017.

55 Vgl. u. a. McPherson, Battle Cry of Freedom; Udo Sautter, Der Amerikanische Bürgerkrieg 1861-1865, Darmstadt 2009; John Keegan, Der Amerikanische Bürgerkrieg, 3. Auflage, Berlin 2012.

eines kapitalistischen Wirtschaftssystems sowie die Etablierung einer bürgerlichen Gesellschaft markieren dabei die entscheidenden strukturellen Transformationsprozesse.[56] Mit der Kapitulation der konföderierten Armeen am 9. April 1865 endete ein Konflikt, der mit mehr als 600.000 Toten nicht nur verheerende Verluste und gewaltige ökonomische Zerstörungen mit sich brachte, vier Jahre Bürgerkrieg hatten auch ein Land und seine Bevölkerung so tiefgreifend gespalten, dass die Frage nach dem zukünftigen Zusammenleben der einstigen Feinde sowie nach dem nationalen Selbstverständnis eines nur gewaltsam durchsetzbaren Einheitsstaates nahezu unlösbar schien. Als 1864/65 in Atlanta, Petersburg und Selma noch ein erbitterter Stellungskrieg tobte, zeichnete sich schon ab, dass die gesellschaftliche Verarbeitung des Civil War (mit) ausschlaggebend sein würde für die politische, wirtschaftliche wie auch soziale Erneuerung der Vereinigten Staaten. Wie war mit einer kollektiven Gewalterfahrung umzugehen, die zwar zu einer vollständigen militärischen Niederlage der Konföderation geführt hatte, die aber trotz des republikanischen Triumphes die dem Konflikt zugrunde liegenden strukturellen Probleme nicht einmal annähernd gelöst hatte? Während der *Reconstruction* zwischen 1865 und 1877 wurden die ehemaligen *Rebellenstaaten* nicht nur relativ zügig in die Union eingegliedert,[57] die Vereinig-

56 Der moderne Nationalstaat mit einheitlichem Territorium und zentraler Hoheitsgewalt war auch in den USA ebenso wie in Europa nicht nur Ausgangspunkt, sondern zunächst einmal Ergebnis kriegerischer oder zumindest doch außerordentlich destruktiver Auseinandersetzungen. Die gravierenden ökonomischen, politischen, gesellschaftlichen wie auch kulturellen Unterschiede zwischen dem Norden und dem Süden der USA hatten sich bereits in der ersten Hälfte des 19. Jahrhunderts zugespitzt. Eine feudal-agrarwirtschaftliche Sklavenhaltergesellschaft mit einem religiös konnotierten Rechts- und Verfassungsverständnis stand einer auf kapitalistischer Marktwirtschaft basierenden Zentralgewalt in Washington D.C. gegenüber, die ihrerseits für sich in Anspruch nahm, einen von Gott gewollten, auf Gleichheit, Demokratie und Freiheit gründenden Nationalstaat durchsetzen zu wollen. Der Konflikt zwischen einzelstaatlicher Souveränität mit dem Recht auf Sezession und dem Universalanspruch eines modernen und demokratisch verfassten Einheitsstaates befeuerte einen Verfassungsstreit, der sich nicht nur, aber im Laufe des Bürgerkrieges immer expliziter an der *peculiar institution*, also an der in den Südstaaten rechtlich legitimierten Sklaverei, festmachte. Als am 20. Dezember 1860 South Carolina den Austritt aus der Union erklärte und andere Sklavenhalterstaaten dazu aufforderte, diesem Beispiel zu folgen, war der vier Monate später mit dem Angriff auf Fort Summer beginnende Sezessionskrieg vermutlich schon nicht mehr abzuwenden. Vgl. Hochgeschwender, Bürgerkrieg, S. 8.

57 Vgl. Eric Foner, Reconstruction. America's Unfinished Revolution, 1863-1877, New York 1988. Für den Amerikanischen Bürgerkrieg existieren je nach Deutungsperspektive unterschiedliche Bezeichnungen. »Civil War« ist mittlerweile sicherlich die gängigste, »War between the States« impliziert die südstaatliche Auffassung, dass es sich um einen zwischenstaatlichen Krieg gehandelt habe, während »Rebel-

ten Staaten transformierten sich im Anschluss an den noch von Abraham Lincoln durch den Kongress gebrachten und am 18. Dezember 1865 endgültig ratifizierten XIII. Verfassungszusatz zu einer (weiterhin von massiver Gewalt geprägten) Rassengesellschaft, die bis in die 1960er Jahre hinein trotz formaler Gleichstellung auf einer gesetzlich verankerten Segregationspolitik beruhte. Die Eingliederung der konföderierten Staaten in die Union ging mit einem rekonziliatorischen Rassismus einher, der die schwarze Bevölkerung in allen Bundesstaaten zu Bürgern zweiter Klasse machte.[58] *Separate, but equal* lautete die zynische Formel, mit der schließlich der Supreme Court 1896 die Rassentrennung als verfassungskonform legalisierte und damit zugleich die Memoralisierung des Civil War für die nächsten Jahrzehnte prägte.

Die gesellschaftliche Auseinandersetzung und Verarbeitung des Amerikanischen Bürgerkrieges verlief vor diesem Hintergrund alles andere als einheitlich. Das bis weit ins 20. Jahrhundert hinein wirkende und als *Lost Cause* bezeichnete Deutungsnarrativ, mit dem sich der Süden als zwar militärisch besiegt, aber doch ehrenhaft und für eine gerechte Sache kämpfend stilisierte, kann in seiner Wirkung wohl kaum überschätzt werden.[59] In weiten Teilen der ehemaligen konföderierten Staaten war dieses auf diffuse Freiheitsideale, männliche Ehre und einzelstaatliche Souveränität rekurrierende Selbstbild rassistisch und zuweilen extrem gewalttätig konnotiert.[60] In den konföderierten Veteranenverbänden wie den 1889 gegründeten *United Confederate Veterans* (UCV) und ihren Nachfolgeorganisationen verfolgte man eine vor allem durch die Errichtung von Denkmälern und durch das Abhalten zeremonieller Paraden geprägte Gedenkpolitik, die nicht nur Robert E. Lee und andere Generäle zu Kriegshelden verklärte, sondern die auch konföderierte Symbole im Sinne des *Lost Cause* für sich vereinnahmte und mit einem als südstaat-

lion« eher das Aufständische gegen die Zentralregierung in Washington betont. Die verschiedenen Termini werden hier wertneutral benutzt.

58 Vgl. Blight, Race and Reunion, S. 381-397.

59 Vgl. G. Foster, Ghosts of the Confederacy. Defeat, the Lost Cause, and the Emergence of the New South, New York 1987; Gary W. Gallagher/Alan T. Nolan (Hg.), The Myth of the Lost Cause and Civil War History, Bloomington/Indiana 2000; Neff, Honoring the Civil War Dead; Gary W. Gallagher, Causes Won, Lost, and Forgotten, Chapel Hill 2008; Hochbruck, Geschöpfe des Epimetheus, vor allem S. 162 ff.

60 Der Ku Klux Klan wurde 1866 von konföderierten Veteranen gegründet und gehörte aufgrund seiner brutalen Gewaltausübung gegenüber Schwarzen zu den berüchtigten paramilitärische Gruppen, die während der *Reconstruction* das Land terrorisierten. 1915 wurde der Klan wieder gegründet und hatte zeitweise bis zu vier Millionen (1924) Mitglieder. Vgl. Elaine F. Parsons, Ku-Klux: The Birth of the Klan during Reconstruction, Chapel Hill 2015.

lich deklarierten Wertesystem zu identifizieren verstand. Obgleich in der Union von Beginn an die Unteilbarkeit des Gemeinwesens sowie die auf Freiheit, Gleichheit und Demokratie beruhende Staatsordnung im Zentrum der gedenkkulturellen Anstrengungen standen, waren diese eher patriotisch-liberalen Deutungsvarianten, wie sie zum Beispiel vom 1866 gegründeten Veteranenverband *Grand Army of the Republic* (GAR) vertreten wurden, mit denen des Südens nicht gänzlich unvereinbar. Eine auf Versöhnung ausgerichtete Sicht auf den Civil War, wie sie sich zwischen 1880 und 1930 in den USA entwickelte, ermöglichte und realisierte die ansonsten schwer vorstellbare Wiederannäherung einer zerrissenen Nation. *Reconciliation* steht seither für ein Paradigma, das den Amerikanischen Bürgerkrieg als *Birth of a Nation*[61] interpretierte und mit genau diesem Verständnis ein Transformationsnarrativ etablierte, das die kollektive Gewalterfahrung des Bürgerkrieges in den Gründungsmythos einer unter hohen Verlusten geeinten Demokratie umzudeuten verhalf. Die einstigen Konflikte verschwanden hinter dem Bekenntnis zu einer nationalen Blutsgemeinschaft, die die Erfahrungen von Sklaverei, Rassismus und Gewalt nun ebenso entschieden wie ignorant beiseiteschob. Der Bürgerkrieg hatte sich nach dieser Logik an einem »verfassungsrechtlichen Missverständnis« entzündet, das man nun durch die Propagierung doppelter Loyalitäten meinte aus der Welt geschafft zu haben.[62] Diese narrative Überschreibung der ausgeübten und erlittenen Gewalt war allerdings nur unter Inkaufnahme signifikanter Ausblendungen anderer Kriegserfahrungen zu haben. Letztlich führte erst die in den 1950er Jahren einsetzende Bürgerrechtsbewegung und die damit einhergehende Liberalisierung der US-amerikanischen Gesellschaft dazu, dass der bis dahin dominierende rassistisch-paternalistische Konsens grundsätzlich in Frage gestellt wurde und sich in der Konsequenz allmählich eine vielfältige, wenn auch weiterhin umkämpfte Vergegenwärtigung des Bürgerkrieges etablieren konnte.

Ob es sich bei dem 1822 in Lexington/Massachusetts zum 47. Jahrestag der gleichnamigen Schlacht des Amerikanischen Unabhängigkeitskrieges unter Mitwirkung von zwanzig Veteranen durchgeführten Reenactment um das erste seiner Art handelte, muss hier offenbleiben. Unstrittig ist hingegen, dass sich diese Form des aktiven Kriegsspiels in

61 Vgl. hierzu den gleichnamigen und von David W. Griffith produzierten Stummfilm aus dem Jahr 1915, der mit genau diesem Narrativ die Grundlage legte für spätere filmische Deutungsangebote, so auch für den 1939 entstandenen Klassiker *Gone with the wind.* Vgl. zu »The Birth of a Nation« Hochbruck, Geschöpfe des Epimetheus, S. 374-383.

62 Vgl. Hochgeschwender, Bürgerkrieg, S. 134.

den USA unmittelbar aus der Veteranenkultur heraus entwickelte.[63] Somit ist davon auszugehen, dass das Wieder-Aufführen von Schlachten Mitte des 19. Jahrhunderts als Gedenkform bereits ausgebildet war, und es kann dementsprechend kaum überraschen, dass sich auch nach dem Ende des Bürgerkrieges 1865 solche zeremoniellen Nachahmungen an den jeweils zentralen Orten des Kriegsgeschehens entwickelten.[64] In Gettysburg war dafür ohnehin schon der Weg bereitet.[65] Bereits am 25. Juli 1863, also wenige Wochen nach dem Ende der Kampfhandlungen, begannen Verhandlungen, wie das ehemalige Schlachtfeld als nationaler Gedenkort erhalten werden könnte. Die daraufhin gegründete *Gettysburg Battlefield Memorial Association* (GBMA) verfolgte in den nachfolgenden Jahren ebenso wie die Veteranenverbände und diverse lokale Initiativen das Ziel, in unmittelbarer Nähe des noch von Abraham Lincoln eingeweihten Friedhofs einen Ort der Mahnung und Trauer, aber eben auch einen Ort der Versöhnung zu schaffen.[66]

Ebenso wie an anderen Kriegsschauplätzen trafen sich seit den 1870er Jahren regelmäßig Kriegsveteranen in Gettysburg, zum einen, um auf dem Gelände die ehemaligen Kampflinien der zentralen Gefechte zu markieren und somit die Entstehung eines nationalen Gedenkortes zu unterstützen, zum anderen boten diese Treffen aber auch hinreichend Gelegenheit, die politisch intendierte Versöhnungspolitik zwischen *Blue & Gray* voranzutreiben. So kamen im Juli 1887 mehrere hundert konföderierte und Unionsveteranen nach Gettysburg, die sich am 3. Juli 1863 bei *Pickett's Charge* noch als erbitterte Feinde gegenübergestanden

63 Die Phase des Übergangs beschreibt Wolfgang Hochbruck unter Einbeziehung filmischer Darstellungen folgendermaßen: »veterans reenacting themselves, veterans side by side with youth reenacting them, ceremonial veterans on the set, and reenactors as rejuvenated replacements for the veterans«. Vgl. Wolfgang Hochbruck, Reenacting Across Six Generations, in: Sarah Willner/Georg Koch/Stefanie Samida (Hg.), Doing History. Performative Praktiken in der Geschichtskultur, Münster 2016, S. 97-116, hier S. 99. Zur Geschichte der Veteranenkultur in den USA vgl. Wallace Evan Davies, Patriotism on Parade. The Story of Veterans' and Hereditary Organizations in America, 1783-1900, Cambridge 1955.

64 Die GAR veranstaltete bereits in den 1870er Jahren sogenannte *encampments*, bei denen Veteranen teilweise in ihren alten Uniformen nicht nur soldatisches Beisammensein aufleben ließen, sondern auch Gefechte nachstellten. Später als *National Guard* bezeichnete Einheiten spielten dabei die konföderierten Gegner. Die *Sons of Union Veterans of the Civil War* veranstalten seit 1882 jährlich solche Treffen. Vgl. Tom Dunning, Civil War Reenactment: Performance as a Cultural Practice, in: Australian Journal of American Studies 21 (2002), Heft 1, S. 63-73.

65 Hierzu der lesenswerte Beitrag von Edward Tabor Linenthal, Gettysburg, in: ders., Sacred Ground: Americans and Their Battlefields, Urbana 1991, S. 89-126.

66 Vgl. zur Geschichte des *Gettysburg National Military Park*: Murray, On a great Battlefield.

hatten. Der Historiker John B. Bachelder, einer der ersten Direktoren der *Gettysburg Battlefield Memorial Association*, berichtete über diese Begegnung auf dem ehemaligen Schlachtfeld, dass die »Southerness marched up to the right of the Northern column and halted, and [...] by a common impulse of American Humanity [...] the two commands moved forward and spontaneously grasped each other's hands«.[67] Der ehemalige Kommandeur des 53rd Virginia Infantry Regiment, William R. Aylett, sah darin eine in ihrer Wirkungskraft einmalige symbolische Versöhnungsgeste, die er mit den Worten festhielt, dass »above the ashes left by the War [...] we have created a new empire«.[68] Kaum verwunderlich ist es daher, dass ein Jahr später während der 25. Jahresfeier der Schlacht bereits eine Versöhnungsrhetorik vorherrschte, mit der die Redner nicht müde wurden zu betonen, dass auf diesen Schlachtfeldern das neue *America* geboren worden sei. »Today there are no victors [...] as Americans we may all claim a common share«.[69] Gleichwohl gab es auch kritische Stimmen, die auf die eine oder eben auf die andere Weise explizit die weiterhin bestehenden Differenzen zwischen *Blue* und *Gray* hervorhoben. Die Südstaatenfahne stehe für Hochverrat und Rebellion, und diese Tatsache sei auch nach dem Ende des Krieges von ebenso gravierender wie weiterhin strittiger Relevanz.[70] Doch das waren zu dieser Zeit bereits Einzelstimmen, die in den nachfolgenden Jahren immer stärker in den Hintergrund traten. 1888 wurde die Versöhnungsgeste, die nun als »handshakes at the wall« bezeichnet wurde, bereits als Ritual am historischen Ort inszeniert. Als

> the »Boys« reached the Bloody Angle all left the carriages – the spot where they met in the actual tug of war was before them. [...] in a moment each had taken their own sides of »Auld Lang Syne«, and they

67 Vgl. »Reunions and Veterans Meetings at Gettysburg«, Gettysburg National Military Park Library (GNMPL) files, Park History 11-60; dazu auch: John W. Frazier, Gettysburg: Reunion of the Blue and Grey, Philadelphia 1906; ebenso: Linenthal, Sacred Ground, S. 94 ff.; Carol Reardon, Pickett's Charge in History and Memory, Chapel Hill 1997, S. 179 ff.

68 Zit. n. Frazier, Gettysburg, S. 103.

69 So der demokratische Kongressabgeordnete Major-General Daniel E. Sickles, der während der Schlacht bei Gettysburg im 3rd Corps gekämpft und am zweiten Tag der Schlacht ein Bein verloren hatte, in seiner Ansprache 1888, zit. n. Linenthal, Sacred Ground, S. 95.

70 Vgl. Reardon, Pickett's Charge, S. 84-107. Es existierten darüber hinaus immer wieder Konflikte wegen der Errichtung von Monumenten auf dem ehemaligen Schlachtfeld. Vgl. John Tregaskis, Souvenir of the Re-Union of the Blue and the Gray on the Battlefield of Gettysburg, July 1, 2, 3 and 4, 1888, New York 1888, Kapitel XX (S. 186-198).

were shaking hands across it. No more fighting now. Silence, dead silence, fell upon them, and then one mighty cheer rose upon the air, repeated again. Changing individual positions up and down the line, the warm clasps were repeated and the cheering was resumed. The scene was a memorable one.[71]

Bis zum 50. Jahrestag der *Schlacht bei Gettysburg* im Juli 1913 hatten sich diese Rituale des Gedenkens durch stete Wiederholung bereits verfestigt. Eine Gesellschaft, die fünfzig Jahre nach Kriegende die Rassentrennung als ihre natürliche Ordnung empfand, vergegenwärtigte auch den Civil War streng getrennt. Alle 53.407 Kriegsveteranen, die anlässlich dieses runden Jahrestages aus 46 Bundesstaaten nach Adams County kamen und dort mehrere Tage nationale Einheit, soldatische Ehre und innige Versöhnung zelebrierten, waren weiße Amerikaner, was einmal mehr demonstrierte, wie nachhaltig sich das Narrativ des *Lost Cause* und die Politik der *Reconciliation* trotz einer überaus simplen und stets angestrengt wirkenden Rhetorik in den fünf Jahrzehnten seit dem Bürgerkrieg durchgesetzt hatten.[72] Gettysburg war nicht nur der zentrale Ort, an dem dieses Paradigma in seiner ganzen Eindringlichkeit Gestalt annahm, Gettysburg war auch der Ort seiner zeremoniellen Perfektion. 120 Unionsveteranen, die am 3. Juli 1863 bei *Pickett's Charge* gekämpft hatten, bildeten nun zur exakt gleichen Uhrzeit am historischen Steinwall eine Linie, während sich nordwestlich davon 180 ehemalige Soldaten der *Philadelphia Brigade Association* formierten und – wie fünfzig Jahre zuvor – auf den Steinwall zu marschierten. Beide Seiten präsentierten zunächst ihre jeweiligen Kriegsfahnen, als »the standard bearer of the silken emblem of our United country, unfurling it on the Stone Wall, ran forward and held it above the two battle flags«. Kurz darauf standen sich dann die hochbetagten und zudem häufig auch kriegsversehrten Veteranen, »who half a century before had fought over it with bayonets and butts of muskets«, direkt gegenüber, »clasped hands and buried their faces on each other's

71 Tregaskis, Souvenir of the Re-Union, S. 197.

72 Insgesamt haben etwa drei Millionen Amerikaner im Civil War gekämpft. Unter den zwei Millionen Angehörigen der Unionsarmeen waren 179.000 schwarze Soldaten. Nach 1880 setzte sich auch in den Veteranenverbänden der Union die Segregation durch. Zum 50. Jahrestag der Schlacht bei Gettysburg 1913 hielten schwarze Veteranen unweit der Stadt eine eigene Gedenkfeier ab. Vgl. Evan Preston, »All May Visit the Big Camp«: Race and the Lessons of the Civil War at the 1913 Gettysburg Reunion, in: The Gettysburg College Journal of the Civil War Era 2 (2011), S. 66-88. Preston kritisiert die Darstellung von Carol Reardon, die sich auf den Unionsveteran Walter H. Blake beruft, weil es sich bei den von Blake erwähnten Schwarzen wohl nicht um Veteranen, sondern um Personal gehandelt hat; vgl. Reardon, Pickett's Charge, S. 188.

shoulders«. Begleitet wurde dieser Akt der Versöhnung by »a mighty shout of praise burst forth from the thousands of interested spectators who had caught the spirit of the occasion«.[73] Der Kongressabgeordnete J. Hampton Moore individualisierte in seiner Rede die dem Bürgerkrieg zugrunde liegenden Konflikte im Sinne des nationalen Versöhnungsprojektes, indem er sie zu allenfalls »thrilling reminiscenes« individueller Lebensgeschichten erklärte:

> You meet again here at the ›Bloody Angle‹, the very zenith of the mighty current of the war, not as furious, fighting champions of State or Section, but as messengers of peace; as men and brothers, loyal to a common country, united under one flag – the »Stars and Stripes«. In thus assembling, mindful of your past differences only as thrilling reminiscences in the story of your lives, you are manifesting the highest, the truest qualities of patriotism.[74]

Naturgemäß lichteten sich in den Jahren nach dem 50. Jubiläum die Reihen der Kriegsveteranen. Beim 75. Jahrestag der *Schlacht bei Gettysburg* im Jahr 1938 waren noch 2500 ehemalige Soldaten anwesend, die alle deutlich über neunzig Jahre alt waren.[75] Auch sie pflegten die nun bereits ritualisierte Versöhnungsgeste am *Cemetery Ridge*, allerdings mit nur noch etwa dreißig aktiven Teilnehmern.

73 Commonwealth of Pennsylvania, Fiftieth Anniversary of the Battle of Gettysburg. Report of the Pennsylvania Commission, 31.12.1913, Harrisburg 1913, S. 171. Zu den Jahresfeiern vgl.: Stan Cohen, Hands across the Wall. The 50th and the 75th Reunion of the Gettysburg Battle, Charleston 1982; Reardon, Pickett's Charge; John Heiser, The Great Reunion of 1913, Gettysburg 1998; James Rada Jr., No North, No South … The Grand Reunion at the 50th Anniversary of the Battle of Gettysburg, Gettysburg 2013.

74 Commonwealth, Fiftieth Anniversary, S. 169; ebenso andere Kommissionsberichte, u. a.: State of New York, Fiftieth Anniversary of the Battle of Gettysburg 1913. Report of the New York State Commission, Albany 1916; Rhode Island Commission, Report of the Rhode Island Fiftieth Anniversary of the Battle of Gettysburg Commission, Providence 1914; State of Vermont, Vermont at Gettysburg July 1863 and fifty years later, Rutland/Vermont 1914. Die 50. Jahrfeier 1913 endete mit einer vor etwa 15.000 Veteranen gehaltenen Ansprache von Präsident Woodrow Wilson, der als expliziter Befürworter der Rassentrennung im November 1912 in das höchste Staatsamt gewählt worden war. An den bei vielen Veteranen auf Kritik stoßenden, weil nur 45 Minuten dauernden Besuch des Präsidenten schloss sich ein fünfminütiges Schweigen an sowie das seit dem Bürgerkrieg als militärische Totenehrung übliche Trompetensolo *Taps*.

75 Vgl. zum 75. Jahrestag die Filmdokumentation »Gettysburg 1938. The Last Reunion of the Blue & Gray. The 75th Anniversary of the Battle of Gettysburg on DV«, Kearny/New Jersey 2003.

Abb. 7: Veteranen der *Philadelphia Brigade Association* und der *Pickett's Division Association* reichten sich am 3. Juli 1913 in Gettysburg »at the Stone Wall« die Hände

Abb. 8: Einige noch lebende Veteranen beider Armeen reichten sich auch 1938 zum 75. Jahrestag in Gettysburg die Hände

Dass die bisher von Veteranen geprägte Gedenkkultur ihrem Ende entgegenging und sich damit ein Einschnitt in der nationalen Memoralisierung des Civil War vollzog, schlug sich auch in der Symbolsprache nieder. Zu den bereits Hunderten von Denkmälern und Gedenktafeln, die seit 1865 auf dem *Gettysburg National Military Park* errichtet worden waren, kam am 3. Juli 1938 mit dem *Eternal Light Peace Memorial* ein weiteres, ebenso monumentales wie symbolträchtiges Denkmal hinzu. Präsident Franklin Roosevelt weihte die auf einem Granitsockel errichtete dreizehn Meter hohe Stele in Anwesenheit von 1900 Kriegsveteranen und etwa 250.000 Zuschauern ein, wohl wissend, hiermit nicht nur den jahrzehntelangen Prozess der nationalen Versöhnung und die Umdeutung des Bürgerkrieges in ein Friedensnarrativ zu erneuern, sondern mit dem Symbol des ewigen Lichts gleichzeitig zum Ausdruck zu bringen, dass der Übergang in eine Zeit, in der es keine direkten biographischen Bezüge zum Civil War mehr gibt, schon bald vollzogen sein würde.[76] Am 19. November 1959 starb der vermutlich letzte Kriegsveteran – der Tod von Walter G. Williams besiegelte unwiderruflich das Ende einer maßgeblich von Veteranen und ihren unmittelbaren Nachfahren geprägten Gedenkkultur.[77] Die damit verbundenen Herausforderungen, vor allem die Verständigung über nunmehr andere Formen des kollektiven Gedenkens, erwiesen sich als überaus konfliktträchtig, wie bereits die 1957 beginnenden Vorbereitungen für die Hundertjahrfeiern zeigten. Unter Vorsitz von Ulysses S. Grant III, Enkel des gleichnamigen Generals und ehemaligen Präsidenten, konstituierte sich die staatliche

76 Roosevelt bezeichnete Gettysburg in seiner Ansprache als »shrine of American liberty«, und in den zahlreichen Ansprachen zum 75. Jahrestag wurde angesichts der weltpolitischen Lage 1938 immer wieder darauf verwiesen, dass »the meaning of Gettysburg is that no sacrifice is too great for the preservation of an united Nation and the defense of its priceless guarantees of individual freedom«; vgl. »75th Anniversary and Grand Reunion, 1938«, GNMPL files, Park History 11-62: ebenso: Linenthal, Sacred Ground, S. 97.

77 Über die tatsächlichen oder vermeintlich letzten Veteranen des Amerikanischen Bürgerkrieges gibt es erhebliche Kontroversen. Einige haben diese Ehrung fälschlicherweise für sich beansprucht. Ob Walter G. Williams tatsächlich der letzte Überlebende des Civil War war, ist aufgrund widersprüchlicher Angaben bis heute unklar. Unumstritten ist hingegen, dass der drei Jahre zuvor im Alter von 106 Jahren verstorbene Albert Woolson der letzte noch lebende Unionssoldat war. Vgl. Interview mit Walter Williams am 1. April 1959, in: University of Florida, Digital Collections, Confederate Veterans Oral History Collection, http://ufdc.ufl.edu/UF00007477/00001/1j (Zugriff: 19.3.2020). Zum Zusammenhang von Veteranenkultur und Kommerzialisierung des Civil War vgl. Hochbruck, Geschöpfe des Epimetheus, S. 247-254, zum 75. Jahrestag der Schlacht bei Gettysburg 1938 vgl. ebd., S. 453ff.

Civil War Centennial Commission (CWCC), die sich in den Jahren bis 1965 nicht nur mit der durch die beginnende Bürgerrechtsbewegung in Frage gestellten Rassentrennung, sondern auch mit der wachsenden Popularität von Reenactments an den historischen Kriegsschauplätzen des Civil War konfrontiert sah.[78] Immer mehr Amerikaner zeigten großes Interesse an Living-History-Angeboten, die der *National Park Service* (NPS) mittlerweile mit der Absicht organisierte, »to draw viewers into history in an intimate way, so they might capture for (themselves) the actual scene at Gettysburg 100 years ago«.[79] Dazu gehörte weiterhin die auf *Pickett's Charge* rekurrierende und bereits jahrzehntelang ritualisierte »Reunion at the High Water Mark«, die am 3. Juli 1963 zum 100. Jahrestag erstmals in dieser Größenordnung ohne Kriegsveteranen stattfand. Nun zelebrierten insgesamt tausend Angehörige der *Sons of Union Veterans* und der *North-South Skirmishers Association* vor etwa 45.000 Zuschauern das als »handshakes at the wall« bereits legendäre Versöhnungsritual am *Cemetery Ridge*. Zur exakt gleichen Uhrzeit um drei Uhr nachmittags

78 Zum 100. Jahrestag der Schlacht bei Gettysburg vgl. Commonwealth of Pennsylvania, One Hundredth Anniversary of the Battle of Gettysburg and Lincoln's Gettysburg Address Commission, Harrisburg 1964. 1961 kam es innerhalb der *Civil War Centennial Commission* zu schweren Konflikten. Anlass war die Hotelunterbringung des aus New Jersey stammenden schwarzen Delegationsmitgliedes Madaline A. Williams während der vierten Jahrestagung der CWCC in Charleston. Mrs. Williams war es nach den geltenden Rassegesetzen des Staates South Carolina nicht erlaubt, gemeinsam mit den anderen Kommissionsmitgliedern im *Francis Marion Hotel* zu wohnen. Nach Protesten der Kennedy-Administration und der *National Association for the Advancement of Colored People* (NAACP) sowie einer unmissverständlichen Stellungnahme des Präsidenten John F. Kennedy wurde der Kommissionspräsident Ulysses S. Grant III nach vierjähriger Amtszeit von dem Historiker Allan Nevins abgelöst. Auch der geschäftsführende Direktor, der Unternehmer Karl S. Betts, musste sein Amt zur Verfügung stellen. Vgl. die Studie von Robert J. Cook, Troubled Commemoration: The American Civil War Centennial 1961-1965, Baton Rouge 2007; ebenso: Victor Gondos Jr., Karl S. Betts and the Civil War Centennial Commission, in: Military Affairs 27 (1963), S. 49-70; John A. Braden, The Centennial and Reenacting, in: Camp Chase Gazette, 1. 11. 2010, S. 19-24; Christopher Bates, Civil Rights Meets the Civil War Centennial: the 100th Anniversary Reenactments of Manassas and Gettysburg, in: Directions in Cultural History 21 (2005-2006), S. 16-32. Die Konflikte um die Hundertjahrfeiern beleuchtet für Alabama: Kristopher A. Teters, Albert Murton Moore and Alabama's Centennial Commemoration of the Civil War: The Rhetoric of Race, Romance, and Reunion, in: Alabama Review 66 (2013), Heft 2, S. 122-152.

79 »100th Anniversary of Battle of Gettysburg«, GNMPL files, Park History 11-63. Vgl. ebenso: Jack McLaughlin, Gettysburg: the Long Encampment. The Battle, the Men, the Memories, New York 1963.

> 500 men in Gray, with Stars and Bars flying, started to cross the field. The men were grouped in a number of small units. Each one represented a unit thirty times larger which had actually followed Pickett's command. Meanwhile, on Cemetery Ridge, [...] an equal number of men in Blue advanced to defense positions at the »Bloody Angle« of the »Stone Wall«. This men in Blue awaited the oncoming men in Gray. [...] As each unit stopped, its flag was lowered – a symbolic indication that it had been decimated. All of this was accompanied by pre-recorded sound effects of rifle fire, rebel yells, battle cries and music, giving a realistic impression of the din of battle. At the climax of the noise and confusion there was a sudden silence. »Recall« was sounded on a single live trumpet. Instantly the men who had been representing both sides became »present day« Americans.[80]

Zum Abschluss bildeten die Darsteller einen *hallow square* an genau der Stelle, wo General Lewis Addison Armistead tödlich verwundet worden war.[81] Mit dem Hissen der *Stars and Stripes* einschließlich militärischem Salut und Nationalhymne endete eine Zeremonie, die sich zwar an das rituelle Vorbild der letzten Jahrzehnte anlehnte, aber dennoch durch einzelne Elemente der Tatsache Rechnung trug, dass hier tatsächliche und selbsternannte Nachfahren der Bürgerkriegssoldaten das historische Geschehen wieder-aufführten. Die Kriegsveteranen hatten weder Uniformen, Waffen noch Soundeffekte benötigt, um ihre Nachstellung des Gefechtes zu legitimieren. Sie beglaubigten das Dargestellte allein durch ihre Anwesenheit. Beim Reenactment griff man hingegen auf verschiedene Hilfsmittel zurück, um die bestehende Kluft der Erfahrung zu kompensieren. Die Objekte wie auch die Inszenierung sollten die Authentizität des Dargebotenen bezeugen, gerade weil die Kriegsveteranen diese Funktion nicht mehr ausüben konnten. Die Objekte erlangten fortan eine immense Bedeutung für die Legitimation des simulierenden Spiels. Gleichzeitig organisierte das Ritual am *Cemetery Ridge*, wie es 1963 entstand, den symbolischen Wechsel zwischen Vergangenheit und Gegenwart. Als die ehemaligen Soldaten noch lebten, war ein solches Ritual nicht notwendig gewesen, denn die Kriegsveteranen selbst waren ja die Verbindung zwischen Vergangenheit und Gegenwart. Nun aber markierte das Trompetensignal als Zeichen des Rückzugs während der Schlacht zugleich die Rückkehr in die Gegenwart des Jahres 1963 und leitete auf diese ebenso galante wie eindrückliche Weise über zum militärischen

80 Commonwealth of Pennsylvania, One Hundredth Anniversary, S. 35-36.

81 Der Brigadegeneral war genau dort tödlich verwundet worden, wo die konföderierten Truppen die Unionslinien durchbrochen hatten.

Gedenken an die gefallenen Soldaten und dem gemeinschaftlichen Bekenntnis zur Nation. Der dadurch entstehende Augenblick des Innehaltens zwischen Damals und Jetzt konservierte rituell genau den historischen Moment, als am 3. Juli 1863 an der sogenannten *High-Water Mark* die Entscheidung fiel, dass die Schlacht für die Union gewonnen und für die Konföderation verloren war. Nie zuvor waren konföderierte Truppen so weit auf das Territorium der Nordstaaten vorgedrungen wie an diesem Nachmittag. Und es sollte ihnen in den verbleibenden 21 Monaten, die der Bürgerkrieg nach der *Schlacht bei Gettysburg* noch andauerte, auch nicht wieder gelingen.

The South may have lost the war

Die Etablierung von Reenactments als populäre Form der Geschichtsaneignung verlief im Umfeld der Hundertjahrfeiern zwischen 1961 und 1965 keineswegs konfliktfrei. Seit den 1950er Jahren hatten sich landesweit sogenannte *Civil War Round Tables* (CWRT) gebildet, in denen sich vornehmlich *Buffs* für die gesellschaftliche Auseinandersetzung mit dem Civil War engagierten.[82] Dabei handelte es sich um Zusammenschlüsse mit teilweise mehreren hundert, meist bürgerlichen, gut situierten und nicht selten prominenten Mitgliedern, die für einen eher populären und kommerziellen Umgang mit der Geschichte des Bürgerkrieges eintraten und dafür intensiv Lobbyarbeit leisteten. Neben dem CWRT in Washington gehörten die Gruppen in Chicago, New York, Richmond und Lexington zu den einflussreichsten Zirkeln. Bereits 1950 hatte sich zudem die bis heute bestehende *North-South Skirmish Association* gegründet, ein Zusammenschluss, der sich im Zuge des nach dem Zweiten Weltkrieg erneut anwachsenden Interesses am Civil War dem Wieder-Aufführen von Bürgerkriegsschlachten verschrieben hatte.[83] Gleichzeitig wurden im Vorfeld der Hundertjahrfeiern zahlreiche wissenschaftliche wie auch archivalische Großprojekte initiiert. Die seit 1953 in der Civil War

82 Vgl. Cook, Troubled Commemoration, S. 15-50.

83 Vgl. den Bestand »North-South Skirmish«, in: National Archives at College Park (MD), Record Group 79: Records of the National Park Service (1785-1990), Records of the Civil War Centennial Commission 79.13.5, Box 90, 1957-66. Die *North-South Skirmish Association* hat heute circa 3500 Mitglieder und sieht ihre Aufgabe darin, »to commemorate the heroism of the men, of both sides, who fought in the American Civil War. The N-SSA promotes the safe and competitive shooting of Civil War firearms and artillery while wearing Civil War uniforms«. Vgl. Selbstdarstellung des Verbandes auf seiner Homepage, http://www.n-ssa.org/about-nssa/ (Zugriff: 19.3.2020).

Centennial Association (CWCA) zusammengeschlossenen Historiker profitierten zwar von der gesellschaftlichen Dynamik einer alsbald ausgeprägten *Civil War Subculture*, begegneten dieser aber eher distanziert und oftmals sogar skeptisch.[84] Die unterschiedlichen Vorstellungen, wie in der Hochzeit des Kalten Krieges angemessen an den Civil War erinnert werden sollte, prallten bereits während der Planungen aufeinander, dabei stand zum einen die zunehmende Kommerzialisierung der Veranstaltungen in der Kritik, zum anderen aber auch die Frage, welchen Stellenwert den Schlachtennachstellungen während der Feierlichkeiten zukam. Karl S. Betts, bis 1961 geschäftsführender Direktor der CWCC, sah jedenfalls in den Reenactments das Potential, breite Bevölkerungsschichten für die Hundertjahrfeiern zu begeistern, während hingegen einzelstaatliche Kommissionen vor allem im Norden diese Form des Gedenkens rundherum ablehnten.[85] Reenactments seien angesichts des massenhaften Sterbens auf dem Schlachtfeld geradezu geschmacklos, sie tendierten dazu, Krieg zu verharmlosen, und verhöhnten dadurch das Andenken der gefallenen Soldaten. In der Presse war von einem »shabby circus« die Rede, und *The Nation* spottete über einen »Civil War with popcorn«.[86] Gleichwohl fanden zwischen 1961 und 1965 an schätzungsweise einhundert ehemaligen Kriegsschauplätzen solche Reenactments statt, darunter das mit drei Stunden wohl nicht nur längste, sondern mit 2200 Teilnehmern und insgesamt fast 100.000 Zuschauern bis dahin größte am 22./23. Juli 1961 im *Manassas National Military Park*.[87] Aber auch in Maryland, North Carolina, Tennessee und Kentucky war die Resonanz auf diese Veranstaltungen trotz der Kritik namhafter Historiker bemerkenswert, vor allem in den ehemaligen konföderierten Staaten kamen zehntausende Zuschauer, was Karl S. Betts dazu veranlasste, von einem späten Sieg zu sprechen: »The South may have lost the war but the way they are going about it they will win the Centennial«.[88]

Mit dem Leitungswechsel in der CWCC im Sommer 1961 änderte sich allerdings die bis dahin wohlwollende Politik der Kommission. James I. Robertson Jr., mittlerweile Executive Director des CWCC, distanzierte

84 Zu dem Begriff *Civil War Subculture* vgl. Linenthal, Sacred Ground, S. 98; ebenso: Civil War: Interests and ›Buffs‹, GNMPL files, Civil War/General Subjects 18-8b.

85 Vgl. Bates, Civil Rights Meets the Civil War Centennial, S. 19 ff. Die *Harald Tribune* sprach von einer »puerile show«, die *New York Times* hingegen von »almost ninety minutes of profuse feigned violence in scorching heat«. Zur kritischen Berichterstattung in den Medien vgl. Cook, Troubled Commemoration, S. 129 ff.

86 Vgl. Bates, Civil Rights Meets the Civil War Centennial, S. 23.

87 Ebd., S. 22.

88 Karl S. Betts im Gespräch mit Victor Gondos am 8. 2. 1960, zit.n.: Gondos, Karl S. Betts, S. 63.

sich ausdrücklich von der bisherigen Haltung seines Vorgängers und gab der Hoffnung Ausdruck, »that we have seen the last of these spectacles«. Robertson fand klare Worte: An manchen Orten herrsche geradezu eine karnevalistische Stimmung, was einmal mehr zeige, wie wenig aus dem Bürgerkrieg und seinen keineswegs bewältigten Ursachen gelernt worden sei.[89] Im Namen der Kommission sprach er sich 1962 ebenso entschieden wie unmissverständlich gegen die wachsende Kommerzialisierung der Feierlichkeiten wie auch gegen weitere Reenactments aus: »We oppose them actively, sincerley, and unwaveringly.«[90] Neben den Bedenken, das Wieder-Aufführen der Gefechte verharmlose die Gewalt im Krieg und beschädige das Andenken der Gefallenen, wurden auch Sicherheitsbedenken geltend gemacht. Der Umgang mit Waffen sei angesichts der fehlenden Erfahrung zahlreicher Teilnehmer für alle Beteiligten riskant, was die bisherigen Unfälle ja bereits vor Augen geführt hätten. Zudem seien die Veranstaltungen logistisch schlecht organisiert, hinterließen riesige Müllberge und zerstörten die mühsam und manchmal nicht einmal vollständig unter Schutz gestellten ehemaligen Schlachtfelder. Und in der Tat zeigten sich bei den Großveranstaltungen erhebliche organisatorische Defizite, die fortan dazu führten, dass Behörden, Verbände und Veranstalter damit begannen, detaillierte Regularien für die Durchführung von Reenactments abseits der historischen Schauplätze zu erarbeiten.[91]

Während der Hundertjahrfeiern 1961-1965 änderte sich das politische Klima in den USA tiefgreifend. Die Bürgerrechtsbewegung gewann zunehmend an Einfluss, im ganzen Land gab es Demonstrationen für die Durchsetzung der Bürgerrechte schwarzer Amerikaner, Studenten protestierten mit *Sit-Ins* und *Freedom Rides* gegen die anhaltende Diskriminierung vor allem in den südlichen Bundesstaaten. Am 28. August 1963 hielt Martin Luther King in Washington D.C. vor dem *Lincoln Memorial* seine berühmte Rede. Die Hundertjahrfeier in Gettysburg wenige Wochen zuvor stand daher unter dem Einfluss einer stark politisierten

89 Vgl. James I. Robertson Jr., The Civil War Centennial – Archival Aspects, in: The American Archivist 26 (1963), Heft 1, S. 11-18, hier S. 11.

90 Ebd.

91 Auch der *National Park Service* sparte nach dem Manassas Reenactment nicht mit Kritik. Leonard J. Volz sprach von einer Atmosphäre wie auf »Coney Island«, was dazu veranlassen müsse, keine weiteren Reenactments auf den vom NPS verwalteten Liegenschaften zu erlauben. Antietam (1962) und Gettysburg (1963) waren die einzigen Ausnahmen, ansonsten fanden (und finden) Reenactments in der Regel nicht mehr auf den ehemaligen Schlachtfeldern statt. Vgl. J. Leonard Volz, Suggested Guidelines for Large Scale Special Events. Based Upon Reenactment of First Manassas Experience, 11. August 1961, zit. n.: Bates, Civil Rights Meets the Civil War Centennial, S. 24.

Öffentlichkeit. In den Gedenkreden mehrerer Politiker rückte die nun als unvollendet gedeutete Freiheitsgeschichte der USA ins Zentrum. Der stellvertretende Innenminister, John A. Carver Jr., betonte im Namen der Regierung, dass »the president has now called for a new dedication to the equality under law which Lincoln defined as the purpose behind a bloody struggle a century ago«.[92] Das sahen Vertreter aus Mississippi und Alabama erwartungsgemäß anders und aktualisierten in ihren Stellungnahmen mit dem Verweis auf die Souveränität der Einzelstaaten jene Konfliktlinien, die vor einhundert Jahren in genau den Krieg geführt hatten, dessen man nun in angeblich nationaler Eintracht zeremoniell gedachte.

In den Jahren nach den Hundertjahrfeiern verhärteten sich die gegensätzlichen Auffassungen. Auf der einen Seite gab es in der Historikerzunft wie auch auf offizieller Seite weiterhin starke Vorbehalte gegenüber Reenactments, auf der anderen Seite verzeichneten die entsprechenden Veranstaltungen (vor allem in den Staaten der ehemaligen Konföderation) regen Zulauf und waren sowohl bei Teilnehmern als auch bei Zuschauern extrem beliebt. Gleichzeitig blieb es dabei, dass das Wieder-Aufführen von Bürgerkriegsschlachten vornehmlich ein Hobby weißer, mittelständischer Amerikaner war und sich auch das Publikum entsprechend zusammensetzte.[93] Und das sollte sich auch in den nächsten Jahrzehnten nicht ändern. Was sich allerdings änderte, waren die Teilnehmerzahlen, die nun ebenso stetig wie rapide anstiegen. Sowohl 1988 zum 125. Jahrestag als auch zehn Jahre später zum 135. Jubiläum fanden in Gettysburg und an anderen ehemaligen Kriegsschauplätzen monumentale Reenactments statt, wenn auch nicht mehr auf den Originalschlachtfeldern.[94] So beteiligten sich Ende Juni 1988 insgesamt 12.000 Darsteller an der Nachstellung von *Pickett's Charge*, und etwa 130.000 Zuschauer

92 Commonwealth of Pennsylvania, One Hundredth Anniversary, S. 82.

93 Eine Tatsache, die sich bis heute landesweit nicht wirklich geändert hat und manchmal geradezu groteske Situationen hervorbringt. So berichtet der australische Historiker Tom Dunning von einem Reenactment nahe Tallahassee in Florida. Während der *Battle of Natural Bridge* kämpften am 6. März 1865 konföderierte Truppen erfolgreich gegen von Norden vordringende Unionstruppen und konnten dadurch eine Eroberung Tallahassees verhindern. Die etwa 700 Soldaten umfassenden Unionsverbände bestanden überwiegend aus schwarzen Soldaten der 2nd und 99th Colored Infantry. Beim Reenactment hingegen waren ausnahmslos alle Darsteller weiße Amerikaner. Vgl. Dunning, Civil-War Reenactments, S. 68.

94 Vgl. Christian J. Heidorf, Gettysburg: The 125th Anniversary. What they did here, o. O. 1990. Zu den Regularien während der 125. Jahrfeier vgl. American Civil War Commemorative Committee and Napoleonic Tactics, Inc., Gettysburg Reenactment Regulations (1988), in: Hadden, Reliving, S. 169-175.

Abb. 9: Governors Robert P. Casey, Gerald L. Baliles und Senator Al D'Amato reichen sich am Steinwall die Hände, Gettysburg 2. Juli 1988

schauten ihnen dabei zu, zehn Jahre später stellten schon mindestens 20.000 Reenactor verschiedene Gefechte der *Schlacht bei Gettysburg* dar. Vor allem die Vereine, die auf konföderierter Seite kämpften, verzeichneten in den 1980er und 1990er Jahren enorme Zuwächse. Laut *Time Magazine* soll es 1988 etwa 50.000 Reenactor in den USA gegeben haben – viele Aktive halten diese Schätzung hingegen für viel zu gering.[95] Gleichzeitig wurde von offizieller Seite immer wieder versucht, Reenactments als öffentliche Inszenierungen zu verdrängen beziehungsweise in andere Präsentationsformen zu überführen. So sah das offizielle Programm am 2. Juli 1988 vor, dass sich nicht wie in den Jahren zuvor kostümierte Darsteller, sondern hochrangige Politiker an der *High Water Mark* die Hände reichten.[96]

Der Versuch, dieses seit 1913 zelebrierte Ritual politisch zu vereinnahmen, indem sich nun die Gouverneure von Pennsylvania und Virginia mit dem New Yorker Senator am legendären Steinwall trafen, misslang insofern, da sich einen Tag später etwa eintausend Reenactor nicht davon abbringen ließen, genau jenes Ritual zu zelebrieren, das sie mit Verweis

95 Vgl. Nick Knight, The first American civil war reenactors were actually veterans of the war, The Vintage News 22.1.2016, https://www.thevintagenews.com/2016/01/22/47538/ (Zugriff: 19.3.2020).

96 Vgl. Heidorf, Gettysburg, S. 97, 101 ff.

auf das Veteranentreffen von 1913 als das ursprüngliche ansahen und das man von offizieller Seite offenbar zu unterbinden hoffte. Hier stießen unterschiedliche Vorstellungen, wie die Tradition der Veteranen fortzuführen sei, unmittelbar aufeinander. Die Kritik an der eigenmächtigen Inszenierung der Laiendarsteller ließ nicht lange auf sich warten: Man habe es lieber geschehen lassen als es aktiv zu verhindern, aber der Steinwall sei dabei beschädigt worden und einige Darsteller hätten einen Hitzschlag erlitten. Außerdem habe sich die Aufmerksamkeit der etwa dreitausend Zuschauer von der gleichzeitig durchgeführten Gedenkzeremonie am *Eternal Light Peace Memorial* zum Reenactment verlagert, was nicht im Sinne der Veranstalter gewesen sei.[97] Die augenfällige Konkurrenz der beiden unterschiedlichen Gedenkformen zeigt indes, dass Civil-War-Reenactments zu dieser Zeit bereits erneut an Popularität gewonnen hatten. Trotz aller Missbilligung haben sie sich seit den 1980er Jahren in der US-amerikanischen Gedenkkultur als akteurszentrierte Form der Geschichtsaneignung fest etabliert.

Maybe this time

> For every Southern boy fourteen years old, not once but whenever he wants it, there is the instant when it's still not yet two o'clock on that July afternoon in 1863, the brigades are in position behind the rail fence, the guns are loaded and ready in the woods and the furled flags are already loosened to break out and Pickett himself with his long oiled ringlets and his hat in one hand probably and his sword in the other looking up the hill waiting for Longstreet to give the word and it's all in balance, it hasn't happened yet, it hasn't even begun yet, it not only hasn't begun yet but there is still time for it not to begin against that position and those circumstances. […] yet it's going to begin, we all know that, we have come too far with too much at stake and that moment doesn't need even a fourteen-year-old boy to think *This time. Maybe this time* […].[98]

Kaum ein anderer Schriftsteller hat die Bedeutung von *Pickett's Charge* für das Selbstverständnis vieler Südstaatler wohl so brillant in Worte gefasst wie William Faulkner in seinem 1948 erschienenen Roman *Intruder in the Dust*. Da sich an diesem Nachmittag des 3. Juli 1863 nicht nur die *Schlacht bei Gettysburg* zugunsten der Union entschied, sondern eine

97 Die Kritik des NPS ist nachzulesen bei: Linenthal, Sacred Ground, S. 103.
98 William Faulkner, Intruder in the Dust, New York 1972, S. 194f.

ganze Lebens- und Gesellschaftsordnung ihrem unwiderruflichen Ende entgegenging, erkennt Faulkner in der tief empfundenen Dramatik der militärischen Niederlage zugleich eine Herabwürdigung, die bereits den Wunsch in sich trägt, das Unvermeidliche doch noch abzuwenden oder ungeschehen machen zu können – *maybe this time*. In der phantasierten Wiederholung des Gefechtes durchlebt der Süden immer wieder den Schmerz seines damaligen Untergangs, der nur dadurch erträglicher zu werden scheint, wenn sich mit ihm die Einheit und die Versöhnung der Nation emotional verbinden. Beide Seiten werden auf diese Weise zu Gewinnern einer letztendlich doch gemeinsamen Sache stilisiert. In dieser Tradition steht das seit nunmehr einhundert Jahren inszenierte »handshakes at the wall«, das auch am 150. Jahrestag der *Schlacht bei Gettysburg* im Juli 2013 wie in den Jahren zuvor die historische Katastrophe in einen nationalen Sieg umzudeuten half. Im Veranstaltungsprogramm als »Pickett's Charge Commemorative March« angekündigt, versammelten sich am gleichen Tag zur gleichen Uhrzeit südwestlich der Stadt zehntausende Reenactor und Besucher zum letzten Gefecht. Doch abweichend von der in den Jahren zuvor stets strikten Trennung zwischen kostümierten Darstellern und zivilem Publikum marschierten nun alle gemeinsam auf die Unionslinien zu, wo wiederum Reenactor zusammen mit tausenden Schaulustigen dem konföderierten Angriff entgegensahen. Dort, wo sich vor 150 Jahren nach einem zweistündigen Artillerieeinsatz etwa 12.000 konföderierte Infanteristen zum Angriff formierten und über das offene Feld in das konzentrierte Abwehrfeuer der Union liefen, wurde nun diese auch nach damaligen militärstrategischen Gesichtspunkten ziemlich sinnlose Gefechtsoperation als ein eher volksfestartiger Gedenkmarsch inszeniert. Während 1863 überhaupt nur zweihundert konföderierte Soldaten die Unionslinien am Steinwall erreichten, um dann im Nahkampf ihr Leben zu verlieren oder in Gefangenschaft zu geraten, trafen nun zehntausende Darsteller und Zuschauer mit Handys, IPads und Digitalkameras bewaffnet laut johlend aufeinander, reichten sich die Hände, umarmten einander oder rannten aufgeregt umher, um nicht nur sich inmitten der »kämpfenden Truppen«, sondern auch den Moment der Begegnung bildlich festzuhalten.

Das partizipative Moment der Szenerie hinterlässt durchaus ambivalente Eindrücke, einerseits ist die kollektive Aneignung des Rituals zweifellos Ausdruck einer gewissen, wenn auch vielleicht oberflächlichen Auseinandersetzung mit dem historisch Geschehenen, andererseits steigert sich durch die fehlende Distanz zwischen Darstellern und Zuschauern das ohnehin schon Volksfesthafte der gesamten Veranstaltung erheblich. Die Transformation vom darstellenden Spiel zum touristischen Event

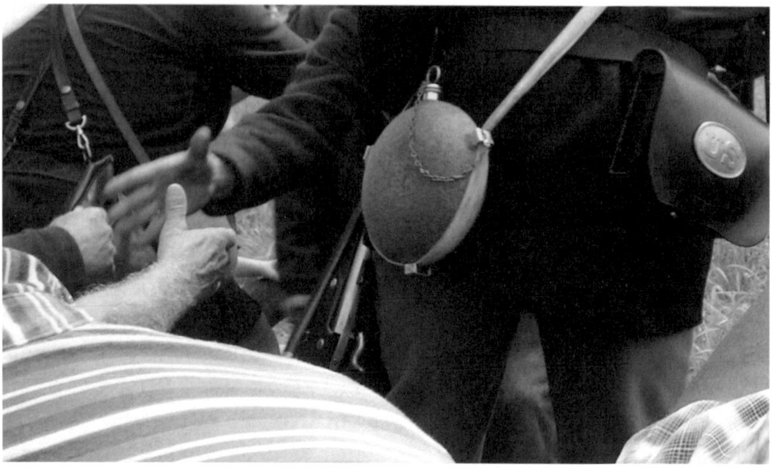

Abb. 10: »Handshakes across the Wall« am *Cemetery Ridge*, 3. Juli 2013, 150. Jahrestag der *Schlacht bei Gettysburg*

untergräbt jeglichen Anspruch auf eine wie auch immer verstandene »authentische« Nachstellung des historischen Bezugsereignisses. Die Trivialisierung von Geschichte scheint unaufhaltsam fortzuschreiten, als sich die Stimmung am *Cemetery Ridge* doch noch dreht. Das Getümmel aus tausenden Touristen, diversen Fernsehteams und unzähligen Amateurdarstellern kommt schlagartig zur Ruhe, als das knapp eine Minute dauernde Trompetensolo *Taps* erklingt. Die Menge hält inne, jeder bleibt unmittelbar dort, wo er oder sie gerade ist, stehen, viele Männer salutieren, andere legen ihre rechte Hand aufs Herz. Das 24 Töne umfassende Signal beendet abrupt ein chaotisches Spektakel und leitet über zum stillen Gedenken an die im Gefecht gefallenen Soldaten. Viele der Anwesenden haben noch Tränen in den Augen, als sie sich anschließend in gelöster Stimmung wieder dem geschichtskulturellen Trubel in Gettysburg zuwenden.

Was allerdings geschieht, wenn diese Art der rituellen Disziplinierung nicht greift, bringt Tony Horwitz in seinem Erfahrungsbericht als Reenactor auf den Punkt.[99] Während einer Gefechtsnachstellung von *Pickett's Charge* in Gettysburg treffen einige Hardcore-Darsteller mit einer Gruppe aufdringlicher Touristen zusammen. Während die Reeanctor den Angriff des 24th Virginia Regiments am Seminary Ridge wieder-aufführen, geraten sie in einen touristischen Hinterhalt:

99 Vgl. Horwitz, Confederates in the Attic, S. 275-281.

> A skirmish line of tourists had formed about fifty yards off, aiming cameras and binoculars at us. Several others approached from our right flank. »Let's pick it up,« Rob said, stepping faster. But there was no escape. Within minutes we'd been swamped by people in shorts and T-shirts who bombarded us with questions and camera flashes.[100]

Als die Reeanctor schon glauben, den Touristen entkommen zu sein,

> drums began banging to our rear. I turned and saw about a hundred tourists marching behind us, evidently inspired by our example. Most of the men in the front rank wore duckbill caps advertising ball teams and cattle-feed brands. One carried a drum, another played »Dixie« on a fife, a third waved a rebel battle flag.[101]

Die skurrile Begegnung steigert sich noch, als die Szenerie die Emmitsburg Road erreicht, dort, wo 1863 die konföderierten Linien in das Abwehrfeuer der Union gerieten:

> We faced no such firestorm, only a heavy line of skirmishers: campers, RV's, pickups. As we clambered over the fence, cameras and videos poked out windows and sunroofs, aimed at us like roadside deer. »Could you guys do that again?« a man called out, reloading his camera.[102]

Die Distanzlosigkeit der Touristen macht eine Fortsetzung des Spiels nahezu unmöglich, hier verweist eine ungeregelte Eventisierung nicht nur auf ihre destruktiven Anteile, sondern die Szene endet geradezu zwangsläufig im Grotesken:

> Still, it was hard to avoid feeling like a creature at the zoo. When I wandered inside to use the visitors' center bathroom, the man at the next urinal looked at me and said, »Do they let you guys piss inside?« Buttoning up my fly, I heard a familiar click behind me and turned to find a boy smiling over his camera. »Gotcha,« he said.[103]

100 Ebd., S. 278.
101 Ebd.
102 Ebd., S. 279.
103 Ebd., S. 280.

Krieg ist immer eine böse Sache

Abb. 11: 150. Jahrestag der *Schlacht um Als*/Dänemark, Gefechtsnachstellung am 29. Juni 2014

Amphibische Kriegführung

Über dem Sund herrscht tiefe Stille. Die Nacht ist finster, und so sehr man sich auch bemüht, das gegenüberliegende Ufer ist kaum zu erkennen. Seit zwei Uhr früh an diesem Morgen des 29. Juni 2014 haben sich hunderte Schaulustige am Strand der dänischen Insel Als eingefunden, um gemeinsam auf die preußischen Truppen zu warten. Wie beim Public Viewing sind draußen auf einer Großleinwand historische Aufnahmen und Impressionen zu sehen, da in dem Veranstaltungszelt für die schätzungsweise 2500 Zuschauer bei weitem nicht genügend Platz ist. Darüber hinaus werden über Lautsprecher Berichte, Tagebuchaufzeichnungen und Briefe aus dem Kriegsjahr 1864 vorgetragen, und auch für das leibliche Wohl ist gesorgt. Denn es wird schon etwas dauern, bis die Preußen mit ihren Booten den Sund überquert und die Insel erreicht haben. Seit einigen Jahren wird in Dänemark mit einem nächtlichen Reenactment der letzten Schlacht des Deutsch-Dänischen Krieges gedacht, der sich an der strittigen Zugehörigkeit der Elbherzogtümer Schleswig, Holstein und Lauenburg zum Deutschen Bund beziehungsweise zum dänischen Gesamtstaat entzündet hatte. Die Erstürmung von Als endete damals nicht nur mit der militärischen Niederlage Dänemarks, sondern sie erschütterte auch das Selbstverständnis der dänischen Nation in seinen Grundfesten. Im Wiener Frieden vom 30. Oktober 1864 musste das Königreich die genannten Herzogtümer abtreten und verlor damit ein Drittel seines Territoriums sowie fast 40 % seiner Bevölkerung. Von den zuvor 2,6 Millionen Einwohnern verblieben nur noch 1,6 Millionen im dänischen Reststaat.[104] Die Landung preußischer Truppen auf der Insel Als wie auch die kurz zuvor verlorene Schlacht auf der Anhöhe der *Dybbøl skanser* mit verheerenden Verlusten für die dänische Seite manifestierten den Aufstieg Preußens zur europäischen Großmacht, sie markierten die fortschreitende Formierung des deutschen Nationalstaates in den sogenannten Einigungskriegen und besiegelten das Ende der dänischen Träume von einem expandierenden Gesamtstaat.[105] Viele sehen

104 Historisch war der Krieg 1864 für Dänemark ein Nationalstaatsgründungskrieg, allerdings ließ sich der Einheitsstaat nicht in den Größenordnungen realisieren, wie sie vor allem die Nationalliberalen propagiert hatten. Vgl. Steen Bo Frandsen, Klein und national. Dänemark und der Wiener Frieden 1864, in: Oliver Auge/Ulrich Lappenküper/Ulf Morgenstern (Hg.), Der Wiener Frieden 1864. Ein deutsches, europäisches und globales Ereignis, Paderborn 2016, S. 225-238; Nikolaus Buschmann, »Im Kanonenfeuer müssen die Stämme Deutschlands zusammen geschmolzen werden«. Zur Konstruktion nationaler Einheit in den Kriegen der Reichsgründungsphase, in: ders./Dieter Langewiesche (Hg.), Der Krieg in den Gründungsmythen europäischer Nationen und der USA, Frankfurt a.M. 2003, S. 99-119. Zu den Einigungskriegen: Dennis Showalter, The Wars of German Unification, New York 2004.

105 Vgl. Auge/Lappenküper/Morgenstern (Hg.), Der Wiener Frieden 1864; Caroline Elisabeth Weber, Der Wiener Frieden von 1864. Wahrnehmungen durch die Zeitgenossen in den Herzogtümern Schleswig und Holstein bis 1871, Frankfurt a.M. 2015; Frank Jung, 1864. Der Krieg um Schleswig-Holstein, Hamburg 2014; Jan Ganschow/Olaf Haselhorst/Maik Ohnezeit, Der Deutsch-Dänische Krieg 1864: Vorgeschichte – Verlauf – Folgen, Graz 2013; Klaus Alberts, Düppel 1864. Schleswig-Holstein zwischen Dänemark und Preußen, Heide 2013; Gerd Stolz, Das deutsch-dänische Schicksalsjahr 1864: Ereignisse und Entwicklungen, 2. Auflage, Husum 2013. 1864 war in Europa der erste Krieg, der von Kriegsfotografen festgehalten wurde, vgl. Leif Hammelev, Der Deutsch-Dänische Krieg in zeitgenössischen dreidimensionalen Fotos und Berichten (Krigen 1864 i stereoskopbilleder: den dansk-tyske krig skildret i samtidens tredimensionale fotografier og øjenvidners tekst), Flensborg 2007.

darin eine traumatische Niederlage, von der sich Dänemark bis heute nicht wirklich erholt habe.[106]

Die Stimmung unter den zumeist dänischen Zuschauern ist entspannt. Man steht in kleinen Gruppen zusammen, spricht und scherzt miteinander, hört den vorgetragenen Augenzeugenberichten zu oder sitzt am Strand, um irgendwo in der Dunkelheit über dem Meer einen ersten Hinweis auf die preußischen Verbände auszumachen. Entlang des Ufers haben sich dänische Einheiten verschanzt, es sind kleine Vorposten, die Ausschau halten nach dem wegen seiner militärischen Übermacht überaus gefürchteten Feind. Die spezielle Atmosphäre eines Nachtgefechtes, dazu noch als amphibische Militäroperation, zeigt sich auch dadurch, dass es trotz der Menschenmenge verhältnismäßig ruhig ist, wenn die Lautsprecherdurchsagen zwischenzeitlich unterbrochen sind. Die wachsame Stille richtet den Blick immer wieder auf den weiten Sund, bis ein Signal unmissverständlich die Sichtung der preußischen Truppen meldet. Erste Schüsse zeugen davon, dass sich das damals unter dem Oberbefehl von General Eberhard Herwarth von Bittenfeld stehende VII. Armeekorps dem Ufer schnell nähert, der dänische Generalstab gleichwohl nicht gewillt ist, Als kampflos zu übergeben. Es wird also zur Schlacht kommen: Damals standen sich in dieser Nacht 18.-20.000 preußische und etwa 10.-12.000 dänische Soldaten gegenüber und mindestens 3500, davon mehr als 3000 Dänen, verloren dabei ihr Leben, wurden schwer verwundet oder gerieten in Gefangenschaft.

Begonnen hatten die 150. Jahrfeiern bereits am Tag zuvor im nahe gelegenen Sønderborg. Am Vormittag marschierte die *Historische Brigade Alsen* vom Schloss durch die Innenstadt zum Rathausplatz, wo sie von der Stadt offiziell begrüßt wurde, um anschließend dem noch etwas spärlich erschienenen Publikum diverse Exerzierübungen darzubieten. Am Nachmittag folgten Vorführungen im Soldatenlager, darunter einige Kampfsimulationen, die Präsentation von 12-Pfünder-Feldgeschützen, zahlreichen Waffen und historischen Ausrüstungsgegenständen sowie die Arbeit eines Lazaretts mit zeitgenössischer Wundversorgung. Schmieden, Kugelgießen und mancherlei andere Kulturtechnik konnten an diesem Samstagnachmittag mindestens so viel Aufmerksamkeit auf sich ziehen wie die Bestrafungen durch Krummschließen oder den sprichwörtlichen Spießrutenlauf.[107]

106 Vgl. Tom Buk-Swienty, Schlachtbank Düppel. 18. April 1864. Die Geschichte einer Schlacht (Slagtebænk Dybbøl, 2008), 2. Auflage, Hamburg 2014, vor allem S. 334-345; ders., Dommedag Als. 29. Juni 1864. Kampen for Danmarks eksistens, København 2010, vor allem S. 237-324.

107 Das jeweils aktuelle Programm findet man auf der Homepage des Historiecenter Dybbøl Banke, http://kampenomals.dk/de/programm/ (Zugriff: 19.3.2020).

In der Nacht zu Sonntag folgte das Reenactment auf dem Übungsplatz *Kaer Vestermark* der Unteroffizierschule des dänischen Heeres, unweit des Ortes, wo vor 150 Jahren dänische Truppen den Rückzugsort ihrer Armee zu verteidigen suchten. Obgleich dieser Veranstaltungsort ebenso wie der in Gettysburg »nicht heilig« sei, so die Organisatoren (es gibt kein Reenactment an den Dybbøler Schanzen), handele es sich in vielerlei Hinsicht um eine ideale Wahl, »da die historische Landschaft mit den vielen Feldhecken der damaligen Zeit hier sehr gut erhalten ist und direkt am schönen Alssund liegt. Außerdem dürfen die Felder betreten werden, die ausschließlich mit Gras bewachsen sind.«[108]

Die neun Kilometer lange und durchschnittlich 500 Meter breite Meerenge trennt die Insel Als von der zum dänischen Festland gehörenden Halbinsel Sundeved, beide liegen heute in der Region Syddanmark. An manchen Stellen ist der Als Sund mehrere hundert Meter breit, an seinem südlichen Ende beläuft sich die Entfernung hingegen auf nicht einmal »5-600 Schritt«.[109] Die preußische Armee konzentrierte in Lillemølle in der Region Sottrupskov (Satrupholz) ihre Soldaten und Geschütze, um mit mehr als 160, aus Rendsburg, Kappeln und Schleswig per Eisenbahn und Wagen herbeigebrachten Ruderkähnen und 32 Pontons den Sund zu überqueren und den seit dem 1. Februar 1864 geführten Krieg gegen Dänemark endgültig für sich zu entscheiden. Vorausgegangen war dieser Schlacht ein zunächst vierwöchiger, dann nochmals um zwei Wochen verlängerter Waffenstillstand, der jedoch trotz intensiver Verhandlungen in London nicht zu einer Einigung geführt hatte. Dänemark verkannte seine aussichtslose militärische Lage, und sowohl Premierminister Ditlev Gothard Monrad als auch der dänische König Christian IX. lehnten die preußischen Forderungen wie auch die französischen und britischen Kompromissvorschläge zur Teilung Schleswigs ab, sodass der Oberbefehlshaber der alliierten Armeen, Friedrich Karl Nikolaus von Preußen, ab 24. Juni die österreichischen und preußischen Soldaten erneut in ihre Stellungen einrücken ließ.[110] Von Dybbøl aus bombardierte die preußische Artillerie zunächst Sønderborg und verlagerte ihre

108 Vgl. Programm Kampen om Als 1864 (2014), http://www.kampenomals.dk/teilnahme (Zugriff: 27. 6. 2014). Gettysburg ist auch hier wie in anderen Ländern das große Vorbild, an dem sich Organisation und Choreographie ausrichten.

109 Überschau der Zeitereignisse. Die deutsch-dänische Frage, in: Jahrbücher für Gesellschafts- und Staatswissenschaften, Bd. 2, Heft 1, Berlin 1864, S. 66. Ein Schritt entspricht etwa 70-75 cm, der Sund ist also an dieser Stelle 300-400 Meter breit. Ebenfalls zeitgenössisch zu 1864 vgl. Ferdinand Pflug, Der Deutsch-Dänische Krieg: Geschichte des Feldzugs in Schleswig-Holstein im Jahre 1864, Leipzig 1865.

110 Vgl. ebd., S. 65.

mittlerweile durch Ersatztruppen komplementierten Bataillone weiter Richtung Osten. Ein ganzes Armeekorps bei starker Strömung, beträchtlicher Wassertiefe und »angesichts des Feindes« überzusetzen – ein so waghalsiges Unternehmen suchte »in der bisherigen Kriegsgeschichte vergebens seines Gleichen«.[111] Die Überquerung der Meerenge hielt man in Kopenhagen daher für eher unwahrscheinlich, da amphibische Militärmanöver dieser Größenordnung im 19. Jahrhundert als überaus riskant galten. Dem kommandierenden dänischen General Peter Frederik Steinmann war daher die angeforderte Verstärkung verwehrt worden, sodass ihm mit nur zwölf dänischen Infanterie-Bataillonen und zwei Schwadronen Dragoner die Verteidigung von Als oblag. Da Dänemark zwar über schlecht ausgebildete und zudem miserabel ausgestattete Landstreitkräfte, dafür aber über eine moderne und schlagkräftige Marine verfügte, glaubte sich die dänische Seite hinlänglich geschützt, und die preußische Eroberung einer als nahezu uneinnehmbar geltenden Insel kam trotz mancher Vorahnung überraschend.

Das von General Eberhard Herwarth von Bittenfeld befehligte VII. Armeekorps bestand aus 24 Bataillonen Infanterie, einem Jäger-Bataillon, acht Schwadronen Kavallerie sowie elf Fuß- und fünf berittenen Batterien. Militärisch standen dem offensichtlichen Ungleichgewicht der deutschen und dänischen Streitkräfte die Unwägbarkeiten einer amphibischen Militäroperation gegenüber. Der Übergang begann um zwei Uhr nachts.[112] Von vier verschiedenen Punkten aus sollten dreieinhalb Bataillone gleichzeitig übergesetzt werden, was faktisch bedeutete, dass dieser Vorgang mindestens siebenmal wiederholt werden musste, um alle 25 Bataillone auf die etwa 800 Meter entfernte Halbinsel Arnkil auf Als zu verschiffen. Da der Angriff der preußischen Truppen nicht unbemerkt blieb, gerieten bereits die ersten Bataillone der Brigade

111 Vgl. ebd., S. 66.

112 Dazu detailliert: General-Feldmarschall Graf von Wrangel und der Krieg in Schleswig-Holstein bis zur Erstürmung der Düppeler Schanzen und Einnahme der Insel Alsen und Jütland, nach zuverlässigen Berichten zusammengestellt, Mohrungen 1864, vor allem S. 150-159; Moltkes Bericht über den Übergang nach Alsen vom 29. Juni 1864 (=Auszüge aus Briefen des Generalfeldmarschalls Graf Helmuth von Moltke an seine Braut und Frau, Stuttgart 1892), in: Horst Kohl (Hg.), Deutschlands Einigungskriege 1864-1871 in Briefen und Berichten der führenden Männer, Erster Teil: Der deutsch-dänische Krieg 1864, Leipzig 1912, S. 56-63; Pflug, Der Deutsch-Dänische Krieg, zur Eroberung der Insel Als, S. 142-162; Otto Freiherr von Blomberg, Geschichte des 6. Westfälischen Infanterie-Regiments Nr. 55, von seiner Errichtung bis zum 2. September 1877, fortgesetzt und beendet von Stanislaus von Leszczynski, Detmold 1877, S. 116-151; Leutnant Ferdinand von Heuß, Geschichte des Infanterie-Regiments Graf Bülow von Dennewitz (6. Westfälischen) Nr. 55, Stuttgart 1910, vor allem S. 9-15.

Roeder noch während der Überfahrt unter heftigen Beschuss. Preußische und dänische Artillerie feuerten alsbald ohne Unterlass aufeinander – ein Höllenlärm, wie die Zeitgenossen einmütig festhielten.[113] Die dänischen Truppen ließen zudem Signalraketen aufsteigen und entzündeten am Ufer Leuchtfeuer, um die feindlichen Truppen ausmachen und angreifen zu können. Während der zweiten Angriffswelle beschoss das aus der Augustenburger Föhrde herbeigerufene dänische Turmschiff *Rolf Krake* mit seinen schwenkbaren Artilleriegeschützen die auf dem Sund fahrenden Landungsboote, musste sich dann aber relativ bald den schweren Geschützen der preußischen Artillerie geschlagen geben und drehte nach Nordwesten ab.[114] Gegen vier Uhr morgens waren bereits zwölf Bataillone der Division Manstein auf Als gelandet, gefolgt von preußischer Kavallerie und zwei 6-Pfünder-Batterien. Vier Stunden später war der gesamte Übergang nahezu abgeschlossen und die Eroberung der Insel schritt in den nächsten Stunden zügig voran. Während die Division des Generalleutnants Adolph von Wintzingerode die linke Flanke bildete und alsbald Ulkebøl einnahm, ohne auf allzu großen Widerstand zu stoßen, marschierte die Division unter Generalleutnant Albrecht Ehrenreich Gustav von Manstein südlich am Sund entlang in Richtung Sønderborg, das von dänischen Einheiten während ihres Rückzugs noch zusätzlich in Brand gesteckt wurde. In und um Sønderborg trafen die preußischen Kompanien auf heftige Gegenwehr, doch bereits nach wenigen Stunden gaben die dänischen Truppen die Verteidigung der Insel weitgehend auf und zogen sich zunächst nach Høruphav, später dann nach Kegnæs, eine nur durch einen schmalen und militärisch gut gesicherten Damm erreichbare Halbinsel im Süden von Als, zurück. Von dort begann die Evakuierung der dänischen Soldaten in Richtung Fyn.[115] Um die Mittagszeit des 29. Juni 1864 war die *Schlacht um Als* entschieden.

113 Blomberg, Geschichte, S. 122; ebenso: Überschau der Zeitereignisse. Die deutsch-dänische Frage, in: Jahrbücher für Gesellschafts- und Staatswissenschaften, Bd. 2, Heft 1, Berlin 1864, S. 67.

114 Eine Regimentsgeschichte spricht hinsichtlich dieses dänischen Panzerschiffes von dem »unheimliche(n) Seeungeheuer«, das während der zweiten Überfahrt die Landungsboote heftig zu beschießen begann. Vgl. Blomberg, Geschichte, S. 123. Zum Einsatz des dänischen Panzerschiffs vgl. Edvard Duntzfeld, Bericht über die Wirksamkeit Rolf Krake's während des Feldzuges von 1864, namentlich in Betreff der Eroberung von Alsen, aus dem Dänischen übersetzt, Berlin 1865.

115 Die Evakuierung war am 1. Juli 1864 abgeschlossen. Zu den Folgen des Krieges auf der Insel Als, vor allem für die Zivilbevölkerung, vgl. Inge Adriansen, Lebensbedingungen der Zivilbevölkerung im Sundewitt und auf Alsen während des Krieges, in: Rainer Hering/Hans Schultz Hansen (Hg.), 1864 – Menschen zwischen den Mächten, Hamburg 2015, S. 173-198, vor allem S. 191 ff.

Eine nächtliche und zudem noch amphibische Schlachtennachstellung, wie sie in Als seit 2010 organisiert und dargeboten wird, gehört zweifellos zu den außergewöhnlichen Reenactments.[116] Zudem beteiligten sich zum 150. Jahrestag der Schlacht am 29. Juni 2014 mit 230 Darstellern so viele wie nie zuvor. Ihnen wurden aufgrund des Übergangs über den Als Sund besondere Fertigkeiten, motorische Geschicklichkeit und ein hohes Maß an Disziplin abverlangt, gleichwohl findet jede Wieder-Aufführung dort ihre Grenzen, wo es für die Beteiligten gefährlich werden kann. Authentizität hin oder her – wenn es um die Sicherheit der kämpfenden Truppe geht, muss es Kompromisse geben, daher trugen die in den Booten transportierten Preußen zu ihrem eigenen Schutz moderne Schwimmwesten.[117] Die Kähne wurden zur gleichen Uhrzeit wie 1864 auf dem gegenüberliegenden Festland zu Wasser gelassen, damals und manchmal auch heute müssen die Soldaten hüfthoch durch die flachen Stellen waten, um die Kähne ebenso zügig wie geräuschlos aus dem seichten Wasser zu führen. Jeder Soldat hat seine reduzierte Ausrüstung bei sich, da der damalige Befehl vorsah, dass die Truppen »ohne Gepäck und ohne Helme nach Alsen über (gehen); Mäntel, Kochgeschirre, Brodbeutel und Schanzzeug sind mitzunehmen, im Kochgeschirr für drei Tage Lebensmittel; pro Mann 80 Patronen, welche beim Uebergang vor Nässe zu schützen sind«.[118] Aufgrund der begrenzten Kapazitäten in den Booten können beim Reenactment nicht alle seetauglichen Preußen am Übergang teilnehmen, sondern müssen auf dänischer Seite warten und sich unmittelbar nach der Landung unauffällig unter ihre Kameraden mischen. Wenn man sich den logistischen Aufwand für die ja doch recht übersichtliche Zahl der Teilnehmer vor Augen hält, dann lässt sich zumindest erahnen, was es 1864 bedeutet haben mag, tausende Soldaten über die Meerenge zu verschiffen. Hier offenbaren sich die Chancen, aber auch die offensichtlichen Grenzen einer simulierenden Geschichtsdarstellung. Das alsbald beginnende Artilleriegefecht über dem Sund kann aus ähnlichen Gründen nur in Ansätzen und äußerst spärlich nachgestellt werden. Der plötzliche Wechsel von der nächtlichen Stille zum ohrenbetäubenden Getöse der Strand- und Feldbatterien macht allenfalls

116 Vgl. diverse Mitschnitte der Überfahrt und des Kampfgeschehens vom Veranstalter *Historiecenter Dybbøl Banke* auf YouTube: https://www.youtube.com/watch?v=hJYl_5cevjw (Zugriff: 19.3.2020).

117 Zu den polizeilichen Sicherheitsvorschriften im Umgang mit den Waffen vgl. http://kampenomals.dk/de/teilnahme/polizeiliche-richtlinien/, zu den generellen Regeln der Teilnahme: http://kampenomals.dk/de/teilnahme/anforderungen-und-regeln/ (Zugriff: 19.3.2020).

118 Befehl von General Albrecht Ehrenreich Gustav von Manstein, vermutlich vom 28. Juni 1864, in: Blomberg, Geschichte, S. 120.

die Dynamik des historischen Kampfgeschehens zumindest akustisch erfahrbar. Zwar gelingt es auf dänischer Seit, eine gewisse nervöse Anspannung herzustellen, mit der Todesangst der Soldaten angesichts des herannahenden Feindes hat das allerdings wenig zu tun.

Kaum sind die Ruderkähne gesichtet und befinden sich in Schussweite, feuern die dänischen Geschütze sowie die in der Böschung und in den Dünen verschanzten Soldaten ohne Unterlass auf die anlandenden Preußen. Die Zahl der Akteure auf beiden Seiten erweist sich allerdings als so gering, dass von einer detailgetreuen Nachstellung einer bis dahin beispiellosen Militäroperation wohl kaum die Rede sein kann. Der Zuschauer muss über die historischen Begebenheiten vor Ort schon sehr viel wissen, um das Dargebotene halbwegs richtig einordnen zu können. Trotzdem folgt das Publikum dem unübersichtlichen Geschehen mit großer Aufmerksamkeit. Nachdem preußische Truppen das Ufer erreicht und den Kampf aufgenommen haben, bewegt sich das Gefecht den Abhang hinauf in die Feldmark, dicht gefolgt von hunderten Zuschauern, die sich hinter einer Absperrung entlang des präparierten Schlachtfeldes einfinden. Die vom Ufer anlandenden und die Böschungen hinaufstürmenden Preußen können schnell Geländegewinne erzielen und drängen die dänischen Verteidiger immer weiter in die Defensive. Viele Zuschauer bleiben zu den Kampflinien, die sich nun aufgrund der preußischen Überlegenheit stetig weiter ostwärts bewegen, auf Augenhöhe und wandern an der Absperrung entlang den Feldweg hinauf, während auf dem Schlachtfeld die dänischen Reenactor um Schleswig ringen. Die Darsteller demonstrieren einige taktische Manöver und verschiedene Gefechtsszenen, wobei sich die Kampftechnik nicht grundlegend von der in den Freiheitskriegen oder im Amerikanischen Bürgerkrieg unterscheidet. Linear-Aufstellung, Kolonnen und Schützengefecht wurden damals je nach Gefechtslage gleichzeitig oder abwechselnd angewandt, das Kämpfen in aufgelöster Ordnung gehörte auf allen Schlachtfeldern des 19. Jahrhunderts zu den zentralen Gefechtsformationen, und im Kampf Mann gegen Mann kam nicht nur in Waterloo und Gettysburg, sondern eben auch bei der Erstürmung der Insel Als das Tüllenbajonett zum Einsatz. Gleichwohl markiert der Deutsch-Dänische Krieg waffentechnisch eine gewisse Zäsur. Während die dänische Infanterie weiterhin mit Vorderladern ausgestattet war, kämpften die preußischen Truppen bereits mit Zündnadelgewehren, also mit Hinterladern, die es den Soldaten erlaubten, nicht mehr nur wie bisher im Stehen, sondern auch im Liegen nachzuladen – ein zweifellos erheblicher taktischer Vorteil. Darüber hinaus verfügte das Zündnadelgewehr über eine etwa dreimal höhere Schussfrequenz, ohne allerdings an Treffsicherheit zu gewinnen.[119] Die veraltete und vor allem beim Schanzengefecht unterlegene Waffentechnik der dänischen Seite wirkte sich verheerend aus. Die Soldaten waren den gezielten Schüssen der Tirailleure während des Ladevorgangs schutzlos ausgeliefert, zudem entwickelte das preußische Heer mit den neuen Gewehren eine zusätzliche Kampftaktik: das sogenannte Schnellfeuer. Neben der Salve, bei der es darauf ankam, dass der taktische Körper gleichzeitig feuerte und als Einheit funktionierte, zielte das Schnellfeuer darauf, dass jeder einzelne Soldat so oft schoss wie er nachladen konnte. Ein solcher Dauerbeschuss sollte die ansonsten übliche Erstürmung mit aufgepflanztem Bajonett ersetzen, vermeiden oder doch zumindest effektiv vorbereiten. Obgleich sich die Darsteller am 29. Juni 2014 darum bemühten, diesen waffentechnischen Vorteil auf preußischer Seite anzudeuten, ließ die Ausstattung der Akteure den Unterschied kaum erkennen, sodass die meisten Zuschauer diese Dimension des Kampfes vermutlich eher nicht zur Kenntnis genommen haben.

Das Reenactment am Als Sund beeindruckt vor allem wegen seiner speziellen Atmosphäre. Der Gefechtslärm, der zu Beginn der Darbietung aus der Dunkelheit über dem Meer zu kommen scheint, sowie die am Ufer entzündeten Leuchtraketen, die ebenso wie der Einsatz der Pyrotechnik auf dem Schlachtfeld zuweilen eher an ein Neujahrsfeuerwerk erinnern, generieren eine besondere Stimmung, die während der gesamten Veranstaltung anhält. In der Morgendämmerung wirken die in Schützenlinie angetretenen Soldaten in ihren bunten Uniformen, die auf Befehl abgegebenen Gewehrsalven des taktischen Körpers, das von lautem Gebrüll begleitete Bajonettgefecht Mann gegen Mann, die im ersten Tageslicht glänzenden Feldbatterien sowie die mit Musik begleiteten Aufmärsche nachrückender Verbände irritierend schön. Die Mischung aus dichtem Schwarzpulverqualm, grellem Explosionsfeuer und beginnender Morgendämmerung hat zweifellos ihren ästhetischen Reiz, zumal, wenn man nicht um sein Leben fürchten muss.

Nachdem der Übergang über den Als Sund an sich abgeschlossen ist, läuft das Reenactment dann allerdings relativ standardisiert ab. Mal zielen die in Linearaufstellung angetretenen Preußen in aufgelöster Ordnung

119 Mitte des 19. Jahrhunderts war die Infanterie in Europa noch mit den glatten Vorderladegewehren ausgestattet, zehn Jahre später mit gezogenen Vorderladewaffen und weitere zehn Jahre später nahezu vollständig mit Hinterladegewehren, die andere taktische Möglichkeiten eröffneten. Der Deutsch-Dänische Krieg markiert hier einen waffentechnischen Umbruch. Vgl. Georg Ortenburg, Waffen und Waffengebrauch im Zeitalter der Einigungskriege 1848-1871 (Heerwesen der Neuzeit, Abteilung IV, Bd. 1), Koblenz 1990, S. 46-71. Zur Entwicklung der Artillerie vgl. ebd., S. 71-97.

Abb. 12: Nachtgefecht auf der Insel Als, 25. Juni 2017

auf die in Schussweite agierenden Dänen, mal bilden etwa zwanzig Soldaten ein geschlossenes Karree oder üben sich im Salvenfeuer. Eine andere Kompanie stürzt sich mit großem »Hurra« und gezückter Stoßwaffe auf den zurückweichenden Feind, der mit Wucht zu Boden geworfen und niedergemetzelt wird. Die Preußen rollen die Verteidigungslinien der dänischen Infanterie ohne größere Verluste auf, es kommt zu einzelnen Scharmützeln mit dem in den Feldhecken versteckten Gegner. Die Schlacht ist binnen kurzem geschlagen, da die dänischen Einheiten gegen die preußische Übermacht ohnehin chancenlos sind. Am Ende nehmen die in Reih und Glied aufgestellten Darsteller den kräftigen Applaus ihres Publikums dankbar entgegen. Alle freuen sich aufs Frühstück.

Wir wollen das erleben

Das Infanterie-Regiment *Graf Bülow von Dennewitz (6. Westfälisches) Nr. 55* erhielt diesen Namen auf Anordnung Wilhelms II. zwar erst am 27. Januar 1889, sein Stiftungstag war aber bereits der 5. Mai 1860.[120]

120 Zur Geschichte dieses Regiments vgl. Heuß, Geschichte des Infanterie-Regiments Graf Bülow von Dennewitz, S. 7-64; Blomberg, Geschichte, S. 1-20; Ernst-Adolf Otto Hilmar von Mansberg, Offizier-Stammliste des königlich Preußischen Infanterie-Regiments Graf Bülow von Dennewitz (6. Westfälischen) Nr. 55, vormals 6. Westfälischen Infanterie-Regiments, Berlin 1900. Zur Formationsgeschichte vgl. http://genwiki.genealogy.net/IR_55 (Zugriff: 19.3.2020). Zum IR 53 vgl. Wilhelm Rudolf Richter, Geschichte des 5. Westfälischen Infanterie-Regiments

Zunächst als lippisches *15. kombiniertes Infanterie-Regiment* gebildet und zwei Monate später zum *6. Westfälischen Infanterie-Regiment Nr. 55* umbenannt, verweist der Name sowohl auf seine regionale Verwurzelung in den Bataillonsstandorten Minden, Herford und Höxter[121] wie auch auf die traditionsreiche Verbindung mit dem in den Freiheitskriegen von Graf Bülow von Dennewitz geführten 15. Infanterie-Regiment, aus dessen drei Landwehr-Stamm-Bataillonen das IR 55 größtenteils hervorging. Der historische Horizont ist vor allem deswegen von Bedeutung, weil es sich bei dem wiederum aus drei (später vier) Bataillonen bestehenden IR 55 neben dem mit ihm eng verbundenen *5. Westfälischen Infanterie-Regiment Nr. 53* um preußische Verbände des in Münster ansässigen VII. Armeekorps handelte, die in allen drei sogenannten Einigungskriegen, also 1864 gegen Dänemark, 1866 gegen Österreich sowie 1870/71 gegen Frankreich, zum Einsatz kamen und diese Kriegserfahrungen in Beziehung setzten mit den Freiheitskriegen, an denen ihre lippischen Regimentskameraden zunächst auf französischer, dann auf preußischer Seite aktiv teilgenommen hatten. Das IR 55 war also das, was man ein (allerdings vergleichsweise junges) Traditionsregiment nennt. Seine Soldaten wie auch seine Reservisten sahen sich bis zur Auflösung 1918/19 mit der Geschichte des preußischen Heeres eng verbunden. Ihr Regiment war das 55. der preußischen Armee, gleichwohl kam in ihrem Selbstverständnis der (ost-)westfälischen Herkunft eine mindestens ebenso große Bedeutung zu. Entsprechend trug das Regiment auch die Provinzialbezeichnung in seinem Namen.

Nachdem das IR 55 unter seinem ersten Regimentskommandanten Oberst Emil von Schwartzkoppen 1861 in Berlin seine Fahnen erhalten und seine Treue gegenüber dem preußischen König geschworen hatte, zeichnete sich schon recht bald der erste Einsatz ab. Nach dem Transport mit der Eisenbahn bis Harburg begann 1864 bei »grimmiger Kälte« unter dem Befehl von General August Karl von Goeben der Anmarsch in Richtung Dybbøler Schanzen.[122] Schon im Februar und März hatte das Regiment einige Gefechte bei Ragebøl (Rackebüll) und Lillemølle (Lillemölle) zu bestehen, bevor dann sein I. Bataillon am 18. April mit der Erstürmung der Schanzen 3, 4 und 7 beauftragt wurde und anschließend in Kämpfe an der Dybbøler Mühle verwickelt war. Wie der ebenfalls

Nr. 53 während der ersten fünfundzwanzig Jahre seines Bestehens, Berlin 1885; Erhard Deutelmoser, Geschichte des 5. Westfälischen Infanterie-Regiments Nr. 53, Köln 1901. Zur Formationsgeschichte vgl. http://genwiki.genealogy.net/IR_53 (Zugriff: 19. 3. 2020).

121 Ab 1867 auch in Detmold, ab 1877 zudem in Soest und Bielefeld.

122 Vgl. Heuß, Geschichte, S. 9.

dem IR 55 angehörende Leutnant Ferdinand von Heuß fast fünfzig Jahre später in seiner Regimentsgeschichte festhielt, wurden von vielen Regimentsangehörigen »an diesem Tage ausgezeichnete Beweise des Heldenmutes und der Todesverachtung gegeben. Vom Glücke begünstigt wurden die beiden Musketiere Jülichmann und Kaiser, 1. Kompagnie; sie erbeuteten bei Schanze 4 zwei Danebrogs-Fahnen des 2. dänischen Regiments.«[123] Der preußische König höchstpersönlich sprach den Truppen drei Tage später in Adsbøl (Atzbüll) seine »allerhöchste Anerkennung« aus.[124]

Der nächste Kampf des IR 55 ließ nicht lange auf sich warten. Als Teil der 26. Infanterie-Brigade unter dem Befehl von Generalleutnant von Manstein war es zur Eroberung der Insel Als am 29. Juni 1864 abkommandiert. Das IR 55 gehörte zu den Einheiten, die in dieser Nacht mit als Erste über den Als Sund verschifft wurden, das II. Bataillon war bei Punkt A der 3. Kolonne (fünfzig Boote), das I. Bataillon bei Punkt D der 4. Kolonne (42 Boote) zugeteilt. Am Tag zuvor gegen vier Uhr nachmittags fanden sich sämtliche Adjutanten der 26. Brigade im Quartier des Generals von Goeben »zur Empfangnahme der Disposition und der Befehle« ein.[125] Die Lagebesprechung diente dazu, den bevorstehenden Feldzug organisatorisch und strategisch vorzubereiten und die einzelnen Kampfverbände in das gestaffelte Übersetzen über die Meerenge einzuweisen. Dass eine amphibische Militäroperation außerordentliche Präzisionsarbeit und eine genaueste Vorbereitung verlangte, liegt auf der Hand – und das war auch beim Reenactment am 29. Juni 2014 nicht anders. In Anlehnung an die erwähnte Lagebesprechung trafen sich die dänischen und preußischen »Offiziere« zur Vorbesprechung der geplanten Darbietung. Mit Unterstützung des dänischen Heeres wurde der Ablauf der Verschiffung detailliert vorbereitet und erläutert. Wer hat wann an welchem Treffpunkt zu sein? Wann fahren die Busse, mit denen die Darsteller zu den Abfahrtsorten gelangen? Wo und wann starten wie viele Boote? »Major« Christoph O., Ende vierzig, sitzt gut gelaunt mit adretter Uniform zwischen seinen Mitstreitern, die sich wie er auf dieses Abenteuer eingelassen haben. Er befehligt das *6. Westfälische Infanterie-Regiment Nr. 55* und versteht sich als »einer der kommandierenden Offiziere der preußischen Landungsstreitkräfte. Wir fahren also mit dem Boot über den Alsen Sund, wie das 1864 passiert ist. Und wir landen praktisch am Ufer des Alsen Sunds und verfolgen dann die flüchtende

123 Ebd., S. 13.
124 Ebd., S. 14.
125 Blomberg, Geschichte, S. 120.

Strandwache und kommen dann ins Gefecht mit Verstärkungstruppen.«[126] So jedenfalls der Plan. Doch bevor es zum entscheidenden Angriff kommt, will das Übersetzen über den Sund trockenen Fußes geschafft werden. Kurz nach ein Uhr in der Nacht haben sich die Darsteller mit ihrer Ausrüstung bei den Bussen einzufinden, die sie recht bequem bis nahe ans Ufer bringen. Alles ist gut organisiert. Bis 2.30 Uhr müssen die Boote fertig gepackt sein. 1864 hatten die Soldaten zu diesem Zeitpunkt bereits stundenlange Anmarschwege inklusive Gepäck hinter sich. Um zehn Uhr abends mussten sie wiederum zu Fuß aufbrechen, um rechtzeitig die »etwa eine ¼ Stunde vom Strande entfernten Rendezvousplätze« zu erreichen, wo sie gegen Mitternacht eintrafen.[127] Im simulierten Militärjargon heißt das 150 Jahre später: »Wir sitzen jetzt auf, wir fahren jetzt rüber aufs Festland und dort geht es dann zu den Booten. Wir bereiten uns jetzt auf den Angriff vor. In der historischen Geschichte ist das punkt 3 Uhr, hat das Übersetzen angefangen.« Das ist zwar nicht ganz korrekt, denn das Übersetzen begann 1864 bereits um 2 Uhr nachts, allerdings gab es damals keine Sommerzeit.

Im Dickicht der Uferböschung ist es damals wie heute jedenfalls stockdunkel. Ingenieur-Hauptmann Adler berichtete unmittelbar nach der *Schlacht um Als* über die Einschiffung bei Punkt A am Südrand des Satruper Holzes:

> Es war ganz dunkle Nacht, man konnte nicht zehn Schritt weit sehen. Ich mußte mit meinen Leuten (Pioniere und Ruderer) quer durch das große Holz marschiren, wo die Dunkelheit unter den Bäumen so groß war, daß man in Wahrheit die Hand vor den Augen nicht sehen konnte. […] Die Dunkelheit und die Stille, in welcher diese Vorbereitungen ausgeführt werden mußten, waren natürlich ein großes Hindernis.[128]

Da ist es doch nützlich, wenn heute mit etwas Licht der richtige Weg gewiesen wird, damit auch alle da ankommen, wo sie schließlich hin sollen. Und nach der entspannten Busfahrt folgen klare Befehle an die Untergebenen: »Vier Mann nach vorn, zack, zack«. Die Traditionsdarsteller besteigen die insgesamt fünf Boote, und dann wird bei schwachem Mondlicht gemütlich über den Sund gerudert. 1864 erlitt das I. Bataillon des IR 55 vor allem beim Einsteigen in die Boote

126 JydskeVestkisten, Når store drenge leger krig – kampen om Als, veröffentlicht 12.7.2017, https://www.youtube.com/watch?v=_ap_28kmzXw (Zugriff: 19.3.2020). Die nachfolgenden Zitate stammen aus dieser Quelle.

127 Blomberg, Geschichte, S. 121.

128 Bericht Ingenieur-Hauptmann Adler, in: Theodor Fontane, Der Schleswig-Holsteinische Krieg von 1864, Berlin 1866, S. 318.

> noch einige Verluste durch das Feuer des Rolf Krake. Dem wenige Wochen vorher aus dem Kadettencorps bei der 1. Compagnie eingestellten Portepeefähnrich Meyer wurde durch einen Granatsplitter der Kopf zerschmettert und ein Mann verwundet.[129]

Beim Reenactment gelingt die Überfahrt glücklicherweise ohne Verluste. Als die dänische Strandwache den anlandenden Feind ausmacht, setzt Getöse ein. Erste Schüsse fallen, Trompetensignale rufen zu den Waffen, Leuchtfeuer werden entzündet, überall lautes Geschrei: »Preusserne er i gang på stranden«. In den Booten wird der Gefechtsbeginn mit einem lauten »Hurra« erwidert. Es knallt und zischt von allen Seiten.

> Dieser erste Schuß war das Signal zu einem lauten Hurrah aus allen Kähnen. [...] Die Miniékugeln[130] schlugen massenhaft ein und fügten der ersten Kolonne beträchtliche Verluste zu. In dem ersten Boot, welches die preußische Fahne trug und in welchem ausgesuchte Leute sich befanden, erhielt der Steuermann, Pionier Lüben, einen Schuß durch die Schläfe, der ihn lautlos niederstreckte. [...] Einige Boote sanken; unter diesen war auch das, in dem sich der Fahnen-Unteroffizier des 1. Bataillons (vom 24. Regiment) mit der Bataillons-Fahne befand. Hauptmann v. Radowitz eilte schwimmend herzu und rettete Fahne und Unteroffizier. Die Mannschaften der gesunkenen Boote (meist gute Schwimmer) erreichten fast ohne Ausnahme das Alsener Ufer.[131]

Etwa zehn bis fünfzehn Minuten dauerte damals eine Überfahrt, in der postheroischen Gegenwart brauchen die nicht ganz so ruderstarken Darsteller etwas länger. Das Granaten-, Kartätschen- und Gewehrfeuer der dänischen Verteidigung traf die ersten Kolonnen am stärksten, gleichzeitig schossen die preußischen Einheiten vom Festland aus ohne Unterlass, um die Überfahrt ihrer Kameraden durch massiertes Schnellfeuer abzusichern – »man war von hinten kaum sichrer, als von vorn«.[132] Auch Major O. erreicht nach geglückter Überfahrt mit seinen Mitstreitern schließlich die Insel Als und geht an Land: »Jetzt beginnt das Gefecht, erst mit Artilleriegefecht und anschließend werden wir dann den Infanterieangriff durchführen. Und versuchen die Dänen zu besiegen.« Also halb links – Marsch! Die Darsteller bilden ihre Marschkolonnen

129 Blomberg, Geschichte, S. 124.

130 Ein Bleigeschoßtyp für die auf dänischer Seite verwendeten Vorderlader.

131 Bericht Ingenieur-Hauptmann Adler, in: Fontane, Der Schleswig-Holsteinische Krieg, S. 319.

132 Bericht eines unbekannten Soldaten, in: ebd., S. 321.

oder formieren sich bereits zur Kampflinie. »Herr Unteroffizier, lassen Sie noch zehn Schritt zurück, neu formieren.« Es soll ja alles seine Richtigkeit haben. Jetzt wird kräftig geschossen. Immer wieder hört man die Befehle: »Legt an – Feuer!« oder »Angriff!«. Major O. scheint ganz in seinem Element zu sein. Er sammelt seine Soldaten und lässt Aufstellung nehmen: »Fertig machen zur Bataillonssalve«. Das Gefecht nimmt seinen Lauf.

> Mit Hurrah ging es die steile Uferwand hinauf, auf die Schützengräben zu. Was sich wehrte, wurde niedergemacht, andere gefangen genommen. Noch andere wichen der Fohlenkoppel zu, wir hinterdrein, – es war wieder das reine Kesseltreiben.[133]

Das Reenactment verlagert sich unterdessen auf die von Zuschauern gesäumte Wiese, auf der nun mit allen Kräften gegen die im Rückzug befindlichen dänischen Einheiten vorgerückt wird. Langsam fängt es an zu dämmern. Das II. Bataillon des IR 55 bildete 1864 den rechten Flügel der Angriffsformation und rückte über Kjær nach Sønderborg vor.

> Bei der Einnahme des Dorfes Kjär wirkte das II. Bataillon mit. Zwischen Kjär und Sonderburg kam es zu heftigen Einzelkämpfen, an denen alle Teile des Regiments mit Erfolg teilnahmen. Der Musketier Nuth, 7. Kompagnie, eroberte eine Danebrogs-Fahne. Der Hauptmann v. Wedelstädt nahm mit der 6. Kompagnie eine feindliche Kompagnie gefangen. Die bei Sonderburg befindlichen Werke des Feindes fielen dem I. Bataillon in die Hände. Sergeant Gimpel, 6. Kompagnie, nahm mit zwei Gruppen zwei Geschütze weg; hierbei kam es zum Kampf Mann gegen Mann, und die Leute zeigten, was sie daheim beim Gewehrfechten gelernt hatten.[134]

Dass während des Reenactments vor allem das IR 55 als Vorbild dient, hat triftige Gründe. Zum einen war dieses Regiment für die Erstürmung der Insel Als von herausragender Bedeutung, zum anderen ist sein Kampfeinsatz detailliert festgehalten, sodass sich die Erlebnisse einzelner Soldaten, Trupps und Züge minutiös nachvollziehen lassen.

> Die 4 Compagnieen des 2. Bataillons Nr. 55 wurden beim Rönhof vereinigt. Von dort rückte Oberstlieutenant von Lemcke mit 3 Compagnieen geschlossen auf dem Weg nach Kjär weiter; die 6. Compagnie, Hauptmann von Wedelstädt, wurde rechts am Strande vorgeschickt, wo noch mehrere feindliche Strandbatterieen gegen die Boote und das

133 Ebd., S. 322.

134 Heuß, Geschichte, S. 14-15.

> Ufer des Festlandes feuerten und sich auch feindliche Infanterie zeigte. [...] Der Schützenzug unter Lieutenant Detmer war zum Theil ausgeschwärmt, der 4. Zug unter Lieutenant Larenz, der 3. unter Lieutenant Henrici folgten als Soutien 200 Schritt dahinter. Bald hinter dem Rönhof kam die Compagnie in feindliches Tirailleurfeuer, welches sie von einem Knick aus empfing. Lieutenant Detmer ging sofort zur Attacke vor, bei welcher sich der Unteroffizier Schneehagen und Musketier Schmitter I. durch muthvolles Benehmen auszeichneten. Der Feind wurde über den Haufen geworfen und 21 Gefangene abgenommen.[135]

Und weiter ging es Richtung Sønderborg:

> Lieutenant Bölling stürmte sofort mit großer Bravour unter Hurrah die Anhöhe hinan und warf die nächste feindliche Abtheilung über den Haufen, wobei er selbst durch einen Schuß in den Unterleib, der Unteroffizier Waltking durch einen Schuß in den Kopf und einen in die Brust den Heldentod fanden.

Seitenlang dokumentiert Otto Freiherr von Blomberg pedantisch den Kampfeinsatz des IR 55 an diesem 29. Juni 1864. Sein Heldenepos ist ausgestattet mit jeder Menge mutigem Personal, gespickt mit waghalsigen Gefechtsmanövern und mit detailversessenen Darstellungen individueller Kampfleistungen:

> Dem Unteroffizier Arer wurde durch eine Kartätschkugel das Bein zerschmettert, bei welcher Verwundung der noch junge Unteroffizier ein schönes Beispiel seltener Seelengröße gab. Das zerschmetterte Bein hing nur noch an wenigen Fleischfetzen, Arer zog den Säbel, um dasselbe völlig abzuschneiden, wurde aber von diesem Vorhaben durch das Zureden seiner Kameraden abgehalten. Alle Erfrischungen schlug er aus, rauchte aber mit größter Kaltblütigkeit seine Zigarre weiter und ließ sich ohne jede Klage nach Sonderburg ins Lazareth zurückbringen. Gebe Gott, daß die preußische Armee stets Unteroffiziere mit solcher Gesinnung habe![136]

Eine bessere Blaupause für ein Reenactment kann man sich wohl kaum vorstellen, zumindest wenn man es heroisch mag. Das II. Bataillon des IR 55 bildete während der Schlacht die Tete. Seine

135 Blomberg, Geschichte, S. 125.

136 Ebd., S. 137. Ebenfalls detailliert zum IR 55: Fontane, Der Schleswig-Holsteinische Krieg, S. 310-342.

> Offiziere wie Mannschaften brannten vor Begierde, an den Feind zu gelangen. Das 2. Bataillon […] hatte, da es so lange die Garnison in Flensburg gebildet, noch kein Gefecht mitgemacht. Es herrschte hierüber im Bataillone große Mißstimmung, und oft hörte man die Mannschaften sagen: »Wir müssen uns schämen, wenn wir nach Höxter zurückkommen und sind in keinem Gefecht gewesen!« […] Heute war die Mißstimmung einem Kampfesmuth und einer Begeisterung gewichen, die kaum zu zügeln war und die die Gewißheit des Sieges in sich trug.[137]

Was damals eine Frage der Ehre war, scheint heute der Wunsch nach dem ultimativen Erlebnis zu sein. Dass die fast ausschließlich männlichen Darsteller am 29. Juni 2014 an diesem Reenactment ihren Spaß hatten, war jedenfalls unverkennbar. Der militärische Drill, der konzertierte Angriff mit den Regimentskameraden, der Umgang mit den Waffen, das darstellerische Moment der eigenen Rolle als Offizier oder einfacher Infanterist, die angespannte Atmosphäre im Gefecht: Diese Männer wollen was erleben.

> Es ist keine Verherrlichung von Krieg oder irgendwas. Es ist einfach nur, wir wollen das erleben, aber wir wollen das vor allen Dingen auch den Zuschauern zeigen. Weil wir wollen auch, dadurch, dass wir es nachspielen, das den kommenden Generationen zeigen, diese Männer ehren. Krieg ist immer eine böse Sache. Krieg ist für mich: Soldaten sterben, weil Politiker versagt haben.[138]

In den Kommentaren und Berichten der Akteure tauchen immer wieder drei Aspekte auf: zum einen das Bedürfnis, auf dem simulierten Schlachtfeld etwas (nach-)erleben zu wollen; des Weiteren die Auffassung, durch das Nachspielen von Krieg gefallene Soldaten ehren zu können, und schließlich die Intention, das historische Bezugsereignis durch Reenactment gesellschaftlich lebendig halten zu wollen, um die Geschichte an kommende Generationen weitergeben zu können.

> Man hat ja gesehen: Wir haben viel geschossen, die Artillerie hat geschossen, es hat geknallt, gequalmt, zunächst einmal der Eindruck, dass es dem Publikum gefallen hat und das ist eines unserer Ziele. Und es war schön …

137 Blomberg, Geschichte, S. 124.

138 Jydske Vestkisten, Nar store drenge leger krig – kampen om Als, 12.7.2017, https://www.youtube.com/watch?v=_ap_28kmzXw (Zugriff: 19.3.2020). Die nachfolgenden Zitate stammen aus dieser Quelle.

In den Gesprächen mit Hobbysoldaten wird deutlich, dass sie regelmäßig mit dem Vorwurf der Kriegsverherrlichung konfrontiert sind. Wer in Uniform mit geladener Waffe durch die Landschaft streift und dabei auch noch Spaß hat, macht sich verdächtig – nicht nur, aber vor allem auch als Deutscher. Da klingt das volkspädagogische, zuweilen erinnerungskulturelle Engagement, dass Gettysburg, Großgörschen oder eben die *Schlacht um Als* nicht in Vergessenheit geraten dürfen, doch schon sehr bemüht nach Rechtfertigung eines Hobbys, das von Außenstehenden immer wieder mit Militarismus, Nationalismus und Kriegsbegeisterung assoziiert wird. Die oftmals überspannte Rhetorik des geschichtskulturellen Auftrages wird zudem häufig mit dem Anspruch unterfüttert, das damals Geschehene dem Publikum so zeigen zu wollen (und zu können), wie es wirklich gewesen ist. Dabei übersteigert sich die Rede von der »authentischen« Darstellung eines Gefechtes manchmal derart, dass zumindest eine Verharmlosung von Krieg nicht ganz von der Hand zu weisen ist. Vor allem wenn zwischen abenteuerlicher Nervosität und realer Todesgefahr kaum mehr unterschieden wird, gerät doch einiges durcheinander. Christoph O. nennt die Dinge beim Namen:

> Wir wissen, es ist nicht echt, es stirbt keiner, aber wir wollen dem Publikum natürlich einen Eindruck vermitteln, wie es wirklich gewesen ist. Und das ist gerade der Punkt – es steigt der Adrenalinspiegel, wir wissen, es ist nicht echt, aber es fühlt sich echt irgendwo an, es ist aufregend. Da sind Leute, die sind unwahrscheinlich nervös und, ich denke mal, das ist, wenn man von der Todesgefahr, die die Soldaten damals hatten, schon sehr nahe dran.

Bei der *Schlacht um Als* verloren zwei Offiziere und fünf Infanteristen des *6. Westfälischen Infanterie-Regiments Nr. 55* ihr Leben, 47 waren zum Teil schwer verwundet. Drei von ihnen erlagen bereits kurze Zeit später ihren Verletzungen. Die dänische Seite beklagte ein Vielfaches an Toten.[139]

Veteranenkultur und Traditionspflege

Nach der gewonnen *Schlacht um Als* und den Friedensverhandlungen mit Dänemark begann im Sommer 1864 die Demobilisierung der preußischen Streitkräfte. Offiziere und Soldaten des IR 55 erhielten nicht nur ihre Auszeichnungen und Belobigungen, das I. Bataillon errichtete am 18. September auf dem Kirchhof zu Satrup ein Regimentsdenkmal

139 Blomberg, Geschichte, S. 138.

mit Namenstafeln seiner gefallenen Soldaten. Später folgte das vom II. Bataillon gestiftete Denkmal in Ulkebøl. Nach Abschluss des Wiener Friedens am 30. Oktober 1864 trat das IR55 am 14. November über Rendsburg, Neumünster und Altona den Rückmarsch an und kehrte schließlich ab Harburg per Eisenbahn nach Minden zurück. Dort wie auch in den Garnisonen Höxter und Herford erwartete die Soldaten ein feierlicher Empfang, der übertroffen wurde von einer in Anwesenheit des preußischen Königs abgehaltenen Parade auf der Mindener Heide. Obgleich der 25. ein »unfreundlicher, kalter Novembertag mit ununterbrochenem Schneegestöber und Regen« war, »zuckte es wie Sonnenschein über die gebräunten Gesichter der Soldaten«, als sie mit ihren Ehrenzeichen auf der Brust an ihrem Kriegsherren »vorüberdefilirten«.[140] Die inszenierte emotionale wie ideologische Bindung an das preußische Königtum war und blieb für die Traditionsbildung des IR55 konstitutiv. Vor allem nach weiteren Kampfeinsätzen im Krieg gegen Österreich 1866 sowie im Deutsch-französischen Krieg 1870/71 etablierte und pflegte das Regiment seine preußische Tradition durch eine Vielzahl von Aktivitäten. Nicht nur die einzelnen Kriegervereine, sondern vor allem auch der 1879 gegründete und unter der Schirmherrschaft von Fürst Leopold IV. stehende *Lippische Kriegerbund*, in dem sich 121 Kriegervereine der ostwestfälischen Region zusammenschlossen, sowie der 1899 von zwanzig ehemaligen Regimentsangehörigen ins Leben gerufene *Verein ehemaliger 55er* in Bielefeld waren Organisationen, in denen das militärische Brauchtum der Kaiserzeit praktiziert und tradiert wurde.[141] Dazu

140 Ebd., S. 149.

141 Der *Lippische Kriegerbund*, dem etwa zwei Drittel der aus Lippe stammenden oder dort lebenden ehemalige Soldaten des IR55 angehörten, wurde am 20. April 1879 gegründet und umfasste dreißig Jahre später sämtliche 121 Kriegervereine der Region Lippe mit insgesamt 9630 Mitgliedern. Der *Verein ehemaliger 55er* war ein klassischer Regimentsverein, der am 17. Februar 1899 von zwanzig ehemaligen Regimentsangehörigen gegründet wurde. Er zählte 1909 insgesamt 286 Mitglieder und war damit eine der größten Veteranenorganisationen im Landkreis Bielefeld. Vgl. Heuß, Geschichte des Infanterie-Regiments Graf Bülow von Dennewitz, S. 93 f. Dazu vgl. auch: Andreas Ruppert, Militär in Lippe, in: ders./Hansjörg Riechert, Militär und Rüstung in der Region Lippe 1914-1945, Bielefeld 2001, S. 11-115, hier S. 20-24. Insgesamt waren 1914 fast drei Millionen Veteranen und Reservisten in mehr als 30.000 Vereinen organisiert. Die Institutionalisierung dieser landesweiten, wenngleich lokal verankerten Bewegung mündete 1922 in die Gründung eines Dachverbandes, des Reichskriegerbunds »Kyffhäuser«, der ab 1938 dann zentralisiert und in NS-Reichskriegerbund umbenannt, 1943 schließlich aufgelöst wurde. Vgl. Klaus Saul, Der Deutsche Kriegerbund. Zur innenpolitischen Funktion eines »nationalen« Verbandes im kaiserlichen Deutschland, in: Militärgeschichtliche Mitteilungen 6 (1969), S. 95-160. Zu den lippischen Kriegervereinen vgl. die entsprechenden Bestände im Landesarchiv NRW/Abtei-

gehörten Denkmalseinweihungen wie die des Hermannsdenkmals am 15. August 1875 in Detmold, Kaiserparaden in Anwesenheit seiner Majestät in den Jahren 1884 und 1889, Begräbnisfeiern von ehemaligen Befehlshabern wie die von General August Karl von Goeben am 17. November 1880 in Koblenz, Jubiläumsfeiern wie die zum 25-jährigen Bestehen des Regiments, die 1885 in allen drei westfälischen Standorten aufwendig begangen wurden. Kaisergeburtstage, Rekrutenvereidigung, Denkmalserrichtungen, Einweihung von Kasernen und Regimentshäusern, Jahrestage vergangener Kriegserfolge – alle diese Begebenheiten waren feste Größen im Traditionsleben des IR 55. Neben der militärischen Fest- und Feierkultur, einem geselligen Vereinsleben und der Pflege von Kaiserkult und Vaterlandsliebe übernahmen die Kriegervereine auch soziale Aufgaben. Sie unterstützten ihre Mitglieder und deren Familien bei Krankheit, nach Unfällen oder in anderen Notlagen, zahlten Witwen- und Sterbegeld und vermittelten verwaiste Nachkommen in die Kriegswaisenhäuser.

Im Zentrum stand allerdings die Pflege von Kameradschaft und soldatischem Leben beispielsweise durch Preisschießen und Exerzierübungen sowie regelmäßige Zusammenkünfte zur Förderung der »Treue zu Kaiser und Reich, zu Fürst und Vaterland«.[142] Das Vereinsleben in solchen regionalen Zusammenschlüssen war geprägt von nationalistischem und militaristischem Denken der »kleinen Leute«, dort fand »der nationale Gedanke« des Kaiserreichs seinen signifikanten Ausdruck.[143] Gleichzeitig erfuhren die ehemaligen Soldaten allerdings auch eine Aufwertung und

lung Ostwestfalen-Lippe: Generell zur Organisation der Vereine vgl. Die Militär-Begräbnis- und Kriegervereine Gen., Bd. 1-3, 1833-1921, M 1 I C Nr. 731-733; Die Nachweisungen der vorhandenen Kriegervereine, Bd. 1-3, 1891-1913, M 1 I C Nr. 734-735 und 780, das Kriegervereinswesen Spez., Bd. 1-4, 1896-1923, M 1 I C Nr. 736-739. Hinzu kommen die Akten zu den einzelnen Regionalverbänden u. a. in Minden, Detmold, Herford, Bielefeld und Höxter. Hierbei geht es allerdings überwiegend um Satzungsangelegenheiten, Anträge zur Aufnahme in den Kriegerbund, Gesuche der regionalen Vereine um Erlaubnis zur Führung einer Vereinsfahne, Anträge zur Durchführung regionaler Kriegerfeste etc. Vgl. zu Höxter zum Beispiel die beiden Aktenbände: Die Krieger-Schützen-Turn- und Kampfgenossen Vereine im Kreis Höxter, Vol. I (1889-1901), Vol. II (1902-1924), M 1 I C Nr. 754-755. Zu Satzungsänderungen und Vereinsangelegenheiten wie der Festlegung der Mitgliederbeiträge, Änderungen des Vereinszwecks etc. vgl. auch den Bestand L 79 Lipp. Regierung, Kriegervereine 1868-1918, Nr. 6841-6858.

142 Heuß, Geschichte des Infanterie-Regiments Graf Bülow von Dennewitz, S. 93.

143 Vgl. Thomas Rohkrämer, Der Militarismus der »kleinen Leute«. Die Kriegervereine im Deutschen Kaiserreich 1871-1914, München 1990, vor allem S. 55-82; Harm-Peer Zimmermann, »Der feste Wall gegen die rote Flut«. Kriegervereine in Schleswig-Holstein 1864-1914, Neumünster 1989.

Würdigung ihrer Kampfeinsätze. Die unkritische Verherrlichung des Militärs korrespondierte dabei mit der zur Schau gestellten Euphorie über die nationale Einigung 1870/71. Bei den Gedenk- und Geburtstagsfeiern wurden relativ standardisierte Reden gehalten, die auf den soldatischen Gemeinschaftsgedanken, auf die Verbundenheit mit Nation, Monarchie und Militär sowie auf die Festigung der geforderten Untertanenmentalität zielten.[144] Hochrufe auf Kaiser, Fürsten oder Kommandeure wie auch das dreifache »Hurra« sollten die Bindung zur konkreten wie auch zur nationalen Gemeinschaft stärken. Vor allem die öffentlichen Feiern gehörten zu den Höhepunkten der regionalen Festkultur: Zapfenstreich, Militärparaden, Musikdarbietungen, Kirchgang, Festball und Theateraufführungen waren die Veranstaltungselemente solcher vaterländischen Volksfeste.[145] Während bei den zeremoniellen Teilen eine strenge militärische Disziplin herrschte, gerieten die geselligen Zusammenkünfte nicht selten wegen des exzessiven Alkoholkonsums in die Kritik. Vor allem die Kirchen fürchteten eine Verrohung der Sitten. Zudem verblasste in den Jahren und Jahrzehnten nach 1870/71 der Bezug zu den Kriegserfolgen, sodass die ideologische Indoktrination für König und Vaterland immer stärker in den Mittelpunkt rückte, vor allem in strikter Abgrenzung zur Arbeiterbewegung. Ohnehin spielte die individuelle Kriegserfahrung eine relativ geringe Rolle. Hier und dort wurden schon mal lebende Bilder inszeniert, wie zum Beispiel am 18. Oktober 1913 in Flensburg zum 100. Jahrestag der *Völkerschlacht bei Leipzig* oder am 24. März 1898 in Rendsburg zum 50. Jahrestag der »Schleswig-Holsteinischen Erhebung«.[146] Sie bezogen sich aber in der Regel nicht auf Kampfhandlungen, sondern brachten die Teilhabe an der

144 Für die Gestaltung von Festen, Jubiläen und Gedenkfeiern entstanden Ratgeber und Handbücher, die die Organisation erleichtern sollten und zudem die Vereine ideologisch auf Linie hielten. Hier nur eine kleine Auswahl: Leo von Wenckstern, Patriotische Reden und Toaste: Ein Handbuch für Jedermann insbesondere für patriotische und Krieger-Vereine, Minden 1887; Johann Steinbeck, Steinbeck's Vorträge für Kriegervereine, Berlin 1888; Carl Cassau, Für Militär- und Krieger-Vereine, Berlin 1896; Alfred Westphal, Handbuch für die Kriegervereine des Preußischen Landes-Kriegerverbandes, Berlin 1906; Franz Weber, Liederbuch für Militär- und Kriegervereine: Eine Sammlung der beliebtesten Vaterlands-, Soldaten- und Volkslieder, Breslau 1910. Zum Traditionsbestand des IR 55 vgl. das Regimentslied »Der Fünfundfünziger«, in: Heuß, Geschichte des Infanterie-Regiments Graf Bülow von Dennewitz, S. 54. Zu dem von Otto Besel komponierten Marsch des IR 55 aus dem Jahr 1890 vgl. https://www.youtube.com/watch?v=9FaSk7mkZmA (Zugriff: 3. 3. 2018).

145 Rohkrämer, Militarismus, S. 64. Zu Festen und Feiern vgl. Zimmermann, Kriegervereine, S. 445-481.

146 Vgl. Zimmermann, Kriegervereine, S. 441-481.

nationalen Geschichte zum Ausdruck und dienten zugleich der Zurschaustellung von Vaterlandsliebe, Heldenmut und Opferbereitschaft sowie der Verherrlichung der Monarchen.[147] Ein explizites Nachstellen von Gefechten oder rituelle Wiederholungen von Kampfhandlungen scheint es nicht gegeben zu haben, allenfalls sonntägliche Schießübungen zur Stärkung der soldatischen Kampfkraft und zur paramilitärischen Ausbildung des Nachwuchses.[148] Wenn die Veteranen in den Vereinen oder auch öffentlich von ihren Kriegserlebnissen berichteten, forderten sie Ehrenbezeugungen als Zeichen der gesellschaftlichen Anerkennung ihrer Opferbereitschaft. Sie erfuhren seitens der Reservisten und Zivilisten im Laufe der über vierzig Friedensjahre aber zunehmend auch Desinteresse und Gleichgültigkeit. Nicht der Blick zurück, sondern das patriotische Engagement für ein nach Weltmacht strebendes Deutschland prägte das Kriegsvereinswesen des späten Kaiserreichs. Dieser Gesinnungsmilitarismus war ebenso nationalistisch wie zunehmend zukunftsorientiert.[149]

Historisch sind die Kriegervereine der Kaiserzeit die entscheidenden Bezugsgrößen des am 5. Dezember 2015 gegründeten *Traditionsvereins VII. Armeekorps Münster zu Höxter*. Der Verein hat es sich zum Ziel gesetzt,

> heimische Regimenter und Bataillone des VII. AK bzw. der 13. preußischen (westfäl.) Division nachzustellen und im Rahmen von gelebter Geschichte das Wissen um die Kaiserzeit und die Militärgeschichte wieder wach zu rufen.[150]

Seine Mitglieder betreiben Quellenstudium und Uniformkunde, führen militärische Exkursionen durch und nehmen an nationalen und internationalen Reenactments teil, unter anderem in Dänemark, in den

147 Vgl. zum Beispiel zum 100. Geburtstag Wilhelm I.: Adda von Liliencron, Das Lebensbild Wilhelms des Großen in 10 lebenden Bildern (= Fest-Aufführungen für Kriegervereine, Vaterländische Gedenktage und Soldatenfeste, hg. v. Vaterlands-Verein, Heft 4), Berlin 1897. Dem Krieg gegen Dänemark 1864 ist das siebte Bild gewidmet. Zur Darstellung heißt es: »Gepanzerte Jungfrau mit den holsteinischen Farben rot=weiß=blau wendet sich vom Dänen, der zurückweicht, dem preußischen Offizier zu, der ihr die Hand bietet« (S. 21). Diese typische Darstellungsweise zeigt sich auch bei: dies., Lebende Bilder zu patriotischen Festfeiern, Berlin 1896, dort allerdings tatsächlich mit Bezug zum Deutsch-Französischen Krieg und somit als Versuch, auch Kriegshandlungen zu inszenieren. Für das Genre der lebenden Bilder scheint diese Variante aber eher eine Ausnahme gewesen zu sein.

148 Vgl. Rohkrämer, Militarismus, S. 74.

149 Vgl. ebd., S. 82.

150 Vgl. Homepage des Vereins und des Husarenmuseums Rheder/Westfalen, http://www.husarenmuseum.de/ (Zugriff: 19. 3. 2020).

Niederlanden sowie in Tschechien. Christoph O. ist als Major des Infanterie-Regiments 55, das bis 1918/19 zur 13. (westfälischen) Division des VII. Armeekorps gehörte, der 1. Vorsitzende des Vereins. Regelmäßig treffen sich die Mitglieder in Höxter, organisieren darüber hinaus öffentliche Veranstaltungen und vereinsinterne Unternehmungen. Am 9. Oktober 2017 trafen sich beispielsweise mehr als dreißig, unter anderem aus Berlin, Hamburg, Magdeburg und Stendal angereiste Traditionsdarsteller in ihren historischen Uniformen in Höxters General-Weber-Kaserne, um für ihr Hobby, den Verein und seine Anliegen zu werben. Als Gast des in Höxter stationierten ABC-Abwehrbataillons 7 ging es an diesem Wochenende vor allem darum, die eigenen Aktivitäten, die sich häufig an historischen Jubiläen und Jahrestagen orientieren, bekannt zu machen. Von besonderem Erlebniswert für die Vereinsmitglieder ist zweifellos die Teilnahme an einem Reenactment, namentlich in Alsen (Als/Dänemark) oder in Königgrätz (Hradec Králové/Tschechien). Während der Schlachtennachstellungen kommen die sorgsam gepflegten Uniformen erst richtig zur Geltung. Das IR 55 trug den blauen preußischen Waffenrock mit roten Aufschlägen, weiß eingefassten roten Ärmelpatten, hellblauen Abzeichen und gelben Knöpfen. Auf den hellblauen Schulterklappen bzw. den Epauletten der Offiziere war die Regimentsnummer 55 angebracht. Am Helm befand sich der gelbmetallene bzw. vergoldete Linienadler. Neben der Reichskokarde zierte beim I. und II. Bataillon die preußische, beim III. die Lipper Kokarde die Uniform.[151] Für eine halbwegs komplette Ausstattung muss der Hobbysoldat heute mindestens mehrere hundert Euro ausgeben, da sind nach oben kaum Grenzen gesetzt. Verständlicherweise ist daher neben den Waffen und anderen Ausrüstungsgegenständen vor allem die Uniform der ganze Stolz eines jeden Darstellers. Darüber hinaus dienen die Objekte auch beim westfälischen Traditionsverein dazu, das Nachstellen der historischen Bezugskontexte materiell zu authentifizieren.

Der Bezug zu den historischen Kriegervereinen ist beim Traditionsverband Höxter unverkennbar. Jährlich am 27. Januar wird Kaisers Geburtstag gefeiert, zum Ehrentag von Reichskanzler Bismarck fährt man gemeinsam im imperialen Ambiente mit der Museumseisenbahn Minden. Exerzierwochenenden, Gedenkfeiern und Kranzniederlegungen mit Fahnenaufzug (zum Beispiel an den Dybbøler Schanzen) stehen

151 Vgl. Paul Pietsch, Die Formations- und Uniformierungs-Geschichte des preußischen Heeres 1808-1910, Band I: Fußtruppen (Infanterie, Jäger und Schützen, Pioniere) und deren Landwehr (Berlin 1910), Neubearbeitung Hamburg 1963, zur Infanterie vor allem S. 1-158.

regelmäßig auf dem Veranstaltungsprogramm.[152] Seit 2015 legt der Verein am Volkstrauertag in Höxter Trauergestecke nieder. Dabei werden sowohl das Kriegerehrenmal an der Lütmarser Straße, das Mahnmal für die polnischen Zwangsarbeiter als auch der Ehrenhain auf dem Hauptfriedhof einbezogen. Während der Veranstaltung 2016 las der Vereinsvorsitzende, der wie die anderen vier Anwesenden in historischer Uniform auftrat, aus einem Soldatenbrief vom 21. April 1864 vor, in dem der Gefreite Gather seinen Eltern vom Kriegseinsatz bei der Erstürmung der Dybbøler Schanzen berichtete. Anschließend wurden die Gestecke in Anlehnung an das bei solchen Anlässen übliche militärische Zeremoniell niedergelegt.[153] Spekulieren ließe sich, ob es sich bei dieser Veranstaltung auch um ein Reenactment handelte. Jedenfalls gerieten dabei so ziemlich alle zeitlichen und symbolischen Ebenen durcheinander. Was der geschichtskulturelle Sinn einer in (zeitlich auch noch uneinheitlichen) historischen Uniformen durchgeführten Gedenkfeier sein soll, sei mal dahingestellt, fragwürdig ist aber in jedem Fall, dass dabei generell und unterschiedslos aller Toten als »Opfer von Krieg, Vertreibung und Gewaltherrschaft« gedacht wurde. Diese in der bundesdeutschen Geschichtskultur durchaus übliche, auch andernorts nicht widerspruchsfreie Formel führt in diesem Fall zu der grotesken Situation, dass in der Videodokumentation der Veranstaltung auch das Gedenken an die polnischen Zwangsarbeiter mit dem Lied »Ich hatte einen Kameraden« unterlegt ist.[154] Hier zeigen sich Widersprüche der bundesdeutschen Gedenkkultur, die sich mit ihren eigenen Geschichtsdeutungen wenig auseinanderzusetzen scheint.

Während geschichtskulturell die Tendenz zur pauschalen Viktimisierung heraussticht, werden mit der zeitlichen Fokussierung auf die Kaiserzeit

152 Vgl. Facebook-Auftritt des *Infanterieregiments Graf Bülow von Dennewitz*, https://www.facebook.com/Infanterieregiment-Graf-B%C3%BClow-von-Dennewitz-138686479632175/timeline/ (Zugriff: 19. 3. 2020).

153 Vgl. Video zur Gedenkveranstaltung 2016, Facebook Auftritt *des Infanterieregiments Graf Bülow von Dennewitz*, https://www.facebook.com/Infanterieregiment-Graf-B%C3%BClow-von-Dennewitz-138686479632175/timeline/ (Zugriff: 19. 3. 2020).

154 Dazu heißt es erläuternd: »In diesem Jahr stellte der 1. Vorsitzende fest, daß es uns in vielen Fällen nicht zusteht, die Schuldfrage zu stellen, denn wir können uns kaum in die Entscheidungssituationen der Verantwortlichen zurückversetzen. Aber eins steht fest: die Opfer sind nicht schuld! Mögen doch in Zukunft wieder die Verantwortlichen (Politiker etc.) wie weiland Friedrich II. und Wilhelm I. auf das Schlachtfeld ziehen. Vielleicht würde dann so mancher Krieg verhindert werden. Im Reiche des Lichtes sehen wir uns wieder!«. Vgl. Facebook Account des Infanterieregiments *Graf Bülow von Dennewitz*, https://www.facebook.com/Infanterieregiment-Graf-B%C3%BClow-von-Dennewitz-138686479632175/timeline/ (Zugriff: 19. 3. 2020).

andere Traditionsstränge des IR 55 ausgeblendet. Diese sollen hier zumindest kurz angedeutet werden. Zwar wurde das Regiment 1918/19 im Zuge der Demobilisierung nach dem Ersten Weltkrieg aufgelöst, damit war seine Wirkungsgeschichte allerdings keineswegs zu Ende. Die alsbald entstandenen Freikorps »Bielefeld«, »Detmold« und »Severin« wurden mit Bildung der Reichswehr in das II. Bataillon des IR 14 eingegliedert, während die 14. Kompanie des IR 18 ab 1921 die Traditionspflege des IR 55 übernahm.[155] Etwa zeitgleich begannen ehemalige Regimentsangehörige, ihre früheren Kameraden in einem Verein zu organisieren, was mit dem im Juli 1921 gegründeten »Bund ehemaliger 55er« konkrete Formen annahm. Zeitgleich wurde der Offiziersverein »Alt 55« ins Leben gerufen.[156] Zweck des Bundes wie auch der Ortsgruppen war es,

> Liebe und Treue zum deutschen Volk und Vaterland bei seinen Mitgliedern zu pflegen, zu betätigen und zu stärken, sowie die Anhänglichkeit an die Kriegs- und Soldatenzeit im Sinne kameradschaftlicher Treue und nationaler Gesinnung aufrecht zu erhalten.

Zugleich zahlte jeder Verein ein Sterbegeld und wirkte an der Beisetzung seiner verstorbenen Mitglieder mit, indem der Sarg »mit den üblichen militärischen Gebräuchen zur Gruft« begleitet wurde.[157] In den 1920er

155 Das IR 18 gehörte zu den 21 Regimentern, die Deutschland im Versailler Vertrag zugestanden wurden. Am 1. Januar 1921 wurde das IR 18 mit Standorten u.a. in Paderborn, Münster, Bückeburg und Hameln aufgestellt. Im Wappen trug es das Hermannsdenkmal, und es übernahm den Wahlspruch des IR 55: »Kein Regiment soll besser sein«. Das in Detmold stationierte Ausbildungs-Bataillon trug an Mütze und Stahlhelm die gelb-roten lippischen Farben. Ebenso wie dem IR 55 gehörten vor allem Männer aus der Region diesem Regiment an, wodurch in vielen Familien enge Bindungen an das IR 55/IR 18 entstanden und bis heute bestehen. Die 14. Kompanie des IR 18 wurde von der Reichswehrführung offiziell mit der Traditionspflege für das lippische IR 55 betraut. Vgl. Landesarchiv NRW/Abteilung Ostwestfalen-Lippe, D 107/56 Nr. 41 Traditionsgemeinschaft: Verschiedenes 1952-1988. 1925/26 war Generaloberst Gerd von Rundstedt Kommandeur des IR 18, bevor er dann am 24.11.1938 zum Chef des Regiments ernannt wurde. Zur Person Rundstedt wie auch zur umstrittenen Traditionsbildung vgl. Landesarchiv NRW/Abteilung Ostwestfalen-Lippe, D 107/56 Nr. 38 Generaloberst (später: Generalfeldmarschall) Gerd von Rundstedt als Chef des I./G.R. 18, 1938-1939, 1953-1983.

156 Vgl. Landesarchiv NRW/Abteilung Ostwestfalen-Lippe, D 107/K Bund ehemaliger 55er/Offiziersverein »Alt 55«, zur Frühphase vor allem Nr. 1: Aufrufe und Rundschreiben des Vorstandes sowie der Ortsgruppen Bielefeld und Münster, ebenso Nr. 6: Einladungen, Rundschreiben und Nachrichtenblätter 1920-1940 sowie Nr. 2: Nachrichtenblatt des Bundes ehemaliger 55er. Infanterie-Regiment Graf Bülow von Dennewitz, 1926-1939.

157 Vgl. Satzung des Vereins ehemaliger 55er zu Bielefeld, 1919, in: Landesarchiv NRW/Abteilung Ostwestfalen-Lippe, D 107/K Nr. 1: Aufrufe und Rundschreiben des Vorstandes sowie der Ortsgruppen Bielefeld und Münster.

Jahren engagierten sich die ehemaligen *55er* für den Bau eines ihren im Ersten Weltkrieg Gefallenen gewidmeten Ehrenmals, das schließlich am 13. Juni 1926 auf dem Kaiser-Wilhelm-Platz in Detmold in der Nähe des 1875 errichteten Denkmals für die gefallenen Regimentsangehörigen des Deutsch-Französischen Krieges 1870/71 eingeweiht wurde.[158] Neben den Monatsversammlungen der einzelnen Ortsgruppen organisierten die Veteranen jährliche Bundestreffen wie das im Juli 1923 in Detmold, im Mai 1925 in Höxter und drei Jahre später in Bielefeld.[159] Das Veranstaltungsprogramm sah dabei fast immer gleich aus: Festkonzerte, Feldgottesdienste und Vereins- oder Delegiertentreffen gehörten ebenso dazu wie Militärparaden, Begrüßungsappelle und Tanzveranstaltungen. In manchen Jahren ergänzten Theatervorstellungen das Angebot, ebenso wurden Fahnenweihen, Kranzniederlegungen sowie gemeinsame Ausflüge z. B. zum Hermannsdenkmal integriert. Vor allem das gesellige Beisammensein stand im Mittelpunkt, was bei manchen Zusammenkünften dazu führte, dass der abendliche Ball am Samstag, der Frühschoppen am Sonntagmorgen und der obligatorische Abschiedsumtrunk am Nachmittag mehr oder weniger nahtlos ineinander übergingen.[160]

Ansonsten sammelten die Veteranen Erinnerungsberichte an die Kampfeinsätze während des Ersten Weltkrieges, feierten Hindenburgs 80. Geburtstag, erwiesen ihren verstorbenen Kameraden die letzte Ehre oder gratulierten im monatlich erscheinenden Nachrichtenblatt ihren Mitgliedern zu runden Geburtstagen. Bis in die 1930er Jahre hinein war – wenn es denn überhaupt um historische Zusammenhänge ging –

158 Vgl. Landesarchiv NRW/Abteilung Ostwestfalen-Lippe, D 107/K Bund ehemaliger 55er/Offiziersverein »Alt 55«, zum Denkmal vor allem Nachrichtenblatt 1 (1926/27), Hefte 1-11; sowie D 107/K Nr. 11: Zeitungsausschnitte 1925-1939 und Nr. 18: Errichtung eines 55er-Denkmals in Detmold 1925-1926. Ebenso die Einladung zur Denkmalseinweihung mit Festprogramm am 12./13. und 14. Juni 1926, in: D 107/K Nr. 1.

159 Vgl. Festschrift zum 5. Bundestreffen ehemaliger 55er am 6./7. und 8. Mai 1925 in Höxter an der Weser, Landesarchiv NRW/Abteilung Ostwestfalen-Lippe, D 107/K Nr. 3; Festschrift zum 8. Bundestreffen ehemaliger 55er am 12./13. und 14. Mai 1928 in Bielefeld, Landesarchiv NRW/Abteilung Ostwestfalen-Lippe, D 107/K Nr. 4.

160 Zu den Bundestreffen vgl. Regimentsappell vom 1. Juni 1921, in: Landesarchiv NRW/Abteilung Ostwestfalen-Lippe, D 107/K Nr. 1: Aufrufe und Rundschreiben des Vorstandes sowie der Ortsgruppen Bielefeld und Münster. Dort auch Einladung zum 2. Bundesfest ehemaliger 55er am 14./15. und 16. Juli 1923 in Detmold sowie Einladung der Ortsgruppe Detmold zur Einweihung des Ehrenmals verbunden mit Bundesfest und Fahnenweihe der Ortsgruppe Münster am 12./13. und 14. Juni 1926. Zu den Treffen findet man auch zahlreiche Artikel im Nachrichtenblatt, z. B. zum 7. Bundesfest in Dortmund 1927 sowie zum 8. Bundesfest in Bielefeld 1928.

der Weltkrieg das entscheidende Bezugsereignis, während die Kriegsereignisse des 19. Jahrhunderts für das Selbstverständnis offenbar weniger eine Rolle spielten. Hin und wieder gab es Stellungnahmen zu aktuellen Geschehnissen, wie zum Beispiel 1929 einen Aufruf zum Kampf gegen die »Kriegsschuldlüge« anlässlich des 10. Jahrestages des Versailler Vertrages oder einen entsprechend reißerischen Bericht zum Ende der Rheinlandbesetzung mit dem Titel »Der Rhein ist frei!«. Insgesamt drehten sich die Vereine aber eher um sich selbst, was sich Anfang der 1930er Jahre insofern änderte, da sich der 1926 auf Lebenszeit ernannte Präsident des Lippischen Kriegerbundes und 1. Vorsitzende des *Bundes ehemaliger 55er*, August Caesar, ebenso früh wie unmissverständlich »in rückhaltlosem Vertrauen und tiefster Dankbarkeit zu unserem geliebten Führer und Volkskanzler Adolf Hitler« bekannte.[161] Entsprechend folgten nun jährlich zum 20. April die obligatorischen Glückwunschtelegramme, und auch die Vereine wurden im Sinne der nationalsozialistischen Ideologie gleichgeschaltet, arisiert und nach dem Führerprinzip umstrukturiert. Ab 1935 sah die Satzung die »vaterländische Arbeit in nationalsozialistischer Staatsauffassung« vor, was konkret hieß, dass im Nachrichtenblatt, in den Korrespondenzen und während der Vereinsveranstaltungen der mit dem Führerstaat verbundene »nationale Aufstieg« ebenso nachdrücklich wie uneingeschränkt befürwortet wurde.[162]

Die Bindung der 55er-Veteranen an den militärisch aktiven IR 18 war aufgrund der Traditionspflege ohnehin eng, wurde aber zusätzlich noch durch das Anfang der 1930er Jahre in der Detmolder Kaserne eingerichtete *Graf-Bülow-Zimmer* gestärkt. Das Traditionszimmer soll von Veteranen und Soldaten begeistert aufgenommen und rege besucht worden sein.[163] Mit der erneuten Umstrukturierung der Armee 1936 übernahm schließlich das III. Bataillon die Traditionspflege des IR 55. Ohnehin vollzog sich nach der nationalsozialistischen Machtübernahme eine deutliche Belebung der gedenkkulturellen Aktivitäten. Bei der Feier zum 75. Jahrestag der Regimentsgründung am 30. Juni 1935 in Detmold gab es das erste Mal eine Vorführung des Traditions-Truppenteils, was konkret bedeutete, dass sich mehrere tausend 55er

> mit ihren Fahnen auf dem Kronenplatz versammelten. Die Straßen waren wieder dicht umlagert von Schaulustigen, die sich auch durch die große Hitze nicht davon abschrecken ließen, dem Festzuge zu-

161 Vgl. Aufruf des Bundesführers August Caesar zum Wahltag des 12. November 1933, in: Nachrichtenblatt 8 (1933), Nr. 11.

162 Vgl. Ruppert, Militär, S. 75-79.

163 Vgl. ebd., S. 57.

> zusehen. Um 3 Uhr setzte sich die riesige Marschkolonne in Bewegung. An der Spitze die Bataillonskapelle mit dem Spielmannszug, dann die historischen Gruppen, die besonderes Interesse erweckten. Da sah man friderizianische Grenadiere mit den hohen Blechmützen, einige Soldaten des Bataillons Lippe, weiter die jedem alten 55er vertraute blaue Vorkriegsuniform und dann Feldgraue aus dem Kriege.

Am Landestheater marschierten die Veteranen zum Regimentsmarsch an den Ehrengästen vorbei, gefolgt von SA, Reichsarbeitsdienst, Hitler-Jugend und SS-Standarte.[164] Die Inszenierung spiegelte das gute Verhältnis zwischen lokaler NS-Führung, regionalen Wehrmachtseinheiten und lippischen Veteranenverbänden wider.[165]

Wie bereits nach dem Ersten Weltkrieg gab es auch nach 1945 Initiativen, die Veteranenvereine des IR 55 neu zu beleben. Am 4. Oktober 1952 fand ein erstes Wiedersehenstreffen statt, 1958 hatte der Offiziersverein *Alt 55* insgesamt 87 Mitglieder, man traf sich auch überregional bei einem regelmäßigen Stammtisch in Detmold. Vor allem in den 1950er und 1960er Jahren unterhielten die Veteranen eine enge Bindung an das IR 18 und an dessen Traditionsverein, unter anderem durch ein gemeinsames Regimentsfest mit Fahnenweihe am 8./9. Mai 1954 in Bielefeld und durch eine Festveranstaltung zum 100. Jahrestag der Regimentsgründung im März 1960.[166] Doch in den 1970er Jahren ließ das Interesse rapide nach, sodass die wenigen verbliebenden und bereits hochbetagten Mitglieder im März 1979 schließlich die Auflösung ihres Zusammenschlusses

164 Vgl. Bericht zum 75. Jahrestag des IR 55 am 30.6.1935 in Detmold, in: Nachrichtenblatt des Bundes ehemaliger 55er 10 (1935), Heft 7, in: Landesarchiv NRW/Abteilung Ostwestfalen-Lippe, D 107/K Bund ehemaliger 55er/Offiziersverein »Alt 55«, Nr. 2.

165 Die lippischen Veteranenverbände wurden schließlich 1937 dem Reichskriegerbund angegliedert und nach Kriegsende unter alliierter Besatzung aufgelöst. Vgl. dazu auch: Kerstin Pörtner, Kriegervereine zwischen Euphorie und Selbstgleichschaltung. Ostwestfalen und Lippe 1933-1937, in: Werner Freitag (Hg.), Das Dritte Reich im Fest. Führermythos, Feierlaune und Verweigerung in Westfalen 1933-1945, Bielefeld 1997, S. 135-142.

166 Broschüre zur Fahnenweihe mit dem 55. Stiftungsfest, dem Kyffhäuser-Kreisverbandsfest und dem Treffen der ehemaligen Angehörigen vom Infanterie-Regiment Graf Bülow von Dennewitz (6. Westf.) Nr. 55, dem Reserve- und Landwehr-Infanterieregiment 55, dessen Kriegsformationen, seiner Nachfolgeeinheiten (Reichswehr) und dem Traditions-Regiment IR 18 am 8. und 9. Mai 1954 in Bielefeld, Landesarchiv NRW/Abteilung Ostwestfalen-Lippe, D 107/56 Nr. 41; Festschrift zur Wiederkehr des 100. Gründungsjahres des IR 55, Landesarchiv NRW/Abteilung Ostwestfalen-Lippe, D 107/K Bund ehemaliger 55er/Offiziersverein »Alt 55« Nr. 5.

vollzogen.[167] Beständiger entwickelte sich hingegen die Traditionspflege des IR 18. Das am 25. April 1939 offiziell an Gerd von Rundstedt übergebene Regiment kämpfte im Zweiten Weltkrieg nach seinem Einsatz in Frankreich mehr als ein Jahr und unter hohen Verlusten als Teil der zur Heeresgruppe-Mitte gehörenden 9. Armee um die westlich von Moskau liegende Stadt Rshew, wurde anschließend 1944 im Kessel von Bobruisk aufgerieben und in den letzten Kriegswochen noch am Warka-Brückenkopf südlich von Warschau eingesetzt. 4000 Gefallene verzeichnete das IR 18 bei Kriegsende. Bereits 1951 starteten erste, allerdings nicht sehr erfolgreiche Vereinsinitiativen, bevor dann 1977 eine neue Traditionsgemeinschaft ins Leben gerufen wurde, die vor allem ab 1982 unter ihrem Vorsitzenden Ernst-Martin Rhein im Rahmen der von ihm erarbeiteten Regimentsgeschichte überaus rege Aktivitäten entwickelte.[168] Neben dem traditionellen Vereinsleben und einer umfangreichen Quellenarbeit baute Rhein nach 1989 enge Kontakte zum russischen Kriegsveteranenverband in Rshew auf und initiierte mit dem *Kuratorium Rshew* einen bis heute bestehenden, intensiven deutsch-russischen Austausch.[169]

Betrachtet man diese allenfalls skizzierte, in ihrer ganzen Komplexität hier nicht darstellbare Entwicklung des IR 55/IR 18, dann rekurriert der 2015 in Höxter gegründete *Traditionsverein VII. Armeekorps Münster zu Höxter* nur auf einen recht spezifischen Ausschnitt der Regiments- und Traditionsgeschichte. Die zeitliche Fokussierung auf den Zeitraum zwischen 1860 und 1919 korrespondiert zwar mit der militärisch aktiven Zeit des Regiments innerhalb der preußischen Armee, führt aber gleichwohl dazu, die Traditions- und Gedenkgeschichte *seit* 1919 auszublenden. Obgleich auch der Traditionsbezug zu einem auf die Verherrlichung von Monarchie, Vaterland und Militär ausgerichteten Kriegsvereinswesen durchaus erklärungsbedürftig ist, wird die Widersprüchlichkeit dieser wie auch anderer selektiver Geschichtskonstruktionen umso eklatanter, wenn man die gesamte Regiments- und Traditionsgeschichte des IR 55 einbezieht. Als beispielsweise die Traditionsgemeinschaft des IR 18 am 16. November 1985 am Denkmal des IR 55 in Detmold eine Gedenktafel für die im Zweiten Weltkrieg gefallenen Regimentsangehörigen an-

167 Vgl. Korrespondenzen, Rundschrieben und Mitteilungsblätter 1952-1979, Landesarchiv NRW/Abteilung Ostwestfalen-Lippe, D 107/K Bund ehemaliger 55er/ Offiziersverein »Alt 55« Nr. 7-10.

168 Vgl. Ernst-Martin Rhein, Das Rheinisch-Westfälische Infanterie-/Grenadier-Regiment 18 (1921-1945), Bergisch-Gladbach 1993.

169 Vgl. zu diesem Kuratorium und der sich daraus entwickelnden Friedensarbeit https://www.droste-haus.de/de/wir-ueber-uns/kuratorium-rshew.php (Zugriff: 19.3.2020).

zubringen plante, regte sich im Stadtrat und in der Region vernehmbarer Protest. Der Chef des IR18, Gerd von Rundstedt, sei als hochrangiger Wehrmachtsgeneral aktiv am Vernichtungskrieg der Wehrmacht beteiligt gewesen und daher nicht erinnerungswürdig.[170] Die bisherigen militärischen Gedenkrituale ließen sich vor allem aufgrund der nationalsozialistischen Verbrechen nicht mehr ungebrochen fortsetzen. Noch drastischer zeigten sich die Ambivalenzen einer oftmals irritierend sorglosen Traditionspflege im Falle Jürgen Stroop. Der 1895 in Detmold geborene Stroop trat 1914 als Freiwilliger ins IR55 ein, stieg zum Vizefeldwebel auf, gehörte dem zugehörigen Reserve-Regiment Nr. 256 an und arbeitete nach Kriegsende bis zu seiner 1933 beginnenden SS-Karriere im Detmolder Katasteramt. Als Befehlshaber der SS-, Polizei- und Wehrmachteinheiten war er 1943 hauptverantwortlich für die Niederschlagung des Warschauer Ghettoaufstandes und wurde für die dort verübten Verbrechen 1952 in Polen zum Tode verurteilt und hingerichtet.[171] Zwar lässt sich durchaus darüber streiten, welche Relevanz seine Lebensbiographie für die Traditionsgeschichte des IR55 haben sollte oder müsste, gleichwohl gehört es zu den problematischen Tendenzen einer durch Reenactments wiederbelebten militärgeschichtlichen Gedenkkultur, sich mit diesen Aspekten der für Selbstbild und Traditionspflege in Anspruch genommenen Regimentsgeschichten kaum auseinanderzusetzen. Die zeitliche Fixierung auf das kaiserliche Deutschland erweist sich vor diesem Hintergrund als problematischer Versuch, die Untiefen und Ambivalenzen einer in hohem Maße kontroversen Traditionsgeschichte durch selektive Geschichtsaneignung zu umschiffen.

170 Vgl. Aufruf zur Störung der Einweihungsfeier einer Gedenktafel der Traditionsgemeinschaft des 18er Regiments am 16.11.1985 in Detmold, Landesarchiv NRW/Abteilung Ostwestfalen-Lippe, D 81 Nr. 02395; ebenso die Einführung in das Findbuch D 107/56 Infanterie-/Grenadier-Regiment Nr. 18, Traditionsgemeinschaft I./G. R. 18, Kuratorium Rshew, Detmold 2005.

171 Vgl. Kazimierz Moczarski, Gespräche mit dem Henker. Das Leben des SS-Gruppenführers und Generalleutnants der Polizei Jürgen Stroop, aufgezeichnet im Mokotów-Gefängnis zu Warschau (erschienen 1978), Neuausgabe Berlin 2008. Dazu vgl. auch Ruth Bettina Birn, Die Höheren SS- und Polizeiführer. Himmlers Vertreter im Reich und in den besetzten Gebieten, Düsseldorf 1986. Ebenso die vom Landesarchiv NRW Abteilung Ostwestfalen-Lippe und vom Stadtarchiv Detmold erarbeitete Ausstellung »Detmold und das Warschauer Ghetto«, 2018; http://www.archive.nrw.de/lav/abteilungen/ostwestfalen_lippe/BilderKartenLogosDateien/Dateien/Flyer-KZ-Befreiung-W-Ghetto-LAV-WEB.pdf (Zugriff: 19.3.2020).

Abb. 13: 100. Jahrestag der *Schlacht bei Tannenberg*, Reenactment am 27. Juli 2014 in Szkotowo/Polen

Śmierć połączyła wszystkich – Der Tod eint sie alle

Es ist ein heißer Sommer in den Masuren. In der idyllischen Landschaft zwischen Olsztyn (Allenstein) und Nidzica (Neidenburg) treffen sich am 27. Juli 2014 etwa 200 aus mehreren Ländern angereiste Reenactor in der kleinen Ortschaft Szkotowo (Skottau), um die (erst später so benannte) *Schlacht bei Tannenberg*, die sich zwischen dem 26. und 31. August 1914 in dieser Region zutrug, wieder-aufzuführen. Den 100. Jahrestag der Schlacht begeht man in der nicht einmal 1500 Einwohner zählenden Gemeinde Kozłowo (Koslau), zu der auch Szkotowo gehört, mit einem mehrtägigen Veranstaltungsprogramm unter dem Leitmotiv: »Śmierć połączyła wszystkich« (Der Tod eint sie alle). Zentrales Event hierbei ist neben dem obligatorischen Soldatenlager mit verschiedenen Verkaufs- und Aktionsständen, der Präsentation von Dioramen, einem deutsch-polnisch-russischen Kulturfest im nahe gelegenen Browina (Browienen), einem Lichtspektakel auf dem Friedhof in Szkotowo sowie einem ökumenischen Gottesdienst am Sonntagmorgen die Nachstellung der historischen Schlacht, die als eine der ersten des Weltkrieges mit einem eher überraschenden Sieg der deutschen 8. Armee über die 2. (Narew-) Armee des zaristischen Russlands in die Geschichte einging. Insgesamt 650.000 Soldaten standen sich damals in Masuren gegenüber, bei deutlicher Übermacht der russischen Seite mit circa 450.000 Soldaten. Massenschlachten des Ersten Weltkrieges sind für Veranstalter und Teilnehmer von Reenactments nicht nur wegen der strategischen Komplexität des Geschehens, sondern auch aufgrund der zu Beginn des 20. Jahrhunderts rasant wachsenden Technisierung der Kriegführung eine enorme Herausforderung, zumal wenn es sich um so verhältnismäßig kleine Veranstaltungen wie die in Szkotowo handelt.

Ostpreußen war bereits in den ersten Kriegswochen 1914 eine stark umkämpfte Region.[172] Nachdem russische Truppen mit zwei Armeen sowohl von Osten als auch von Süden in deutsches Territorium eingedrungen waren und die *Schlacht bei Gumbinnen* am 19. August für sich entschieden hatten, kündigte der Oberbefehlshaber der 8. Armee, Generaloberst Maximilian von Prittwitz und Gaffron, den Rückzug der deutschen Soldaten hinter die Weichsel an und wurde daraufhin vom Generalstab seines Amtes enthoben. Unter seinem Nachfolger, dem pensionierten General Paul von Hindenburg, der – gemeinsam mit Erich Ludendorff als Stabschef – vor Ort die Befehlsgewalt übernahm, begann der bereits vom Chef der Operationsabteilung, Oberstleutnant Max Hoffmann, planerisch ausgearbeitete Gegenangriff, der vorsah, die mittlerweile getrennt operierenden russischen Armeen nacheinander anzugreifen, um so die deutliche Überlegenheit der gegnerischen Streitkräfte kompensieren zu können. Im Süden Ostpreußens sollte zunächst die etwa 190.000 Soldaten umfassende 2. Armee unter General Alexander Samsonow attackiert werden, was schließlich am 26. August 1914 südöstlich von Allenstein zum Angriff des I. Armeekorps führte. Die Schlacht im Raum Neidenburg, Hohenstein und Ortelsburg entwickelte sich erst allmählich

172 Vgl. Norman Stone, The Eastern Front 1914-1917, London 1975; John Keegan, Der Erste Weltkrieg. Eine europäische Tragödie, Reinbek bei Hamburg 2001; Barbara Tuchmann, August 1914, Frankfurt a. M. 2004; Andreas Kossert, Ostpreußen: Geschichte und Mythos, München 2005; Gerhard P. Groß (Hg.), Die vergessene Front – der Osten 1914/15: Ereignis, Wirkung, Nachwirkung, Paderborn 2006; David R. Stone, The Russian Army in the Great War: The Eastern Front, 1914-1917, Lawrence/Kansas 2015. Speziell zur Schlacht bei Tannenberg: Geoffrey Evans, Tannenberg 1410:1914, London 1970; Dennis E. Showalter, Tannenberg. Clash of empires 1914, Washington 2004; Markus Pöhlmann, Tod in Masuren: Tannenberg, 23. bis 31. August 1914, in: Stig Förster/Markus Pöhlmann/Dierk Walter (Hg.), Schlachten der Weltgeschichte. Von Salamis bis Sinai, 3. Auflage, München 2002, S. 279-293. Darüber hinaus die literarische Verarbeitung von Alexander Solschenizyn, August Vierzehn, Darmstadt 1971.

zugunsten der deutschen Verbände, vor allem seit weitere Truppen aus dem nordöstlichen Ostpreußen einrückten. Am 27. August gelang bei Usdau (heute Uzdowo) der Durchbruch durch die russischen Linien, und die von Westen vordringenden Verbände unter General Hermann von François konnten den Gegner von Süden her umfassen. Nach erbitterten Kämpfen gelang es schließlich der 8. Armee, die russischen Streitkräfte im Raum Neidenburg einzukesseln.[173] Deren Befehlshaber Samsonow erkannte die militärisch aussichtslose Lage und erschoss sich nahe der russischen Grenze, mehr als 30.000 Russen waren tot, Zehntausende wurden verwundet oder galten als vermisst und nahezu 95.000 Soldaten gerieten in deutsche Kriegsgefangenschaft. Eine so hohe Anzahl von Gefangenen hatte es zuvor noch nie gegeben. Die deutsche Seite zählte indes etwa 10.-12.000 Tote und Verwundete. Die *Schlacht bei Allenstein*, wie die militärische Konfrontation zunächst hieß, galt auf deutscher Seite schon bald als Rettung Ostpreußens vor den russischen Invasoren, brachte militärisch aber nicht den entscheidenden Durchbruch an der Ostfront.[174]

Die russische Niederlage beruhte vor allem auf logistischen, taktischen und strategischen Fehlentscheidungen.[175] Nicht nur der Nachschub der beiden Armeen war völlig unzureichend, darüber hinaus mangelte es den zaristischen Streitkräften an schweren Geschützen, an einer voll einsatzfähigen Luftwaffe sowie an einer effektiven Feindaufklärung. Unsinnige Befehle, lange Kommunikationswege und persönliche Antipathien zwischen den beiden Oberbefehlshabern führten zu einer erheblichen Beeinträchtigung der russischen Kampfkraft. Zudem zeigte sich die russische Armee den Herausforderungen einer modernen Kriegführung nicht durchweg gewachsen. Der Einsatz einer ressourcenintensiven Kavallerie entsprach angesichts präzise feuernder Maschinengewehre nicht mehr den militärstrategischen Gegebenheiten.[176] Die deutsche Infanterie hatte

173 Detailliert zum Verlauf der Schlacht vgl. Showalter, Clash of Empires, S. 213-319.

174 Die 1. Russische Armee unter dem Oberbefehl von General Pawel (Paul) von Rennenkampff hatte sich nordöstlich von Rastenburg zurückgezogen und wurde bei der Schlacht an den Masurischen Seen Mitte September 1914 geschlagen. Damit war die russische Offensive gegen Ostpreußen zunächst abgewehrt, bevor dann im Herbst erneut russische Soldaten Teile von Ostpreußen besetzten. Zur Ostfront im Ersten Weltkrieg vgl. vor allem: Hew Strachan, Die Ostfront. Geopolitik, Geographie und Operationen, in: Groß, Vergessene Front, S. 11-26; Gerhard P. Groß, Im Schatten des Westens. Die deutsche Kriegsführung an der Ostfront bis Ende 1915, in: ebenda, S. 49-64. Zu den (in der Forschung divergierenden)Verlustzahlen vgl. Kossert, Ostpreußen, S. 200-204.

175 Vgl. Evans, Tannenberg, S. 85-114; Pöhlmann, Tod in Masuren, S. 279-293.

176 Vgl. Georg Ortenburg, Waffe und Waffengebrauch im Zeitalter der Millionenheere, Bonn 1992, vor allem S. 9-33; John Ellis, The social history of the machine gun, Baltimore 1986 (reprint).

wenig Mühe, angreifende Kavalleristen aus einer Distanz von 800 Metern auszuschalten. Gleichzeitig war die russische Seite noch nicht hinlänglich mit den Verschlüsselungstechniken einer zunehmend kriegsentscheidenden Nachrichtenübermittlung vertraut. Mehrere unchiffrierte Befehle des russischen Oberkommandos wurden abgefangen, was für die deutsche Seite erhebliche strategische Vorteile brachte. Die deutsche Armee konnte aufgrund dieser Versäumnisse und Fehlentscheidungen ihre waffentechnische Überlegenheit voll ausschöpfen und den Gegner erfolgreich daran hindern, seine zweifellos vorhandene Offensivkraft effektiv zu nutzen.[177]

Diese militärische Gesamtkonstellation im August 1914 hatte für die Kämpfe in Ostpreußen konkrete Konsequenzen. Mit dem Einmarsch der russischen Truppen begann in vielen ostpreußischen Gemeinden eine – wenn auch oftmals eher kurze – russische Besatzungszeit, die nicht nur dazu führte, dass schätzungsweise 200.000 Einwohner bereits vor Ankunft der russischen Truppen die Flucht ergriffen, sondern die auch etwa 1500 Zivilisten das Leben kostete. Hunderte Bewohner wurden verletzt, tausende Zivilisten verschleppt, Häuser und Höfe geplündert und zerstört.[178] Viele Augenzeugen berichteten voller Panik vom »Einbruch der Kosaken«, die sich nicht nur nahmen, was sie brauchten, sondern auch Gehöfte und ganze Dörfer in Brand setzten.[179] Da die regionalen

177 Allerdings erwies sich die deutsche Entscheidung, erhebliche Truppenkontingente von der Westfront nach Ostpreußen zu verlegen, mittelfristig als fatal. Der euphorische Sieg im Osten überdeckte von vornherein die negativen Konsequenzen für den Kriegsverlauf insgesamt. Vgl. Groß, Im Schatten des Westens, S. 55.

178 Pöhlmann weist zu Recht darauf hin, dass auch die deutsche Artillerie erhebliche Zerstörungen angerichtet hat. Des Weiteren wäre es ebenso weiterführend wie überfällig, die Kampf- und Besatzungspolitiken aller Kriegsparteien an der Ost- wie auch an der Westfront miteinander zu vergleichen, um so die nach der Schlacht kursierenden Berichte über »russische Kriegsgreuel« zu kontextualisieren. Vgl. Jesko von Hoegen, Der Held von Tannenberg. Genese und Funktion des Hindenburg-Mythos, Köln 2007, S. 50 ff.; ebenso: Pöhlmann, Tod in Masuren, S. 293; Peter Jahn, »Zarendreck, Barbarendreck«. Die russische Besetzung Ostpreußens 1914 in der deutschen Öffentlichkeit, in: Karl Eimermacher (Hg.), Verführungen der Gewalt. Russen und Deutsche im Ersten und Zweiten Weltkrieg, München 2005, S. 223-242; zeitgenössisch zur russischen Besatzung: Adalbert Kuhn, Die Schreckenstage von Neidenburg in Ostpreußen. Kriegserinnerungen aus dem Jahre 1914, Minden 1915; eine Sammlung von Zeitzeugenberichten, an denen sich auch die Entstehung und Tradierung des Tannenberg-Mythos in den nächsten Jahren und Jahrzehnten nachvollziehen lässt, in: Gerhard Knieß, Quellen zur Geschichte des Kreises Neidenburg, Bd. 6: Der Kreis Neidenburg/Ostpr. im Ersten Weltkrieg und die Tannenberg-Schlacht 1914, Bremerhaven 1981.

179 Kuhn, Schreckenstage, S. 11.

Kriegserfahrungen von Beginn an propagandistisch genutzt wurden, sind viele Darstellungen zu den Kampfhandlungen im Osten von übersteigerten Feindbildern geprägt, die es erschweren, die historischen Geschehnisse jenseits ihrer anschließenden Stilisierung und deren späteren Dekonstruktion nüchtern zu betrachten. Jedenfalls gehörte es zu den zentralen Elementen des sich alsbald entwickelnden Tannenberg-Mythos, dass es vor allem Paul von Hindenburg zu verdanken gewesen sei, Ostpreußen vor den »asiatischen Horden« gerettet zu haben.[180] Die Euphorie über den unerwartet deutlichen Sieg der deutschen Armee war maßlos. Noch im Siegestaumel erhielt das in einer ja relativ großen Region geführte Kampfgeschehen den Namen »Schlacht bei Tannenberg«, was geographisch zwar nicht falsch war, aber doch in erster Linie dazu diente, den deutschen Erfolg mit der gleichnamigen Niederlage des Deutschen Ordens im Jahre 1410 propagandistisch zu verknüpfen.[181] Mit *Tannenberg* sollte zukünftig nicht mehr der Machtverlust im 15. Jahrhundert, sondern ein überragender Sieg des deutschen Militärs assoziiert sein. In der Presse war alsbald von einer »späten Rache« die Rede, mit der zudem die »Abwehr der slawischen Gefahr« gelungen sei.[182]

Die *Schlacht bei Tannenberg* ist geschichtskulturell ein anspruchsvoller Stoff für ein Reenactment, zumal im heutigen Polen. Bereits im Vorfeld der Veranstaltung wurde in der Region sowie im Internet für das Spektakel geworben: Russische Kavallerie, historische Waffen, schwere Artillerie-

180 Divisionsbefehl von General Curt von Morgen vom 23. August 1914, zit. n.: Pöhlmann, Tod in Masuren, S. 293.

181 Vgl. Hoegen, Held von Tannenberg, S. 35-54. Zu Hindenburg vgl. Wolfram Pyta, Hindenburg: Herrschaft zwischen Hohenzollern und Hitler, 3. Auflage, München 2009. Die Namensgebung reklamierten gleich mehrere Personen für sich, allen voran Erich Ludendorff, der in seinen Kriegserinnerungen dazu festhielt: »Wird der Deutsche es jetzt wie damals zulassen, dass Litauer und namentlich der Pole aus unserer Ohnmacht Nutzen ziehen und uns vergewaltigen? Soll Jahrhunderte alte Kultur verloren gehen?«, Erich Ludendorff, Meine Kriegserinnerungen, Berlin 1919, S. 44f.

182 Hannoverscher Kurier vom 3. September 1914 (Morgen-Ausgabe), S. 10, zit.n.: Hoegen, Held von Tannenberg, S. 43. Zur weiteren propagandistischen Vermarktung der Schlacht, vor allem während des Nationalsozialismus, speziell zum 1927 errichteten und ab 1935 umbenannten *Reichsehrenmal Tannenberg* und zur pompösen Beisetzung Hindenburgs dort am 7. August 1934 vgl. Kossert, Ostpreußen, S. 211-216; ebenso: Jürgen Tietz, Das Tannenberg-Nationaldenkmal. Architektur, Geschichte, Kontext, Berlin 1999; Janusz Tycner, Auf den Spuren von Tannenberg 1914. Ostpreußen im Ersten Weltkrieg, 2. überarbeitete Auflage, Warszawa o.J. (2003), S. 83-119; eher die polnische Seite betrachtend: Mathieu Olivier, Schlacht bei Tannenberg. Erfolg und Scheitern von Siegesmythen, in: Hans Henning Hahn/Robert Traba (Hg.), Deutsch-Polnische Erinnerungsorte, Bd. 1: Geteilt/Gemeinsam, Paderborn 2015, S. 283-300.

geschütze wie auch ein erstmals präsentierter, von einer litauischen Grenadiergruppe nachgebauter deutscher Panzerwagen seien auf dem Gelände unweit des Ortes Szkotowo zu bestaunen. Dem Besucher wurde eine spektakuläre Darbietung am historischen Ort versprochen, zudem lockten im etwa siebzig Zelte und verschiedene Verkaufs- und Aktionsstände umfassenden Soldatenlager diverse Getränkebuden, Musikdarbietungen und Infotafeln.[183] Der größte Verkaufsstand auf dem Platz bot ein beachtliches Sortiment an (zum Teil täuschend echten) Waffen an, von der tarngrünen Munitionskiste bis zum lafettenmontierten MG 08 konnte man hier so einiges, was der Laie zum ambitionierten Kriegsspiel benötigt, käuflich erwerben. Preußische und zaristische Fahnen markierten unmissverständlich die Biwaks der beteiligten Kampfeinheiten, wobei die Präsenz preußischer Symbole sowie die der deutschen Kriegsflagge des Ersten Weltkrieges im Gesamtbild überwogen. Während die (ausschließlich männlichen) Darsteller am Vormittag noch vor den Zelten saßen (einzelne Frauen waren als Rot-Kreuz-Schwestern und Zivilistinnen im Einsatz), ihre Ausrüstung vorbereiteten und es sich bei fast 30 Grad mit kühlen Getränken gut gehen ließen, herrschte auf dem nahe gelegenen »Schlachtfeld« geschäftiges Treiben. Das Gelände wurde für das am Nachmittag beginnende Reenactment umfassend präpariert, was konkret bedeutete, dass auf dem in Quadranten unterteilten, leicht hügeligen Terrain einige provisorische Gebäude errichtet, Schützengräben ausgehoben und pyrotechnische Anlagen installiert wurden. Für die insgesamt etwa 2500 Zuschauer war der Zugang zu diesem Teil des Veranstaltungsortes untersagt.

Das Reenactment unter der Schirmherrschaft des Bürgermeisters von Kozłowo wurde von dem auf historische Reenactments spezialisierten Portal *dobroni.pl* gemeinsam mit mehreren Darstellungsgruppen aus Warszawa, Przasnysz, Trójmiasto, Malbork und Sochaczew veranstaltet und durchgeführt. Das Internetforum *dobroni.pl* bietet eine Kommunikationsplattform zur nationalen und internationalen Militär- und Kriegsgeschichte, dient zudem zahlreichen polnischen Darstellungsgruppen als

183 Vgl. Sonderausgabe der Nasza Gazeta Nidzicka, Tannenberg 1914-2014, 27. Juli 2014 Szkotowo, o.J. (2014). Während des Reenactments übertrug Radio Olsztyn live vom Kriegsschauplatz. Berichterstattung in der internationalen Presse: Battlefront. Key First World War battle re-enacted in Poland on eve of war's outbreak a century ago, in: Canada.com am 28. Juli 2014, http://ww1.canada.com/battlefront/key-first-world-war-battle-re-enacted-in-poland-on-eve-of-wars-outbreak-a-century-ago (Zugriff: 3.4.2018); Mark Duell, World War One battle which saw Germany inflict critical defeat on Tsarist Russian invasion force is recreated almost 100 years on, in: Daily Mail vom 27. Juli 2014; ebenso ein Agenturbericht in der *China Daily* vom 28.7.2014.

Austausch- und Vernetzungsportal und organisiert darüber hinaus öffentliche Veranstaltungen wie die in Szkotowo.[184] Dabei ist das Informationsangebot ebenso umfassend wie adressatenspezifisch: Neben der Ankündigung von Reenactments, der Rezension einschlägiger Literatur und Fachzeitschriften wie auch der Darstellung historischer Ereignisse und Zusammenhänge bieten einzelne Foren zudem die Möglichkeit, sich u.a. über Waffen, Uniformen, Kavallerieausrüstung und Militärfahrzeuge auszutauschen. Das Portal hat es sich nach eigenen Angaben zum Ziel gesetzt, nicht nur, aber vor allem die polnische Geschichte lebendig zu halten, und lädt historisch Interessierte dazu ein, sich aktiv daran zu beteiligen. Dabei handelt es sich nach eigenem Bekunden um ein Projekt, das sich der Förderung eines modernen Patriotismus verpflichtet fühlt.[185] Unter der Frage: »Wie kannst du heute deinen Patriotismus ausdrücken?« empfiehlt die Redaktion diverse Verhaltensweisen und Aktivitäten, um die individuelle »Liebe zur Heimat« zu bekunden. Die Teilnahme an öffentlichen oder virtuellen Diskussionsgruppen gehört ebenso dazu wie künstlerisches Engagement, Freiwilligenarbeit in Museen und anderen kulturellen Einrichtungen oder das Tragen patriotischer T-Shirts. Echter Patriotismus zeige sich zudem in einem respektvollen Umgang mit denjenigen, die das »Heimatland mit uns teilen«, unabhängig von ihrer Herkunft, Religion oder Hautfarbe.[186] Im Zentrum des Engagements steht gleichwohl die Mitgliedschaft in einer historischen Darstellungsgruppe, seien es diejenigen zur legendären *Schlacht bei Grunwald* im Jahre 1410 oder zur Entscheidungsschlacht an der Bzura (nahe Kutno) Mitte September 1939.[187] Reenactment biete für Patrioten mit kreativen Ambitionen eine einzigartige Gelegenheit, ihre Verbunden-

184 Vgl. die Selbstdarstellung des Portals sowie weitere Informationen zu den dort angebotenen Foren und Blogs unter https://forum.dobroni.pl/historyczne.html (Zugriff: 3.4.2018). Organisatoren des Reenactments in Szkotowo waren zudem die *Fundacja Polonia Militaris* – eine eng mit dem Portal verbundene Stiftung, die sich u.a. der Aufrechterhaltung militärischer Traditionen, der Pflege des nationalen Erbes sowie der Vermittlung der polnischen Geschichte verpflichtet sieht und entsprechende Aktivitäten organisiert und unterstützt, vgl. deren Stiftungsrichtlinien (http://poloniamilitaris.dobroni.pl/media/index.php?MediumID=445, Zugriff: 3.4.2018) sowie die *Fundacja Wojskowości Polskiej,* eine 2007 gegründete Stiftung, die vor allem historische Militärfahrzeuge (u.a. polnische und deutsche Panzer) rekonstruiert, vgl. http://fwp.dobroni.pl/media/index.php?MediumID=60 (Zugriff: 3.4.2018).

185 Vgl. zum Folgenden die entsprechende Darstellung auf der Homepage von *dobroni.pl* unter https://dobroni.pl/n/w-jaki-sposob-dzisiaj/19675 (Zugriff: 3.4.2018).

186 Ebd.

187 Vgl. zu den historischen Darstellungsgruppen die Übersicht unter https://dobroni.pl/grh (Zugriff: 3.4.2018).

heit mit Polen und seiner langen Geschichte zum Ausdruck zu bringen. Der historische Bezugsrahmen der mehrere hundert registrierten (allerdings zum Teil eher kleinen) Reenactment-Gruppen reicht dabei von der römischen *Legio XIIII Gemina* über das königlich preußische Infanterieregiment *Alt Kreytzen* bis zu Kampf- und Spezialeinheiten wie den *Tasmanian Tigers*.[188] Bei *dobroni.pl* findet man ein bemerkenswert breites Spektrum an Angeboten, das sich zwar im weitesten Sinne auf die polnische Geschichte konzentriert, zugleich aber auch diejenigen, die sich eher für das mittelalterliche Raubrittertum, für den Indochinakrieg oder für die deutsche Wehrmacht an der Ostfront interessieren, auf ihre Kosten kommen lässt.[189] Zur Freude der internationalen Reenactment-Szene hat man in Polen ebenso wie in Großbritannien und Russland deutlich weniger Vorbehalte gegenüber dem Wieder-Aufführen moderner Kriege als beispielsweise in Deutschland.

In Szkotowo beginnt das Spektakel am 27. Juli 2014 mit einer kurzen Darbietung eines deutsch-amerikanischen Gefechtes der Westfront unter dem Titel »Na Zachodzie bez zmian« (»Im Westen nichts Neues«). Wie eine Art Vorprogramm zeigen etwa zwanzig Darsteller eine kurze Kampfszene, bei der es ganz offensichtlich vor allem darum geht, den vom litauischen *Klub Grenadierus* nachgebauten deutschen Panzerwagen erstmals öffentlich zu präsentieren.[190] Nach einigen Schusswechseln und der alliierten Umzingelung des alsbald qualmenden Panzergefährts bedanken sich die in Reih und Glied angetretenen Reenactor bei ihrem mittlerweile recht zahlreichen Publikum. Nach Begrüßungsansprachen lokaler Politiker und Veranstalter erläutert der in Olsztyn lehrende Historiker Wiesław Bolesław Łach die fachlichen Hintergründe des in Kürze beginnenden Reenactments. Auf ein internationales Publikum ist die Veranstaltung ganz offensichtlich nicht eingestellt, alle Begrüßungsworte, Kommentare und Erläuterungen sind ausschließlich auf Polnisch. Derweil nehmen die Darsteller des folgenden Hauptprogramms bereits ihre Ausgangspositionen ein. Während etwa zwanzig Zivilisten (überwiegend Frauen) ein

188 Zu den drei hier beispielhaft genannten Gruppen vgl. zur *Legio XIIII* http://grhlegiiii.dobroni.pl/media/index.php?MediumID=465 (Zugriff: 3.4.2018); zur Gruppe *Alt Kreytzen* http://www.altkreytzen.org.pl/ und zu den *Tasmanian Tigers* http://grtt.dobroni.pl/media/index.php?MediumID=376 (Zugriff: 3.4.2018).

189 Vgl. zum mittelalterlichen Raubrittertum http://www.militesdei.cba.pl/sklad.htm (Zugriff: 3.4.2018), zum Indochinakrieg https://dobroni.pl/grh/indochine-1946-1954/10283 (Zugriff: 3.4.2018) und zur deutschen Wehrmacht https://www.facebook.com/GRHOstheer (Zugriff: 3.4.2018).

190 Zu dieser litauischen Reenactment-Gruppe, die sowohl Gefechte des Ersten als auch des Zweiten Weltkrieges nachspielt, vgl. deren Homepage unter http://www.grenadierius.lt/lt/apie-mus (Zugriff: 3.4.2018).

ebenso einfaches, gottesfürchtiges wie friedliches Landleben in den Masuren inszenieren, rücken deutsche Truppen in die auf einem Hügel präparierten Stellungen ein und verschanzen sich in den eigens ausgehobenen Schützengräben. Das Spektakel beginnt, als russische Kavalleristen auf der »Bühne« erscheinen. Ein Junge, der aufgeregt in das masurische Dorf läuft, kündigt mit einem lauten »Russen« oder auch »Ruski« die fünf berittenen Soldaten an, die daraufhin Proviant von der Zivilbevölkerung einfordern. Die im Hintergrund durch Gefechtslärm und Explosionen angedeuteten Kriegshandlungen, die sich dem Dorf zügig nähern, führen schließlich dazu, dass Männer, Frauen und Kinder mit ihren wenigen Habseligkeiten die Flucht ergreifen. Kurz darauf steht das Dorf in Flammen, wobei unklar bleibt, durch welche genauen Umstände die Verwüstung der Gebäude verursacht wird. Jedenfalls beeindruckt nicht nur der Einsatz von Pyrotechnik, sondern die lichterloh brennenden Gebäude verweisen so effektvoll auf die Zerstörungskraft der Kriegshandlungen, dass schließlich die örtliche Feuerwehr ungeplant zum Einsatz kommt. Denn aufgrund der großen Hitze entzündet sich das vertrocknete Feld, auf dem das Reenactment stattfindet, derart rasant, dass ein Ausgreifen des Brandes in Richtung Zuschauer zu befürchten steht. Die Feuerwehr aus Kozłowo muss daher diesem Teil der Inszenierung ein vorzeitiges Ende bereiten.

Im dichten Qualm formiert sich derweil die russische Infanterie zum Angriff auf die auf dem Hügel verschanzten deutschen Einheiten. In mehreren Angriffswellen mit jeweils etwa zwanzig Darstellern kämpfen sich russische Soldaten an die deutschen Schützengräben heran. Das Gefecht nähert sich nun seinem Höhepunkt. Es knallt, zischt, qualmt und donnert ohne Unterlass, überall hört man Explosionen, simulierte Kanonen- und Granateneinschläge erschüttern das Terrain, eine im hinteren Bereich errichtete Windmühle fliegt effektvoll in die Luft, das Rattern von Maschinengewehren durchdringt die Szenerie. In kürzester Zeit füllt sich das Schlachtfeld mit Leichen, überall liegen bereits tote und verwundete Soldaten, als die deutschen Einheiten auf ein Signal hin ihre Schützengräben verlassen und das Gefecht zum Nahkampf übergeht. Bei dramatischer Musik wird mit Revolvern und Gewehren geschossen, mit Knüppeln erschlagen, mit Fäusten gekämpft.[191] Nahezu

191 Vgl. die filmische Verarbeitung der Veranstaltung von dem auf historische Reenactments des Ersten und Zweiten Weltkrieges spezialisierten Fudexfilm Studio, https://www.youtube.com/watch?v=z5TOX8qKPdU (Zugriff: 3.4.2018); ebenso die vom Polish Military Chanel – Wadera präsentierten Kurzfilme auf YouTube, https://www.youtube.com/watch?v=UZY5c2pHslY und https://www.youtube.com/watch?v=QL9NiI_y9rs (Zugriff: 3.4.2018).

Abb. 14: Feuerwehreinsatz beim Reenactment am 27. Juli 2014 in Szkotowo

alle Darsteller sind am Ende tot oder verwundet. Das Gelände ist völlig zerstört, ähnelt im wahrsten Sinne des Wortes einem Schlachtfeld und ist mit »Leichen« übersät. Die grausige Szenerie erstarrt in den letzten Minuten zu einem Bild der totalen Vernichtung. Nach einigen Minuten verkündet ein Sprecher das Ende der Darbietung, die Reenactor stehen auf und formieren sich wie nach einer Theateraufführung vor dem Publikum. Begleitet von dramatischer Musik verliest der Sprecher die Gesamtzahl der Toten jeder einzelnen Kriegspartei im Ersten Weltkrieg. Man gedenkt der Millionen Opfer durch Schweigen. Das Publikum zeigt sich von der gesamten Darbietung tief ergriffen, viele Zuschauer weinen: Śmierć połączyła wszystkich – Der Tod eint sie alle.[192]

Die *Schlacht bei Tannenberg* als historischer Ort

Bekanntermaßen existierte 1914 kein polnischer Staat. Seit den drei Teilungen der Adelsrepublik Polen-Litauen am Ende des 18. Jahrhunderts gehörten die vormals polnischen Gebiete zum zaristischen Russland, zur

192 Die gesamte Veranstaltung stand unter diesem Motto, vgl. Sonderausgabe der *Nasza Gazeta Nidzicka*, Tannenberg 1914-2014, 27. Juli 2014 Szkotowo, o.J. (2014).

preußischen Monarchie und zum Habsburger Reich, wobei der weitaus größte Teil mit mehr als 60% an Russland fiel. Seit 1795 grenzten zunächst die preußischen Provinzen Ostpreußen und Neuostpreußen, ebenso wie das vom Habsburger Reich annektierte Galizien, an russisches Territorium, nach dem Wiener Kongress trennte eine über 850 Kilometer lange Grenze schließlich Preußen von *Kongresspolen*, wobei Letzteres zu dieser Zeit aufgrund einer Personalunion faktisch zu Russland gehörte. Östlich dieser von Krakau bis Memel verlaufenden Grenze lebten neben einigen Minderheiten (u.a. Litauer, Ukrainer, Deutsche, Juden) mehrheitlich Polen (ca. 70%), während es 1910 in den preußischen Gebieten westlich davon etwa 3,5 Millionen waren.[193] Im Ersten Weltkrieg trafen mit Russland, Österreich-Ungarn und Deutschland die drei Teilungsmächte aufeinander, und in ihren Armeen kämpften auch Polen. Zwar gehörte Ostpreußen und speziell die Region südlich von Alleinstein (heute Woiwodschaft Ermland-Masuren) nicht zu den vormals aufgeteilten polnischen Gebieten, wohl aber standen sich dort im August 1914 hunderttausende Polen als Angehörige deutscher und russischer Verbände als Kriegsgegner gegenüber. So kämpften in der *Schlacht bei Tannenberg* beispielsweise polnische Soldaten in der 41. deutschen Infanteriedivision des von General Friedrich von Scholtz geführten und in Allenstein aufgestellten XX. Armeekorps gegen Polen, die aus dem Gebiet *Masowien*, also aus dem zum Zarenreich gehörenden Warschauer Wehrbezirk, in die 2. Division des von General Cyprian Antonowitsch Kondratowitsch befehligten XXIII. Armeekorps der 2. Narew-Armee rekrutiert worden waren. Auch auf anderen Kriegsschauplätzen des Ersten Weltkrieges kam es zum sogenannten Bruderkrieg.[194] Schätzungsweise 3,4 Millionen Polen wurden im Ersten Weltkrieg insgesamt einberufen, etwa ein Drittel von ihnen kämpfte in der russischen Armee, 800.000 auf deutscher Seite und circa 1,4 Millionen in den Verbänden der Habsburger Monarchie.[195] Knapp 400.000 Polen verloren dabei ihr Leben, mehr als doppelt so viele wurden verwundet.

Der Weltkrieg war daher für viele Polen in der Zwischenkriegszeit ein historisches Bezugsereignis, an dem sich zum einen die Tragik der polni-

193 Zu den Teilungen Polens und zur polnischen Geschichte bis 1914 vgl. Michael G. Müller, Die Teilungen Polens 1772, 1793, 1795, München 1984; Rudolf Jaworski/Christian Lübke/Michael G. Müller, Eine kleine Geschichte Polens, Frankfurt a.M. 2005; Hans-Jürgen Bömelburg/Andreas Gestrich/Helga Schnabel-Schüle (Hg.), Die Teilungen Polen-Litauens. Inklusions- und Exklusionsmechanismen – Traditionsbildung – Vergleichsebenen, Osnabrück 2013.

194 So der polnische Sprachgebrauch.

195 Vgl. Tycner, Spuren von Tannenberg 1914, S. 43.

schen Geschichte auf besonders eklatante Weise zeigte, auf das sich zum anderen aber auch das Narrativ von der Wiedergeburt des polnischen Staates hervorragend projizieren ließ. Während die ersten Kriegsmonate für das nationale Selbstverständnis der Polen ebenso wie für Tschechen, Slowaken, Ukrainer, Litauer, Letten und Esten zunächst nicht sonderlich bedeutsam erschien – schließlich mussten sie für fremde Kaiserreiche in den Krieg ziehen –, verbanden sich damit alsbald Ursprungsnarrative der nationalen Unabhängigkeit. Zumindest in Polen wandelte sich das Kriegsjahr 1914 retrospektiv zu einem tragischen Ereignis auf dem Weg zur lang ersehnten Nationalstaatlichkeit.[196] Geehrt wurden allerdings in erster Linie diejenigen Kampfverbände, die in teilweise autonomen Einheiten auf russischer, deutscher oder habsburgischer Seite gestanden hatten, allen voran Józef Pilsudski, der mit seinen Legionären zunächst gegen Russland, ab 1917 dann gegen die deutsche Herrschaft gekämpft hatte.

Vor diesem historischen Kontext verwundert es weitaus weniger, dass in der kleinen Gemeinde Szkotowo zum 100. Jahrestag des Kriegsbeginns im August 1914 eine Schlacht dargestellt wird, die historisch weder auf polnischem Territorium stattgefunden hat noch von einer polnischen Armee geführt worden war. Der Gegenwartsbezug lag vielmehr im Kampfeinsatz polnischer Soldaten auf russischer wie auch auf deutscher Seite. Dahinter lässt sich das Bestreben erkennen, die *Schlacht bei Tannenberg* geschichtspolitisch auch zu einem Ort zu machen, an dem sich die Bedeutung und die Auswirkungen des Geschehens für die polnische Geschichte verdeutlichen lassen. Das zeigt sich auch in der Tatsache, dass – anders als bei vergleichbaren Reenactments – die entsprechenden Regimenter nicht von Darstellergruppen aus den jeweiligen Ländern gespielt wurden, sondern in erster Linie polnische Reenactor daran beteiligt waren. So stellte der 2006 gegründete und in Malbork (Marienburg) ansässige Verein *SRH Marienburg* das deutsche Infanterie-Regiment 152 dar, das im August 1914 in der *Schlacht bei Tannenberg* als Teil der 8. Armee gekämpft hatte.[197]

196 Vgl. hierzu: Piotr Szlanta, Der Erste Weltkrieg von 1914 bis 1915 als identitätsstiftender Faktor für die moderne polnische Nation, in: Groß, Vergessene Front, S. 153-164; ders., Poland, in: 1914-1918 online. International Encyclopedia of the First World War, ed. by Ute Daniel/Peter Gatrell/Oliver Janz/Heather Jones/Jennifer Keene/Alan Kramer/Bill Nasson, Berlin 2014; https://encyclopedia.1914-1918-on line.net/article/poland (Zugriff: 3.4.2018); Wlodzimierz Borodziej, Geschichte Polens im 20. Jahrhundert, München 2010; im Zuge der Gedenkfeierlichkeiten zum 100. Jahrestag des Kriegsbeginns auch der lesenswerte Artikel von Krzysztof Ruchniewicz, Der fremde Krieg, FAZ vom 11. 8. 2014, S. 6.

197 *SRH* steht für *Stowarzyszenie Rekonstrucji Historycznych*; *GRH* steht für *Grupy Rekonstrukcji Historycznej*. Zum *SRH Marienburg* vgl. die Selbstdarstellung des

Abb. 15: *SRH Marienburg* marschiert als IR 152 ins Gefecht, Szkotowo 27. Juli 2014

Das 1897 aufgestellte, zunächst dem IV. und XVII., ab 1912 dann dem XX. Armeekorps unterstellte Regiment gehörte bei Kriegsausbruch zur 74. Infanterie-Brigade der 41. Division mit Standorten in Marienburg (I. und II. Bataillon) und Stuhm (III. Bataillon), was auch die 1902 veranlasste Namensgebung *Deutsch Ordens-Infanterie-Regiment Nr. 152* erklärt. Der aus drei Bataillonen bestehende Verband folgte dem vom preußischen Generalmajor Heinrich von Gerstein-Hohenstein stammenden Leitspruch: »Wir wissen, was wir sind; wir bleiben, was wir waren« und stand unter dem Befehl von Oberst Konrad Geisler, als er unmittelbar am 2. August 1914 mobilisiert wurde und bereits kurze Zeit später seinen ersten Kampfeinsatz hatte. Das IR 152 blieb während des gesamten Weltkrieges der 41. Division unterstellt und bestritt nicht nur die *Schlacht bei Tannenberg*, sondern nahm im September 1914 auch an den Kämpfen nahe der Masurischen Seen teil. Ab 1916 folgten dann Einsätze in Rumänien und später auch in Frankreich.[198] Während der

Vereins, https://www.facebook.com/pg/SRHMarienburg/about/?ref=page_internal (Zugriff: 18. 6. 2018).

198 Das Regiment verlor etwa 2500 Soldaten im Ersten Weltkrieg, darunter 81 Offiziere. Zur Geschichte des Regiments vgl. Friedrich Wilhelm Liel, Das Deutsch Ordens-Infanterie-Regiment Nr. 152 unter Benutzung der ersten Regimentsgeschichte des Oberleutnants Oehler bearbeitet, Marienburg/Westpreußen 1910;

Schlacht bei Tannenberg verschanzte sich das IR152 zunächst am Groß-Damerau-See und kämpfte anschließend am 23. und 24. August in der Region Lahna (Łyna), Orlau (Orłowo) und Frankenau (Frąknowo), danach am 26. August in Groß-Gardienen (Gardyny), am 27. und 28. August unter sehr hohen Verlusten bei Skottau (Szkotowo), Waplitz (Waplewo) und Hohenstein (Olsztynek) sowie während der verbleibenden Gefechtstage wiederum im Raum Lahna (Łyna) und Orlau (Orłowo) – kurzum: das IR152 operierte genau in dem Teil Ostpreußens, in dem heute der kleine Ort Szkotowo liegt.[199]

Darüber hinaus war für das Reenactment in Szkotowo der Umstand entscheidend, dass im IR152 vor allem Soldaten aus West- und Ostpreußen dienten, darunter eben auch Polen, die in ihrer Heimatregion gegen russische Truppen zum Einsatz kamen. Gerade diese Konstellation macht es für die Reenactor aus Malbork interessant, sich seit mehreren Jahren mit diesem Regiment auseinanderzusetzen.[200] GRH152 besteht derzeit aus zwölf aktiven Darstellern, die sich ebenso intensiv wie professionell mit der Regimentsgeschichte, mit dem Kriegsgeschehen in Ostpreußen wie auch mit der entsprechenden Ausstattung des IR152 beschäftigen. Nicht zuletzt durch die jahrelange Erfahrung, das umfassende Wissen der Beteiligten sowie aufgrund der zahlreichen Reenactments, bei denen die Gruppe bereits national wie auch international mitgewirkt hat, überzeugte die Darbietung in Szkotowo durch eine technisch versierte Inszenierung, aber auch durch die detailgenaue Rekonstruktion der materiellen Ausstattung und taktischen Gefechtsabläufe. Dazu trug selbstverständlich auch die gegnerische Seite bei. Die russischen Truppen wurden in Szkotowo ebenfalls von polnischen Reenactment-Gruppen dargestellt. Neben der GRH21 aus Warschau, die das russische, im Ersten Weltkrieg im masowischen Różnan stationierte Muromski-Infanterie-Regiment nachspielte, und einer Gruppe, die sich auf die Festung Nowogeorgiewsk (Modlin) spezialisiert hat und während der Veranstaltung für die Artillerie zuständig war, prägte vor allem die aus Przasnysz stammende Formation des 14. Sibirischen Schützenregiments das Geschehen vor

Karl Strecker, Das Deutsch Ordens-Infanterie-Regiment Nr. 152 im Weltkriege (Deutsche Tat im Weltkrieg 1, Bd. 23), Berlin 1933.

199 Vgl. Strecker, Infanterie-Regiment Nr. 152, S. 53-75, dort auch die Verlustlisten des IR152, S. 489-556.

200 *SRH Marienburg* stellt auch andere Einheiten dar, so u. a. das zur polnischen 16. Infanterie-Division gehörende 65. Starogardzki-Regiment, das während der Abwehrkämpfe im September 1939 eingesetzt war. Darüber hinaus widmet sich die Gruppe seit vielen Jahren der im Zweiten Weltkrieg operierenden Untergrundorganisation *Gryf Pomorski* (Pommerscher Greif) und wirkte in diesem Zusammenhang auch in dem Film *Gryf Pomorski – Rückkehr zur Freiheit* mit.

Ort.[201] Die 2009 gegründete und mittlerweile aus 18 aktiven Soldaten und fünf Krankenschwestern bestehende Gruppe verfügt ebenfalls über jahrelange Erfahrung im Wieder-Aufführen von Weltkriegsgefechten, engagiert sich darüber hinaus aber auch zum Januaraufstand von 1863, zum polnischen Unabhängigkeitskampf sowie zum polnisch-sowjetischen Krieg 1919-1921. Das Repertoire der Darsteller ist für die polnische Reenactmentszene durchaus typisch, wobei sich unter den mehrere hundert zählenden Vereinen und Gruppen mittlerweile die Tendenz erkennen lässt, vor allem den Zweiten Weltkrieg in Szene zu setzen.[202] In dem entsprechenden Internetportal *dabroni.pl* widmen sich die weitaus meisten Gruppen in erster Linie den Kriegsereignissen zwischen 1939 und 1945 – eine Ausrichtung, die für Deutschland immer noch schwer vorstellbar ist.

Das Wieder-Aufführen von Schlachten ist in Polen mittlerweile ein etabliertes Format der Geschichtsaneignung. Es existiert nicht nur eine überaus aktive und stetig wachsende Reenactment-Szene, die Bandbreite der dargestellten historischen Ereignisse ist zudem überaus bemerkenswert. Dabei verknüpft sich das große, sich teilweise in enormen Besucherzahlen niederschlagende Interesse an solchen Veranstaltungen mit der touristischen Vermarktung bestimmter Regionen und Ortschaften. Eine der bekanntesten und lukrativsten Spektakel in dieser Hinsicht findet jährlich nicht weit von Szkotowo im nahe gelegenen Grunwald (Grünfelde) statt, also genau dort, wo vor mehr als sechshundert Jahren die mittelalterliche *Schlacht bei Tannenberg* stattgefunden hat. Damals, im Juli 1410, überschritten Verbände der polnisch-litauischen Adelsrepublik die Grenze zum Ordensstaat und fügten in der Gegend zwischen Grünfelde (Grunwald), Tannenberg (Stębark) und Ludwigsdorf (Łodwigowo)

201 Vgl. hierzu die Selbstdarstellung von GRH 14 im Internetportal *dabroni.pl*, http://przasnysz1915.dobroni.pl/media/aktualnosci,14-pulk-strzelcow-syberyjskich,429.html (Zugriff: 18. 6. 2018); ebenso deren Facebook-Auftritt: https://www.facebook.com/pg/14pss/about/?ref=page_internal (Zugriff: 18. 6. 2018).

202 Vgl. hierzu das Forschungsprojekt von Juliane Tomann am Imre Kertész Kolleg in Jena mit dem Arbeitstitel: »Authentisch bis verspielt: Performative Praktiken der Geschichtsaneignung in den USA, Deutschland und Polen im Vergleich«. Vgl. ebenso: Tomasz Szlendak/Wojciech Bursztą/Arkadiusz Karwacki/Jacek Nowiński/Krzysztof Olechnicki (Hg.), Dziedzictwo w akcji. Rekonstrukcja historyczna jako sposób uczestnictwa w kulturze (Erbe in Aktion. Historische Rekonstruktionen als Modus kultureller Partizipation), Warszawa 2012; kritisch zum Reenactment in Polen Anna Nadolska-Styczyńska, Zabawa w wojne. Muzea a rekonstrukcje historyczne (Lass uns Krieg spielen. Museen und historische Reenactments), in: Rocznik Muzeum Wsi Mazowieckiej w Sierpcu 5 (2014), S. 113-125; zur Geschichtskultur in Polen allgemein: Tobias Schneider, Geschichte im Zeichen patriotischer Erziehung?, in: Hardtwig/Schug, History Sells, S. 413-424.

den Ordensrittern eine bittere Niederlage zu. Mit ihr endete nicht nur die Vorherrschaft des Deutschen Ordens in Nordosteuropa, damit begann auch eine komplexe und über die Jahrhunderte hinweg durchaus gegenläufige Deutungs- und Vergegenwärtigungsgeschichte.[203] Vor allem im 19. Jahrhundert kam es sowohl auf polnischer wie auch auf deutscher Seite zu einer vom jeweiligen nationalen Selbstverständnis geprägten Vereinnahmung der mittelalterlichen Schlacht. Während sich schließlich in Deutschland mit dem »zweiten Tannenberg« von 1914 das Narrativ einer nationalen Ruhmesgeschichte durchsetzte und der Sieg über die russischen Truppen die mittelalterliche Niederlage zu überdecken begann, war im 1918 gegründeten Polen *Grunwald* schon bald Teil einer staatlich gelenkten Memorialisierung, die sich nach 1945 im Konkurrenzgebaren des Kalten Krieges nochmals erheblich intensivierte. Auf zentral organisierten Grunwald-Feierlichkeiten rekurrierte man bis in die 1970er Jahre hinein auf die nationale Erzählung vom historischen Sieg über die deutsche Ritterschaft.

Erst nach 1989 verloren solche Geschichtsbilder an Relevanz, wodurch der Weg zu einer zuweilen folkloristischen, gleichwohl zunehmend am öffentlichen Spektakel interessierten Eventkultur geebnet war.[204] Reenactments sind seit mehr als zwanzig Jahren elementarer Bestandteil eines in Grunwald professionell vermarkteten Geschichtserlebnisses. Jedes Jahr im Juli pilgern Reenactor aus aller Welt dorthin, um vor tausenden Zuschauern den Kampf zwischen König Władysław und Hochmeister Ulrich von Jungingen in Erinnerung zu rufen. *Grunwald* ist mittlerweile das größte mittelalterliche Reenactment weltweit. Neben diversen Ritterkämpfen, dem traditionellen Bogenschießen und mehreren lateinischen Messen wird dort alljährlich ein mehrtägiges Mittelalterfest organisiert, das mit dem Wieder-Aufführen der historischen Schlacht seinen Höhe-

203 Dazu ausführlich: Olivier, Schlacht bei Tannenberg, S. 284ff.; ebenso: Hans-Jürgen Bömelburg, Vergessen neben Erinnern. Die brüchige Erinnerung an die Schlacht bei Tannenberg/Grunwald in der deutschen und polnischen Öffentlichkeit, in: Peter Oliver Loew/Christian Prunitsch (Hg.), Polen. Jubiläen und Debatten. Beiträge zur Erinnerungskultur, Wiesbaden 2012, S. 37-55; Ryszard Tomkiewicz, Rocznice bitwy od Grunwaldem w Polsce Ludowej (Jubiläumsfeiern zur Schlacht bei Grunwald in der Volksrepublik Polen), Olsztyn 2011; Christoph Mick, »Den Vorvätern zum Ruhm – den Brüdern zur Ermutigung«. Variationen zum Thema Grunwald/Tannenberg, in: Zeitenblicke 3 (2004), Heft 1; Frithjof Benjamin Schenk, Tannenberg/Grunwald, in: Etienne François/Hagen Schulze (Hg.), Deutsche Erinnerungsorte, Bd. I, München 2001, S. 438-454; Sven Ekdahl, Tannenberg/Grunwald – ein politisches Symbol in Deutschland und Polen, in: Journal of Baltic Studies 22 (1991), Heft 4, S. 271-324.

204 Vgl. Olivier, Schlacht bei Tannenberg, S. 298.

punkt findet.[205] 2010, zum 600. Jahrestag, präsentierten mehr als zweitausend Darsteller den insgesamt – sage und schreibe – 200.000 Zuschauern ein Spektakel mit allem, was die Mittelalterszene zu bieten hat. Dass die Kommunen auf ein so lukratives Großereignis nicht mehr verzichten möchten, steht wohl außer Frage. Masuren präsentiert sich ohnehin seit geraumer Zeit auf dem europäischen Reisemarkt gern als geschichtsträchtige Region. Nicht nur das Mittelalter eignet sich dafür hervorragend, auch der Erste Weltkrieg soll Geschichtsinteressierte und Bildungseisende aus ganz Europa anlocken. Der 100. Jahrestag des Kriegsbeginns von 1914 war beispielsweise für den Bürgermeister der Gemeinde Kozłowo ein willkommener Anlass, nicht nur für das erstmals dort veranstaltete Reenactment, sondern auch für die anderen touristischen Attraktionen der Region zu werben. Denkmäler in Dunajek, Kamionki und Kowale Oleckie verweisen ebenso wie Soldatenfriedhöfe in Michałki, Sarnowo und Szkotowo auf die lokale Kriegsgeschichte und sollen neben Urlaubsangeboten wie Wassersport, ökologischem Landbau und einer vielfältigen Kirchenarchitektur den Bildungs- und Erholungswert der Woiwodschaft unterstreichen.[206] In den Masuren kann man hervorragend Urlaub machen, so Bürgermeister Jacek Jankowski, darüber hinaus sei seine Gemeinde aber auch »ein Ort, an dem Sie leben, entspannen und investieren sollten«.[207]

Ob sich Szkotowo in den nächsten Jahren zu einem lukrativen Geschichtsort wie *Grunwald* entwickeln wird, ist nicht absehbar. In jedem Fall kennzeichnet das dortige Reenactment einen geschichtskulturellen Wandlungsprozess, der historische Kriegsschauplätze in touristisch vermarktete Stätten der Geschichtsaneignung, Katharsis und Aussöhnung transformiert. Die Attraktivität solcher Orte nimmt zweifellos zu, sie sind auch politisch von hohem symbolischem Wert. Am 22. September 1984 reichten sich Bundeskanzler Helmut Kohl und der französische Staatspräsident François Mitterrand zum 70. Jahrestag des Kriegsbeginns über den Gräbern von Verdun die Hände. 25 Jahre später trafen sich der damalige polnische Regierungschef Donald Tusk und die deutsche Kanzlerin Angela Merkel auf der Danziger Westerplatte zum ebenfalls 70. Jahrestag des Kriegsbeginns am 1. September 1939. Solche offiziellen Gesten des Gedenkens an den Orten extremer Kriegsgewalt verbinden sich in den letzten Jahren immer häufiger mit aufwendig in-

205 Vgl. das Veranstaltungsprogramm zu den »Tagen von Grunwald 2018«, http://www.grunwald1410.pl/index.php?cat=2 (Zugriff: 18.6.2018).

206 Exemplarisch hierfür: Sonderausgabe der *Nasza Gazeta Nidzicka*, Tannenberg 1914-2014, 27. Juli 2014 Szkotowo, o.J. (2014).

207 Ebd., S. 2.

szenierten Reenactments, allerdings vorerst nur bei historischen Bezugsereignissen, die zeitlich weiter zurückliegen als der Zweite Weltkrieg. In Verdun beispielsweise wohnten die deutsche Bundeskanzlerin und der französische Staatspräsident während der zentralen Gedenkfeier zum 100. Jahrestag der Schlacht am 29. Mai 2016 einer auf Elemente des Reenactments zurückgreifenden Inszenierung bei.[208] François Hollande hatte den Filmregisseur Volker Schlöndorff damit beauftragt, das deutsch-französische Gedenken zu choreographieren. Ziel des Ganzen war nach Aussage Schlöndorffs eine Veranstaltung »ohne Pomp, ohne Zeremonie, ohne Militär. Wir wollen das Menschliche haben, die menschliche Dimension«.[209] Insgesamt viertausend französische und deutsche Jugendliche liefen unter den Trommelschlägen eines französischen Percussion-Ensembles in lockerer Freizeitkleidung – wohl als Symbol des mittlerweile friedlichen Miteinanders – über die Soldatengräber von Verdun. Aber schon bald begann ihre symbolische Verwandlung: Die jungen Franzosen und Deutschen gingen aufeinander los, rangen miteinander und setzten so den Kampf und das Sterben der Soldaten in Szene, bis sie auf Geheiß des auf Stelzen über das Gräberfeld stolzierenden Todes alle regungslos am Boden lagen. Ihre baldige Wiedererweckung durch wiederum laustarke Trommeln zielte auf die unverkennbar intendierte Botschaft, dass der massenhafte Tod der Soldaten vor einhundert Jahren nicht nur eine bestürzende europäische Katastrophe war, sondern zugleich auch Chance und (später auch der) Beginn einer neuen, einer besseren Zukunft. Im Anschluss an die Darbietung sprachen einige Jugendliche mit den beiden Staatsoberhäuptern über ihre persönlichen Erfahrungen mit dem familiären und offiziellen Gedenken an den Ersten Weltkrieg.[210]

208 Die Feierlichkeiten zum 100. Jahrestag der Schlacht begannen im Februar 2016 mit einer Wieder-Aufführung der ersten Gefechte, bei denen zwischen Februar und Dezember 1916 dann insgesamt mehr als 300.000 Soldaten starben und Hunderttausende verletzt wurden. Dreihundert Darsteller in historischen Kostümen versammelten sich im Morgengrauen in den Wäldern, wo vor genau hundert Jahren die Schlacht begonnen hatte. Bezeichnenderweise interessierte sich vor allem die britische Presse für diese Art der Darbietung. Reenactment ist in Großbritannien äußerst populär. Exemplarisch hier der Hinweis auf den Bericht der BBC vom 21. 2. 2016, https://www.bbc.com/news/world-europe-35626228 (Zugriff: 18. 6. 2018).

209 »Regisseur Schlöndorff plant Verdun-Gedenken ohne Pomp«, Süddeutsche Zeitung vom 23. Februar 2016, http://www.sueddeutsche.de/news/wissen/geschichte-regisseur-schloendorff-plant-verdun-gedenken-ohne-pomp-dpa.urn-newsml-dpa-com-20090101-160223-99-949476 (Zugriff: 18. 6. 2018).

210 Eine neunzigminütige Dokumentation der Veranstaltung von RT France findet man: https://www.youtube.com/watch?v=8E6A5KzD5FE (Zugriff: 18. 6. 2018).

Unabhängig davon, ob man diese Inszenierung originell, pietätlos oder albern findet, zeigt sie in jedem Fall, dass historische und künstlerische Reenactments mittlerweile feste und zunehmend auch offiziell anerkannte Formate nationaler wie auch europäischer Gedenkveranstaltungen sind. Dafür scheint ausschlaggebend zu sein, dass mit ihrem spielerisch-nachahmenden Moment die Hoffnung verbunden wird, dass sich die unaufhaltsam wachsende zeitliche Distanz zu den historischen Ereignissen dadurch irgendwie überwinden lässt. Kritiker halten dieser eher optimistischen Einschätzung entgegen, dass Reenactments – egal wie realistisch, stilisiert oder verfremdet sie das Geschehene zeigen – zumeist naive Geschichtsbilder (re-)produzieren, die von einer kritischen Reflektion des historisch Faktischen nicht nur ablenken, sondern ihr letztendlich sogar im Weg stehen können. Eines lässt sich indes wohl ohne Zweifel feststellen: Der internationalen Reenactment-Szene gelingt es seit einigen Jahren zu suggerieren, dass ihre Art der Geschichtsdarbietung geeignet sei, dem allseits drohenden Vergessen »schlimmer Vergangenheit« ebenso wirksam wie zukunftsorientiert entgegenzuwirken.[211] Das hat weniger etwas mit der Qualität oder Originalität der Erlebnisangebote zu tun, sondern vor allem mit dem vorherrschenden Verständnis historischen Erinnerns. Da die Katastrophen des 20. Jahrhunderts nun allmählich aus dem Horizont der Mitlebenden heraustreten, wie man am 100. Jahrestag des Kriegsbeginns von 1914 bereits sehen konnte, verstärken sich die ohnehin schon immensen geschichtskulturellen Anstrengungen nochmals erheblich. Es gilt offenbar, die unvermeidliche Kluft des nun fehlenden biographischen wie auch unmittelbar familiären Erfahrungshorizonts auszugleichen, gerade so, als ob der staatlich-nationale Rahmen diese retrospektive Bezugnahme nicht (mehr) gewähren könne. Reenactment als Form der Geschichtsaneignung ist sowohl Bestandteil wie auch Gegenbewegung zu dieser Entwicklung: Bestandteil vor allem deswegen, weil es die lebendige Bewahrung vergangener Ereignisse in unserer Gegenwart verspricht und damit die gängige Rhetorik des immer stärker normativ aufgeladenen Gedenkens fortschreibt – Gegenbewegung vor allem dann, wenn es die bereits etablierten Formen und Formeln des öffentlichen Gedenkens mit körperlich-emotionalen wie auch handlungsbasierten Geschichtserlebnissen aushebelt. Reenactments changieren somit zwischen Ritual und Experiment – und vor allem dieses Spannungsverhältnis macht sie offenbar so attraktiv.

211 Eine Formulierung von: Christian Meier, Das Gebot zu vergessen und die Unabweisbarkeit des Erinnerns: Vom öffentlichen Umgang mit schlimmer Vergangenheit, München 2010.

Als die Briten am 1. Juli 2016, am 100. Jahrestag des Beginns der *Schlacht an der Somme*, wie an jedem anderen Tag zur Arbeit fuhren, zum Einkaufen gingen oder in der U-Bahn saßen, begegneten sie zumeist jungen Männern in britischen Militäruniformen des Ersten Weltkrieges. In kleinen Gruppen, aber auch einzeln gingen die Soldaten durch die Straßen, warteten an Bushaltestellen, standen bei Ikea an der Kasse oder verweilten in den städtischen Parkanlagen. Insgesamt mehr als 1400 Darsteller waren an diesem Tag in 27 britischen Städten unterwegs – stets im öffentlichen Raum für alle sichtbar, taten sie nur eines nicht: Sie sprachen mit niemandem ein Wort.

Die meisten Briten zeigten sich neugierig: Viele schauten ihnen verdutzt hinterher, andere griffen zum Handy, fotografierten oder wollten ein Selfie machen. Manche gingen auch einfach weiter und taten so, als wenn an den Uniformierten nichts ungewöhnlich sei. Etliche versuchten mit den Soldaten ins Gespräch zu kommen und wollten wissen, was es mit ihrem Erscheinen auf sich hatte. Sie erhielten dann wortlos eine kleine Karte, auf der der Name, das Alter und die Regimentszugehörigkeit des vor ihnen stehenden Soldaten notiert waren. Jeder Einzelne von ihnen war am 1. Juli 1916, also vor genau einhundert Jahren, an der Somme gefallen. Die Karte war wie ihr Grabstein. Viele Passanten reagierten überaus emotional, als sie diesen Zusammenhang begriffen. Manche konnten einfach nicht weitergehen, sie starrten die Soldaten an oder fingen an zu weinen. Einige zeigten Fotos von Familienangehörigen, die im Ersten Weltkrieg ums Leben gekommen waren, andere umarmten die Darsteller, wenn die Gefühle sie zu überwältigen schienen. Die Soldaten sprachen kein Wort. Ihre stumme Anwesenheit durchbrachen sie nur, wenn sie sich hin und wieder mit anderen Darstellern in Bahnhofshallen oder Parkanlagen trafen. Dann stimmten sie gemeinsam das in den britischen Schützengräben nach der Melodie von *Auld Lang Syne* gesungene »We're here because we're here« an. Das Lied endete jeweils mit einem lauten Schrei, der weniger Hilferuf als Ausdruck von Protest war. Im Laufe des Tages gewann das Vorhaben an Dynamik. Die Anwesenheit der »toten Soldaten« sprach sich herum, über die sozialen Medien verbreitete sich »We're here because we're here«,[212] so auch der offizielle Titel

212 Eine ausführliche Projektbeschreibung mit Film- und Fotoaufnahmen findet man auf der Homepage der Veranstalter, https://becausewearehere.co.uk/ (Zugriff: 18.6.2018). Ebenso gibt es eine gleichnamige BBC-Dokumentation zu dem Projekt aus dem Jahr 2016, https://www.youtube.com/watch?v=uXnr3w74TJs (Zugriff: 18.6.2018). Zur Arbeit von Jeremy Deller, der einem breiteren Publikum

Abb. 16: *We're here because we're here*, Reenactment am 29. Mai 2016 in insgesamt 27 britischen Städten

des vom britischen Künstler Jeremy Deller konzipierten Reenactments, in ganz Großbritannien, zahllose Fotos und Videos wurden gepostet. Das Projekt wandelte sich zu dem, was es auch sein sollte: a »living memorial«, eine Vergegenwärtigung des Krieges, die zu den Menschen kommt und nicht umgekehrt, wie Jeremy Deller es beschrieb:

> I really wanted to make a human memorial, something that was not comforting […] it was decentralized, a memorial that travelled around the country, not one you have to travel to, one that find the audience not wait for the audience.[213]

»It is what it is« – so lautet zwar der Titel eines anderen Projektes von Jeremy Deller, bei dem es 2009 um den Krieg im Irak ging, es trifft aber auch den Kern von »We're here because we're here«.[214] Die Idee zu diesem

durch sein Reenactment zum Streik der Minenarbeiter am 18. Juni 1984 und den darauf beruhenden Film *The Battle of Orgreave* (2001) bekannt wurde, vgl. Jerome de Groot, »I am not a trained historian. I improvise.« Jeremy Deller interviewed by Jerome de Groot, in: Rethinking History 16 (2012), Heft 4, S. 587-595.

213 Jeremy Deller in der BBC-Dokumentation, 2016, https://www.youtube.com/watch?v=uXnr3w74TJs (Zugriff: 18. 6. 2018).

214 Zu dem Projekt *It is what it is. Conversations about Iraq* vgl. die Homepage der Veranstalter, http://www.jeremydeller.org/ItIsWhatItIs/ItIsWhatItIs_Video.php (Zugriff: 18. 6. 2018).

Projekt sei ihm gekommen, so Deller in einem Interview der BBC, als er von einem irritierenden Phänomen erfahren habe. Viele Briten, vor allem Frauen, berichteten während des Ersten Weltkrieges immer wieder davon, dass sie ihre gefallenen Angehörigen, ihre Ehemänner, Brüder oder Söhne auf der Straße oder in einem Geschäft meinten gesehen zu haben. Das Projekt zeige also im Grunde, was schon während des Krieges geschehen war: »People have seen the dead in the streets«.[215] Allein am 1. Juli 1916, also am ersten Tag der *Schlacht an der Somme* waren 19.000 britische Soldaten gefallen, etwa 350.000 kamen insgesamt an der Somme ums Leben, die Hälfte starb in den ersten Juliwochen. Mehr als 750.000 britische Soldaten und weit mehr als 100.000 Zivilisten überlebten den Ersten Weltkrieg nicht, weitere 1,6 Millionen Briten waren am Ende verwundet oder galten als vermisst. Weder zuvor noch danach starben so viele Briten in einem bewaffneten Konflikt, schon allein wegen dieser Erfahrung ist die Präsens des Ersten Weltkrieges in Großbritannien (wie auch in Frankreich) eine andere als in anderen europäischen Ländern.

Die britische Gedenkkultur ist bereits seit Langem von Deutungskonflikten bestimmt, die auch während der Hundertjahrfeiern zum Great War deutlich zutage traten. Auf der einen Seite existiert weiterhin ein starkes Bedürfnis, die nationale Erfahrung im Ersten Weltkrieg, den Kampfeinsatz britischer Soldaten wie auch das massenhafte Sterben in den *Trenches* im Modus eines kollektiven Heroismus zu beschreiben und dabei vor allem die Opferbereitschaft der Briten für einen grausamen, aber gleichwohl notwendigen Krieg herauszustellen. Im Gegenzug wird diese als konservativ empfundene Sicht auf den Krieg immer wieder massiv kritisiert. Sowohl Politiker wie auch Wissenschaftler betonen die Sinnlosigkeit des massenhaften Sterbens an der Westfront und sehen in der militärisch geprägten Fixierung des britischen Gedenkens eine politische Instrumentalisierung der historischen Kriegserfahrungen.[216] Insgesamt

215 Jeremy Deller in der BBC-Dokumentation, 2016, https://www.youtube.com/watch?v=uXnr3w74TJs (Zugriff: 18. 6. 2018).

216 Vgl. Jay Winter, Sites of Memory, Sites of Mourning. The Great War in European Culture, Cambridge 1995; Barbara Korte/Ralf Schneider/Claudia Sternberg, Der Erste Weltkrieg und die Mediendiskurse der Erinnerung in Großbritannien. Autobiographie – Roman – Film, 1919-1999, Würzburg 2005; Barbara Korte/Sylvia Paletschek/Wolfgang Hochbruck (Hg.), Der Erste Weltkrieg in der populären Erinnerungskultur, Essen 2008; David Reynolds, The Long Shadow. The Great War and the Twentieth Century, London 2013; André Keil, Der Erste Weltkrieg in der britischen Erinnerungskultur. Mediendiskurse, Museen und Literatur zum Centenary, in: Monika Fenn/Christiane Kuller (Hg.), Auf dem Weg zur transnationalen Erinnerungskultur? Konvergenzen, Interferenzen und Differenzen

und jenseits dieser geschichtspolitischen Polarisierungen bleibt augenfällig, wie stark die Vergegenwärtigung des Ersten Weltkrieges in Großbritannien bis heute national gerahmt ist.[217] The Great War findet weiterhin nahezu ausschließlich an der Westfront statt, und die Einbeziehung der Kolonien und Dominions geschieht eher zögerlich. Während den Erfahrungen an der sogenannten *Homefront* zwar mittlerweile eine stärkere Aufmerksamkeit zukommt, bleibt auch diese Perspektive oftmals auf die Mobilisierung der (vor allem weiblichen) Zivilbevölkerung für die Kriegswirtschaft beschränkt.

Die britische Reenactment-Szene bildet diese geschichtskulturelle Konstellation in gewisser Weise ab.[218] Zahlreiche Gruppen und Vereine stellen britische Regimenter des Ersten Weltkrieges dar, die an der Westfront eingesetzt waren und somit dem üblichen Bild des an der Somme oder auf den *Flanders Fields* kämpfenden einfachen *Tommies* entsprechen. Beispielsweise *The Royal Warwickshire Regiment 1914-1918 Living History Group*, die auf die Mitwirkung bei museumsdidaktischen und schulischen Veranstaltungen sowie auf Fernseh- und Filmproduktionen spezialisiert ist, gehört in diese Kategorie, wenngleich die Gruppe ein zweites Programm erarbeitet, das sich den britischen Truppen während des Burenkrieges zwischen 1899-1902 widmet.[219] Während das Royal Warwickshire Regiment in erster Linie taktische Manöver, Exerzier- und

der Erinnerung an den Ersten Weltkrieg im Jubiläumsjahr 2014, Schwalbach/Taunus 2016, S. 97-117. Speziell zur Schlacht an der Somme: Dan Todman, The Ninetieth Anniversary of the Battle of the Somme, in: Michael Keren/Holger H. Herwig (Hg.), War Memory and Popular Culture. Essays on Modes of Remembrance and Commemoration, Jefferson 2009, S. 23-40.

217 Vgl. Keil, Der Erste Weltkrieg, S. 99-106.

218 Einen kleinen Überblick über die Reenactment-Szene in Großbritannien findet man beispielsweise hier: https://www.historic-uk.com/LivingHistory/Reenactors-Directory/ (Zugriff: 18.6.2018) oder auch hier: http://www.greatwar.co.uk/organizations/index.htm#remembrancesocieties (Zugriff: 18.6.2018). Zu britischen, deutschen und amerikanischen Regimentern im Zweiten Weltkrieg vgl. den Überblick bei der *The World War 2 Living History Association*, https://www.ww2lha.co.uk/services (Zugriff: 18.6.2018).

219 Vgl. die Homepage der Living History Group, https://www.thewarwicks1418.com/information-for-event-organisers.html (Zugriff. 18.6.2018). Eine solche eher auf Geschichtsvermittlung setzende Programmausrichtung ist für die britischen Darstellergruppen typisch, hier nur exemplarisch der Hinweis auf die südenglische *10th Essex Living History Group*, vgl. https://www.10thessex.uk/10thessexgallery/battlefield-to-butterflies/ (Zugriff: 18.6.2018) sowie auf die *Yeoman*, eine auf die britische Kavallerie spezialisierte Formation, die als *1st Essex Yeomanry* auch an Reenactments mitwirkt, https://www.yeomangreatwar.com/about-us.html. Eher auf Film und Fernsehen ausgerichtet sind die *Khaki Devils* aus Hawstead in Suffolk, http://www.khakidevil.co.uk/about-us (Zugriff: 18.6.2018).

Schießübungen sowie *educational events* einstudiert, jedoch keine *battles* im klassischen Sinne nachstellt, sind die Übergänge zwischen den verschiedenen Darstellungsformen bei den *Bluejackets*, den *Gordon Highlanders 1914-1918* und der *The Queen's Own Royal West Kent Regiment Living History Group (50th & 97th)* eher fließend.[220] Hinsichtlich Gruppengröße, Waffengattung und Kampfeinsatz findet man in Großbritannien so ziemlich jede Variante, allerdings kennzeichnet es diese Vereine, dass sie ihre Aktivitäten tendenziell national und mit Schwerpunkt auf den Ersten Weltkrieg ausrichten.

Das trifft aber nur für einen Teil der Reenactor zu. In Großbritannien ist es darüber hinaus durchaus üblich, dass Gruppen epochenübergreifend arbeiten und folglich mit einer ganzen Bandbreite historischer Ereignisse und Zeitabschnitte aufwarten können. Der Verein *A Moment in Time* zum Beispiel hat nicht nur den *English Civil War* und die Belagerung Wiens im Jahr 1683 im Programm, auch die beiden Weltkriege sowie der Korea- und der Vietnamkrieg gehören zu seinem Repertoire.[221] Ähnlich breit operieren auch die *Worcester Reenactors*. Ihr Interesse gilt einerseits dem antiken Griechenland, andererseits stellen sie Regimenter aus der napoleonischen Zeit sowie deutsche Fallschirmjäger des Zweiten Weltkriegs dar.[222] Die manchmal verblüffende Vielfalt hängt vermutlich mit der großen Popularität von Living History und Reenactment in Großbritannien sowie mit der langen Tradition in der Durchführung von *Historical Pageantries* zusammen, und sie erklärt sich zudem durch spezifische Veranstaltungsformate. Während Reenactments zwar auch in England zu historischen Jahrestagen veranstaltet werden, trifft man sich zugleich noch auf zumeist mehrtägigen Festivals, an denen Schlachten- und Gefechtsnachstellungen wie auch Living-History-Programme quer durch die Geschichte in Szene gesetzt werden. Besonders prominent ist das jährliche *War and Peace Revival* in der Grafschaft Kent wie auch das *Chalke Valley Historical Festival* in Salisbury. Zwischen der *Schlacht bei*

220 In Großbritannien gibt es zahlreiche Vereine und Gruppen, die den Ersten Weltkrieg zwar darstellen und seine Geschichte in Schulen, Museen oder während öffentlicher Veranstaltungen vermitteln, die aber keine *battles* zeigen, also keine Schlachten, Gefechte oder andere Kampfhandlungen wieder-aufführen. Die Übergänge sind gleichwohl fließend. Zu den oben genannten Gruppen vgl. die jeweiligen Selbstdarstellungen: http://neptune.servers.rbl-mer.misp.co.uk/~thebluej/intro.htm; https://www.gordonhighlanders1914-18.co.uk/index.html; http://www.thequeensown.com/the%20group.html (Zugriff: 18. 6. 2018).

221 Vgl. die Selbstdarstellung des Vereins *A Moment in Time*, http://mitlivinghistory.co.uk/ (Zugriff: 18. 6. 2018).

222 Vgl. die Selbstdarstellung der Gruppe, http://www.worcesterreenactors.uk/ (Zugriff: 18. 6. 2018).

Hastings 1066 und dem Falklandkrieg 1982 gibt es dann eigentlich kaum ein historisches Ereignis, das sich nach Ansicht der Veranstalter nicht zur nachahmenden Darstellung eignet, von der ebenfalls sehr regen antiken Reenactment-Szene Englands mal ganz abgesehen. Nicht zuletzt diese Offenheit und Toleranz gegenüber allen erdenklichen Varianten des nachahmenden Spiels macht Großbritannien auch für Reenactor aus anderen Ländern interessant, zumal im Königreich das Nachspielen des Zweiten Weltkrieges, des Vietnamkrieges oder auch der jüngsten Afghanistaneinsätze weitaus weniger tabuisiert ist als auf dem Kontinent.

Angesichts der geschichtskulturellen Gesamtsituation in Großbritannien verwundert es nicht, dass sich viele Reenactments auf die englische, britische oder allenfalls imperiale Geschichte des Landes beziehen und dabei überwiegend eigene Regimenter dargestellt werden. Allerdings findet man speziell zu den beiden Weltkriegen durchaus auch andere Profile. So beschäftigt sich eine britische Gruppe mit dem deutschen Infanterie-Regiment Nr. 28 (2. Rheinisches), das – seit 1813 bestehend – im Ersten Weltkrieg im VIII. Armeekorps der 4. Armee zunächst an der Marne, später an der Somme gekämpft hat und 1917/18 schließlich auf mehreren Kriegsschauplätzen in Flandern eingesetzt war.[223] Auch diese Reenactor verfolgen ihr Hobby mit bemerkenswerter Akribie, vor allem was Uniformen, Waffen und Ausrüstung betrifft. Sie beteiligen sich als deutsches Infanterie-Regiment nicht nur an Reenactments in Großbritannien, Belgien, Frankreich und in den USA, sie halten auch Paraden ab, führen Leistungsmärsche mit vollem Gepäck durch und simulieren Stellungsgefechte mit Gasangriffen.[224] Zudem halten sie ihre Aktivitäten fotografisch fest, wobei der besondere Reiz darin liegt, dass sie ihre Aufnahmen im Stil zeitgenössischer Originale inszenieren: »Unlike other living history websites, it is our aim that when you look at these photos you can't tell the difference«.[225]

Auch die 2014 von bereits routinierten Darstellern gegründete Gruppe *Axis-Allied Re-Enactment Group* im nordöstlichen England beschränkt

223 Zur Geschichte dieses Regiments hier nur der Verweis auf: Paul Münstermann/Robert Begau, Geschichte des Infanterie-Regiments von Goeben (2. Rheinisches) Nr. 28 im Weltkriege 1914-1918, Köln 1932, zudem die Formationsgeschichte auf http://genwiki.genealogy.net/IR_28 (Zugriff: 19. 3. 2020).

224 Vgl. die Selbstdarstellung von *Infantrie Regiment 28 »von Goeben« (re-created)*, http://www.ir28.org.uk/Default.aspx (Zugriff: 1. 7. 2018).

225 Zum Zitat sowie zu den nachfolgenden Fotos vgl.: ebenda. Der Anspruch, dem historischen Original möglichst nahe zu kommen, schließt gute Deutschkenntnisse ein und wird mit britischem Humor genommen: »Our aim is for every musketier to have as close an experience to the period, short of actually being shot at!«

ihre Aktivitäten nicht auf britische Verbände, ganz im Gegenteil: Sie stellt Regimenter des Ersten und Zweiten Weltkrieges nach, wobei sie für die Zeit zwischen 1914 und 1918 deutsche, italienische und demnächst auch russische Einheiten porträtiert. Mit dem *Sturm-Bataillon Nr. 5* haben sich die Reenactor zudem eine spezielle Einheit ausgesucht, die unter ihrem Kommandanten Hauptmann Willy Martin Rohr eine neuartige und sich alsbald als effektiv erweisende Angriffsstrategie entwickelt hatte.[226] Die Soldaten waren auf den Kampf mit Handgranaten spezialisiert. Das Bataillon führte während des Krieges zahlreiche Ausbildungseinsätze durch, um andere deutsche Verbände in der ausgeklügelten Sturmangriffstaktik zu schulen. Die britischen Reenactor reizt ganz offenbar die waffentechnische Professionalität dieses militärischen Verbandes, während ihre Beschäftigung mit dem in Norditalien aufgestellten *Monte Cervino Alpini Battalion* (4° Reggimento, Alpini) darauf zurückgeht, dass es bis zur Gründung der Gruppe im Jahre 2016 in ganz Großbritannien keine Reenactment-Gruppe gab, die sich mit italienischen Regimentern des Ersten Weltkrieges befasst: »We are the very first and currently the only WW I Italian Re-enactment Group in the whole of the UK« – stellt die Gruppe nicht ohne Stolz fest.[227] Doch selbst in diesem Fall liegt die Herausforderung für die Reenactor in der speziellen Kampftechnik: Das 1915 in Norditalien aufgestellte *Monte Cervino Alpini Battalion* war überwiegend im Hochgebirge eingesetzt. Ob an der *Isonzo-Front* oder auf dem *Asiago Plateau*: Der Krieg in den Alpen war von extremen äußeren Bedingungen geprägt und brachte jenseits des Fronteinsatzes zusätzliche Gefahren für die Soldaten mit sich. Auch taktisch war eine Schlacht im hochalpinen Gelände von anderen Parametern abhängig als im flachen

Abb. 17: IR 28 »A Gruppe«

Abb. 18: IR 28: »We are ready, 1918.«

Abb. 19: »We must fight, whatever the odds.«

226 Vgl. die Selbstdarstellung des Sturm-Bataillons Nr. 5 auf Facebook, http://www.axisallied.co.uk/5th-assault-pioneer-battalion/4590679480. Zu dieser deutschen Einheit gibt es auch eine US-amerikanische Reenactment-Gruppe, vgl. Homepage des *2./5. Sturm-Bataillons (Rohr),* http://www.5throhr-kbilr.com/sturm/ (Zugriff: 1. 7. 2018).

227 Vgl. die Selbstdarstellung der *Axis-Allied Re-Enactment Group*, http://www.axisallied.co.uk/4-reggimento-alpini/4592827494 (Zugriff: 1. 7. 2018).

Terrain. Kurzum: Die britische *Axis-Allied Re-Enactment Group* sucht offensichtlich das besondere Erlebnis und bevorzugt militärische Konstellationen, die gerade nicht dem gängigen Bild des in den Schützengräben der Westfront verharrenden Stellungskrieges entsprechen.[228]

Dass britische Reenactor deutsche oder italienische Weltkriegssoldaten darstellen, mag den einen oder anderen verwundern und manchen sogar befremden, es steht gleichwohl für eine Tendenz, die sich nicht nur in Großbritannien abzeichnet. Der Erste Weltkrieg wird zum einen als historisches Bezugsereignis für Reenactor generell immer attraktiver, zum anderen etabliert sich in diesem Bereich eine stetig wachsende, international vernetzte Szene, die die oftmals üblichen nationalen Rahmungen in gleich mehrfacher Hinsicht durchbricht. Kennzeichnend hierfür ist die seit 1990 in den USA ansässige *Great War Association* (GWA), ein Zusammenschluss von aktuell 45 US-amerikanischen Reenactment-Gruppen mit insgesamt mehreren hundert Mitgliedern, die verschiedene Regimenter des Ersten Weltkriegs darstellen, darunter australische, britische, deutsche, US-amerikanische, österreichisch-ungarische, französische, russische und kanadische Einheiten.[229] Die GWA »strives to keep alive the history of the Great War, and honor those who fought it's battles, through battle reenactments and educational events«.[230] Die in der

228 Dieser Eindruck bestätigt sich auch bei den von der Gruppe dargestellten Einheiten des Zweiten Weltkriegs, darunter eine britische Luftlandebrigade, deutsche Fallschirmjäger sowie österreichische Gebirgsjäger. Waffentechnisch ist die Gruppe hervorragend ausgestattet, darunter Mörser, Nebelwerfer und Panzerabwehrwaffen. Ein Opel Olympia OL38 kann für Filmaufnahmen geliehen werden. Zudem arbeitet die Gruppe an der Darstellung des (deutschen und italienischen) Roten Kreuzes. Sorgfalt und Professionalität zahlen sich aus: Die *Axis-Allied Re-Enactment Group* wurde Ende Mai 2018 auf dem *Ironbridge Gorge WW II Weekend* mit dem 1. Preis ausgezeichnet.

229 Die Mitglieder der GWA sind überwiegend US-Amerikaner, es gibt aber auch Reenactor aus anderen Ländern (z. B. aus Frankreich, Deutschland). Die dargestellten Regimenter beziehen sich u. a. auf die britische *37th Division Royal Engineers*, die kanadische *Princess Patricia's Canadian Light Infantry*, das französische *8th Battalion Chasseurs a Pied*, die deutsche *12. Minenwerfer-Kompagnie* sowie das *K. u.K Infantry Regiment No.63 »Freiher von Pitreich«*, wobei die Darstellung deutscher Regimenter des Ersten Weltkrieges deutlich überwiegt, so z. B. die 8. Kompanie des Infanterie-Regiment Nr. 459, vgl. http://www.great-war-assoc.org/459jr.html (Zugriff: 1.7.2018). Die italienische Gruppe *Il corpo D'Armata D'Italia* hat die Aufnahme in die GWA beantragt, vgl. http://wwiitalianreenactors.homestead.com/Links.html (Zugriff: 1.7.2018).

230 Vgl. die Selbstdarstellung der GWA, http://www.greatwarassociation.com/AboutUs.html (Zugriff: 1.7.2018). Eine vergleichbare Organisation mit insgesamt fünf Gruppen (britische, neuseeländische, US-amerikanische, deutsche und österreichische Einheiten) existiert in Kalifornien, vgl. zur Great War Historical Society (GWHS) deren Selbstdarstellung https://gwhs1918.org/units-1 (Zugriff:

GWA zusammengeschlossenen Gruppen nehmen nicht nur an Reenactments teil, die GWA

> owns the Caesar Krauss Great War Memorial Site near Newville, PA. Here, on a 100 acre site in south-central Pennsylvania, we have authentically recreated a portion of the Western Front as it may have appeared circa 1917-1918.

Das Gelände umfasst ein System gegnerischer Schützengräben mit Stacheldrahtgürteln. Die gegenüberliegenden Stellungen werden von Bunkern mit installierten Maschinengewehren unterbrochen. Hinter den Hauptkampflinien befinden sich Stütz- und Kommunikationsgräben, die mit unterirdischen Unterständen verbunden sind, in denen die Offiziere die Einsätze planen und sich die einfachen Soldaten zwischen den Kampfeinsätzen aufhalten. »From the moment you arrive at an event you will be submerged in the Great War. From the clothing you wear, to the food you eat, to the trenches you fight in – nothing is out of place!«[231] Die GWA fühlt sich höchsten Standards verpflichtet, was Uniformen, Ausrüstung, Waffen und Sicherheit betrifft, und sie hat mit ihrem eigenen »battlefield« zweifellos großartige Bedingungen für WW-I-Reenactments geschaffen. Entsprechend reizvoll ist die Teilnahme an den Veranstaltungen: Die GWA organisiert regelmäßig *immersion weekends*. Die Hobbysoldaten leben, kämpfen und arbeiten dann rund um die Uhr in den Schützengräben und spielen bestimmte Gefechtsabläufe in Echtzeit nach: »Our goal for this event is to create a realistic Immersion Style event in which participants get to experience a full 24 hours in the trenches and conduct realistic trench activities all set in a 1917 environment.«[232]

Es wird als Privileg empfunden, der GWA anzugehören. Jeder, der sich für eine Mitgliedschaft in einer dort organisierten Reenactment-Gruppe interessiert, beziehungsweise jeder Verein, der Mitglied in der GWA werden möchte, durchläuft eine Überprüfung. Der Zusammenschluss hat nicht nur strikte Verhaltensregeln auf dem vereinseigenen Gelände (vor allem aus Sicherheitsgründen), auch die gesamte Ausrüstung muss hohen Qualitätsstandards entsprechen.[233] Eine Erstausstattung kostet

1.7.2018). Einen Einblick in die Aktivitäten der GWHS bietet ein mit zeitgenössischer Kamera gedrehtes Video, https://www.youtube.com/watch?v=iFjj9FT91po (Zugriff: 1.7.2018).

231 Selbstdarstellung der GWA, http://www.greatwarassociation.com/AboutUs.html (Zugriff: 1.7.2018).

232 Ebd.

233 Zum einen stehen Sicherheitsaspekte bei der Nutzung des Geländes im Vordergrund, zum anderen geht es aber auch um bauliche Maßnahmen und deren Ver-

mindestens $ 1000, wobei jedes Mitglied darüber hinaus bestrebt ist, sein Zubehör im Laufe der Zeit zu vervollständigen und zu perfektionieren. Das kann teuer werden: Ein deutscher Stahlhelm Modell M 16 in halbwegs gutem Zustand gilt als Schnäppchen, wenn er unter $ 500 angeboten wird. Eine feldgraue Hose in akzeptabler Qualität ist nicht unter $ 450 zu haben. Eine Gasmaske, wie sie in der US Army verwendet wurde, kostet mit Glück unter $ 200, dabei handelt es sich dann allerdings um eine Reproduktion. Da sind nach oben kaum Grenzen gesetzt. Neben den finanziellen Investitionen müssen die neuen Vereinsmitglieder zudem bereit sein, sich in »ihr« Regiment mental und sozial einzufügen. Da man nicht nur seine Freizeit miteinander verbringt, sondern einem exklusiven Hobby nachgeht, bei dem es auch darauf ankommt, sich aufeinander verlassen zu können, durchlaufen die »Rekruten« eine Art Probezeit, um herauszufinden, ob man zueinander passt.[234] Zwar hat jede Gruppe spezielle Aufnahme- und Verhaltensgrundsätze und pflegt dementsprechend spezifische Rituale, aber in der Regel legen die in der GWA organisierten Gruppen viel Wert darauf, dass ihre Mitglieder ein enges Verhältnis zueinander aufbauen und jeder die Bereitschaft mitbringt, sich an die internen Gepflogenheiten anzupassen. Manche nennen das *Kameradschaft*.

einbarkeit mit dem Ziel, ein möglichst nahe am historischen Geländezustand der Westfront hergestelltes *Battlefield* zu gestalten und zu erhalten. Vgl. GWA Site Regulations for the *Caesar Krause Great War Memorial Site* (12. Februar 2012), http://www.greatwarassociation.com/Photos/GWA_Site_Regs_G8_Approved_02-12-2012.pdf (Zugriff: 1.7.2018). Zur Ausstattung eines z. B. deutschen Weltkriegssoldaten gehört nach den Statuten der GWA u. a.: eine aus field cap (Feldmütze), tunic (Waffenrock oder Feldbluse), trousers (Hose), boots or ankle boots and wrap leggings (Marschstiefel/Schnürschuhe und Gamaschen), neck stock (Halsbinde), shirt (Hemd) bestehende Uniform sowie aus weiterem Equipment: u. a. steel helmet (Stahlhelm), weapon: bayonet and bayonet frog (Seitengewehr [oder Bajonett] und Seitengewehrtasche), belt with belt plate (Koppel mit Koppelschloß), cartridge pouches (Patronentaschen), spade with carrier (Schanzzeug mit Futteral), gas mask and carrying can (Gasmaske und Tragebüchse), bread bag (Brotbeutel) und canteen (Feldflasche). Auch Herstellung, Material und Design der Ausrüstungsgegenstände sind detailliert vorgeschrieben. Die GWA verweist zudem auf bewährte Anbieter und Händler, die auf ein derartiges Warenangebot spezialisiert sind. Vgl. GWA Authenticity Standards for German Reenactors, 1917-18, http://www.greatwarassociation.com/regs-german.html (Zugriff: 1.7.2018); ebenso das umfangreiche und für die einzelnen Verbände vorliegende Handbuch, hier für deutsche Einheiten: Central Powers Handbook: German Troops (2015), http://passthrough.fw-notify.net/download/580687/http://www.greatwarassociation.com/get_started/1-CP-Intro_finis.pdf (Zugriff: 1.7.2018).

234 Beispielhaft sei hier verwiesen auf die Aufnahmeregularien des »5. Sturm-Bataillons«, http://www.5throhr-kbilr.com/sturm/6-how-to-join.html (Zugriff: 1.7.2018).

Sicherlich ist die GWA aufgrund ihrer Größe, ihrer Organisationsstruktur und der jahrzehntelangen Erfahrung eine Ausnahmeerscheinung. Doch selbst in Europa wird das Wieder-Aufführen des Ersten Weltkrieges immer populärer, auch wenn diese Tendenz öffentlich noch nicht so sichtbar ist. In Frankreich existieren zahlreiche Vereine, die zum Teil mit regionalen Bezügen Regimenter des Ersten Weltkrieges darstellen. *Le Pilu de la Marne* beispielsweise ist in Dormans ansässig und – ebenso wie die Gruppe *Scènes et Marne 1914* aus Villenoy – auf die gleichnamige Schlacht östlich von Paris spezialisiert.[235] In Belgien wurde 2003 die Gruppe *Salient Remembrance Detachment 1914-18* gegründet, die nicht nur belgische, deutsche und britische Regimenter während der Flandernschlachten zeigt, sondern ein breites Repertoire zum Commonwealth im Ersten Weltkrieg erarbeitet hat.[236] Auch hier zeigt sich ein dezidiertes Interesse an Kampfeinsätzen anderer Kriegsnationen. Die deutschen Gruppen sind da oftmals nationaler ausgerichtet: Zwar unterhalten Vereine wie die *Darstellungsgruppe Süddeutsches Militär* (DSM). *Geschichtsdarstellung der alten Armee 1870-1918 e. V.* intensive Kontakte zu entsprechenden französischen Partnerorganisationen, porträtieren tun sie indes aber vor allem deutsche Regimenter, in diesem Fall unter anderem das *Königlich Bayerische 3. Infanterie-Regiment »Prinz Karl von Bayern« zu Augsburg*, das *Königlich Bayerische 2. Pionier-Bataillon zu Speyer* wie auch das *Leibgarde-Infanterie-Regiment (1. Großherzoglich Hessisches) Nr. 115*.[237] Andere Gruppen stellen zwar kaiserliche Regimenter bis 1918 dar, klammern den Ersten Weltkrieg aber aus und konzentrieren ihre Aktivitäten auf die sogenannten Einigungskriege oder auf eine allgemeine militärhistorische Vermittlungsarbeit, so zum Beispiel die *Historische Darstellungsgruppe IR30 »Graf Werder«* und der ebenfalls das IR30 darstellende Zusammenschluss *Die Dreissiger e. V.*[238] Unter den mittlerweile recht

235 Vgl. die Selbstdarstellungen der beiden Gruppen, http://lepoiludelamarne.free.fr/index2.htm (Zugriff. 1.7.2018) und http://reconstitution-historique.com/annuaire/reconstitution/scenes-et-marne-1914 (Zugriff. 1.7.2018). Interessant ist auch der Verein *La Baionnette* aus Cormicy, nahe des 1917 stark umkämpften Höhenzuges *Chemin des Dames*, http://labaionnette51.free.fr/index.htm (Zugriff: 1.7.2018). Die Gruppe *Front-Schwein* stellt deutsche Einheiten im Ersten Weltkrieg dar, ist aber ein französischer Zusammenschluss, vgl. http://front-schwein.e-monsite.com/ (Zugriff. 1.7.2018).

236 Vgl. die Selbstdarstellung des Vereins, http://www.srd1914-18.eu/ (Zugriff: 1.7.2018).

237 Vgl. die Selbstdarstellung der DSM, http://www.dsm1918.de/startseite.html (Zugriff. 1.7.2018).

238 Zu den beiden Gruppen vgl. http://www.ir30.de/ und https://die-30er.jimdo.com/ (Zugriff: 1.7.2018). In der Ausrichtung ähnlich ist das *Württembergische Pionier-Bataillon Nr. 13* http://www.pionier-bataillon-13.de/Grundlagen.html (Zugriff: 1.7.2018) sowie der Verein *Historische Uniformen des Deutschen Kaiserreiches*

zahlreichen Vereinen, die Gefechte des Ersten Weltkrieges spielen, findet man immer wieder Hinweise darauf, dass auch biographische Hintergründe dafür ausschlaggebend waren, sich gerade diesem Hobby und diesem Zeitraum zu widmen. Die seit 2004 bestehende Gruppe *Kameraden 1914* geht beispielsweise auf die Initiative von zwei Brüdern zurück, die sich mit den Kriegserlebnissen ihres 1917 gefallenen und in Belgien begrabenen Urgroßvaters beschäftigen.[239] Auch in der *Alten Armee* wie auch im *Fußartillerie-Regiment Nr. 9* initiierten und beförderten familiäre Bezüge das Engagement einiger Reenactor.[240]

Ob in Deutschland, Frankreich oder Großbritannien: Allen Gruppen ist gemeinsam, dass sie seit einigen Jahren anhaltend regen Zulauf haben und untereinander oftmals in engem, wenn auch nicht unbedingt institutionalisiertem Kontakt stehen. Die nationale wie internationale Netzwerkbildung erklärt sich zum einen durch die Sache selbst: Die Gruppen und Vereine treffen sich regelmäßig, manchmal auch mehrmals jährlich an den historischen Orten und sind dann als verbündete oder gegnerische Armeen elementare Bestandteile des jeweiligen Reenactments. Die

1871-1918 e. V., http://www.historische-uniformen.de/index.php?id=2&fsize=%252fproc%252fself%252fenviron%2522%2522 (Zugriff: 1. 7. 2018). Hingegen stellt die *Interessengemeinschaft Alte DSM 1864-1918* sowie die 2009 gegründete *Interessengemeinschaft 1918* auch den Ersten Weltkrieg dar, http://www.altedsm.de/index.html (Zugriff: 1. 7. 2018) sowie http://www.ig1918.de/index2.html (Zugriff: 1. 7. 2018). Nahezu ausschließlich auf den Ersten Weltkrieg bezieht sich die überaus aktive Historische Darstellungsgruppe *Alte Armee,* die mit fast zwanzig dargestellten (deutschen) Regimentern aufwartet, darunter nur ein Reenactor, der einen Trooper eines englischen Kavallerie-Regiments porträtiert, http://www.altearmee.org/einheiten_17th.php (Zugriff. 1. 7. 2018).

239 Vgl. hierzu die Selbstdarstellung der Gruppe *»Kameraden 1914« – Gruppe für authentische Geschichtsdarstellung 1914-1918*, http://www.zutt.de/k14.htmgl (Zugriff: 1. 7. 2018).

240 Oftmals sei es eben auch die eigene Familiengeschichte gewesen, die zu diesem Hobby geführt habe, in der Regel wenn Großvater oder Urgroßvater im Ersten Weltkrieg gekämpft haben. Vgl. Selbstdarstellung der *Alten Armee*, http://www.altearmee.org/uns.php (Zugriff: 1. 7. 2018). Ähnlich die Beschreibung zum *Preußischen Fußartillerie Regiment Nr. 9*, vgl. Andreas Skrobanek, Alles zu Fuß. Wozu in fremden Ländern auf Zeitreise gehen, wenn eine preußische Bundesfestung vor der Haustür liegt? Die Reenactment-Gruppe Fuß 9 dient gern daheim, in: Visier 1/2011, http://www.fuss9.rivido.de/visier12011.pdf (Zugriff: 1. 7. 2018). In Großbritannien und in den USA sind solche familiären Bezüge häufig dokumentiert, ein herausragendes Beispiel ist sicherlich die GWA selbst. Das erworbene Gelände in Pennsylvania trägt den Namen des 1911 in die USA ausgewanderten Großvaters von Mark Anderson, der das Gelände zur Verfügung gestellt hat. Vgl. dessen Darstellung zum familiären Kontext: Mark Anderson, Caesar Krauss. The Man behind the Memorial, http://www.greatwarassociation.com/caesarkrauss.html (Zugriff: 1. 7. 2018).

Nachstellung einer Schlacht, unabhängig davon, auf welches historische Bezugsereignis sie sich bezieht, ist stets darauf angewiesen, dass sich auf beiden Seiten der Kampflinie genügend Mitstreiter finden, die ihrem Hobby gleichermaßen engagiert wie professionell nachgehen. Wer mit befreundeten Gruppen über Jahre hinweg Reenactments vorbereitet, einübt und durchführt, steigert dadurch letztendlich den Erlebniswert des Spektakels und erschließt zudem neue Gestaltungsspielräume für die einzelnen Gefechtsnachstellungen. Zum anderen resultiert die internationale Vernetzung aber auch aus einem Dilemma. Erste Studien über Reenactments zum Ersten Weltkrieg verweisen darauf, dass vor allem in Deutschland weiterhin starke Vorbehalte gegenüber dieser Form der Geschichtsdarbietung existieren.[241] Die Reenactor fühlen sich kritisch beäugt, wenn sie in feldgrauer Uniform öffentlich in Erscheinung treten. Dabei sehen sich die Darsteller nicht nur mit dem Vorwurf des Militarismus und der Kriegsverherrlichung konfrontiert, sondern generell überlagere – so ihre Wahrnehmung – der Zweite Weltkrieg und die damit einhergehende Diskreditierung des Militärischen die deutsche Geschichtskultur.[242] Folglich weichen viele Reenactor ins europäische Ausland aus, reisen nach Belgien, Frankreich oder Großbritannien, um dort an Reenactments zum Ersten Weltkrieg teilzunehmen. Dort seien sie auch als Deutsche »gern gesehene Gäste«[243] und müssten sich nicht für etwas rechtfertigen, was dort bereits zum kulturellen Alltag gehöre. Die internationale Orientierung dieser Szene resultiert also auch aus einer geschichtspolitischen Konstellation, für die die Darsteller pragmatische und kreative Lösungen suchen (und oftmals auch finden). In der Konsequenz entsteht daraus zweifellos ein internationaler Austausch unter den Reenactment-Gruppen, dessen Ausmaß, Qualität und Dichte allerdings schwer auszumachen ist. Zudem scheinen dabei oftmals organisatorische Aspekte im Vordergrund zu stehen, was die These, hier zeige sich eine Europäisierung oder gar Transnationalisierung historischen Gedenkens,

241 Vgl. Wolfgang Hochbruck, Von »Flandern Fields« bis »Fort Mutzig«. »Living Histories« des Ersten Weltkriegs als zweite Ableitungen der Vergangenheit, in: Barbara Korte/Sylvia Paletschek/Wolfgang Hochbruck (Hg.), Der Erste Weltkrieg in der populären Erinnerungskultur, Essen 2008, S. 157-168; Stefanie Samida/Ruzana Liburkina, Living History-Darstellungen zum Ersten Weltkrieg als erinnerungskulturelles Phänomen. Nationalhistorische Erzählungen und Europäisierungstendenzen, in: Bayerisches Jahrbuch für Volkskunde (2016), S. 41-54. Nahezu textgleich mit: dies., Zwischen »Vatermörder« und Feldgrau. Living History-Darstellungen zum Ersten Weltkrieg, in: Fenn, Transnationale Erinnerungskultur, S. 224-240.

242 Vgl. Samida, Living-History-Darstellungen, S. 51.

243 Vgl. ebd.

nicht hinreichend stützt.[244] Selbst die vage und vor allem in Deutschland viel zitierte Formel »Nie wieder Krieg« ist im europäischen Kontext vermutlich nicht so ohne weiteres konsensfähig. In jedem Fall lässt sich anhand der Reenactment-Szene zum Ersten Weltkrieg zeigen, wie sich das Wieder-Aufführen von Schlachten allmählich in Europa als Form der Geschichtsaneignung etabliert und einige der Protagonisten es verstehen, mit Selbstbeschreibungen wie der des »gelebten Europas« bestehende politische Legitimationsdiskurse für sich in Anspruch zu nehmen.[245]

244 Vgl. ebd., S. 53.

245 »Gelebtes Europa« ist eine Formulierung des Vereins *Historische Uniformen des deutschen Kaiserreiches 1871-1918 e. V.* anlässlich einer Teilnahme an einem Reenactment im französischen Villeroy im September 2014, vgl. den Bericht dazu auf der Homepage http://historische-uniformen.de/index.php?id=328&fsize=281%22 (Zugriff: 1. 7. 2018). Den Hinweis findet man auch bei: Samida, Living History-Darstellungen, S. 53. Vgl. zum europäischen Legitimationsdiskurs das Kapitel: »Ist das Erinnerung?«

Saubere Kriege und harte Kerle

Abb. 20: Die britische Reenactmentgruppe *Three Sixty History* auf der War and Peace Show in Westenhanger/Kent, 19. Juli 2014

Operation *Irene*

Eine Straßenszene in der somalischen Hauptstadt Mogadischu: Zwischen zerbombten Fassaden, verbrannten Wrackteilen, alten Reklameschildern und herumliegender Munition ragt ein abgeschossener Transporthubschrauber heraus, ein MH-60 Black Hawk wie ihn die US-amerikanische Armee 1993 in Somalia nutzte. Neun Reenactor in kompletter Kampfausrüstung setzen sich in der bizarren Kulisse in Szene. Manche haben sich mit demonstrativer Pose nahe dem Hubschrauberwrack verschanzt, scheinbar darauf wartend, in Kürze wieder unter feindlichen Beschuss zu geraten. Andere nehmen Deckung hinter provisorischen Barrikaden, fixieren den imaginierten Gegner oder präsentieren ihre automatischen Waffen, mit denen sie im nächsten Moment den Angriff der feindlichen Milizen erwidern. Die Darsteller spielen Elitesoldaten der US-Armee, vor allem Angehörige der *10th Mountain Division* sowie einer *Task Force* aus *US Army Rangers* des *75th Ranger Regiments* und Mitgliedern der *Delta Force*, die als leichte Infanterieeinheiten für den flexiblen Einsatz in feindlichem Gebiet ausgebildet waren. Sie wurden in erster Linie mit direkten, handstreichartigen Interventionen beauftragt, wie zum Beispiel der Einnahme gegnerischer Schlüsselobjekte, der Bergung von Soldaten und Ausrüstung sowie der Absicherung von Luftlandeoperationen. Aufgrund der aufwendigen Inszenierung und der beeindruckend professionellen Ausstattung der Reenactor entwickelt sich das auf dem britischen War and Peace Revival bereits mehrmals gezeigte *Display* der Gruppe seit einigen Jahren zu einem Publikumsmagneten.[246] Immer wieder bleiben zahlreiche Besucher stehen, betrachten die Szenerie, sprechen die sieben Männer und zwei Frauen an, fragen danach, was es mit dem zerstörten Hubschrauber und der gesamten Darbietung auf sich hat. Es werden Fotos gemacht: Ganze Familien stehen lächelnd neben *Army Ranger*, dazu der *Black Hawk* im Hintergrund und ein Maschinengewehr im Anschlag. Nicht nur Kinder reizt es, eine AK-47 halten zu dürfen und den auf der Seite liegenden Hubschrauber kletternd zu erkunden.

Three Sixty History ist eine 2011 gegründete, derzeit neun Mitglieder umfassende britische Reenactment-Gruppe, die sich mit dem Kampfeinsatz der US-Armee in Somalia beschäftigt. Die Darsteller haben es sich zum Ziel gesetzt, durch spektakuläre Inszenierungen, durch »live-action scenarios and highly immersive, detailed diorama« das Nachspielen militärischer Konflikte des 20./21. Jahrhunderts zu popularisieren, dabei etablierte Darstellungsformen zu durchbrechen und den Zuschauern auf diese Weise nahezubringen, was es heißen kann, »to educate, honour and entertain through re-enactment«. Sich selbst beschreiben sie als »enthusiasts, former military personnel and creative industry mem-

246 *Three Sixty History* nimmt seit ihrer Gründung 2011 regelmäßig an der War and Peace Show teil, dort wurde die Gruppe aus Bristol bereits mehrmals für ihre Reenactments ausgezeichnet. Als *Display* werden auf der fünftägigen Veranstaltung im Südosten Englands Darbietungen bezeichnet, mit denen sich die jeweiligen Gruppen dem Publikum vorstellen. Auf einem abgesteckten Terrain erläutern sie ihre Projekte, zeigen Fahrzeuge, Waffen und andere Ausrüstungsgegenstände, spielen kurze Szenen, taktische Manöver oder kleine Gefechte nach und geben interessierten Besuchern Auskunft über ihre Aktivitäten. Die Übergänge zwischen Reenactment und Living History sind hier fließend. Bei der War and Peace Show 2018 waren mehr als 360 Displays zu sehen. Wer sich für Reenactments zu militärischen Konflikten des 20. Jahrhunderts interessiert und Kontakt zu aktiven Darstellern sucht, ist hier genau richtig. Darüber hinaus dient die jährliche Veranstaltung dem Austausch und der internationalen Vernetzung der Reenactor untereinander. Zu *Three Sixty History* vgl. deren Selbstdarstellung auf der Homepage und auf Facebook https://threesixtyhistory.weebly.com/ (Zugriff: 1.7.2018) und https://www.facebook.com/threesixtyhistory (Zugriff: 1.7.2018).

Abb. 21 und 22: Mitglieder der Reenactmentgruppe *Three Sixty History* auf der War and Peace Show, 20. Juli 2014

bers«, die bei ihrer beharrlich weiterentwickelten Darstellung des *Battle of Mogadishu* mittlerweile von Veteranen der US Forces unterstützt werden.[247]

Historisch rekurriert das Reenactment auf den als UNO-Hilfs- und Friedensmission (UNOSOM I und II/UNITAF) beginnenden Einsatz US-amerikanischer Eliteeinheiten in dem von Bürgerkrieg und Hungersnot zerstörten Somalia.[248] Bereits vor dem Beginn der *Operation Restore Hope* am 9. Dezember 1992 hatten UNO-Kontingente mit Unterstützung US-amerikanischer und anderer nationaler Kampftruppen die Nahrungsversorgung in dem ostafrikanischen Land wieder herzustellen versucht.[249] Insgesamt mehr als 30.000 Soldaten waren in Somalia stationiert. Nach anfänglichen Erfolgen spitzte sich die militärische Situation im Land allerdings erheblich zu, vor allem nachdem mehr als zwanzig pakistanische UNO-Soldaten von der *Somali National Alliance* (SNA) unter Führung von Mohammed Farah Aidid getötet worden waren. Alsbald war es daraufhin erklärtes Ziel der in Somalia operierenden Militärkräfte, Aidid und seine Gefolgsleute auszuschalten. Diesem Zweck diente auch die am 3. Oktober 1993 durchgeführte *Operation Irene*, durch die zwei enge

247 Vgl. die Selbstdarstellung der Gruppe auf ihrer Homepage: https://threesixtyhistory.weebly.com/; https://www.facebook.com/threesixtyhistory (Zugriff: 1.7.2018).

248 Vgl. zur UNO-Mission in Somalia: Alexander Wolf, Die US-amerikanische Somaliaintervention 1992-1994, Wiesbaden 2010; Richard W. Stewart, The United States Army in Somalia, 1992-1994, Washington D.C. 2003; Roger Sangvic, Battle of Mogadishu: Anatomy of a Failure, Fort Leavenworth/Kansas 1998, James Mayall, The new interventionism, 1991-1994: United Nations experience in Cambodia, former Yugoslavia and Somalia, Cambridge 1996.

249 Vgl. John L. Hirsch/Robert B. Oakley, Somalia and Operation Restore Hope, Reflections on Peacemaking and Peacekeeping, Washington D.C. 1995.

Vertraute des Milizenführers in Mogadischu festgenommen werden sollten. Maximal eine Stunde werde die konzertierte Aktion dauern, so lautete jedenfalls der Einsatzbefehl des kommandierenden Generals William F. Garrison. Der Plan sah vor, dass US-Elitesoldaten in ein Gebäude nahe dem Hotel Olympic eindringen, die Zielpersonen festnehmen und mit den Gefangenen zur Basis zurückkehren sollten. Hierfür waren sechzehn Hubschrauber, neun geländegängige Humvees und drei M 939 Lastwagen verfügbar. Für insgesamt 160 amerikanische Soldaten begann an diesem Sonntag um 15.30 Uhr eine Militäraktion, die achtzehn von ihnen nicht überleben sollten.[250] Fast achtzig US-Amerikaner sowie neun UNO-Soldaten wurden dabei verwundet. *Operation Irene* eskalierte zu einem stundenlangen Guerillagefecht in den Straßen Mogadischus, an dem 2000 bis 4000 somalische Kämpfer, darunter auch Frauen und Kinder, beteiligt waren. Schätzungsweise mehrere hundert von ihnen kamen dabei ums Leben.

Three Sixty History inszeniert einen Konflikt, der 1993 in den USA blankes Entsetzen ausgelöst hatte. Der Militäreinsatz war der verlustreichste seit dem Vietnamkrieg, zudem gingen bereits kurz nach Ende der Kämpfe in den frühen Morgenstunden des 4. Oktober Fotos von geschändeten und durch die Straßen Mogadischus geschleiften Leichen amerikanischer Soldaten um die Welt. Das traf nicht nur die Militärelite der US Army bis ins Mark, es erschütterte die ganze Nation in ihrem Selbstverständnis als *global player*. Wenige Tage später kündigte Präsident Bill Clinton den Abzug der in Somalia stationierten US-Truppen bis zum 31. März 1994 an, zu diesem Zeitpunkt zweifelte kaum noch jemand daran, dass die UNO-Mission UNOSOM II in jeder Hinsicht gescheitert war. Die *Schlacht um Mogadischu* am 3./4. Oktober 1993 markiert einen Wendepunkt in der Interventionspolitik der USA. Auf militärische Herausforderungen in asymmetrischen Konflikten reagierten sie fortan deutlich zurückhaltender und setzten zudem auf eine »No Dead!«-Strategie.[251] Da die Auswirkungen des Somaliaeinsatzes für die US-amerikanische Außen- und Sicherheitspolitik gravierend waren (schließlich trat der Verteidigungsminister Leslie Aspin zurück, weil er die im Vorfeld angeforderten Panzerfahrzeuge abgelehnt hatte), lenkt die Gruppe *Three Sixty History* mit ihrem Reenactment zur *Schlacht um Mogadischu* den Blick auf ein für die US Army, aber auch für die Vereinigten Staaten insgesamt folgenschweres Desaster. Denn die Fehleranalyse zum Einsatz

250 Achtzehn US-amerikanische Soldaten sowie ein malaysischer und ein pakistanischer UNO-Soldat starben direkt im Einsatz, ein weiterer US-amerikanischer Elitesoldat wurde wenige Zeit später bei einem Anschlag getötet. Vgl. ebd., S. 127.

251 Zu den Folgen des Somaliaeinsatzes vgl. ebd., S. 149-173.

am 3. Oktober 1993 verwies nicht nur auf gravierende strategische und organisatorische Versäumnisse, sie beinhaltete auch die heikle Frage nach der politischen Verantwortung für die militärische Katastrophe.[252]

Die britischen Reenactor stellen die Gefechtssituation während des stundenlangen Guerillakampfes in den Straßen Mogadischus nicht nur durch die Kulissen, in denen sie sich als »Elitesoldaten« darstellen, situativ nach, sie erzählen auch konkrete Geschichten. Nachdem US-Einheiten das Zielgebäude gestürmt und die etwa zwanzig Gefangenen in Gewahrsam genommen hatten, sahen sie sich massiven Angriffen der somalischen Milizen ausgesetzt. Hunderte Kämpfer und aufgebrachte Zivilisten griffen nicht nur den ungepanzerten Fahrzeugkonvoi immer wieder an, Aidids Soldaten verfügten auch über Panzerabwehrwaffen, mit denen es ihnen gelang, zwei Hubschrauber abzuschießen. Der *Black Hawk Super Six One* stürzte etwa um 16.10 Uhr unweit des ursprünglichen Einsatzortes ab. Dabei starben die beiden Piloten Clifton P. Wolcott und Donovan Lee Briley, zwei weitere Besatzungsmitglieder wurden schwer verletzt. Zehn Minuten später traf es *Super Six Four*, der nur wenige hundert Meter entfernt verunglückte. Drei Besatzungsmitglieder verloren während der anschließenden Kämpfe ihr Leben, der Pilot Michael J. Durant überlebte schwer verletzt. In der Kommandozentrale sah man auf den Bildschirmen, wie sich hunderte bewaffnete Kämpfer der SNA auf den Weg zu den Absturzstellen machten. Während Bodentruppen versuchten, zu den Hubschrauberwracks vorzudringen und die eingeflogenen Rettungstrupps selbst unter Beschuss gerieten, kreiste ein weiterer *Black Hawk* über der zweiten Absturzstelle und der Pilot Michael Goffena bat um Erlaubnis, zwei Soldaten der Delta Force zur Rettung des Piloten absetzen zu dürfen. Die Kommandozentrale lehnte das Ersuchen mehrmals ab. Die Delta-Scharfschützen Gary Ivan Gordon und Randall David Shughart waren sich der Gefahr, in die sie sich trotz anders lautender Befehlslage begaben, voll bewusst, zumal auch Goffenas Hubschrauber während der Aktion getroffen wurde und daraufhin nahe dem Flughafen bruchlanden musste. Beide Soldaten starben bei dem Versuch, den Piloten Michael J. Durant zu retten.[253] Durant selbst wurde von

252 Vgl. Major Clifford E. Day, Critical Analysis on the Defeat of Task Force Ranger, Montgomery/Alabama 1997.

253 Beide Soldaten erhielten posthum die *Medal of Honor*. Es waren u. a. diese beiden US-Soldaten, deren Leichen später von einem aufgebrachten Mob entkleidet durch die Straßen Mogadischus geschleift wurden. Die Ereignisse rund um den Abschuss der beiden Hubschrauber sind Grundlage des Romans von Mark Bowden, Black Hawk Down. A Story of Modern War, New York 1999. Das Buch wurde 2001 unter dem gleichnamigen Titel vom britischen Regisseur Ridley Scott verfilmt.

somalischen Kämpfern überwältigt und gefangen genommen. Elf Tage später ließ Aidid ihn frei.[254]

An der anderen Absturzstelle spielten sich ebenfalls dramatische Szenen ab. Die Delta-Scharfschützen Daniel Busch und Jim Smith hatten den Absturz von *Super Six One* überlebt und sich sowie zwei schwer verletzte Besatzungsmitglieder gegen angreifende Somalier und SNA-Kämpfer einige Zeit verteidigen können. Ein *MH-6 Little Bird*-Hubschrauber landete daraufhin an der Absturzstelle. Während der Pilot Karl Maier vom Cockpit aus Feuerschutz leistete, begann der Co-Pilot Keith Jones mit der Evakuierung der Delta-Force-Soldaten. Maier verweigerte währenddessen mehrmals den Befehl, die Absturzstelle umgehend zu verlassen, da sein Co-Pilot noch nicht wieder an Bord war. Jones und Maier retteten die beiden *Delta Snipers*, allerdings erlag Daniel Busch später seinen schweren Schussverletzungen, die er sich während des Gefechts an der Absturzstelle zugezogen hatte.[255]

Es ist vor allem diese Rettungsaktion, mit der sich die Reenactment-Gruppe *Three Sixty History* auseinandersetzt. Zu Beginn ihrer Darbietung erläutert der Initiator der Gruppe, Mike Wring, den historischen Hintergrund in Somalia und setzt die von *Three Sixty History* dargestellte Szenerie zu den Ereignissen an der ersten Absturzstelle nahe dem Bakara-Markt in Mogadischu in Beziehung. Die Zuschauer hören Ausschnitte aus dem Funkverkehr des Einsatzes am 3. Oktober 1993. Neben dem präsentierten Hubschrauberwrack, dessen Position der damaligen Absturzsituation von *Super Six One* nachempfunden ist, präsentiert die Gruppe zudem einen MH-6-Helikopter, den sie erst 2017 aus den USA nach England verbracht und selbst restauriert hat. Nach ihrem Kenntnisstand sei dieser *Star 41* der einzige seiner Art in Großbritannien.[256] Mit diesem

254 Durant hat über seine Erlebnisse ein Buch verfasst, vgl. Michael J. Durant (mit Steven Hartov), In the Company of Heroes, New York 1980.

255 Karl Maier und Keith Jones erhielten für ihren Einsatz den *Silver Star*. Mehrere Rettungskonvois scheiterten, da sie mit nur leicht gepanzerten Fahrzeugen und ohne schwere Waffen nicht die verminten Straßensperren durchbrechen konnten. Bei Eintritt der Dunkelheit befanden sich noch 99 US-Soldaten in der Kampfzone. Erst zu diesem Zeitpunkt wandte sich Garrison an die UNO-Truppen und bat um Hilfe. Gegen 23.30 Uhr startete ein aus Panzern und gepanzerten Fahrzeugen der pakistanischen und malaysischen UNO-Kontingente bestehender Konvoi, der gemeinsam mit leichter US-Infanterie und fünfzig *Task Force Ranger* die weiterhin unter Beschuss stehenden Eliteeinheiten aus der Stadt herausholte. In den frühen Morgenstunden erreichten die Rettungstrupps mit den überlebenden Soldaten das von pakistanischen UNO-Einheiten kontrollierte Fußballstadion in Mogadischu.

256 Erläuterung von Mike Wring zum Reenactment am 27. Juli 2018 während der War and Peace Show in Paddock Wood/Kent (Privatmitschnitt). Vgl. zudem den

Abb. 23: Der abgestürzte *Black Hawk* (links) und der zur Rettung gelandete MH-6 (rechts) mit den beiden »Piloten« während des Reenactments von *Three Sixty History* auf der War and Peace Show in Paddock Wood/Kent, 27. Juli 2018

zweiten Hubschrauber erweitert die Gruppe ihr bisher dargestelltes Narrativ, da für sie mit dem MH-6 »a very heroic story« verbunden ist.[257] Nach dem Absturz des *Black Hawk* hätten sich die Piloten »dieses« Hubschraubers, Karl Maier und Keith Jones, »against all orders« selbst in Lebensgefahr begeben, um die zwei noch im Wrack befindlichen Soldaten zu retten.[258] Der Hubschrauber als fiktiver Überrest ermöglicht eine Konkretisierung und Individualisierung des durch die dramatischen Abläufe besonders unübersichtlichen Geschehens vor Ort, da die Darsteller nun greifbare Personen spielen und eine für sie entscheidende Episode

von DefenseWebTV gedrehten Film »Historical review U.S. Special Forces Delta Force Battle of Mogadishu Somalia Black Hawk Down« (2018) mit Originalaufnahmen zum Einsatz in Somalia, https://www.youtube.com/watch?v=fUYauoJy8V8 (Zugriff: 1.8.2018). Im Airborne & Special Operations Museum in Fayetteville/North Carolina sind seit 2013 Wrackteile der abgeschossenen *Black Hawks* ausgestellt. Vgl. https://history.army.mil/news/2015/150400a_asom.html (Zugriff: 1.8.2018).

257 Erläuterung von Mike Wring zum Reenactment am 27. Juli 2018 während der *War and Peace Show* in Paddock Wood/Kent (Privatmitschnitt).

258 Ebd.

der *Schlacht um Mogadischu* erzählen können. Das Heroische dieser Rettungsaktion steht für die britische Reenactment-Gruppe im Zentrum ihrer szenischen Darstellung des 3. Oktober 1993. Gleichzeitig leitet diese Geschichte dazu über, die Kampfsituation der amerikanischen Elitesoldaten anhand eines nachgespielten Gefechtes zu veranschaulichen. Die Reenactor spielen eine typische Konstellation nach, wie sie sich in den Straßen Mogadischus abgespielt hat, als die *Task Force Ranger* von somalischen Milizen angegriffen wurden. Mehrere Reenactor feuern aus ihrer Deckung heraus auf eine angedeutete Häuserfassade, hinter der sich der für die Zuschauer unsichtbare Feind festgesetzt hat. Der Dauerbeschuss des Gegners mit automatischen Waffen zeigt die routinemäßige Vorgehensweise von Spezialeinheiten bei der Erstürmung feindlicher Objekte. Fünf Reenactor schießen sich den Weg bis zum Zielobjekt frei. Die Zuschauer erleben durch die hohe Schussfrequenz, durch das versierte Wechseln der Maschinengewehrmagazine sowie durch das taktische Vorrücken innerhalb der »Kampfzone« eine kurze und vor allem akustisch intensive Darbietung, bei der sich erahnen lässt, was es bedeutet haben mag, stundenlang in solchen und ähnlichen Gefechtssituationen um das eigene Überleben kämpfen zu müssen. Schließlich gelingt es den »Soldaten«, das anvisierte Gebäude zu erstürmen. Während zunächst der Türrahmen nach Sprengfallen abgesucht wird, verschaffen sich drei »Ranger« durch Einsatz einer Handgranate Zugang in das Haus, das dann kurze Zeit später als gesichert gilt. Das knapp zehnminütige Reenactment endet mit der Entschärfung der Waffen, einem kräftigen Applaus der Zuschauer und einer kurzen Danksagung der Darsteller.

Three Sixty History spielt nicht irgendeine Gefechtssituation eines asymmetrischen Krieges nach, die Gruppe verweist mit ihrer »heroic story« zum einen auf die damals wie heute umstrittenen Kampfeinsätze von Elitesoldaten in Bürgerkriegsgebieten, zum anderen visualisiert sie die fatalen Folgen ihrer mangelhaften Ausstattung, der operativen Fehler militärisch Verantwortlicher sowie der zahlreichen politischen Fehleinschätzungen im Rahmen der UNO-Mission. Dass der Einsatz US-amerikanischer Spezialkräfte in Somalia auch mit eigenen politischen Interessen der USA einherging, bleibt dabei vor allem deswegen außen vor, weil das Reenactment konsequent aus der Perspektive der beteiligten Soldaten argumentiert. Die Reenactor konfrontieren die Zuschauer mit einem gescheiterten Militäreinsatz, der nicht nur achtzehn Soldaten das Leben gekostet hat, sondern der eben auch Rettungsaktionen wie die der beiden Piloten Maier und Jones hervorrief. Indem die Reenactor diesen gelungenen Einsatz (und nicht den Tod der *Delta Snipers* Gordon und Shughart) inszenieren, geben sie einer Episode den Vorrang, die sie zwar im klassischen Sinne als heroisch bezeichnen, die aber im Kontext der gescheiterten UNO-Mission in Somalia in erster Linie vor Augen führt, wie sehr das Überleben während solcher Kampfeinsätze dem individuellen Verhalten einzelner Soldaten geschuldet sein kann. *Three Sixty History* setzt eine Geschichte über die Facetten soldatischer Verbundenheit in Szene, die nicht als Selbstzweck verkitscht wird, sondern die aus dem Versagen verantwortlicher Institutionen erwächst. Sie kann Leben retten, wie im dargestellten Fall, sie kann aber auch – wie die misslungene Rettung bei der zweiten Absturzstelle zeigt – Leben kosten. Der Tod von Soldaten zeigt sich hier nicht nur als Folge von Kriegshandlungen, sondern auch als Resultat mangelhafter politischer, struktureller und materieller Voraussetzungen von Militäreinsätzen. Mit der öffentlichen Vergegenwärtigung von konkreten Einzelepisoden wird kritisch auf solche größeren militärischen Zusammenhänge aufmerksam gemacht. In diesem Sinne lässt sich das von *Three Sixty History* dargestellte Geschehen auch als politisches Statement verstehen, eine als Reenactment inszenierte Anklage des politischen Versagens und seiner verhängnisvollen Konsequenzen für die kämpfende Truppe.

Very british

Bereits zwischen dem Amerikanischen Bürgerkrieg (1861-1865) und dem Burenkrieg im südlichen Afrika (1899-1902) deutete sich an, wie sich Krieg strategisch und waffentechnisch in den nächsten Jahrzehnten verändern würde. Der Erste Weltkrieg zeigte dann das ganze Ausmaß einer nun industrialisierten sowie durch Hochtechnologie geprägten Kriegführung.[259] Gekämpft wurde fortan nicht mehr nur um das zwischen den Fronten liegende Terrain, sondern auch Luft- und Seekriege entschieden über Sieg oder Niederlage. U-Boote wie Flugzeuge etablierten sich als vielfach einsetzbare Waffen, die das Töten des Feindes nicht nur effektiver machten, sondern den Krieg in kürzester Zeit in andere, auch in zivile Räume zu verlagern erlaubten. Der Krieg wurde dadurch fortwährend mobiler, er war technisch hochgerüstet, außerordentlich rohstoffintensiv und von kostspieligen Technologieentwicklungen sowie von einer effizienten Kriegswirtschaft abhängig. Kampfmittelproduktion,

259 Vgl. Museum Industriekultur Osnabrück, Der Tod als Maschinist. Der industrialisierte Krieg 1914-1918, Ausstellungskatalog, Bramsche 1998; als Überblick zum Formenwandel des Krieges: Herfried Münkler, Kriegssplitter. Die Evolution der Gewalt im 20. und 21. Jahrhundert, Berlin 2015; weiterhin herausragend: Keegan, Die Schlacht.

Kommunikationstechnologie, Infrastrukturausbau und Waffentechnik – das waren in der ersten Hälfte des 20. Jahrhunderts die entscheidenden Parameter einer zeitgemäßen Kriegführung. Für Reenactments, die sich auf den Zweiten Weltkrieg oder auf den Vietnamkrieg beziehen, hat dieser rasante wehrtechnische Wandel gravierende Folgen: Einerseits eröffnet der industrialisierte Krieg des 20. Jahrhunderts neue Gestaltungs- und Erfahrungsräume für Darsteller und Zuschauer, andererseits vervielfachen sich die Anforderungen an die materielle Ausstattung der Teilnehmer, während sich die fachliche wie logistische Planung, Organisation und Durchführung der Veranstaltungen erheblich intensiviert. Wenig verwunderlich ist es daher, dass sich die meisten Reenactor mit moderner Militär- und Waffentechnik, mit historischen Militärfahrzeugen aller Art sowie mit operativen Neuerungen der jüngsten Militärgeschichte beschäftigen und teilweise enge Verbindungen zu Militaria-Händlern, Fahrzeug- und Waffensammlern sowie zu aktiven Soldaten- und Veteranenverbänden unterhalten.

Das seit über dreißig Jahren in Großbritannien stattfindende *War and Peace Revival* ist so etwas wie das Mekka der internationalen Reenactment-Szene zum Krieg im 20. und 21. Jahrhundert.[260] Während das *Chalke Valley Historical Festival*[261] in Salisbury seit 2011 auf Living History und damit auf die (museums-)didaktische Vermittlung von Geschichte allgemein ausgerichtet ist und bei der im südöstlichen Maidstone veranstalteten *Military Odyssey*[262] alle nur denkbaren historischen Schlachten nachgespielt werden, legt *War and Peace* in Paddock Wood den Schwerpunkt auf militärische Konflikte des 20. Jahrhunderts und verbindet diese zeitliche Fokussierung mit der weltweit größten Präsentation historischer Militärfahrzeuge. Die Bandbreite der gezeigten Ungetüme reicht von leicht gepanzerten *Bren Gun Carriers* über deutsche *Sturmgeschütze III (D)* und britische *T-15187 Sherman Barv Tanks* bis hin zu *Bell UH-1E* Mehrzweckhubschraubern und flugtüchtigen *Spitfires*. Mehrere tausend historische Militärfahrzeuge, darunter äußerst seltene Sammlerstücke, können während der fünftägigen Veranstaltung besichtigt und größtenteils auch in Aktion erlebt werden. In einer dafür eigens präparierten Arena

260 Allgemein zum Reenactment in Großbritannien vgl. Beth Goodacre/Gavin Baldwin, Living the Past. Reconstruction, Recreation, Re-enactment and Education at Museums and Historical Sites, Middlesex 2002; Iain MacCalman/Paul A. Pickering (Hg.), Historical Reenactment: From Realism to the Affective Turn, London 2010.

261 Vgl. Homepage und Veranstaltungsprogramme des *Chalke Valley Historical Festivals*: https://cvhf.org.uk/about-chalke-valley-history-festival/ (Zugriff: 1.8.2018).

262 Vgl. Homepage und Veranstaltungsprogramme der *Military Odyssey*: https://www.military-odyssey.com/index.php (Zugriff: 1.8.2018).

verfolgen die Zuschauer zeitlich wie thematisch arrangierte und fachlich kommentierte Darbietungen: Schwere Panzer, wendige Militärjeeps und wuchtige Truppentransporter, wie sie seit dem Ersten Weltkrieg überall auf der Welt im Einsatz waren, erweisen sich trotz ihres stolzen Alters als uneingeschränkt geländetauglich. Jährlich lockt dieses Spektakel bis zu 100.000 Besucher in die Grafschaft Kent.

Wer sich weniger für gepanzerte Mannschaftstransporter und maschinengewehrbestückte Geländewagen interessiert, der kann bei einem der mehr als 800 Verkaufsstände so manches Schnäppchen machen. Professionelle Militaria-Händler, ambitionierte Amateursammler sowie erfahrene Living-History-Darsteller bieten unter freiem Himmel so ziemlich alles an, was in der Szene gesucht, getauscht oder für viel Geld veräußert wird. Auf dem riesigen Gelände reiht sich ein Verkaufsstand an den nächsten: *Pegasus Militaria* verkauft täuschend echte Reproduktionen britischer Weltkriegsuniformen, bei *Frontline* gibt es so gut wie jedes Ersatzteil für die Maschinenpistole MP 40 und *Epic Militaria* hat auch schwarze SS-Uniformen im Sortiment. Was man auf diesem internationalen Markt nicht findet, ist vermutlich auf legalem Wege in Europa auch nicht zu bekommen. Beim Einkaufsbummel fällt auf, dass War and Peace nicht nur Militaria-Freaks und Reenactor auf den Plan ruft, sondern auch von Familien besucht wird, die ihrem Sprössling ein tarngrünes Outfit mit halbautomatischer Bewaffnung spendieren, um ihn dann anschließend – quasi statt Karussell – mit einer Fahrt im Mini-Tank bei Laune zu halten. Die Erwachsenen amüsieren sich derweil im *Victory Marquee*, einem Veranstaltungszelt mit buntem Unterhaltungsprogramm für jedermann. Musik, Comedy und Tanz »from the 40s-60s« vermitteln den Sound und das Lebensgefühl vergangener Zeiten. Elvis-Presley-Songs sorgen bei den hier durchschnittlich eher älteren Besuchern ebenso für ausgelassene Stimmung wie die in historischen Kostümen der 1940er Jahre auftretenden *Swingtime Sweethearts*. Abends trifft man sich hier zu Konzerten und Musikshows: Twist, Swing und Rock 'n' Roll stehen auf dem Programm, besonders beliebt sind so kuriose Darbietungen wie die von den *Daisy Chains*, »six petticoated girls [...] play drums, guitar, bass, trumpet, tenor and baritone saxophone«.[263] Für deutsche Besucher ist dieser Teil des Festivals zweifellos *very british*, schließlich wären Tanzveranstaltungen mit ebenso hochbetagten wie hochdekorierten Weltkriegsveteranen in Deutschland schlichtweg unvorstellbar.

263 Vgl. die Homepage der *Daisy Chains*, http://www.thedaisychains.co.uk/ (Zugriff: 1.8.2018).

In den letzten Jahren hat in Großbritannien die Beschäftigung mit den Kriegserfahrungen der Zivilbevölkerung während des Zweiten Weltkrieges deutlich zugenommen.[264] Der *Homefront* kommt daher auch beim War and Peace Revival mittlerweile mehr Aufmerksamkeit zu. Jedes Jahr wird den Besuchern eine Vielzahl von Displays, Verkaufsständen und Darbietungen geboten, die sich entlang einer historisch nachempfundenen *Village High Street* aneinanderreihen. Dem Aufruf der Regierung folgend waren damals die Briten zu kriegsnotwendigen Arbeiten verpflichtet oder meldeten sich als Freiwillige *to do their bit*. Im Festivalbereich *Homefront* informiert unter anderem der *Women's Voluntary Service* über seine Unterstützung der kämpfenden Truppe während der Landung in der Normandie 1944, das örtliche Rekrutierungsbüro mustert geeignete Bewerber für den Kriegseinsatz, *Homeguard* und *Fire Service* erläutern ihre Aufgaben während der Bombardierungen britischer Städte und *First Aid Stations* demonstrieren die medizinische Versorgungslage einer Kriegsgesellschaft. Darüber hinaus gibt es einen zeitgenössischen *village pub* (»The Bush Inn«) sowie diverse Mitmach-Angebote: Wer sich für Haarmode der 1940er Jahre, britische Suppenküchen und den Arbeitseinsatz junger Frauen in der Landwirtschaft interessiert, kann anschließend gleich etwas über *Wartime Cookery* lernen oder einer *Utility Fashion Show* beiwohnen. *Homefront* ist auf dem Festival ein stark frequentiertes Areal, in dem man in historisch anmutender, unterhaltsamer Atmosphäre Wissens- und manchmal auch weniger Wissenswertes über den Kriegsalltag in Großbritannien erfährt.

Doch im Zentrum der Aufmerksamkeit stehen Displays und Reenactments. Während 2014 mehr als einhundert aktive Gruppen auf der War and Peace ihr Kriegsspiel präsentierten, reisten vier Jahre später bereits 360 Gruppen mit mehreren tausend Mitgliedern zum Festival nach Südostengland. Bei den Displays reicht die zeitliche Spanne vom Ersten und Zweiten Weltkrieg über den Korea- und den Vietnamkrieg bis hin zu jüngsten Kampfeinsätzen US-amerikanischer und britischer Truppen im Irak und in Afghanistan. 2014 widmete sich die War and Peace Show anlässlich des 100. Jahrestages des Kriegsbeginns im August 1914 eingehender dem Great War, doch üblicherweise spiegeln die Darbietungen alles das wider, was weltweit an militärischen Konflikten des 20. Jahrhunderts wieder-aufgeführt wird. Manches davon ist außergewöhnlich, wie zum Beispiel die britische *French Army Reenactment Group* (FARG),

264 Vgl. John Leete, A Re-Enactor's War: The Home Front Revisited and Remembered, London 2012; Richard Van Emden/Richard Humphries, All Quiet on the Home Front: An Oral History of Life in Britain During The First World War, London 2004.

die seit 2009 daran arbeitet, »to educate and represent French military conflicts of the latter half of the 20th Century to the public«.[265] Mit dem Fokus auf den Indochinakrieg (1946-1954) und den Algerienkrieg (1954-1962) möchte die Gruppe erklärtermaßen dazu beitragen, die in der Reenactment-Szene eher unterrepräsentierte französische Armee sichtbarer zu machen. Gleichzeitig stellt FARG mit diesen beiden Kriegen militärisch komplexe Konflikte dar, die geschichtskulturell alsbald und zum Teil bis heute vom Vietnamkrieg überlagert wurden und daher in der öffentlichen Wahrnehmung oft unbeachtet bleiben. Zudem gehören Kriege, die im Zuge der Dekolonialisierung geführt wurden, noch nicht zum Standardrepertoire internationaler wie nationaler Reenactments.

Gleiches gilt auch für die DDR: Aufgrund der vergleichsweise monumentalen Darstellung fällt das Display der Gruppe *Stadtkommandantur der Hauptstadt der DDR Berlin* etwas aus dem üblichen Rahmen.[266] Mit einem realsozialistischen Grenzzaun, einem DDR-Wachturm, graffitibeschmierten Mauerresten und der obligatorischen Grenzschleuse wird die deutsche Teilung am *Eisernen Vorhang* in Szene gesetzt. Original-Fahrzeuge der NVA sowie der DDR-Grenztruppen dienen den britischen Darstellern dazu, ein Stück Geschichte des Kalten Krieges zu erzählen. Und damit liegen sie voll im Trend, denn der Kalte Krieg scheint für Reenactor zunehmend interessant zu werden: Nur wenige Meter weiter trifft man auf britische Soldaten eines leichten Infanteriezugs der 1980er Jahre, die als *Royal Union Rifles* eine fiktive Einheit der *British Army of the Rhine* (BAOR) repräsentiert. Die seit 2010 existierende Reenactment-Gruppe bezieht sich zeitlich auf die Jahre 1982-1989, als die britische Armee im Rahmen der NATO »faced off against the might of the Soviet Union and Warsaw Pact forces across a divided Germany«.[267] Um Grenz-

265 Vgl. das Display der Gruppe FARG auf der War and Peace Show 2014 sowie ihre Selbstdarstellung, http://www.willyshotchkissjeeps.com/diary.asp?id=12 und auf Facebook: https://www.facebook.com/search/str/French+Army+Reenactment+Group/keywords_search (Zugriff: 1.8.2018). Die 2012 gegründete Gruppe *Bersayap Tentara* (was im Indonesischen so viel heißt wie »Winged Soldiers«) porträtiert hingegen eine britische, für den Einsatz im Dschungel ausgebildete Spezialeinheit, die in den 1950er und 1960er Jahren während des malaysischen Unabhängigkeitskampfes 1948-1961 und des indonesisch-malaysischen Konfliktes 1963-1966 in Borneo kämpfte. Die britischen Reenactor haben es sich zum Ziel gesetzt, die Öffentlichkeit auf diese oft vergessenen (»kleinen«) Kriege Großbritanniens aufmerksam zu machen. Vgl. http://wingedsoldiers.co.uk/sas-malaya.html (Zugriff: 1.8.2018).

266 Vgl. die Selbstdarstellung der Gruppe *Stadtkommandantur der Haupstadt der DDR Berlin*, https://nva-uk.webs.com/ (Zugriff: 5.8.2018).

267 Vgl. Ankündigung und Selbstbeschreibung der Gruppe *Royal Union Rifles* für die War and Peace 2017, https://warandpeacemagazine.com/living-history-displays-

konflikte geht es bei der Gruppe *South African Defence Forces* (SADF) zwar ebenfalls, geographisch bewegen sich die Reenactor aber auf dem afrikanischen Kontinent.[268] Seit über zehn Jahren stellen die britischen Darsteller südafrikanische Streitkräfte zwischen 1957 und 1994 dar, die – damals überwiegend aus Wehrpflichtigen bestehend – nicht nur in Mozambique, Rhodesien, Namibia und Angola kämpften, sondern auch die südafrikanische Polizei bei der Unterdrückung oppositioneller Aufstände gegen das Apartheidregime unterstützten. Politisch ist das weder in Großbritannien noch anderswo besonders populär, daher fällt die für Reenactment-Gruppen ohnehin obligatorische politische Abgrenzung in diesem Fall besonders deutlich aus. SADF »does not glorify war, or concern itself with the propaganda, politics or politicians, but with the humanity and the individuals who served, survived, and in many cases, sacrificed their all«.[269] Die Reenactor distanzieren sich aber nicht nur vom südafrikanischen Apartheidregime, sondern auch von der SANDF, der südafrikanischen Armee, wie sie sich seit dem 10. Mai 1994 unter der Präsidentschaft Nelson Mandelas konstituierte.

Das Nachspielen moderner Kriege zeigt auf der War and Peace zweifellos seine politisch brisanten Implikationen, regt aber auch zu äußerst kreativen Nachahmungen an. Unter dem Namen *Many Fronts* spielt das Ehepaar Janice & Jason militärische und zivile Pressephotographen.[270] Dabei konzentrieren sie sich auf den Zeitraum zwischen 1920 und 1970, verfügen dazu über eine Vielzahl von Kostümen sowie über historische Foto- und Filmausrüstungen, was ihnen ermöglicht, an dem einen Wochenende als Kriegsberichterstatter vom Fronteinsatz amerikanischer Truppen im Zweiten Weltkrieg zu berichten und bei nächster Gelegenheit die Proteste gegen den Vietnamkrieg auf dem Woodstock Festival 1969 aufleben zu lassen. Letzteres erwies sich auf der War and Peace 2018 inmitten tausender Hobbysoldaten als wunderbar bizarr. Der besondere Reiz liegt gleichwohl darin, dass *Many Fronts* nicht nur selbst in verschiedene Rollen schlüpft und diese professionell darstellt, sondern dass die beiden »Pressephotographen« das jeweilige Reenactment mittels zeitgenössischer Fototechnik visuell reproduzieren.

at-the-war-and-peace-revival-2017/ (Zugriff: 1.8.2018). Ein ähnliches Profil hat die Gruppe *Lionheart 84 – BAOR Living History Group* aus dem westenglischen Hereford, benannt nach einem britischen Militärmanöver im südlichen Niedersachsen im Jahr 1984, vgl. https://www.facebook.com/pg/lionheart84livinghistory/about/?ref=page_internal (Zugriff: 1.8.2018).

268 Vgl. die Selbstdarstellung der Gruppe SADF https://www.facebook.com/pg/SADFLHG/about/?ref=page_internal (Zugriff: 1.8.2018).

269 Ebd.

270 Vgl. die Selbstdarstellung der Gruppe *Many Fronts*, https://www.facebook.com/manyfrontslivinghistory/ (Zugriff: 5.8.2018).

Die meisten Displays auf der War and Peace thematisieren allerdings den Zweiten Weltkrieg – eine Tendenz, die von Jahr zu Jahr zunimmt. Da sind zunächst einmal die Reenactor zu nennen, die alliierte Kampfverbände darstellen, wie zum Beispiel *The Allies Living History Group*, die seit 2014 mit Sitz im südwestlichen Wiltshire »a F.A.P. (Forward Aid Post) in Normandy with personnel from Q.A.I.M.N.S (Queen Alexandra Imperial Military Nursing Service) as well as soldiers from R.A.M.C (Royal Army Medical Corps.), Royal Artillery, 101st Airborne, Royal Engineers and Big Red One« porträtiert.[271] Da es in Großbritannien mittlerweile zahlreiche Reenactor gibt, die britische Verbände des Zweiten Weltkrieges darstellen, organisieren sich die Gruppen in Zusammenschlüssen wie dem *British Forces Living History Club*, dem bisher sieben Mitglieder angehören, darunter die *5th Battalion, East Yorkshire Regiment Re-enactment Group* sowie die *Duke of Wellington Living History Group*.[272] Interessant ist wiederum die Bandbreite der dabei berücksichtigten Militäreinheiten, sie reicht von verschiedenen Sanitätsverbänden über traditionsreiche Infanterieregimenter bis hin zu hoch spezialisierten Aufklärungseinheiten. Gruppen wie zum Beispiel die *Phantom Living History Group*, die das unter dem Codenamen *Phantom* operierende *GHQ Liaison Regiment* während der alliierten Landung in der Normandie 1944 zum Vorbild hat, zeigen, wie sich die britische Reenactment-Szene in den letzten Jahren ausdifferenziert hat und dass den bestehenden familiären Bezügen zu den jeweiligen militärischen Vorbildern eine erhebliche Bedeutung zukommt.[273] Gleichzeitig geht der Trend dahin, dass sich nicht nur Reenactor zusammentun, die alliierte Verbände während des Zweiten Weltkrieges nachspielen, sondern es entstehen Dachorganisationen und Netzwerke, in denen unterschiedliche nationale Armeen repräsentiert sind. Der *Northern World War 2 Association* gehören beispielsweise derzeit acht alliierte und sieben deutsche Reenactment-Gruppen an.[274]

271 Vgl. die Selbstdarstellung der Gruppe *The Allies*, http://www.the-allies.co.uk/ (Zugriff: 5.8.2018).

272 Vgl. die Selbstdarstellung des Dachverbandes *British Forces Living History Club*, https://britishforceslivinghistory.weebly.com/about.html (Zugriff: 5.8.2018), ebenso wie die hier nur beispielhaft angeführten Gruppen, die dort Mitglied sind: https://50th-division.weebly.com/ und https://www.facebook.com/TheDukesAtWar/ (Zugriff: 5.8.2018).

273 In diesem Fall gehörte der Onkel der Initiatoren der besagten Aufklärungseinheit an, vgl. die Selbstdarstellung der Gruppe *Phantom*, http://www.phantomghq.co.uk/phantom-and-50th-div.html (Zugriff: 5.8.2018).

274 Vgl. die Selbstdarstellung der *Northern World War 2 Association*, http://www.nww2a.org.uk/ (Zugriff: 5.8.2018).

Diese Entwicklung hat für die War and Peace erhebliche Folgen: Wer über das weitläufige Festivalgelände geht, dem fällt unweigerlich die große Anzahl derjenigen Displays auf, die deutsche Wehrmachts- und SS-Einheiten darstellen. Hakenkreuzfahnen, SS-Runen, Hitlerbilder und Stahlhelme stechen aufgrund ihrer ideologischen Symbolkraft aus dem festivalüblichen Tarngrün markant heraus, zumal es sich dabei zum Teil um – in Deutschland – gesetzlich verbotene Embleme handelt. Seit Jahren gibt es über diese Praxis kontroverse Diskussionen – nicht nur in Großbritannien, sondern vor allem in Deutschland.[275] Hier im Südosten Englands würden deutsche Nazis, denen es zuhause verboten sei, ihre politische Gesinnung offen zu zeigen, die menschenverachtende Ideologie des Nationalsozialismus sowie dessen Angriffs- und Vernichtungskrieg verherrlichen und unter dem Deckmantel eines scheinbar harmlosen Geschichtstheaters ihren Fanatismus ausleben. Diese pauschale Wertung entspricht zwar einer nahezu reflexhaft geäußerten Kritik, wird aber weder dem Phänomen noch der Sache an sich gerecht. Denn die Mehrheit der Reenactor, die auf der War and Peace als Wehrmachts- oder SS-Soldaten in Erscheinung treten, sind weder Nazis noch Deutsche.

Die meisten dieser Reenactment-Gruppen verstehen sich als direkte Counterparts zu den jeweiligen alliierten Einheiten. Ihrer Meinung nach kann eine Gefechtsnachstellung nur dann ein akzeptables Niveau erreichen, wenn auf beiden Seiten der Kampflinie erfahrene Reenactor mit entsprechendem Know-how und professioneller Ausrüstung mitwirken. Nicht ganz von der Hand zu weisen ist das Argument, dass sich WW-II-Reenactments ohne SS-Beteiligung wiederum den (nicht ganz unberechtigten) Vorwurf einhandeln würden, hier solle die verbrecherische Vergangenheit vertuscht werden. Dass daraus eine empfindliche Balance resultiert, registriert beispielsweise die 5. Kompanie der *Panzergrenadier-Division Großdeutschland* seit vielen Jahren.[276] Die US-amerikanischen Reenactor, die im Nordwesten der Vereinigten Staaten »operieren«, rekonstruieren das soldatische Leben dieses überaus prestigeträchtigen Panzerverbandes, eignen sich historische Fachkenntnisse und zeitgenössische Kampftechniken an, treffen sich am Wochenende mit anderen

275 Eine ähnliche Reaktion auf die Wehrmachts- und SS-Darstellungen auf der War and Peace findet man u. a. in der Reportage von Christian Irrgang: »Die Wochenend-Nazis«, http://www.christianirrgang.de/multimedia/die-wochenend-nazis (Zugriff: 5. 8. 2018). Ich danke Cornelia Behrens für diesen Hinweis. Der Filmbericht ist angelehnt an eine Reportage der BBC, vgl. *Weekend Nazis* (2007), online auf YouTube: https://www.youtube.com/watch?v=H1eO6q19BIo (Part I) und https://www.youtube.com/watch?v=ghMHYNhckeg (Part II) (Zugriff: 5. 8. 2018).

276 Zum WW II Reenactment in den USA einschlägig: Thompson, War Games.

Abb. 24: »SS-Offizier« während der Flugdarbietung einer historischen *Spitfire*, War and Peace Revival, 27. Juli 2018

Reenactment-Gruppen zu eher privat organisierten »tactical engagements«, wirken bei internationalen Filmproduktionen mit, pflegen vereinsinterne Rituale der »Kameraderie« und nehmen an *Battle Reenactments* im In- und Ausland teil. Militärisch bedienen die Hobbysoldaten ein breites Spektrum: Sie stellen unter anderem Gefechte der Ardennenoffensive 1944/45 dar (»Battle of the Bulge«), kämpfen gegen sowjetische Einheiten während der *Operation Bagration* im Sommer 1944 oder leisten den alliierten Verbänden während der *Schlacht um Arnheim* im September 1944 entschiedenen Widerstand.[277] Die zeitliche Fokussierung auf die

277 Vgl. Selbstdarstellung der Gruppe *Großdeutschland*, http://www.gdstab.com/index.asp (Zugriff: 5.8.2018). Die zeitliche Fokussierung auf die Endkriegsphase ermöglicht es, die 1941 verübten Kriegsverbrechen des Regiments außen vor zu lassen, dazu vgl. die späteren Ausführungen in diesem Kapitel. Zu weiteren US-amerikanischen Reenactment-Gruppen, die deutsche Verbände nachspielen, vgl. u.a. die 7. Kompanie des Grenadierregiments *Großdeutschland*, http://www.grossdeutschland.com/; die 353. Infanterie-Division, http://353id.org/index2.htm und die 709. Infanterie-Division, https://www.709th.org/ (Zugriff: 5.8.2018). Eine Übersicht über WW II Reenactment-Gruppen in den USA (Heer/Luftwaffe/SS) findet man online: http://www.9thdivision.com/links.htm#WAFFEN-SS

letzten beiden Kriegsjahre findet man auch bei vergleichbaren Gruppen, vor allem wird die Landung der alliierten Verbände in der Normandie im Juni 1944 wieder-aufgeführt.[278] In Kalifornien haben sich rund zwanzig Reenactment-Gruppen zur *California Historical Group* (CHG) zusammengetan, die US-amerikanische, britische, sowjetische, japanische, deutsche und italienische Militärverbände des Zweiten Weltkrieges darstellt.[279] Seit 1979 treffen sich die Mitglieder mehrmals jährlich zu »tactical reenactments« auf privaten Grundstücken unter Ausschluss der Öffentlichkeit, nehmen aber auch an »myriad events such public outreach and education at museums and living history events« teil, besuchen

und http://www.worldwartwohrs.org/Units.htm (Zugriff: 5.8.2018), international: http://ww2-germanarmy.conceptbb.com/t446-liste-troupes-reconstitution-allemande-ww2 (Zugriff: 5.8.2018). Zum Panzerverband *Großdeutschland* gibt es weltweit mehrere Reenactment-Gruppen, so auch in Großbritannien zur 4. Kompanie mit Schwerpunkt auf deren Einsatz während der Schlacht um Berlin 1945, vgl. https://peterandrewscholey.wixsite.com/4thgd (Zugriff: 5.8.2018). Dort auch Informationen über Aktivitäten zur deutschen Feldgendarmerie, u.a. den in Nordengland ansässigen *Trupp 200 FG*, https://trupp200.weebly.com/# (Zugriff: 5.8.2018) wie auch zu Fallschirmjägern, vgl. zum Beispiel die Gruppe *Green Devils*, die mit sechs aktiven Mitgliedern die 4. Kompanie des II. Bataillon der 1. Fallschirmjäger-Division während ihrer Einsätze in der Mittelmeerregion porträtieren. Natürlich gibt es auch Gruppen anderer Nationalitäten, die deutsche Verbände porträtieren, so z.B. eine seit 2006 existierende polnische Gruppe, die u.a. deutsche Pioniere (39. Panzerbataillon/3. Panzerdivision) darstellt, https://pionier39.pl/ und https://www.facebook.com/pg/pionier39/about/?ref=page_internal (Zugriff: 5.8.2018), sowie belgische Reenactor, die im Rahmen ihres *Projekt 1944* deutsche Volksgrenadiere verkörpern, http://www.project1944.be/Hoofdmenu/Wie.html (Zugriff: 5.8.2018). Auch in den Niederlanden gibt es vergleichbare Initiativen, so etwa die Gruppe *Der Windhund*, die sich ebenfalls deutschen Panzergrenadieren widmet, http://www.3kompanie.eu/ (Zugriff: 5.8.2018), unter dem gleichen Namen existieren zudem deutsche und US-amerikanische Reenactor, vgl. die entsprechenden Hinweise in den Übersichten: http://ww2-germanarmy.conceptbb.com/t446-liste-troupes-reconstitution-allemande-ww2 und http://www.panzergrenadier.net/reenactment-groups-links.php (Zugriff: 5.8.2018).

278 Aus der großen Anzahl internationaler Reenactment-Gruppen, die sich mit D-Day befassen, sei hier nur verwiesen auf die US-amerikanische Gruppe zur 352. Infanterie-Division, http://wwiihistorycenter.org/352nd/352history.html, zur 353. Infanterie-Division, http://353id.org/index2.html wie auch in Kalifornien zur 21. Panzerdivision, http://www.21stpanzerdivision.com/ (Zugriff: 5.8.2018). Alliierte Verbände, die während der Landung in Frankreich kämpften, werden u.a. gespielt von: 35th Infantry-Division, https://sites.google.com/site/chg35th/history, 101st Airborne Division, https://www.506thrps.com/ und 82nd Airborne Division, http://wwiihistorycenter.org/wwiirc/commanders.html (Zugriff: 5.8.2018).

279 Vgl. die Selbstdarstellung des Zusammenschlusses *California Historical Group*, http://www.chgww2.net/ (Zugriff: 5.8.2018), dort auch wiederum zahlreiche Querverweise zu den einzelnen Mitgliedsgruppen wie auch zu anderen Vereinigungen, die WW II darstellen.

Reenactments in Europa oder beteiligen sich an »commemorative events such as memorials, parades, and various other ceremonies« in den USA.[280] Waffentechnisch geht es in erster Linie um Infanterieeinheiten, Luftlandeverbände und Panzerbrigaden inklusive der dafür notwendigen technischen wie auch materiellen Ausrüstung. Obgleich es auch einzelne Nachstellungen von Gefechten an der Ostfront, im Pazifik und in Nordafrika gibt, konzentrieren sich die kalifornischen Reenactor in erster Linie auf das Kriegsgeschehen in Mittel- und Westeuropa. D-Day ist da mittlerweile geradezu ein Klassiker, aber auch andere Kriegsgeschehnisse werden reenactet, wenn sie sich mit den zur Verfügung stehenden Mitteln realisieren lassen. Jedes Jahr spielt die *California Historical Group* beispielsweise die *Schlacht um Berlin* im Winter/Frühjahr 1945 nach, mittlerweile nach eigenem Bekunden ein »flagship-event« der Kalifornier, das bei den mehreren hundert Teilnehmern stets große Begeisterung hervorrufe. Auf einer ehemaligen Air Force Base nordöstlich von Los Angeles kämpfen deutsche Truppen gegen westalliierte und sowjetische Einheiten. Der Reiz liege zum einen darin, so formuliert es ein Bildbericht in der Vereinszeitschrift *The Front*, dass es sich um ein »two-front tactical for the Germans« handele, zum anderen kämen auch zahlreiche historische Panzerfahrzeuge sowie ein »Medical Hospital« während des strategisch anspruchsvollen Häuserkampfes zum Einsatz, was das zweitägige Reenactment zu einem einzigartigen Erlebnis werden lasse.[281] CHG gehört zweifellos zu den professionellen Organisationen in der WW-II-Szene und kann daher ebenso technisch anspruchsvolle wie außergewöhnliche Reenactments durchführen, darunter ein *desert battle* zur *Schlacht um Tunis* im April/Mai 1943, ein deutsch-sowjetisches Gefecht während des *Unternehmens Edelweiß* im Kaukasus 1942 sowie ein Reenactment zur amerikanisch-japanischen *Schlacht um Saipan* im Sommer 1944.[282]

Die WW-II-Reenactment-Szene hat seit vielen Jahren weltweit erhebliche Zuwachsraten. Zur War and Peace in Paddock Wood kommen Darsteller aus aller Welt, die Mehrzahl der Teilnehmer sind allerdings – vor allem wegen des enormen logistischen Aufwandes – weiterhin Briten.

280 Ebd.

281 Vgl. Anthony Ardisone, Caught in a Vice, in: The Front, 2018, Heft 1, S. 6-16. Bemerkenswert an der Zeitschrift *The Front* ist der Versuch, sie im Stil der deutschen NS-Propagandazeitschrift *Signal* zu gestalten, die zwischen 1940 und 1945 im europäischen Ausland erschien. *Signal* orientierte sich wiederum an der US-amerikanischen Illustrierten *Life*. Im gleichen Heft gibt es auch einen Bericht über ein Reenactment zum Tunesienfeldzug 1942/43, in: ebd., S. 26-29.

282 Vgl. Anthony Ardisone, Trouble in Tunesia, in: The Front, 2017, Heft 3, S. 20-25; Robert Werling, Saipan. Mopping up holds out in the Pacific, in: The Front, 2016, Heft 2, S. 22-27.

Regelmäßig nimmt beispielsweise die bereits seit 1998 bestehende Living-History-Gruppe *Die Soldaten* am Festival teil. Die britischen Reenactor haben sich bewusst gegen die Darstellung von militärischen Elite- oder Sonderformationen entschieden und porträtieren daher einfache deutsche Infanteriesoldaten zwischen 1943 und 1945.[283] Dabei legt die Gruppe besonderen Wert auf die Qualität ihrer materiellen Ausrüstung und ist für diese Detailversessenheit 2015 auf der War and Peace als *Best Small Living History Display* ausgezeichnet worden. Ebenso regelmäßig reist die 2011 gegründete Gruppe *Volkssturm-V3* nach Paddock Wood.[284] Die vorher bereits in anderen Zusammenhängen aktiven Reenactor beschäftigen sich mit einer 1944 aufgestellten Volkssturmeinheit aus Potsdam. Dass sich die circa zwanzig Mitglieder gerade das »letzte Aufgebot« ausgesucht haben, hat nach eigenem Bekunden damit zu tun, dass es für ältere Darsteller zunehmend schwierig werde, überzeugend junge Frontsoldaten darzustellen. Der Volkssturm hingegen mobilisierte in den letzten Kriegsmonaten vom Kind bis zum Greis noch so ziemlich jeden, der halbwegs eine Waffe halten konnte. Diese verheerende und der aussichtslosen Kriegslage geschuldeten Rekrutierungspraxis sehen die britischen Reenactor eher pragmatisch, schließlich eröffnen sich dadurch für sie weitere Mitwirkungsmöglichkeiten am WW-II-Reenactment.

Zu den bereits erfahrenen Reenactment-Gruppen gehört auch die *Panzer-Lehr-Reenactment-Society*. Sie porträtiert Einheiten der 130. Panzer-Lehr-Division, ein 1943 aufgestellter Verband, der in Zusammenarbeit mit den beiden Panzertruppenschulen in Munster und Berlin-Wünsdorf Soldaten ausbildete. Im Sommer 1944 waren Einheiten dieser Division in der Normandie zur Abwehr der alliierten Invasion eingesetzt und kämpften dort unter hohen Verlusten in erster Linie gegen britische Truppen.[285] Die englischen Reenactor bezeichnen ihren Zusammenschluss selbst als »friendly society«, die darauf ziele,

> to provide an interesting and informative, interactive display, both static and (combined with other groups), dynamic battles for public shows. As well as TV and film work. In co-operation with other groups we provide a glimpse of the uniform, equipment and fighting techniques used by both axis and allied units to encourage those who

283 Vgl. die Selbstdarstellung der Gruppe *Die Soldaten*, https://www.facebook.com/pg/diesoldaten/about/?ref=page_internal (Zugriff: 5.8.2018).

284 Vgl. die Selbstdarstellung der Gruppe *Volkssturm-V3*, http://www.volkssturmv3.co.uk/about-us.html (Zugriff: 5.8.2018).

285 Vgl. die Selbstdarstellung der Gruppe *Panzer-Lehr-Reenactment-Society*, http://www.panzerlehr.co.uk/About%20Us/aboutus.html (Zugriff: 5.8.2018).

Abb. 25-27: WW II: Displays auf der War and Peace Show, 2014

> did not live during WW2 to learn more about the conflict our fathers and mothers endured and to remember the sacrifice made by those people from all nations involved.[286]

Die Organisation betont, sie sei nicht politisch, verherrliche weder den Krieg noch unterstütze sie Rassismus, Intoleranz oder andere politisch extreme Auffassungen. »Any member found to have such views would be expelled from the Society«.[287]

Ähnlich nachdrücklich distanziert sich auch die britische *Second Battle Group (SBG)* von rechtsextremen Tendenzen, was allerdings in ihrem Fall ganz besondere Gründe hat. Die bereits 1978 ins Leben gerufene, im südöstlichen England »stationierte« und mit derzeit etwa 200 Mitgliedern wohl älteste britische WW-II-Reenactment-Gruppe stellt die 1. SS-Panzerdivision »Leibstandarte Adolf Hitler« dar, eine SS-Eliteformation, die nahezu auf jedem Kriegsschauplatz gekämpft hat und an zahlreichen Kriegsverbrechen beteiligt war.[288] SBG verfügt über einen beachtlichen

286 Ebd.

287 Ebd.

288 Vgl. die Selbstdarstellung der Gruppe *Second Battle Group*, http://www.sbg1.mistral.co.uk und https://www.facebook.com/Second-Battle-Group-Re-enactment-and-Historical-Society-1426540624283015/ (Zugriff: 5.8.2018). Aus der Vielzahl der britischen Reenactor, die SS-Verbände darstellen, seien hier noch erwähnt: *Sturmpanzer*, eine Gruppe, die das in der Normandie 1944 unter Befehl der 1. SS-Panzerdivision »Leibstandarte Adolf Hitler« eingesetzte 1. SS-Sturmgeschützbataillon unter Führung des SS-Standartenführers Heinrich Heimann verkörpert, https://www.2aie.co.uk/sturmpanzer; weiterhin das 2005 gegründete und etwa dreißig Mitglieder umfassende SS-*Panzergrenadier-Regiment 3 »Deutschland«*, das später zur SS-Panzerdivision »Das Reich« gehörte, http://www.ppsh41.com/home.html (Zugriff: 5.8.2018) sowie die mehrfach ausgezeichnete und in zahlreichen Filmproduktionen mitwirkende *Kampfgruppe Stahlkrieger*, eine Reenactment-Gruppe, die ebenfalls die (an mehreren Kriegsverbrechen beteiligte) 1. SS-Division »Leibstandarte Adolf Hitler« porträtiert, http://www.kskssgroup.co.uk/ (Zugriff: 5.8.2018). In Chile existiert ebenfalls eine Gruppe zur SS *Leibstandarte Adolf Hitler*, sie nennt sich *Kampfgruppe Dietrich*, siehe https://www.facebook.com/pg/

historischen Fahrzeugbestand sowie über entsprechende Uniformen, Waffen und andere Ausrüstungsgegenstände. Gruppenmitglieder wirkten bereits in internationalen Film- und Fernsehproduktionen mit, so beispielsweise 1997 in *Saving Private Ryan* und 2014 in *Fury*. Im August 2007 zeigte die BBC unter dem Titel »Weekend Nazis« eine Reportage, in der es um rechtsextreme und neonazistische Aktivitäten im Umfeld der War and Peace ging und die speziell für die SBG eine neonazistische Unterwanderung u.a. durch Mitglieder der internationalen rechtsextremen Netzwerke *Blood and Honour* und *Combat 18* feststellte.[289] Während der ominöse Auftritt des mehrmals verurteilten Holocaustleugners David Irving von den Veranstaltern der War and Peace damit entschuldigt wurde, dass Irving weder eingeladen noch erwünscht gewesen sei, dokumentierte die BBC mit versteckter Kamera, wie sich Mitglieder der SBG abseits des offiziellen Programms offen rassistisch äußerten. Sie verherrlichten die SS, sahen ihre »Rassereinheit« gefährdet und äußerten sich abwertend über Muslime und Schwarze. Alsbald bemühte sich nicht nur die SBG, sondern auch zahlreiche andere Reenactment-Gruppen der WW-II-Szene, sich von zweifelhaften Mitgliedern zu trennen und eine noch deutlichere Abgrenzung gegenüber dem rechtsextremen Milieu glaubhaft zu machen.[290] Ob es sich nun tatsächlich, wie die SBG umgehend behauptete, um Einzelfälle handelte, oder aber doch eine substantielle Affinität zu rechtsextremen Weltbildern besteht, ist schwer zu

kampfgruppedietrich/about/?ref=page_internal und http://www.militarianibelungo.cl/kampfgruppe/ (Zugriff: 5.8.2018). Einen Überblick über diese internationale Szene findet man auf der Homepage der SBG, dort unter *Links*, http://www.secondbattlegroup.com. 2007 haben einige WW-II-Reenactment-Gruppen eine Internationale Erklärung verfasst, in der sie sich nicht nur von jeglicher NS-Ideologie distanzieren, sondern aufgrund der NS-Verbrechen auch zu einer besonderen Sensibilität im Umgang mit der Geschichte des Zweiten Weltkrieges aufrufen. Die Darstellung kämpfender SS-Verbände wird beispielsweise ausdrücklich abgelehnt. Zu dieser Erklärung vgl.: https://web.archive.org/web/20100715121820/http://wwiilhagreement.webs.com/ (Zugriff: 5.8.2018).

289 Vgl. die Reportage der BBC *Weekend Nazis* (2007), online auf YouTube: https://www.youtube.com/watch?v=H1eO6q19BIo (Part I) und https://www.youtube.com/watch?v=ghMHYNhckeg (Part II) (Zugriff: 5.8.2018).

290 Durch ihre Anwälte ließ die SBG erklären: »The views alleged to have been made by members of the SBG are, in the opinion of the SBG, fascist, racist and utterly reprehensible and as such are views we strongly oppose. Having been brought to our attention we will carry out an internal investigation into such allegations on the basis that these are not views endorsed by the group or with which we want be associated with in any way.« Vgl. Graham Tibbetts, Neo-Nazis infiltrate WW II re-enactment group, Daily Telegraph vom 25. August 2007, https://www.telegraph.co.uk/news/uknews/1561261/Neo-Nazis-infiltrate-WWII-re-enactment-group.html (Zugriff: 5.8.2018).

beurteilen. Sicherlich üben Reenactment-Gruppen, die deutsche Wehrmachts- und SS-Verbände darstellen, auf Rechtsextreme (gleich welcher Nationalität) einen erheblichen Reiz aus, und zweifellos gibt es Zusammenschlüsse, die sich durchaus offen gegenüber rassistischen Weltanschauungen zeigen oder diese zumindest tolerieren.[291] Gleichzeitig wäre es aber unzutreffend, daraus zu schlussfolgern, die WW-II-Reenactment-Szene sei insgesamt neonazistisch oder ziele darauf, fanatische Nazis zu unterstützen und deren Ideologie zu verbreiten.

Dass die Darsteller von SS- und Wehrmachtseinheiten seit Jahren auf der War and Peace überwiegen, gibt gleichwohl zu denken und unterstreicht in jedem Fall die scheinbar weiterhin bestehende Attraktivität fanatischer Kriegertypen. Gerade aufgrund dieser Faszination stellt sich die Frage, wie im Kontext des WW-II-Reenactments mit der Darstellung von Kriegsverbrechen während des Zweiten Weltkrieges umgegangen wird. Wenn man das Anliegen beispielsweise der SBG, »to portray the fighting German Waffen SS soldier of W. W. II as accurately as possible«[292] ernst nimmt, dann müsste die Erschießung von Kriegsgefangenen, müssten Massaker an Zivilisten sowie die Ermordung von Juden zumindest Teil ihrer Darstellung sein. Denn zur gängigen Praxis der SS an und hinter der Front gehörten Hinrichtungen und Massenerschießungen. Die SBG versucht diesen Teil der Geschichte dadurch zu umschiffen, dass sie ihre Gefechtsnachstellungen auf den militärischen Kampf der SS-Einheiten sowie auf bestimmte Zeit- und Frontabschnitte reduziert. Diese Strategie findet man auch bei anderen Reenactment-Gruppen, so beispielsweise auch beim SS-Panzergrenadierregiment 3 »Deutschland«. Die Gruppe geht bei ihrem Display auf der War and Peace das Thema Kriegsverbrechen offensiv an und erläutert auf eigens aufgestellten Tafeln die zahlreichen Kampfeinsätze an der Ost- und Westfront. Dazu wird eine Stellungnahme der *Regimentskameradschaft Deutschland* zitiert, in der es heißt, dass »ihr« Regiment keine Kriegsverbrechen begangen und von diesen auch erst nach der Kapitulation erfahren haben will. »Was gesetzlos geschehen ist, bedauern wir zutiefst und distanzieren uns davon aus voller Überzeugung!«[293] Kriegsverbrechen werden also nicht

291 Nach Aussage vieler WW-II-Reenactor interessieren sich zwar Neonazis für das Hobby, sie wollen sich aber meistens gar nicht in die Gruppen integrieren, da es ihnen um politische Agitation und nicht um Geschichtsaneignung geht.

292 Selbstdarstellung der Gruppe *Second Battle Group*, http://www.sbg1.mistral.co.uk (Zugriff: 5.8.2018).

293 Die Reenactor nehmen hier Bezug auf die Regimentsgeschichte von: Regimentskameradschaft Deutschland (Hg.), Frontkämpfer. SS-Panzergrenadierregiment 3 »Deutschland«, Selent 2015. Vgl. Hinweistafel beim Display des SS-Panzer-

grundsätzlich geleugnet, aber das eigene Regiment habe einen »sauberen Kampf« geführt. Dem Besucher wird allerdings unterschlagen, dass das SS-Panzergrenadierregiment 3 »Deutschland« zur 2. SS-Panzerdivision gehörte und dabei zeitweise der Kampfgruppe »Das Reich« zugeordnet war. Dieser Verband war nachweislich für zahlreiche Kriegsverbrechen verantwortlich, darunter das vom ebenfalls unterstellten SS-Panzergrenadierregiment 4 »Der Führer« am 10. Juni 1944 verübte Massaker an der französischen Zivilbevölkerung von Oradour-sur-Glane mit 642 Opfern. Da dieses Verbrechen auch zeitgenössisch innerhalb der Division Konflikte hervorrief, ist es unglaubwürdig, davon erst nach dem Krieg erfahren haben zu wollen. Zudem geht es hier nicht um die individuelle strafrechtliche Verantwortung einzelner Regimentsangehöriger, die ja im Einzelfall konkret nachzuweisen wäre, sondern um die Frage, was es bedeutet, die verbrecherische Kriegführung der SS im Zweiten Weltkrieg auf Regimentsebene als einen zwar fanatischen, aber dennoch tapferen, »sauberen« Kampf darzustellen. Unstrittig ist jedenfalls, dass das SS-Panzergrenadierregiment 3 »Deutschland« innerhalb eines Kampfverbandes agierte, der für schwerste Kriegsverbrechen verantwortlich war. Ab Juni 1944 bestand für das I. Bataillon sogar eine direkte Unterstellung. Diese Zusammenhänge gänzlich unerwähnt zu lassen, ist nicht nur verharmlosend, sondern verweist auf ein gängiges Muster der Vergangenheitsvertuschung. Militärische Kampfhandlungen, brutale Besatzungspolitik, völkerrechtswidrige Repressalien und rassistisch motivierte Massenvernichtung gingen in diesem Krieg ineinander über, daher lässt sich der militärische Kampf der SS nur dann von ihrem völkerrechtswidrigen Handeln trennen, wenn man die situativen, organisatorischen wie strukturellen Kontexte der historischen Ereignisse regelrecht abspaltet. Die von SS-Verbänden verübten Kriegsverbrechen waren keine den extremen militärischen Kampfhandlungen geschuldeten Exzesse, sie waren elementarer Bestandteil der ideologischen und im Verständnis der SS damit auch ihrer militärischen Kriegführung.[294]

grenadierregiments 3 »Deutschland« auf der *War and Peace* am 27. Juli 2018 (Foto der Hinweistafel in Privatbesitz).

294 Und darin liegt der entscheidende Unterschied zu zahlreichen anderen Armeen und Kriegen, die als Reenactment dargestellt werden (und deren verbrecherische Dimensionen zumeist allerdings auch außen vor bleiben). Ein bezeichnendes Beispiel für die Ausblendung verübter Kriegserbrechen ist auch das Panzergrenadierregiment *Großdeutschland.* Die Reenactments beziehen sich zeitlich mehr oder weniger auf die Endkriegsphase, was gleichzeitig bedeutet, die im April 1941 in Pancevo verübten Kriegsverbrechen des Regiments vollständig auszuklammern. Vgl. dazu: Hamburger Institut für Sozialforschung (Hg.), Verbrechen der

Eine Art Trockenübung

Die zeitliche und räumliche Fixierung der WW-II-Gefechtsnachstellungen auf die letzte Kriegsphase ab Sommer 1944 hängt darüber hinaus damit zusammen, dass aufgrund der Entstehungsgeschichte des WW-II-Reenactments das Kriegsgeschehen vor allem aus britischer und amerikanischer Perspektive betrachtet wird. Das erklärt auch, warum die Landung der Westalliierten in der Normandie im Juni 1944 sowie die anschließenden Kämpfe in Frankreich immer noch am häufigsten dargestellt werden. Daraus folgt zudem, dass sich britische und amerikanische Reenactor in erster Linie mit Regimentern beschäftigen, die an genau diesen Kampfhandlungen teilgenommen haben – und zwar sowohl auf alliierter als auch auf deutscher Seite. Eine Aufstellung der ab dem 6. Juni 1944 während der *Operation Overlord* kämpfenden beziehungsweise an der »Invasionsfront« eingesetzten Verbände liest sich geradezu wie die Teilnehmerliste großer WW-II-Reenactments. Auf alliierter Seite handelte es sich dabei um die 1st US-Army, unter anderem mit der 82nd und der 101st Airborne Division, um die britische Second Army u. a. mit dem I., VII. und dem XXX. Korps sowie um kanadische, französische und polnische Truppen.[295] Ihnen standen auf deutscher Seite Infanterie- und Panzerdivisionen der Heeresgruppe B sowie mehrere SS-Panzerdivisionen, darunter die 1., 2., 9., 10., 12. und 17. sowie die Panzer-Lehr-Division gegenüber. Zu einer Vielzahl dieser Militäreinheiten existieren mittlerweile Reenactment-Gruppen, dabei fallen vorherige Kampfeinsätze der Verbände (beispielsweise an der Ostfront) gewissermaßen durch das (westalliierte) Wahrnehmungsraster der Beteiligten. Vor diesem Hintergrund wird zudem deutlich, warum die WW-II-Reenactments auf der War and Peace so ablaufen wie sie eben ablaufen. Jahr für Jahr wiederholt sich in verschiedensten Varianten das doch immer gleiche Spiel: Die Ausgangssituation sieht vor, dass nach der Landung am 6. Juni 1944 alliierte Soldaten in der Normandie vorrücken und sich in den Wochen bis Ende Juli heftige Kämpfe mit deutschen SS- und Wehrmachtseinheiten liefern. Da amphibische Landungsoperationen mit Luftunterstützung aufgrund der logistischen Komplexität ausgesprochen selten reenactet werden, beziehen sich die Gefechtsnachstellungen nicht auf

Wehrmacht. Dimensionen des Vernichtungskrieges 1941 bis 1944, Hamburg 2002, S. 536-549.

295 Als Überblick zur *Operation Overlord* vgl. John Keegan, Six Armies in Normandy. From D-Day to the Liberation of Paris, June 6 – Aug. 5, 1944, New York 1994; Peter Lieb, Unternehmen Overlord: Die Landung in der Normandie und die Befreiung Westeuropas, München 2014.

D-Day selbst, sondern auf das nachfolgende Vorrücken der Alliierten im Operationsgebiet beziehungsweise auf die Verteidigungskämpfe der alsbald in die Defensive geratenen deutschen Divisionen.[296]

Am 20. Juli 2014 spielten auf der War and Peace britische Reenactment-Gruppen eine solche Szenerie nach. Die dargestellte Situation zeige ein typisches Gefecht, wie es sich etwa vier bis sechs Wochen nach D-Day im Operationsgebiet zugetragen haben könnte – so erläuterte es jedenfalls der Kommentator. Nachdem die Zuschauer die historische Ausgangslage erklärt bekommen haben, fährt ein deutscher Militärkonvoi mit mehreren SS-Panzern und anderen Fahrzeugen durch die Arena, um sich – so sieht es das Skript vor – nach harten Kämpfen von der Front zurückzuziehen und eine bessere Gefechtsposition einzunehmen.[297] Bald darauf identifizieren britische Einheiten die mittlerweile eingenommenen deutschen Stellungen, greifen nach Eintreffen infanteristischer Unterstützung den zahlenmäßig überlegenen Feind an und sehen sich kurze Zeit später einem Gegenangriff ausgesetzt. Deutsche Panzer rücken vor und zeigen ihr taktisches Können. Die SS sei vor allem sehr beweglich und gerade deswegen so gefährlich gewesen, erfährt der Zuschauer, »they were extremly good in counterfighting«.[298] Mit Infanterie-Unterstützung können die SS-Panzerverbände zunächst Geländegewinne erzielen, und es entwickelt sich ein hitziges Gefecht, bevor sich dann das Blatt erneut wendet. Nachdem zwei deutsche Panzer kampfunfähig geschossen wurden, gewinnen britische Verbände die Initiative zurück und zwingen den Feind zum Rückzug. Auf beiden Seiten gibt es einige wenige Tote. Gleichzeitig demonstrieren die Reenactor in dieser Phase des Kampfes die für den Zweiten Weltkrieg typischen Panzergefechte mit Infanterie-Unterstützung. Nach dem Beschuss ergeben sich dann einige SS-Männer, verlassen mit erhobenen Händen ihre Fahrzeuge und müssen sich auf Befehl britischer Soldaten hinknien, bevor sie als Kriegsgefangene hinter die Hauptkampflinie verbracht werden. Alsbald erreichen britische Sanitätsfahrzeuge das Schlachtfeld und bergen erste Verwundete.

Das Wieder-Aufführen typisierter (und nicht historisch konkreter) Gefechtssituationen hat den Vorteil, dass das Ende der ganzen Angelegenheit nicht von vornherein feststeht. Das macht die Sache für Reenactor und Zuschauer abwechslungsreicher, denn nicht immer können die alliierten Truppen wie in diesem Fall den Sieg erringen. Am 28. Juli 2018 beispielsweise wird dem Besucher der War and Peace ein ganz ähnliches

296 Im Juni 1994 zum 50. Jahrestag fand nahe der Militärbasis in Fort Story/Virginia Beach ein solches D-Day-Reenactment statt. Vgl. Thompson, War Games, S. 97.
297 Vgl. Kommentar während des Reenactments (Privatmitschnitt).
298 Ebd.

Abb. 28: Deutsch-britisches Gefecht auf der War and Peace Show am 28. Juli 2018

Szenario geboten, wenn auch mit etwas anderer Choreographie und abweichendem Gefechtsverlauf. Den Auftakt macht erneut der nahezu identische deutsche SS-Panzerkonvoi, der in die Arena einfährt und im hinteren Teil des Geländes Stellung bezieht. Unmittelbar vor den Zuschauern formiert sich daraufhin die etwa vierzig Soldaten umfassende britische Infanterie, die alsbald von den deutschen Truppen angegriffen wird.

Einige Zeit ist der Feind im Gelände kaum auszumachen, kämpft sich aber kontinuierlich vor und erreicht schließlich die britischen Stellungen bis auf fünfzig Meter. Die Briten feuern aus allem, was ihnen zur Verfügung steht, denn es ist unverkennbar, dass ihnen die deutschen SS-Einheiten heute überlegen sind. Die Verluste auf britischer Seite sind trotz dieser Drucksituation erstaunlich marginal. Und schon naht das absehbare Ende: Die britischen Soldaten müssen sich der deutschen Übermacht geschlagen geben und signalisieren mit erhobenen Händen dem reichlich mürrisch wirkenden Feind, dass sie sich ergeben wollen. Mit ihrer Entwaffnung endet das gesamte Spiel, die Reenactor sichern ihre Waffen und nehmen den Applaus des Publikums entgegen. Wieder haben die Zuschauer einen fairen, einen »sauberen« militärischen Kampf gesehen, bei dem es eigentlich keinen Unterschied machte, ob hier Wehrmachts-, SS- oder alliierte Truppen zum Einsatz kommen. Auch die Bilanz lässt sich sehen: kaum Tote, keine Erschießungen, geringfügiger Materialverlust. So macht Krieg richtig Spaß.

Viele Hobbysoldaten, die aktuell den Zweiten Weltkrieg nachspielen, haben zuvor andere Kriege reenactet. In den USA ist das in der Regel der Amerikanische Bürgerkrieg, in Großbritannien zumeist der Great War. Obgleich sich das WW-II-Reenactment in beiden Ländern bereits seit den 1970er Jahren entwickelt hat, machen die meisten WW-II-Reenactor zunächst in anderen Zusammenhängen ihre ersten Erfahrungen und wechseln erst nach einiger Zeit zum Zweiten Weltkrieg.[299] Mit wachsendem zeitlichen Abstand werden auch andere Kriege des 20. Jahrhunderts für Darsteller attraktiv, Hobbysoldaten in den USA beginnen manchmal bereits im Jugendalter mit dem Civil War, wechseln dann auf die Schlachtfelder des Ersten Weltkrieges, suchen später beim D-Day oder beim *Battle of the Bulge* neue Herausforderungen und landen schließlich beim Vietnamkrieg, der bisher allerdings noch nicht in dem Maße wie die anderen Militärkonflikte zum historischen Bezugsereignis für Schlachtennachstellungen geworden ist. Auf der War and Peace gibt es dazu allerdings bereits seit vielen Jahren regelmäßig Displays und Reenactments. Benannt nach der zwischen 1965 und 1968 durchgeführten Luftoffensive US-amerikanischer und südvietnamesischer Streitkräfte ist *Rolling Thunder* vermutlich die größte britische Reenactment-Gruppe, die sich auf den Krieg in Vietnam spezialisiert hat. Die in den 1990er Jahren zunächst als Freundeskreis entstandene und 2002 offiziell gegründete Gruppe besitzt mehr als zwanzig historische Militärfahrzeuge, »from the small MUTT (Jeep) up to the larger Armored Gun Trucks and Cargo Trucks as well as a 155mm Howitzer Artillery Gun«, weiterhin auch einen *Bell UH-1E*-Mehrzweckhubschrauber, wie ihn das *US Marine Corps* unter dem Namen *Huey* in Vietnam nutzte.[300] Die Reenactor zeigen

> a very comprehensive picture of US Army Infantry camps, Marine Corps patrols, Artillery emplacements, Special Forces and Airborne units, and not forgetting our Australian and New Zealand military unit Displays and our newly created French Indochina section.[301]

Der beindruckend große Fuhrpark mit vollständiger Bewaffnung und umfangreicher Ausstattung sowie das über viele Jahre angesammelte Wissen über den Krieg in Vietnam macht *Rolling Thunder* sicherlich zu

299 Vgl. dazu diverse Beispiele bei: Thompson, War Games, S. 37 ff.

300 Vgl. zum *Huey* und zu dem entsprechenden Display die Selbstbeschreibung der Gruppe *MAG 36-UK*, http://mag36-uk.org (Zugriff: 5.8.2018).

301 Vgl. die Selbstdarstellung der Gruppe *Rolling Thunder*, http://www.rolling-thunder.org.uk/HISTORY.htm_(Zugriff: 5.8.2018).

einer der professionellsten Reenactment-Gruppen in Europa.[302] Ihr Anspruch ist es nicht nur, »to keep alive the memory of the 50,000 plus American lives and the countless lives of its allies and of the Vietnamese and the French lives lost during the two Vietnam conflicts«, zudem wollen die Reenactor sowohl die amerikanischen Soldaten während ihres Kampfeinsatzes in Südostasien als auch deren nordvietnamesische Gegner darstellen. Mittlerweile verfügt die Gruppe über eine Sammlung »of rarely seen equipment and weaponry of the North Vietnamese Army and Viet Cong Forces«.[303] Im Detail sichtbar wird dieses Equipment bisher allerdings nicht. Im Reenactment bleibt es weitgehend dabei, dass die Perspektive und der Kampfeinsatz der US-Soldaten im Vordergrund stehen, während der Vietcong allenfalls durch einige wenige Darsteller repräsentiert wird und nahezu unsichtbar »in the bushes« agiert. Das ist historisch nicht falsch, spiegelt aber gleichwohl die amerikanische Wahrnehmung wider. Das Ausgangsszenario des Reenactments am 27. Juli 2018 auf der War and Peace sieht vor, dass ein amerikanischer Militärkonvoi den im hügeligen Terrain versteckten Vietcong sichtet, das Feuer eröffnet und sich anschließend in heftige Kämpfe verwickelt, bei denen die GIs in kleinen Trupps oder als Einzelkämpfer den Feind unter Dauerbeschuss nehmen und festzusetzen versuchen. Unterstützt werden die Soldaten durch Transportpanzer in Form von zwei M113 mit mobilem Gefechtsstand. Alsbald wird mit grün und rot eingefärbten Rauchschwaden der Einsatz chemischer Waffen simuliert, die dafür notwendige Luftunterstützung muss sich der Zuschauer allerdings selbst imaginieren.

302 *Rolling Thunder* kooperiert regelmäßig mit anderen Reenactment-Gruppen, vor allem mit der *American Infantry Preservation Society* (AIPS), die einen leicht gepanzerten Mannschaftstransporter M113 (ACAV) mit mobilem Gefechtsstand besitzt, der während der Darbietung auf der War and Peace 2018 auch zum Einsatz kam. Vgl. zur AIPS: https://www.facebook.com/groups/125335778808O723/ (Zugriff: 5.8.2018). Andere Reenactment-Gruppen zum Vietnamkrieg seien hier zumindest erwähnt: *No Slack VLHG* stellt das zweite Bataillon der 327th Infantry der 101st Airborne Division dar, http://www.101st-noslack-327th.co.uk (Zugriff: 5.8.2018); weiterhin die *Wolfhounds*, eine US-amerikanische Gruppe zur Charlie Company des ersten Bataillons des 27th Infantry Regiment in der 25th Infantry Division, https://www.facebook.com/pg/Wolfhounds-Living-History-Group-287025914677486/about/?ref=page_internal (Zugriff: 5.8.2018); in Belgien gibt es die entsprechende Truppe zur exakt gleichen Kompanie, vgl. http://users.telenet.be/wolfhounds/27th_infantry_regiment.htm (Zugriff: 5.8.2018); einen Überblick über Vietnam-Reenactment-Gruppen in Europa und in den USA findet man hier: http://www.reenactor.net/index.php?page=111 (Zugriff: 5.8.2018). Auch in Deutschland gibt es entsprechende, wenn auch bisher eher übersichtliche Aktivitäten, vgl. beispielsweise http://vietnam-reenactment.de (Zugriff: 5.8.2018).

303 Vgl. die Selbstdarstellung der Gruppe *Rolling Thunder*, http://www.rolling-thunder.org.uk/HISTORY.htm (Zugriff: 5.8.2018).

Kurz darauf ist der Feind unschädlich gemacht, und das nicht einmal dreißig Minuten dauernde Spektakel findet sein vorhersehbares Ende.

Das Reenactment zeigt also keine konkrete Schlacht, wie sie sich während des Vietnamkrieges tatsächlich zugetragen hat, sondern zielt darauf (ähnlich wie zur Normandie 1944), eine nach Einschätzung der Beteiligten typische Kampfhandlung zu präsentieren. Dass es hierfür eigentlich notwendig, wenn nicht sogar unabdingbar wäre, einen schonungslosen Guerillakrieg im vietnamesischen Dschungel nachzustellen, stellt die Veranstalter im Süden Englands schon rein landschaftlich vor unlösbare Probleme. Darüber hinaus wird die Kriegführung in Vietnam zu einer nur schwer darstellbaren Herausforderung, denn dieser Konflikt war in erster Linie geprägt durch Flächenbombardements, Boden-Luft-Raketen, Guerillakampf und *Agent Orange*. Das Reenactment versucht gleichwohl dieser komplexen Kampfsituation gerecht zu werden, indem die amerikanische Kampfstrategie *Search and Destroy* in ihren Grundelementen nachvollzogen wird. Bei dieser Vorgehensweise ging es in Vietnam wie auch später in anderen Konflikten, in denen es im klassischen Sinne keine Fronten mehr gab, weniger darum, ein bestimmtes Gebiet einzunehmen oder es militärisch zu kontrollieren, sondern erklärtes Ziel der US-Army war es, den Feind zunächst mit Bodentruppen zu lokalisieren und ihn dann durch Bombardements gänzlich zu vernichten. Dafür durchkämmten kleine luftbewegliche Einheiten ein definiertes Terrain, stöberten den Vietcong auf und hielten ihn so lange im Gefecht, bis die angeforderte Luftunterstützung eintraf und das Gebiet bombardierte. Der Einsatz chemischer Waffen war elementarer Bestandteil dieser exzessiv angewandten Kampfstrategie. Ihr Erfolg wurde in Form von *Body Counts* gemessen.

Obgleich sich auch in diesem Fall die Grenzen der Darstellbarkeit hochtechnisierter Kriege offenbaren, zeigen sich zugleich auch die realistischen Möglichkeiten von Reenactments. Die Zuschauer erfahren zweifellos einiges über den Kampfeinsatz US-amerikanischer Soldaten in Vietnam und können auch an der Art der Präsentation durchaus nachvollziehen, wie zum Beispiel *Search and Destroy* funktionierte. Allerdings benötigen die meisten dafür fachliche Erläuterungen oder bringen ein entsprechendes Vorwissen bereits mit. Gleichzeitig bildet das Kriegsspiel nicht im Entferntesten das ab, was sich zwischen 1955 und 1975 in Vietnam ereignet hat. Auch hier bleiben verbrecherische Kriegshandlungen weitgehend ausgespart. Die Reenactments wirken in ihrem schematischen Ablauf eher wie Militärübungen, bei denen Soldaten bestimmte Konfliktszenarien, Kampftechniken und Gefechtsabläufe erlernen und ausprobieren. Ein Übungsmanöver dient ja einerseits dazu, theoretisches

Wissen in der Praxis zu erproben, bleibt aber doch andererseits ja immer ein letztlich idealtypisches Unterfangen, da die situative Dramatik des Ernstfalls immer nur begrenzt simuliert werden kann. Beim Reenactment ist das durchaus ähnlich: Im Spielablauf sind die Darsteller zumeist darauf fixiert, das Gefecht nach ihren Maßstäben und nach den Vorgaben der Spielleitung historisch korrekt, technisch versiert und in sich stimmig durchzuführen. Darin drückt sich für sie nicht nur ihre Professionalität aus, sondern in einem guten Spiel realisiert sich für sie das, was sie als authentisch empfinden. Dass in diesem Kontext mit Authentizität alles Mögliche gemeint sein kann, darauf wird an späterer Stelle noch zurückzukommen sein, hier ist zunächst einmal entscheidender, das als Reenactment in Szene gesetzte Verhältnis von Vergangenheit und Gegenwart als ein individuelles Erlebnis zu verstehen. Reenactor bilden die Vergangenheit nicht ab oder lassen diese wieder lebendig werden, auch wenn sie das immer wieder behaupten, sondern sie imaginieren und inszenieren einen Handlungsrahmen, den sie zwar als *authentisch* bezeichnen, der ihnen aber in erster Linie dazu dient, dass ihre Vorstellung von dem historischen Bezugsereignis nun Teil ihres gegenwärtigen Erlebens wird. Reenactment wird oft als *Geschichtstheater* beschrieben, was in seiner Metaphorik hier noch zu diskutieren bleibt,[304] Reenactment ist aber vor allem eine der wohl umstrittensten und zugleich doch offenbar reizvollen Formen erlebnisbasierter Geschichtsaneignung.

304 Vgl. das Kapitel »Ist das Erinnerung?«. Zum Begriff »Geschichtstheater« vgl. Hochbruck, Geschichtstheater, S. 24-31.

II. Lost in the Moment – Die Vergegenwärtigung historischer Ereignisse im Reenactment

Abb. 29: Gustav Krupp von Bohlen und Halbach auf der Hundertjahrfeier der Firma Krupp, 1912

Geschichte als Erlebnis

Die im Juli 1961 veranstaltete Nachstellung zum *First Battle of Bull Run* gilt gemeinhin als die Geburtsstunde des modernen Reenactments. Mehr als 2000 Darsteller reisten zum 100. Jahrestag einer der ersten großen Gefechte des Amerikanischen Bürgerkrieges nach Manassas in Virginia. Insgesamt mehr als 100.000 Zuschauer wollten sich das neunzig Minuten währende Spektakel trotz unerträglicher Hitze und miserabler Veranstaltungsorganisation nicht entgehen lassen. Obgleich zu dieser Zeit von Seiten amerikanischer Historiker wie auch von der *Federal Civil War Centennial Commission* äußerst kritisch auf das Wieder-Aufführen des *Civil War* reagiert wurde und die fehlenden Sicherheitsvorkehrungen zu zahlreichen Zwischenfällen führten, setzte sich diese Art der Geschichtsaneignung in den nächsten Jahren und Jahrzehnten landesweit durch.

1997, zum 135. Jahrestag des *Battle of Antietam*, kamen schon mehr als 15.000 Darsteller nach Maryland. Reenactment stellt seither eine in den USA etablierte, wenn auch weiterhin nicht unumstrittene Form der Geschichtsaneignung dar. Jedes Jahr strömen Zehntausende nach Gettysburg und Chancellorsville, aber auch am Little Big Horn und in Lexington wird amerikanische Geschichte nachgespielt. Manche Gruppen, Vereine und Organisationen haben zwar chronische Finanzierungsschwierigkeiten, Nachwuchsprobleme haben sie indes nicht. Auch in Großbritannien erfreuen sich Reenactments zu allen nur erdenklichen historischen Ereignissen großer Beliebtheit, während im restlichen Europa erst seit den 1990er Jahren die Popularität des darstellenden Spiels wächst, vor allem in Osteuropa mit bemerkenswerten, wenn auch bisher kaum zahlenmäßig fassbaren Zuwachsraten. Diese Dynamik ist in mancherlei Hinsicht erklärungsbedürftig: Was macht Reenactment über Altersgrenzen und soziale Schichten hinweg so attraktiv? Was reizt die Darsteller daran, ihre Wochenenden und Ferien damit zu verbringen, in stinkenden Uniformen durch Wälder zu marschieren oder durch Matsch zu kriechen, bei Regen oder Hitze in muffigen Zelten zu übernachten, sehr viel Geld und Zeit in ein Hobby zu investieren, das von ihrem sozialen Umfeld eher skeptisch beäugt, von manchen sogar als revisionistisch abgelehnt wird? Darsteller und Organisatoren beschreiben ihr Anliegen immer wieder dahingehend, dass es ihnen darum gehe, die jeweilige Geschichte durch Reenactment lebendig zu halten, über das historische Bezugsereignis besser zu informieren und aufzuklären, als es durch Geschichtsbücher geschehe, und dass sie den damaligen Soldaten für ihren Einsatz danken und ihr Andenken ehren wollen. So oder ähnlich formulieren es fast alle Reenactmen-Gruppen, so oder ähnlich antworten auch die meisten Darsteller, wenn sie nach ihren Motiven gefragt werden.[1] Aber erklärt das die Popularität? Oder wird mit der Indienstnahme von Geschichtsaufklärung, Wissensvermittlung und Gefallenengedenken nur etwas legitimiert, worum es dem Einzelnen dann doch nicht oder zumindest nicht in erster Linie geht? Was haben die Darsteller davon, wenn sie den Ersten Weltkrieg, den Korea- oder den Vietnamkrieg nachstellen und sich auf diese Art und Weise mit Vergangenem beschäftigen? Reenactment trägt ein Versprechen in sich, das vor allem darum kreist, dass es in Gettysburg, Waterloo und in Verdun auch Jahrzehnte nach den historischen Schlachten noch etwas zu erleben gibt,

1 Vgl. zum Beispiel: Dennis Hall, Civil War Reenactors and the Postmodern Sense of History, in: Journal of American Culture 17 (1994), Heft 3, S. 7-11; ebenso: Hochbruck, Geschichtstheater, S. 92-97.

denn das nachahmende Spiel zielt darauf, Geschichte nicht intellektuell-kognitiv zu erfassen, wie es ansonsten in unseren westlich-europäischen Geschichtskulturen üblicherweise geschieht, sondern es körperlich-emotional zu erleben. Aber um welche Art von Erlebnis handelt es sich dabei? Und ist Reenactment tatsächlich eine neue Form der Geschichtsaneignung?

Der Erlebnisbegriff dient in der Forschung über Fachgrenzen hinweg dazu, die jeweils gegenwärtige kollektive wie auch individuelle Bezugnahme auf vergangene Geschehnisse, deren öffentliche Inszenierung oder – wie heute wohl die meisten sagen würden – die kollektive Erinnerung an als bedeutsam wahrgenommene Vergangenheiten zu beschreiben. *Erlebnis* und *Erfahrung* sind analytische Schlüsselbegriffe, wenn es darum geht, Aneignungen von Geschichten und Geschichte nachzuvollziehen. *Erleben* meint dabei zunächst einmal, sich in einer bestimmten Situation, in einem historischen Geschehen oder aber auch in einer bestimmten Lebensphase zu befinden. Der Einzelne bewältigt seinen Lebensalltag unter spezifischen Bedingungen, denen er unmittelbar ausgeliefert ist und die er sinnlich und kognitiv wahrnimmt. Während Erleben also eher etwas zeitlich Fortschreitendes beschreibt, erweist sich der Erlebnisbegriff als akzentuierter.[2] Dabei geht es um einen herausgehobenen Moment, um die Begegnung von Innen und Außen mit dem gesamten Spektrum des psychischen und physischen Reagierens. Durch seine Ereignisbezogenheit ist mit dem Begriff *Erlebnis* mehr gemeint, als nur zu existieren. Beim Erlebnis schwingt etwas Unmittelbares mit, etwas Wirkliches scheint erfasst zu werden. Das Erlebte ist meistens das Selbsterlebte und wenn es zudem nachdrücklich und außergewöhnlich war, kann es sich zum Erlebnis verdichten.[3] Ein Erlebnis lässt anderes manchmal trivial erscheinen, es steht für das Besondere und das Außergewöhnliche, das den Einzelnen erfasst, ihn in seinen Bann zieht, ihn erschüttert, beflügelt oder mitreißt. Erleben findet ganz im Hier und Jetzt statt. Das Erlebnis ist pointiertes Leben, das aus der Gleichförmigkeit alltäglicher Existenz herausragt. Georg Simmel beschrieb es deswegen auch als eine Art Abenteuer. Max Weber sah im Erlebnis ein affektiv geprägtes Geschehen, dem

2 Vgl. Manfred Hettling, Erlebnisraum und Ritual. Die Geschichte des 18. März 1848 im Jahrhundert bis 1948, in: Historische Anthropologie 5 (1997), Heft 3, S. 417-434, dort zurückgreifend auf: Hans-Georg Gadamer, Wahrheit und Methode, 4. Auflage, Tübingen 1975, S. 56-77; Karol Sauerland, Diltheys Erlebnisbegriff. Entstehung, Glanzzeit und Verkümmerung eines literaturhistorischen Begriffs, Berlin 1972. Bei Hettling auch der Hinweis auf: Georg Simmel, Das Abenteuer, in: ders., Philosophische Kultur, 3. Auflage, Potsdam 1923, S. 13-30.

3 Vgl. Hettling, Erlebnisraum, S. 424.

eine besondere Bedeutung für die Formung des Individuums zukomme. Es ermögliche dem Einzelnen eine Wahrnehmung seines Selbst als Subjekt, insofern ist es ebenso unmittelbar wie individuell.[4]

Obgleich in dieser Zuschreibung bereits eine Deutung des Erlebten aufscheint, macht es Sinn, an einer gewissen Unmittelbarkeit des Erlebens festzuhalten und sie von einer späteren Verarbeitung zu unterscheiden. Denn – und hier beginnt die Differenz zum Erfahrungsbegriff – Erleben bedeutet nicht, sich das Ereignis anzueignen, es zu deuten oder zu sortieren. Es bedeutet nicht, das Geschehene zu bewerten, zu interpretieren und zu abstrahieren. Erst wenn sich der Einzelne seine Erlebnisse einverleibt und sie in seinen biographischen Haushalt integriert, wird aus den einzelnen Erlebnissen das, was man gemeinhin Erfahrungen nennt.[5] Menschen machen Erfahrungen, indem sie aus ihren Erlebnissen bestimmte Schlussfolgerungen ziehen, Gewohnheiten ableiten und zu begründen versuchen, warum sich ihre Erwartungen so und nicht anders darstellen. Sie berufen sich auf ihr Erfahrungsreservoir, wenn sie gewisse Handlungen in ihren Wirkungen und Folgen einschätzen, Regeln und Regelmäßigkeiten ausbilden und Prognosen für die Zukunft entwerfen. Nach David Hume induzieren die Regularitäten von Erfahrungen in uns gewisse Gewohnheiten, die uns eine Fortexistenz des Bisherigen erwarten lassen.[6] Erfahrungen sind damit zentrale Faktoren unseres Kontinuitätsempfindens und somit Rohstoff lebensweltlicher wie auch historischer Sinnstiftungen. Sie beruhen auf empirischen Grundlagen, die zwar nicht exakt gemessen und ausgewertet werden wie in einem naturwissenschaftlichen Experiment, denen aber als gesättigtes

4 Vgl. Nikolaus Müller-Schöll (Hg.), Ereignis. Eine fundamentale Kategorie der Zeiterfahrung. Anspruch und Aporien, Bielefeld 2003; Manfred Hettling, Das Unbehagen in der Erkenntnis. Max Weber und das »Erlebnis«, in: Simmel Newsletter 7 (1997), S. 49-65.

5 Zum Erfahrungsbegriff hier nur eine Auswahl: Ronald D. Laing, Phänomenologie der Erfahrung, 2. Auflage, Frankfurt a. M. 1969; Friedrich Kambartel, Erfahrung, in: Historisches Wörterbuch der Philosophie, Bd. 2, Basel 1972, Sp. 609-617; Reinhart Koselleck, Erfahrungswandel und Methodenwechsel. Eine historisch-anthropologische Skizze [1988], in: ders., Zeitschichten. Studien zur Historik, Frankfurt a. M. 2000, S. 27-77; Peter Alheit/Erika M. Hoerning, Biographie und Erfahrung: Eine Einleitung, in: dies. (Hg.), Biographisches Wissen. Beiträge zu einer Theorie lebensgeschichtlicher Erfahrungen, Frankfurt a. M. 1989, S. 8-23; Erika M. Hoerning, Erfahrungen als biographische Ressourcen, in: dies. (Hg.), Biographisches Wissen, S. 148-163; Wilfried R. Bion, Lernen durch Erfahrung, Frankfurt a. M. 1992; Marguérite Bos/Bettina Vincenz/Tanja Wirz (Hg.), Erfahrung – alles nur Diskurs? Zur Verwendung des Erfahrungsbegriffes in der Geschlechtergeschichte, Zürich 2004.

6 Vgl. Kambartel, Erfahrung, Sp. 614.

Gefühl eine gewisse lebensgeschichtliche Evidenz zuwächst. Dabei geht es sowohl um selbst erworbenes als auch um tradiertes Erfahrungswissen, das den Menschen zur empirischen Erkenntnis befähigt.[7] Wahrnehmen, Erfahren, Urteilen – so hat Immanuel Kant den Erfahrungsbegriff kategorisiert und damit seine zentrale Bedeutung für unsere Erkenntnisfähigkeit unterstrichen. Menschen orientieren ihr Handeln nach ihren bisherigen Erfahrungen, nach ihrer Erkenntnis über sich selbst und über ihre Lebenswelt. Einen Sinn erhalten Erlebnisse also

> erst in reflexiven, nachträglichen Bewusstseinsleistungen. Solange ich in meinen Erlebnissen befangen bin, sind es die Gegenstände, auf welche die Erlebnisse hinzielen, die mich beschäftigen. Erst wenn ich wohlumschriebene Erlebnisse, also Erfahrungen, über ihre Aktualität hinaus reflexiv erfasse, werden sie erinnerungsfähig, auf ihre Konstitution hin befragbar, sinnvoll.[8]

Erfahrung ist daher primär eine sowohl individuelle wie auch kollektive Verarbeitungskategorie, mit der die Transformation vom Erlebnis zur Sinnstiftung begrifflich erfasst wird.

Reenactment mit und ohne Gemeinschaftsbildung

Der Ethnologe Marcus Merkel hat den Begriff *Erlebnisgemeinschaft* für die Moderne als flüchtigen und somit zeitweiligen Verständigungsprozess definiert, der sich in spezifischen Praktiken niederschlage und durch Rhetoriken der Beständigkeit über das gemeinsame Erlebnis hinausweisen kann.[9] Jede Gemeinschaft – so sein Resümee – muss erlebt, expliziert und proklamiert werden, damit sie empfunden und – wie zu ergänzen wäre – tradiert werden kann. Das gemeinschaftliche Erlebnis dient in diesem Zusammenhang dazu, dass sich der Einzelne als Teil einer dort ebenso imaginierten wie sich real konstituierenden Gemeinschaft fühlt, im 19. und 20. Jahrhundert bezog sich diese Integrationsleistung in erster Linie auf die Nation, manchmal auch auf regionale und konfessionelle Zugehörigkeiten. Wenn das gegenwärtige Wieder-Aufführen

7 Vgl. Immanuel Kant, Kritik der reinen Vernunft (1787), in: ders., Werke, Bd. III, Berlin 1913, S. 166 ff.

8 Alfred Schütz/Thomas Luckmann, Strukturen der Lebenswelt, 2 Bde., Frankfurt a. M. 1979, hier: Bd. 2, S. 13.

9 Vgl. Marcus Merkel, Erlebnisgemeinschaften. Über die Inszenierung von Gemeinschaft seit Beginn der europäischen Moderne, Berlin 2014. Dazu auch: Gerhard Schulze, Die Erlebnisgesellschaft: Kultursoziologie der Gegenwart, Frankfurt a. M. 1992.

von Krieg auch eine Aneignungsform darstellt, die erst seit den 1960er Jahren in Europa und den USA breitere Bevölkerungsschichten anspricht, haben wir es dabei dennoch mit einer an unsere heutige Geschichtskultur angepassten Vergemeinschaftungsform zu tun, wie sie sich seit dem 18. Jahrhundert in Fortführung *von* wie auch Abgrenzung *zu* vormodernen Inszenierungen überall in Westeuropa herausgebildet hat?

Die europäischen Aufklärer sahen vor allem das Fest wie auch das Theater als *die* zentralen Formen kollektiver Vergemeinschaftung an.[10] Wenn es über die Tauglichkeit dieser beiden Einrichtungen, man lese nur Jean-Jacques Rousseaus Plädoyer gegen ein ständiges Theater in Genf, auch durchaus heftige Kontroversen gab, galten öffentliche Feste und im Sinne der Aufklärung arrangierte Theateraufführungen als Orte der bürgerlichen Bildung, die zugleich dazu dienen sollten, Partizipation und Zustimmung für den aufgeklärten Staat zu organisieren. Es ging also um explizit politische Feste, wie sie in Frankreich in Zuge der Revolutionsfeiern entstanden waren und sich in ganz Westeuropa ausbreiteten. Darüber hinaus galten auch solche theatralischen Formen als sinnstiftend, die geeignet waren, emotionale Bindungen an den Staat durch das Erleben von Gemeinschaft herzustellen. Das gesamte 19. Jahrhundert war durch diese Art der zeremoniellen Sinnstiftung geprägt. Will man verstehen, wie die heutigen Formen des Reenactments zu diesen ja ebenfalls erlebnisorientierten Traditionen in Beziehung stehen, sind drei Formen – vor allem solche mit historischen Bezugsereignissen – näher zu betrachten: zum einen das historische Fest, zum zweiten die vor allem zu Jahrestagen und Jubiläen inszenierten Festspiele wie auch »tableau vivants«, die sogenannten »lebenden Bilder«.

Während in der militärischen Gedenkkultur des 19. Jahrhunderts in Westeuropa die Errichtung von Denkmälern für die gefallenen Soldaten und Offiziere der Freiheitskriege im Zentrum standen und sich darüber hinaus eine – politisch durchaus zwischen nationalen und monarchischen Traditionen changierende und vor allem in den ehemaligen Rheinbundstaaten durchaus vielschichtige – Veteranenkultur ausbildete, stand in der bürgerlichen Öffentlichkeit das politische Fest in seiner spezifischen Gestalt als Erinnerungs- und Gedenkzeremonie im Mittelpunkt.

10 Zur politischen Festkultur sei hier grundlegend verwiesen auf: Michael Maurer, Feste und Feiern als historischer Forschungsgegenstand, in: Historische Zeitschrift 253 (1991), S. 101-130; Manfred Hettling/Paul Nolte (Hg.), Bürgerliche Feste. Symbolische Formen politischen Handelns im 19. Jahrhundert, Göttingen 1993; Ute Schneider, Politische Festkultur. Die Rheinprovinz von der französischen Zeit bis zum Ende des Ersten Weltkrieges (1806-1918), Essen 1995; Frank Britsche, Historische Feiern im 19. Jahrhundert. Eine Studie zur Geschichtskultur Leipzigs, Leipzig 2016.

In Großgörschen beispielsweise reichten diese Zusammenkünfte neben dem religiösen Gefallenengedenken und der traditionellen Veteranenbewirtung zwar kaum über die regionale Vergewisserung des dort vor Ort Geschehenen hinaus und standen stets im Schatten der schon zeitgenössisch als historische Zäsuren wahrgenommenen Schlachten in Leipzig und Waterloo, die Freiheitskriege *insgesamt* fungierten aber europaweit und mit durchaus vielfältigen politischen Stoßrichtungen durchaus als historische Bezugsereignisse der sich allmählich etablierenden politischen Festkultur.[11] So bezog sich das Wartburgfest am 18. Oktober 1817 ja nicht nur auf den 300. Jahrestag der Reformation, sondern an ihrem 4. Jahrestag eben auch auf die *Völkerschlacht bei Leipzig*, verbunden mit der zeitgenössischen Forderung nach einer freiheitlich-demokratischen Verfassung und einem gemeinsamen deutschen Staat. Thomas Nipperdey hat das gegen fürstlich-feudale Willkür gerichtete und auf den antinapoleonischen Freiheitskampf rekurrierende Wartburgfest daher salopp als die Geburtsstunde des politischen Protests in Deutschland, als die erste große »Demo« gegen etablierte Herrschaftsordnungen bezeichnet.[12] Das säkulare Fest erwies sich offenbar als eine geeignete Form der politischen Formierung und umfasste verschiedene Elemente: Neben den Festreden und einer vielfältigen Symbolisierung gesellschaftlicher Selbstdeutungen (z. B. Freiheitsbäume, Fahnen, Obelisken) waren es vor allem die Festumzüge, die Freudenfeuer wie auch das eigens komponierte Liedgut, die das artikulierte Selbstverständnis als bürgerliche Gemeinschaft zum emotionalen Erlebnis werden ließen. Aber selbst wenn ein solches politisches Fest einen Vergangenheitsbezug aufwies (wie zum Beispiel auf der Wartburg), so ging es jedoch nicht darum, das historische Ereignis als Ritual oder Spiel zu rekonstruieren oder in irgendeiner Weise nachzuempfinden. Erlebt wurde in erster Linie das politische Fest als Fest, nicht als Re-Inszenierung eines historischen Bezugsereignisses.

11 Vgl. zeitgenössisch: Karl Hoffmann, Des teutschen Volkes feuriger Dank- und Ehrentempel oder Beschreibung wie das aus zwanzigjähriger französischer Sklaverei durch Fürsten-Eintracht und Volkskraft gerettete Teutsche Volk die Tage der entscheidenen Völker- und Rettungsschlacht bei Leipzig am 18. und 19. Oktober 1814. zum erstenmale gefeirt hat –, Offenbach 1815; ebenso: Caroline Klausing/Verena von Wiczlinski (Hg.), Die Napoleonischen Kriege in der europäischen Erinnerung, Bielefeld 2017; Marina Dmitrieva/Lars Karl (Hg.), Das Jahr 1813, Ostmitteleuropa und Leipzig. Die Völkerschlacht als (trans-)nationaler Erinnerungsort, Köln 2016; Karen Hagemann, Revisiting Prussia's Wars against Napoleon: history, culture and memory, New York 2015.

12 Vgl. Thomas Nipperdey, Rede zum Wartburgtreffen 1990, in: Ulrich Zwiener (Hg.), Ein demokratisches Deutschland für Europa. Wartburgtreffen 1990, Jena 1990, S. 48-58, hier S. 49.

Das war beispielsweise bei den Ende des 19. Jahrhunderts in Großbritannien aufkommenden *Pageants* schon etwas anders. Als Pageants bezeichnete man säkulare Festumzüge, die in ihrer Ausgestaltung eher historischen Festspielen glichen, und die vor allem darauf zielten, angesichts steigender Mobilität und rasanter Modernisierung regionale Identitäten und Zugehörigkeiten herzustellen und zu bewahren.[13] Ihre Intention war es, die jeweilige lokale Gesellschaft zeitlich wie räumlich in der Geschichte zu verorten, sich auf ein »wie wir wurden« zu verständigen.[14] Dabei lag das Besondere darin, dass die gesamte Aufführung historisch als bedeutsam geltender Bezugsereignisse – sei es als Festumzug oder als Schauspiel – von ortsansässigen Laien geplant, finanziert und vorgeführt wurde. Das *Oxford Historical Pageant* beispielsweise inszenierte im Juni 1907 in fünfzehn aufwendig ausstaffierten, den Zeitraum zwischen 727 und 1785 umfassenden Episoden das Verhältnis von Universitäts- und Stadtgeschichte.[15] Dabei ging es – wie bei den meisten Pageants unter der Regentschaft Edwards VII. – in erster Linie darum, die städtische Gesellschaft und die universitäre Tradition im Wandel der Zeit und angesichts sozialer Verwerfungen als Stabilitätsgaranten herauszustellen. Die Zuschauer sahen eine mit prächtigen Kostümen und 300 Pferden dargebotene Aufführung von etwa 3500 Laiendarstellern – und damit gehörte das *Oxford Historical Pageant* damals zu den eher kleineren Spektakeln.

Mit der aufwendigen Kostümierung und der theatralen Inszenierung ähnelten die britischen *Pageants* den vor allem zwischen 1880 und 1905 in der Schweiz verbreiteten historischen Festspielen. Im Juli 1892 zelebrierten beispielsweise etwa 2000 Darsteller, Sänger und Musiker in Basel den 500. Jahrestag der politischen Vereinigung der rechts- und linksrheinischen Stadtteile. Mehr als 20.000 begeisterte Zuschauer sahen ein mehr-

13 Einführend vgl. Hochbruck, Geschichtstheater, S. 81-86; ausführlich: Anthony Parker, Pageants: their Presentation and Production, London 1954; David Glassberg, American Historical Pageantry. The Uses of Tradition in the Early Twentieth Century, Chapel Hill 1990; Tom Hulme, »A nation of town criers«: civic publicity and historical pageantry in inter-war Britain, in: Urban History 44 (2016), Heft 2, S. 270-292.

14 Peter von Matt, Die ästhetische Identität des Festspiels, in: Balz Engler/Georg Kreis (Hg.), Das Festspiel: Formen, Funktionen, Perspektiven, Willisau 1988, S. 12-28, hier S. 19.

15 Zur Forschung über britische Pageants vgl. die vom Department of History des King's College London erarbeitete Website mit Datenbank und interaktiver Karte: The Redress of the Past. Historical Pageants in Britain, http://www.historicalpageants.ac.uk/ (Zugriff: 27. 10. 2017); dort auch zum *Oxford Historical Pageant* vom 27. Juni bis 3. Juli 1907, http://www.historicalpageants.ac.uk/pageants/1142/ (Zugriff: 27. 10. 2017).

ständiges Festspiel in vier Bildern, über das Jacob Burckhardt lakonisch spottete:

> Unser hiesiges Dasein steht augenblicklich ganz unter dem Zeichen eines der sinnlosesten Riesenfeste, welches heut über acht Tage beginnen soll: die Verherrlichung des Jahres 1392, da Groß- und Klein-Basel eine Stadt wurden. [...] Ich für meine Person habe natürlich einen Altersdispens und brauche nicht dabei zu sein, und wenn nur der ganze pathetische Schwindel glücklich vorübergeht, bin ich völlig zufrieden.[16]

Die Baseler Bürger waren offenbar anderer Meinung. Sie schlüpften voller Eifer in mittelalterliche Kostüme, zimmerten aufwendige Kulissen und imaginierten sich als herrschende Elite, die sie nach zeitgenössischem Verständnis einer von jeglicher Obrigkeit befreiten Schweiz eigentlich nicht sein durften. Das Baseler Festspiel, so resümiert Philipp Sarasin in seiner Studie, lasse sich daher auch als dramaturgisch verdichtete, von tabuisierten Sehnsüchten durchdrungene Traumszene verstehen und als solche sage es einiges mehr über die Gegenwart seiner Darbietung als über die vermeintlich historischen Bezugsereignisse aus.[17]

Gezeigt wurden in Basel und anderswo sogenannte »lebende Bilder«.[18] Diese bereits im 18. Jahrhundert entstehende Kunstform verkörperte sowohl den Wunsch nach historisch gewachsener Stabilität als auch das Bewusstsein für die historische Bedingtheit der eigenen Gegenwart. »Tableaux vivants« zeigen die Geschichte als Abfolge einer komponierten Bilderkette und suggerieren dadurch einen Moment des Innehaltens in der eigenen Vergangenheit.[19] Komplexe Handlungsabläufe sehen die Zuschauer indes nicht. So wurde in der vierten Szene des Baseler Festspiels gerade nicht die entscheidende *Schlacht bei Sempach* 1386

16 Jacob Burckhardt, Brief an Friedrich von Preen vom 2. Juli 1892, in: Briefe, Bd. X, Basel 1986, S. 36.

17 Vgl. Philipp Sarasin, Stadt der Bürger. Bürgerliche Macht und städtische Gesellschaft Basel 1846-1914, Göttingen 1997, S. 313-338; unverzichtbar der reich bebilderte offizielle Festbericht, Basler Vereinigungsfeier 1392-1892, Basel 1892.

18 Vgl. Kirsten Gram Holmström, Monodrama, Attitudes, Tableaux vivants. Studies on Some Trends of Theatrical Fashion 1770-1815, Uppsala 1967; Birgit Jooss, Lebende Bilder. Körperliche Nachahmung von Kunstwerken in der Goethezeit, Frankfurt a. M. 1999; Nils Reschke, »Die Wirklichkeit als Bild«. Lebende Bilder in Goethes »Wahlverwandtschaften«, in: Jürgen Fohrmann/Andrea Schütte/Wilhelm Voßkamp (Hg.), Medien der Präsenz. Museum, Bildung und Wissenschaft im 19. Jahrhundert, Köln 2001, S. 42-69; mit Verbindung zum Film: Joanna Barck, Hin zum Film – Zurück zu den Bildern. Taleaux Vivants: »Lebende Bilder« in Filmen von Antamoro, Korda, Visconti und Pasolini, Bielefeld 2008.

19 Vgl. Reschke, Wirklichkeit als Bild, S. 44.

dargestellt, sondern das Bühnenbild zeigt szenisch reduziert, wie ein Bote die Nachricht vom Sieg der Eidgenossen und vom Tod des verhassten Herrschers im alsbald vereinigten Basel verkündet.[20] Die Baseler Bürger spielten damit zwar *ihre* historische Deutung des Gründungsmythos nach (und schlossen die Gewalt dabei kategorisch aus), sie empfanden sich selbst aber eher als Schauspieler eines durch Drehbuch und Regie vorgefassten Theaterstückes. Die oftmals mehrere hundert Laiendarsteller umfassenden Ensembles verkleideten sich als historische Figuren und spielten pompös arrangierte Szenen. Im Unterschied zu Reenactments sind historische Festspiele – so hat es der Literaturwissenschaftler Peter von Matt einmal formuliert – sowohl szenisch arrangierte Selbstreflexionen wie auch propagandistische Darbietungen für ein Massenpublikum.[21] Es wurden historisch hergeleitete, zumeist lokale oder nationale Identitätsentwürfe dargeboten, während dem individuellen Erleben der Darsteller eine allenfalls untergeordnete Bedeutung zukam. Die Aufführungen ähnelten über weite Strecken dem, was man als Freilichttheater bezeichnen könnte, gleichwohl stand dabei nicht in erster Linie die Unterhaltung oder das Vergnügen der Zuschauermassen als vielmehr das zur Aufführung gebrachte Selbstverständnis des jeweiligen sozialen Gemeinwesens im Vordergrund. Pageants und Festspiele transferieren gedeutete Geschichte in die jeweilige Gegenwart, während Reenactments darauf zielen, simulierte Zeitsprünge in die Vergangenheit zu organisieren – zumindest ist das ihr dezidiertes Versprechen.

Politische Feste, lebende Bilder, historische Festumzüge: Diese und weitere erlebnisbezogene Formen der kollektiven Geschichtsaneignung waren Ausdruck eines mit und nach der Französischen Revolution entstehenden Verständnisses der Darstellbarkeit von Geschichte. Wenn die Vergangenheit fortan als konkrete historische Wirklichkeit erzählt und gezeigt werden sollte, dann galt es die Diskrepanz zwischen Jetzt und Damals durch erzählerische Mittel oder durch theatrale Inszenierungen für einen Moment zu überwinden, um auf diese Weise Geschichte im Hier und Jetzt erfahrbar werden zu lassen. Der Historismus schuf für diesen ebenso visionären wie naiven Gebrauch von Geschichte die zutref-

20 Vgl. Festbericht, Basler Vereinigungsfeier, S. 89-100; Abbildung des Boten S. 103. Zu dieser Schlacht vgl. Andreas Remy, Sempach 1386 – Darstellungen einer Schlacht im Wandel der Zeit. Vom unerklärlichen Sieg zum festen Bestandteil eidgenössischer Militärtradition, in: Marian Füssel/Michael Sikora (Hg.), Kulturgeschichte der Schlacht, Paderborn 2014, S. 79-92.

21 Vgl. Matt, Die ästhetische Identität des Festspiels; Georg Kreis, Das Festspiel – ein antimodernes Produkt der Moderne, in: Balz Engler/Georg Kreis (Hg.), Das Festspiel: Formen, Funktionen, Perspektiven, Willisau 1988, S. 186-208.

fende und im Vergleich zum heute oft missverstandenen Ausdruck der kollektiven Erinnerung sehr viel geeignetere Bezeichnung der »Vergegenwärtigung«, ein Begriff, der nicht zufälligerweise vor allem von Altertumswissenschaftlern wie Friedrich August Wolf, Barthold Georg Niebuhr und Theodor Mommsen geprägt wurde und der trotz seiner zweifellos simulierenden Attitüde den signifikanten Gegenwartsbezug des eigenen Vergangenheitsentwurfs weder verleugnet noch zu kaschieren versucht.[22]

Reenactment in seinen vielfältigen Ausdrucksformen steht heute im Kontext einer ganzen Reihe nachahmender Formen der Geschichtsaneignung, erwähnt sei hier die vor allem in Museen beliebte *Living History*, das *Live Acting Role Playing (*LARP*)* wie auch manche Formen der *virtual history*.[23] Weitgehend losgelöst von der professionellen Geschichtswissenschaft macht sich hier eine neue Art von Historismus breit, der sich nicht nur der szenischen Darstellbarkeit von Geschichte verschrieben hat, sondern dem auch die als gegenwärtiges Gemeinschaftserlebnis arrangierte Sinnstiftung abhandengekommen zu sein scheint. Am deutlichsten zeigt sich diese Tendenz, wenn man die Unterschiede zwischen US-amerikanischen und den meisten europäischen Reenactments betrachtet. In den USA steht trotz (oder gerade wegen) einer populären und hochgradig kommerzialisierten Geschichtskultur die Nation als elementare Bezugsgröße der kollektiven Vergegenwärtigung des Civil War nicht substantiell in Frage, zumindest wird sie aktuell nicht stärker hinterfragt als während der letzten 150 Jahre. In Gettysburg und an anderen ehemaligen Kriegsschauplätzen inszenieren sich die USA als eine durch den Bürgerkrieg geeinte Nation, als freiheitsliebende Weltmacht und als wehrhafte Demokratie. In einer bizarren Mischung aus patriotischem Gefallenengedenken, nationaler Selbstinszenierung und erlebnisorientierter Geschichtsaneignung sind Reenactments feste Bestandteile einer Gedenkpraxis, die sich trotz und mit der Südstaatennostalgie der kollektiven Erzählung von der nationalen Wiedergeburt verpflichtet fühlt. Reenactments haben sich in den USA von Beginn an aus der Veteranenkultur heraus entwickelt, und die meisten Reenactor fühlen sich bis heute dieser Verwurzelung emotional verbunden. Gleichwohl entladen

22 Vgl. Mathias Mertens (Hg.), Vergegenwärtigung (Jahrbuch für Kulturwissenschaften und ästhetische Praxis 4 [2009]), Tübingen 2010; Gerrit Walther, »Vergegenwärtigung«. Forschung und Darstellung in der deutschen Historiographie des 19. Jahrhunderts, in: Werner Freitag (Hg.), Halle und die deutsche Geschichtswissenschaft um 1900, 2. Auflage, Halle 2004, S. 78-92.

23 Eine Übersicht und Abgrenzung findet man bei: Hochbruck, Geschichtstheater, S. 92-118.

sich an Orten wie Gettysburg die in der Gesellschaft rumorenden historischen Deutungskonflikte, schließlich sind nationale Homogenisierungsnarrative, wie sie hier seit dem Civil War zelebriert werden, niemals widerspruchsfrei. Die handfesten Auseinandersetzungen um Rassismus, Sklaverei und Ausgrenzung verweisen allerdings auch darauf, wie politisch brisant die nationale Vergegenwärtigung des Bürgerkrieges bis heute ist, auch wenn sie Jahr für Jahr als triviales Schlachtenspektakel daherzukommen scheint.

In Europa erweist sich die Bezugnahme zur Nation als gemeinschaftsstiftende Größe als deutlich weniger ausgeprägt, wenn überhaupt, dann zeigt sie sich u.a. am ehesten in Großbritannien und neuerdings in Polen. Zwar werden in nahezu allen europäischen Ländern mittlerweile historische Ereignisse, Kriege und Gefechte der nationalen Geschichte nachgespielt, aber diese Reenactments sind nicht oder doch deutlich weniger in Kontexte der nationalen Selbstvergewisserung eingebunden. Im Vergleich zum 19. Jahrhundert, als Pageants, Festspiele und lebende Bilder darauf zielten, nationale und regionale Zugehörigkeiten darzustellen oder diese durch Gemeinschaftserlebnisse zu bekräftigen, sind Reenactments heute in vielen Ländern vor allem Unterhaltungs- und Vergnügungsveranstaltungen. Die Zuschauer besuchen sie wegen der mitunter spektakulären und daher als außergewöhnlich empfundenen Gefechtsinszenierungen, dabei geht es aber in erster Linie um Konsum, Spaß und Geselligkeit. Die als Reenactment vergegenwärtigte Geschichte wird dabei weder zum historischen Bezugspunkt einer nationalen Vergemeinschaftung noch zur entscheidenden Referenzgröße für eine gemeinschaftliche Verortung in der Geschichte.[24] Vergemeinschaftung verlagert und beschränkt sich auf die Darsteller. Für sie ist Reenactment nicht nur Gelegenheit und Ort einer reizvollen Freizeitbeschäftigung, sondern zumeist auch das Zentrum ihres sozialen Lebens.

So ähnlich könnte es gewesen sein

Obgleich es keine empirisch umfassenden Untersuchungen über Reenactor als soziale Gruppe gibt und allenfalls grobe Schätzungen über die Anzahl der in Europa und in den USA aktiven Hobbysoldaten existieren, kann man davon ausgehen, dass mindestens zwei Drittel der Reenactor männlich sind.[25] Das trifft zumindest für das Wieder-Aufführen von

24 Zum manchmal beanspruchten Europanarrativ vgl. das Kapitel: »Ist das Erinnerung?«.

25 Beim WW-II-Reenactment liegt der Wert deutlich über 90%, vgl. dazu: Thompson, War Games, S. 79.

Krieg und Bürgerkrieg zu, nimmt man die thematisch weitläufige Living History insgesamt hinzu, sähe das Bild etwas anders aus. Bei der klassischen Schlachtennachstellung hingegen sind die Soldaten in der Regel männlich, mittleren Alters, weiß und sie gehören der Mittelschicht an. Trotz dieses typisierten Erscheinungsbildes fällt jedoch auf, dass in vielen Reenactment-Gruppen Männer aller Altersstufen und sozialen Schichten vertreten sind, obwohl man sicherlich einschränken muss, dass dieses Hobby mit erheblichen Kosten für Ausstattung und Reisen verbunden ist und von daher gewisse finanzielle Spielräume voraussetzt. Trotzdem findet man hier nahezu alle Berufsprofile: Investmentbanker und Journalisten suchen im Reenactment ebenso den ultimativen Kick wie Bauarbeiter, Hochschulprofessoren, Sozialarbeiter und Verwaltungsangestellte.[26] In den USA gehören die meisten eher dem politisch konservativen Spektrum an, in Europa stellt sich das deutlich heterogener dar. Viele Reenactor haben familiäre Bezüge zu den Kriegsereignissen, die sie darstellen, vor allem in den USA und in Großbritannien, während nur eine Minderheit selbst beim Militär diente, die meisten allerdings ohne eigene Kriegserfahrungen. Bei öffentlichen Veranstaltungen sieht man häufiger auch ganze Familien teilnehmen, die Frauen dann in der Regel als Marketenderinnen, Krankenschwestern oder im Tross der Armee, die Kinder als »kleine Soldaten« oder in historischen Kostümen der jeweiligen Epoche.[27]

Kontrovers diskutiert wird in der Reenactment-Szene die Frage, ob Frauen auch als Soldaten am Kriegsspiel teilnehmen sollten. Das ist zuweilen ein heftiger Streitpunkt unter den Akteuren. Manche Gruppen schließen weibliche Mitglieder aus, wenn auch das dargestellte Regiment nur männliche Soldaten umfasste, andere Gruppen zeigen sich da flexibler und stehen weiblichen Mitstreiterinnen grundsätzlich offen gegenüber, unabhängig davon, welcher Militärverband dargestellt wird. In Reenactment-Gruppen, die Truppen nachspielen, in denen regulär auch Frauen kämpften (wie zum Beispiel in der Roten Armee), gibt es schon mal weibliche Darsteller, allerdings sind sie zumeist deutlich in der Minderheit.[28] Komplizierter wird es aufgrund der historischen Tatsache, dass es zum Beispiel in den antinapoleonischen Regimentern immer mal wieder Frauen gab, die sich als männliche Soldaten ausgaben und aktiv am Kampfgeschehen teilnahmen.[29] Eine solche Figur wäre also historisch

26 Vgl. ebd., S. 51 ff.

27 Vgl. Gapps, Performing the Past, S. 313 ff.

28 Vgl. Thompson, War Games, S. 81.

29 Bekannt vor allem Eleonore Prochaska, die in den Freiheitskriegen unter dem Namen August Renz kämpfte, während der Schlacht an der Göhrde schwer verwundet wurde und 1813 in Dannenberg ihren Verletzungen erlag. Vgl. Marc Bastet/

belegt, allerdings kann eine solche Konstellation in anderer Hinsicht dann eben auch Probleme mit sich bringen. Denn aufgrund des militärischen Bezugs- und Handlungsrahmens sind die Reenactment-Gruppen nicht nur männlich dominiert, sondern sie entsprechen und orientieren sich oftmals auch an männerbündisch-kameradschaftlichen Idealen der Vergemeinschaftung. Auch hier ist das Spektrum breit: Manche Reenactor verstehen sich explizit als eine Art verschworene Gemeinschaft. Die Gruppenmitglieder gehen nicht nur dem gleichen Hobby nach, sie sind auch in gewisser Weise miteinander befreundet oder fühlen sich eben »kameradschaftlich« verbunden. Das Vereinsleben impliziert, dass das Soldatentum in seinen vielfältigen Facetten imitiert und nachempfunden wird, und das findet bekanntermaßen in den meisten Armeen ausschließlich unter Männern statt. Die Hobbysoldaten treffen sich zumeist regelmäßig, mindestens monatlich, zu Mitgliederversammlungen, halten Exerzier- und Drillübungen ab, planen und organisieren ihre nächsten Reenactments und andere Aktivitäten, tauschen sich über ihre Erfahrungen während der letzten Schlacht aus oder restaurieren gemeinsam historische Militärfahrzeuge und Waffen.[30] Darüber hinaus verabreden sich manche zu Picknicks oder anderen Ausflügen mit der ganzen Familie und nehmen an lokalen Festivitäten und Paraden teil. Manche Gruppen versenden einen vereinsinternen Newsletter, pflegen eine Facebook-Seite oder geben ihre Aktivitäten in entsprechenden Zeitschriften, wie zum Beispiel in der *Camp Chase Gazette,* bekannt. Während der öffentlichen Reenactments steht dann zwar das Kriegsspiel im Mittelpunkt, aber die Veranstaltungen umfassen eben auch das gesellige Zusammensein im Biwak, das Fachsimpeln über Waffen und Uniformen bis hin zum vermeintlich authentischen Kameradschaftsabend am Lagerfeuer oder dem exzessiven Besäufnis im gegnerischen Lager.[31]

Susanne Götting-Nilius, Eleonore Prochaska, gestorben 1813 in Dannenberg. Fakten, Mythos, Rezeptionsgeschichte, Gifkendorf 2014; allgemein gendergeschichtlich: Karen Hagemann, ›Heroic Virgins‹ and ›Bellicose Amazons‹: Armed Women, the Gender Order and the German Public during and after the Anti-Napoleonic Wars, in: European History Quarterly 37 (2007) S. 507-527.

30 Zu den Vereins- und Gruppenaktivitäten gibt es unzählige Beschreibungen, zumeist von Autoren und Autorinnen, die selbst an Reenactments teilgenommen haben, einige Beispiele Zum Civil War sicherlich einschlägig: Turner, Bloodless Battles; sich auf Turner beziehend: Hall, Civil War Reenactors; zu Reenactments in Australien lesenswert: Gapps, Performing the Past; zum WW2 Reenactment in den USA unverzichtbar: Thompson, War Games, S. 38 ff.

31 Zum soldatischen Leben im Biwak wie auch zur Bedeutung von Männlichkeit im nachahmenden Spiel vgl. Gapps, Performing the Past, S. 91 ff. und S. 304 ff.

Es hat weniger etwas damit zu tun, dass Frauen weniger Alkohol trinken oder ihnen das zumindest unterstellt wird, es geht eher darum, dass Männer unter sich anders miteinander umgehen und auch meinen, freier miteinander reden zu können (vor allem über Frauen), als wenn sie in weiblicher Gesellschaft sind. Manche Reenactor sehen allerdings auch das völlig anders und haben überhaupt keine Vorbehalte gegenüber weiblichen Kameraden, sie begrüßen die Mitgliedschaft von Frauen sogar eher, um das oftmals als fragwürdig angesehene männerbündische Image loszuwerden. Gleichwohl entsteht schon allein aufgrund des militärischen Gesamtrahmens eine Konstellation, die dazu führt, dass Reenactment nicht nur ein überwiegend von Männern ausgeübtes Hobby ist, sondern dass das Nachspielen von Krieg eng mit Vorstellungen von Männlichkeit verknüpft wird. Welchen Reiz es offenbar hat, als männlicher Krieger in ein Gefecht zu ziehen, das wird an späterer Stelle noch Thema sein, zunächst bleibt hier festzuhalten, dass das Wieder-Aufführen historischer Schlachten auch eine spezifische Lebensform einschließt, die über die kriegerische Gewalt hinaus spielerisch erlebt werden will. Reenactment »is a pleasure structure, a voluntary creation shared by those who for whatever reason feel a resonance with any of the significances reenacting might have – resonances with their personalities, personal histories, identities«.[32] Die Bedeutung, die Reenactment für den Einzelnen erlangen kann, variiert erheblich: Für manche ist das Kriegsspiel eine Selbstvergewisserung ihres kulturellen oder nationalen Identitätsverständnisses, für andere wiederum eine gute Gelegenheit, mit Freunden campen zu gehen und sich zu betrinken. In einigen Gegenden der USA beispielsweise scheint es manch einem mangels anderer Freizeitangebote schlichtweg das halbwegs Sinnvollste zu sein, was man mit seiner Zeit anfangen kann, während andere ihr Hobby explizit als politisches Statement verstanden wissen wollen.[33] Einige Reenactor berichten davon, dass es sie durchaus reizt, eine zu ihrem herkömmlichen Alltag konträre Lebensweise darzustellen, zumal in einer Welt, die sie zwar aus Geschichtsbüchern und aus Filmen kennen, die aber zu ihrem sonstigen Leben in einem gewissen Gegensatz steht.[34] Nicht immer stellt das eine Flucht aus dem ansonsten eher öden Dasein dar, es gibt auch durchaus die Variante, dass sich jemand beispielsweise im Unterschied zu seiner beruflichen Position nun in militärisch untergeordneter Stellung wiederfindet und gerade diesen Rollentausch als besonders reizvoll ansieht.

32 Turner, Bloodless Battles, S. 130.
33 Vgl. Gapps, Performing the Past, S. 301 ff.
34 Vgl. Thompson, War Games, S. 50-94.

Reenactment ist dann ein Stück weit wie eine Parallelwelt, in der andere Regeln gelten, andere Ordnungen bestehen und nach anderen Prinzipien gehandelt wird: Kameradschaft, Gehorsam, Todesangst, Unterordnung, Ehre und vor allem legitime, wenn auch spielerisch-regulierte Gewalt. Reenactment eröffnet für manchen die Möglichkeit, überholte oder nicht mehr akzeptierte Formen des sozialen Zusammenseins in einer Gruppe von Gleichgesinnten auszuprobieren, nicht unbedingt als zivilisationskritischer Selbsterfahrungstrip, sondern eher, um sich vorübergehend als ein anderes Subjekt zu erfahren, das in einer fremden, in einer von Gewalt geprägten und doch oftmals als einfacher imaginierten Welt existiert und sich dort behaupten muss. Das bedeutet nicht unbedingt, diese andere Lebensform zu glorifizieren oder sie in irgendeiner Weise als die bessere zu empfinden, es kann aber bedeuten, das »echte« Leben intensiver und reflektierter wahrzunehmen.[35]

Im sozialen Umfeld der Reenactor stößt ihr Hobby oftmals auf eine Mischung aus Neugier und Skepsis. Viele finden Reenactment zwar irgendwie interessant, aber letztlich ist es ihnen auch suspekt. Vor allem das Wieder-Aufführen des Zweiten Weltkrieges wie auch anderer Militärkonflikte des 20. Jahrhunderts trifft immer wieder auf geballtes Unverständnis. Kriegsverherrlichend, testosterongesteuert und militaristisch sei es, wenn erwachsene Männer mit vollautomatischen Waffen durch die Wildnis streifen. Noch schärfer fällt dann die Kritik von Verwandten, Freunden und Bekannten aus, wenn es um die Darstellung deutscher Wehrmachts- und SS-Soldaten geht. Angehörige der US-amerikanischen Reenactment-Gruppe *Großdeutschland* haben in einer Umfrage angegeben, dass sie es sich eigentlich selbst kaum erklären könnten, was sie an der Darstellung deutscher Soldaten reizt, noch viel weniger sei dies anderen verständlich zu machen.[36] Viele Außenstehende unterstellen den Männern, die beispielsweise deutsche SS-Angehörige porträtieren, dass sie rechtsextremen oder neonazistischen Ideologien anhängen und ihren heimlichen Nazismus im gemeinschaftlichen Kriegsspiel ausleben. Selbst in Familien verursacht Reenactment teilweise schwere Konflikte, nicht nur, weil dieses Hobby eben sehr viel Zeit und Geld kostet, sondern weil es für die Angehörigen beunruhigend und manchmal unerträglich ist, dass es offenbar bei Ehemann oder Vater ein Bedürfnis gibt, »being the bad boy«.[37] Die Scheidungsraten sollen unter WW-II-Reenactor überdurchschnittlich hoch sein. »They drive their wives crazy«, bringt es eine

35 Vgl. Turner, Bloodless Battles, S. 134.
36 Vgl. Thompson, War Games, S. 55.
37 Ebd., S. 58.

Insiderin nüchtern auf den Punkt.[38] Manch einer hat für sich daraus die Konsequenz gezogen, über diesen Teil seines Privatlebens mit anderen nicht mehr oder kaum noch zu kommunizieren. Andere sprechen darüber mit Außenstehenden schon deswegen nicht, weil sie fürchten, berufliche Nachteile zu haben oder in ernste Schwierigkeiten zu geraten. Ein selbständiger Optiker will sich die Reaktionen seiner Kunden gar nicht ausmalen, wenn sie ihn in deutscher Uniform sehen würden: »I sometimes sit here at events and think, God! If they could see me now, what would they think?«[39] »Two completely seperate lives« ist für einige Reenactor die beste und manchmal sogar die einzige Chance, ihrer Leidenschaft nachgehen zu können.[40] Durch die Abschottung nach außen erlangen Hobby und Kameraden automatisch eine noch größere Bedeutung, zumal man nach längerer Zeit des gemeinsamen Spiels ja auch bereits einiges zusammen erlebt hat. Nach einigen Jahren teilnehmender Beobachtung und aktiver Mitwirkung stellte die Amerikanistin Jenny Thompson jedenfalls resümierend fest: »I also recognized just how rare this kind of intensive and communal experience is in the real world«.[41]

Systematisch betrachtet lassen sich beim Reenactment mindestens drei Ebenen des Erlebens unterscheiden. Als Erstes wäre die Wahrnehmung der Zuschauer und Zuschauerinnen zu nennen, die sich zumeist im Rahmen einer öffentlichen Veranstaltung eine historische Schlachtennachstellung anschauen und diese aus einer Beobachterposition heraus verfolgen. Der Erlebnisgehalt bleibt dabei für die meisten eher begrenzt und geht über eine auch andernorts herstellbare Unterhaltungs- und Konsumebene (beispielsweise bei Sportveranstaltungen) kaum hinaus. Das Wieder-Aufführen einer Schlacht ist für manchen Zuschauer zwar ein Event, aber nicht unbedingt ein mitreißendes Erlebnis. Im Vergleich zu manchen filmischen Verarbeitungen von Krieg sind Reenactments für die Zuschauer weitaus weniger intensiv. Hier variiert das Maß an Begeisterung für diese Art von Entertainment, allerdings mit der mittlerweile steigenden Erwartung, auf den historischen Schlachtfeldern immer spektakulärere Inszenierungen geboten zu bekommen. Eine historische Sinnstiftung oder aber eine kollektive Selbstvergewisserung (zum Beispiel als Nation) findet dabei in den meisten europäischen Ländern nicht statt.

Davon zu unterscheiden wäre zweitens die Erlebnisebene der Reenactor mit- und untereinander. Das Wieder-Aufführen von Krieg wie

38 Ebd., S. 72.
39 Eba., S. 77.
40 Ebd.
41 Ebd., S. 151.

auch das gemeinsame Exerzieren und das soldatische Leben in den Biwaks und Camps werden von den Hobbysoldaten als zentrale Elemente ihrer konkreten Gemeinschaftsbildung empfunden. Darin drückt sich für sie ihre Zugehörigkeit zum »Regiment« oder zur »Truppe« aus, darin konkretisiert sich für sie aber auch ihre Verbundenheit mit den anderen Darstellern. Bei diesem Hobby geht es nicht nur darum, sich ganz allgemein zur Gewährleistung eines reibungslosen Ablaufs irgendwie auf den anderen verlassen zu können. Der historische Bezugsrahmen erzeugt auch im Spiel eine gewisse Zuspitzung, bei der es zumindest assoziativ um Leben und Tod geht. Viele Reenactor nennen das Kameradschaft. Das Miteinander im Kampf will geübt und erlernt sein, es will aber auch von jedem Einzelnen während des Reenactments erlebt werden. Der Marsch in der Kolonne setzt Präzision, Disziplin und Körpergefühl voraus, das gemeinschaftliche Exerzieren ist aber über die individuelle Anforderung hinaus immer auch eine kollektive Handlung, die eingespielt und verinnerlicht sein will. Der Kampf in einer festen Formation erfordert eine Koordinationsleistung, die je nach Waffengattung darauf zielt, »to move as one […], to move and shoot smoothly, flawlessly«.[42] Die Darsteller sind während eines Reenactments eingebunden in eine an historischen Vorbildern orientierte Gesamtchoreographie, im einzelnen Gefecht bilden sie darüber hinaus eine wie auch immer organisierte Kampfeinheit. In der Wahrnehmung der Reenactor sind sie dann nicht mehr nur Teil eines machtvollen Ganzen, was schon per se als sinnvoll erachtet wird, sondern hier fügt sich etwas zu einem taktischen Körper zusammen, der nur »überleben« kann, wenn er als Einheit funktioniert.

Die Erfahrung des Miteinanders hat aufgrund des Übertragungskontextes eine zwar imaginierte, aber dennoch existenzielle Dimension. Daran schließt gleichwohl die dritte Erlebnisebene an, nämlich das individuelle Erleben der Teilnehmenden selbst. Reenactment zielt im Unterschied zu einigen anderen Simulationsspielen nicht auf einen Identitätswechsel.[43] Die Trennung beider Existenzformen wird in der Regel aufrechterhalten, und da schleift sich auch mit der Zeit keine Durchlässigkeit ein. Die meisten Hobbysoldaten spielen keine konkreten historischen Personen, in deren Biographie sie dann immer intensiver eintauchen. Das gibt es zwar auch, so sieht man gerade in der Napoleonik oftmals eher Männer fortgeschrittenen Alters, die über viele Jahre hinweg eine Vorliebe für große Feldherren wie Napoleon Bonaparte oder

42 Turner, Bloodless Battles, S. 132.

43 Vgl. zum Beispiel den von Andreas Geiger gedrehten Dokumentarfilm »Wochenend-Krieger« (2011), dort geht es um Darsteller, die ihren Figuren äußerlich immer stärker ähneln, u. a. durch Frisur, Körpergewicht, Statur, Tätowierungen.

Gebhard Leberecht von Blücher entwickelt haben, während der im Regiment kämpfende Soldat normalerweise kein reales Vorbild hat. Manche Darsteller kreieren sich aus der Lektüre über »ihr« Regiment ein bestimmtes Profil, sie porträtieren beispielsweise einen zwanzigjährigen hessischen Bauernsohn, der in der *Schlacht bei Großgörschen* seine ersten Kampferfahrungen macht. Aber selbst das variiert, einige beschreiben das Verhältnis zu ihrer Figur eher dahingehend, dass sie im Grunde niemand anderes spielen, sondern sich selbst in die Vergangenheit projizieren. »I think of myself not as someone else, but rather me, but it's 1944. My family and wife are all the same, but it's fifty-four years earlier.«[44]

Für den simulierten Zeitsprung und das mit ihm verbundene Erleben der wieder-aufgeführten Schlacht macht es für viele Darsteller einen erheblichen Unterschied, ob es sich um eine öffentliche Veranstaltung handelt oder aber um ein privat organisiertes Reenactment. Vor allem für Hobbysoldaten des 20. Jahrhunderts ist diese Unterscheidung elementar. Öffentliche Reenactments sind durch die vorgegebenen Rahmenbedingungen stärker durchorganisiert, unterliegen strengeren Sicherheitsvorkehrungen und verlaufen nach detaillierten Skripten, die festlegen, wer zu welchem Zeitpunkt wie weit vorrückt, wer in vorderster und hinterster Linie kämpft, wie viele bereits die erste Angriffswelle nicht überstehen, welche Kampfformationen zu bilden sind und wie lange die ganze Angelegenheit dauert. Zwar bestehen auch innerhalb solcher Settings für den Einzelnen gewisse Handlungsspielräume, aber die Improvisationsmöglichkeiten und damit die Erlebnisintensität sind begrenzt. Darüber hinaus handelt es sich bei öffentlichen Reenactments in erster Linie um Aufführungen vor Publikum. Der Vermittlungs- und Showaspekt tritt unweigerlich in den Mittelpunkt, nicht nur während der Schlachtennachstellung selbst, sondern während der gesamten Veranstaltung. Manche Reenactor lieben gerade diesen engen Kontakt zum Publikum und gehen darin auf, den interessierten Besuchern alles das zu vermitteln, was sie im Laufe der Jahre an Wissen über die historischen Bezugsereignisse angesammelt haben. Sie stehen stundenlang vor ihrem Zelt und erklären Herkunft, Aufbau und Funktionsweise ihrer Waffen, geben geduldig Auskunft über jedes einzelne Uniformdetail, über geeignete Zeltstoffe und historische Rangabzeichen, erzählen vom Leben des einfachen Soldaten während und nach der Schlacht oder klären über ihr außergewöhnliches Hobby auf. Manch neuer »Soldat« wurde auf einer solchen Veranstaltung rekrutiert. Gleichzeitig spielen auch finan-

44 Interviewaussage Craig Bass, zit. n. Thompson, War Games, S. 158.

zielle Aspekte eine Rolle, weniger die Einnahmen durch Eintrittsgelder sind dabei lukrativ, sondern eher die Spendenbereitschaft der Zuschauer. Brav wird in die Kamera der amüsierten Eltern gelächelt, während man in deutscher Wehrmachtsuniform den dreijährigen Sprößling auf dem Arm hält.

Öffentliche Inszenierungen dienen grundsätzlich immer auch der Legitimierung des eigenen Tuns, vor allem bei Reenactments, die als politisch heikel gelten. Das ist für viele Aktive der entscheidende und manchmal auch der einzige Grund, sich überhaupt an den eher touristischen Spektakeln zu beteiligen, denn wesentlich attraktiver ist es, private oder zumindest nicht-öffentliche Veranstaltungen zu besuchen. Das hat mehrere Gründe. Private Reenactments müssen keine Rücksichten auf die Wirkungen des Kriegsspiels nehmen. Es ist völlig bedeutungslos, wie das Reenactment auf Unbeteiligte wirkt, ob es der Kritik besserwisserischer Historiker/innen standhält oder für andere in seinem gesamten Ablauf nachvollziehbar bleibt. Hier geht es einzig und allein um das innere Erlebnis der Beteiligten, die ja nicht nur Akteure, sondern zugleich immer auch Zuschauer des Spiels der anderen sind.[45] Das fehlende oder allenfalls grobe Skript eröffnet weitreichende Handlungsspielräume, und die wenigen definierten Vorgaben stecken allenfalls einen gewissen Aktionsrahmen ab, den die Reenactor dann auf der Grundlage ihres Wissens und ihrer Erfahrung kreativ ausfüllen können. Dabei sind sie an wenige Regeln gebunden, die in erster Linie verhindern sollen, dass jemand Schaden nimmt, und die dazu dienen, dass reale Notfälle als solche erkannt werden. Darüber hinaus ist aber die Ausübung kriegerischer Gewalt deutlich intensiver. Nächtliche Überfälle des gegnerischen Lagers, individuelle Nahkämpfe bis hin zu inszenierten Gefangenenerschießungen und anderen »verbrecherischen« Kriegshandlungen erzeugen eine Erlebnisintensität, die bei öffentlichen Veranstaltungen undenkbar wäre. Beobachten lassen sich die Akteure dabei so gut wie nie. Erst das freie Spiel schafft offenbar die Rahmenbedingungen, in denen die Darsteller dann jene *magic moments*, jene *rushs* oder *time warps* erleben, um die es beim Reenactment im Kern eigentlich geht.[46] Sich

45 Zum Begriff »inneres Erlebnis« vgl. den von Darstellern militärischer Konflikte des 20. Jahrhunderts viel gelesenen Text von Ernst Jünger, Kampf als inneres Erlebnis, in: ders., Sämtliche Werke, Bd. 7: Essays I: Betrachtungen zur Zeit, S. 9-103. Dazu vgl. auch das Kapitel »Krieg als Sehnsuchtsort«.

46 Eine stärkere Auseinandersetzung mit *Immersion* findet man in der wissenschaftlichen Analyse von 3-D Video Games, hilfreich auch für Reenactments die Definition der Literatur- und Medienwissenschaftlerin Janet Murray: »Immersion is a metaphorical term derived from the physical experience of being submerged in water. We seek the same feeling from a psychologically immersive experience that

ganz in der jeweiligen Situation verlieren, alles Äußere ausblenden und für eine gewisse Zeit tatsächlich das Gefühl haben, als Soldat dieser konkreten Truppe in den Krieg zu ziehen. Reenactor berichten geradezu euphorisch von solchen Momenten, in denen sich Vergangenheit und Gegenwart derart zu verwischen scheinen, dass tatsächlich der Eindruck zu entstehen scheint, Handelnder in einem historisch-gegenwärtigen Geschehen zu sein.[47] Nicht-öffentliche Reenactments rekonstruieren weniger ein spezielles Gefecht oder eine konkrete Schlacht, vielmehr schaffen sie einen mit historischen Hintergründen assoziierten Raum, in dem die Darsteller über Stunden und manchmal Tage relativ frei »ihren« Krieg erleben. Endlos Wache zu schieben und sich dabei ziemlich zu langweilen gehört ebenso dazu wie der plötzliche Überfall des im Dickicht lauernden Feindes oder die Misshandlung von Kriegsgefangenen. *Lost in the moment* nennen das einige Reenactor und meinen damit ein existenzielles Erlebnis, das sie aufgrund seiner außergewöhnlichen Intensität immer wieder herzustellen versuchen.

we do from a plunge in the ocean or swimming pool: the sensation of being surrounded by a completely other reality, as different as water is from air, that takes over all of our attention, our whole perceptual apparatus […] in a participatory medium, […] immersion implies learning to swim, to do the things that the new environment makes possible […] the enjoyment of immersion as a participatory activity.« – Janet Murray, Hamlet on the Holodeck: the Future of Narrative in Cyberspace, Cambridge 1997, S. 98 f.; dazu auch: Alison McMahan, Immersion, Engagement, and Presence. A Method for Analyzing 3-D Video Games, in: Mark J. P. Wolf/Bernard Perron (Hg.), The Video Game, Theory Reader, New York 2003, S. 67-86; Clive Fencott/Mike Lockyer/Jo Clay/Paul Massey, Game Invaders. The Theory and Understanding of Computer Games, New Jersey 2012. Ein breites Verständnis von *Immersion* und eine Einordnung in historische Illusionsräume ist nachzulesen bei: Oliver Grau, Virtuelle Kunst in Geschichte und Gegenwart: visuelle Strategien, Berlin 2001; Stefanie Kiwi Menrath/Alexander Schwinghammer (Hg.), What does a chameleon look like?: Topographies of Immersion, Berlin 2011.

47 Vgl. Allred, Catharsis, Revision, and reenactment; Ulf Otto, Re: Enactment. Geschichtstheater in Zeiten der Geschichtslosigkeit, in: Roselt/Otto, Theater als Zeitmaschine, S. 229-254.

Abb. 30: Uniformteile zur Darstellung eines deutschen Soldaten des Deutsch-Französischen Krieges 1871, Spicherer Höhen, 10. August 2013

Simulierte Zeitsprünge

Zeitreisen sind ein Phänomen, das nicht nur Schriftsteller wie Herbert George Wells (*Die Zeitmaschine*), Dean Koontz (*Der Schutzengel*) und Michael Crichton (*Timeline*) inspiriert hat, sondern auch Astrophysiker, Kosmologen und Mathematiker beschäftigt.[48] Folgt man Einsteins Erkenntnis der relativen Zeit, dann ist es eher das Problem der dem Menschen zumutbaren Beschleunigung und Geschwindigkeit, das Reisen in der Zeit beschwerlich macht. Dabei erweist sich der Trip in die Vergangenheit als weitaus komplizierter als der Ausflug in die Zukunft: Großvaterparadoxon, Schmetterlingseffekt, instabile Wurmlöcher und zu langsam rotierende Schwarze Löcher markieren die bisher unüberwind-

48 Vgl. Herbert George Wells, Time Machine (1895), London 1952; Dean R. Koontz, Der Schutzengel (1988), München 2000; Michael Crichton, Timeline (1999), München 2000.

baren Barrieren zu den ersehnten zeitlichen Parallelwelten. Da wir aufgrund der gravitativen Zeitdilatation auf die Rückkehr von Zeitreisenden zudem lange warten müssten, erweist es sich derweil als durchaus lohnenswert, simulierte Zeitsprünge dahingehend zu analysieren, auf welche spezifische Weise und unter welchen Bedingungen sie die Kluft zwischen Jetzt und Damals zu überwinden hoffen.[49] Wie reist man durch die Zeit ohne Raumschiff, ohne Zeitschleifen und Wurmlöcher, ohne Zeitmaschine und Zauberei?

Eine Antwort auf diese Frage findet der Zeitreisende in den Handbüchern, Dokumentationen und Ratgebern, die mittlerweile für zahlreiche historische Spielkontexte verfügbar sind.[50] Vor allem zum Amerikanischen Bürgerkrieg, aber auch zu anderen Militärkonflikten kann man sich dort detailliert darüber informieren, was für das ambitionierte Kriegsspiel als unverzichtbar gilt. Viele Vereine und Gruppen bieten darüber hinaus auf ihren Internetseiten zum Teil ausführliche Handreichungen über geeignete Uniformen, Waffen, Zelte und andere Ausrüstungsgegenstände.[51] Selbst der Laie wird bei der Lektüre schnell

49 Vgl. Michaela Fenske, Abenteuer Geschichte. Zeitreisen in der Spätmoderne, in: Hardtwig/Schug, History Sells, S. 79-90; Stefanie Samida, Moderne Zeitreisen oder Die performative Aneignung vergangener Lebenswelten, in: Sabine Reinhold/Kerstin P. Hofmann (Hg.), Zeichen der Zeit. Archäologische Perspektiven auf Zeiterfahrung, Zeitpraktiken und Zeitkonzepte, Themenheft: Forum kritische Archäologie 3 (2014), S. 136-150.

50 Hier nur eine kleine Auswahl: Courtney, Returning to the Civil War; Stephan, Das große Handbuch; Elson, Battlefields of Honor; William C. Davis (Hg.), The Civil War Reenactors' Encyclopedia, London 2002. Mit Schwerpunkt auf das Nachspielen von Krieg über Epochen hinweg bietet ein Spezialheft von *Visier* einen kompakten Überblick: Visier-Special 63 (2011), Geschichte erleben – Reenactment. Zu den Uniformen ist die Literatur in jeder Hinsicht unüberschaubar, daher nur einige Beispiele: Richard Knötel, Handbuch der Uniformkunde: Die militärische Tracht in ihrer Entwicklung bis zur Gegenwart; mit 1600 Uniformdarstellungen (1896), fortgeführt und erweitert von Herbert Knötel, Hamburg 1937; Alex Buchner, Das Handbuch der deutschen Infanterie, 1939-1945: Gliederung, Uniformen, Bewaffnung, Ausrüstung, Einsätze, Friedberg 1987; Bayerisches Armeemuseum Ingolstadt, Vom Bunten Rock zum Kampfanzug. Ähnliches gilt für Waffen und Munition: Gerhard Bock/Wolfgang Weigel/GeorgSeitz, Handbuch der Faustfeuerwaffen, 7. erweiterte Auflage, Melsungen 1978; August Demmin, Die Kriegswaffen in ihren geschichtlichen Entwickelungen von den ältesten Zeiten bis auf die Gegenwart: eine Encyclopädie der Waffenkunde, 3. erweiterte Auflage, Gera 1891; Wendelin Boeheim, Handbuch der Waffenkunde: das Waffenwesen in seiner historischen Entwickelung vom Beginn des Mittelalters bis zum Ende des 18. Jahrhunderts, Leipzig 1890.

51 Auch hierzu nur einzelne Hinweise aus dem umfangreichen Angebot: Die britische Reenactment-Gruppe »Panzer Aufklärung Großdeutschland« bietet auf ihrer Homepage sachkundige Informationen zu den entsprechenden Uniformen, Militärfahr-

feststellen, dass es sich bei der materiellen Dimension des Reenactments nicht nur um ein komplexes und für das Selbstverständnis der Akteure äußerst elementares, sondern zudem auch um ein kontroverses Diskurs- und Handlungsfeld handelt, das in erster Linie um den Begriff *Authentizität* kreist.[52] In der Szene der Einfachheit halber zum A-Wort verkürzt, subsumiert dieser Begriff eine intensive Beschäftigung mit dem, was Reenactor als idealtypisch ansehen: die akkurate Rekonstruktion eines bestimmten historischen Handlungsrahmens, die detailgetreue Darstellung und Verwendung der materiellen Objekte sowie das choreographierte Nachspielen historisch verbürgter Handlungen und Ereignisse.

zeugen und sämtlichen Ausrüstungsgegenständen des Eliteverbandes, http://www.panzeraufgd.co.uk/history3945.htm (Zugriff: 5. 8. 2018); zum Vietnamkrieg findet man beispielsweise ausführliche Materialbeschreibungen bei *Rolling Thunder* inklusive Second-Hand-Börse und Handbuch zum Downloaden, http://www.rollingthunder.org.uk/rtthelook.htm und http://passthrough.fw-notify.net/download/883819/http://rolling-thunder.org.uk/downloads/RT%20PS%20Manual%202016.pdf (Zugriff:5. 8. 2018); ein entsprechendes Handbuch für die Waffen-SS erhält man bei der US-amerikanischen Reenactmen-Gruppe zum *SS-Panzergrenadier-Regiment »Deutschland«*, http://www.ppsh41.com/ss_handbook2.html (Zugriff: 5. 8. 2018); zum Ersten Weltkrieg sei hier exemplarisch auf die Homepage der Reenactor des *63. Infanterieregiments* (3. Kompagnie) in den USA verwiesen, dort nicht nur detaillierte Hinweise zu Uniformen und Ausrüstung, sondern auch viele Informationen und historische Fotos zum dargestellten Regiment: http://www.ir63.org/index.html (Zugriff: 1. 11. 2018). Hinzu kommen noch die professionellen Händler und zahllose Tausch- und Verkaufsbörsen, ein erster Einstieg: Ausstattung für WW-I- und WW-II-Reenactments (u. a. Wehrmacht, US Army, Rote Armee) gibt es bei: https://www.derpanzerbaer-militaria.de/epages/82125743.sf/de_DE/?ObjectPath=/Shops/82125743/Categories (Zugriff: 5. 8. 2018); vor allem britische Weltkriegsausrüstung kann man kaufen bei: http://www.pegasusmilitaria.com/ (Zugriff: 5. 8. 2018); ein Online-Händler in den USA bietet alles zur Preußischen Armee: http://prussianglory.com/ (Zugriff: 5. 8. 2018); Militärhelme jeglicher Art mit *Restoration Service*: https://alexanderandsonsrestorations.com/ (Zugriff: 5. 8. 2018); nicht zuletzt sei verwiesen auf die seit 2011 jährlich stattfindende Internationale Reenactmentmesse (IRM) im Archäologiepark Römische Villa Borg mit Begleitprogramm: http://www.reenactmentmesse.de/p_programm_IRM2018.htm (Zugriff: 5. 8. 2018).

52 Als erster Einstieg in die Thematik lesenswert: Erika Fischer-Lichte/Christian Horn/Isabel Pflug/Matthias Warstatt (Hg.), Inszenierung von Authentizität, Tübingen 2000; Eva Ulrike Pirker/Mark Rüdiger/Christa Klein/Thorsten Leiendecker/Carolyn Oesterle/Miriam Sénécheau/Michiko Uike-Bormann (Hg.), Echte Geschichte: Authentizitätsfiktionen in populären Geschichtskulturen, Bielefeld 2010; Michael Rössner/Heidemarie Uhl (Hg.), Renaissance der Authentizität? Über die neue Suche nach dem Ursprünglichen, Bielefeld 2012; Martin Sabrow/Achim Saupe (Hg.), Historische Authentizität, Göttingen 2016; Valentin Groebner, Retroland: Geschichtstourismus und die Sehnsucht nach dem Authentischen, Frankfurt a. M. 2018.

Der Anspruch, die historischen Schlachten und Gefechte »authentisch« (im Sinne von originalgetreu) zu zeigen, hängt in erster Linie an der materiellen Ausstattung des Spiels.[53] Der Civil War ist dafür sicherlich ein herausragendes, wenn auch nicht untypisches Beispiel. R. Lee Hadden hat dazu bereits in den 1990er Jahren ein einschlägiges Handbuch vorgelegt, das bis heute für viele Civil-War-Reenactor maßgeblich ist. Für die akkurate Darstellung selbst eines einfachen Infanteriesoldaten sei es unerlässlich, so Hadden, »to use authentic period clothing and equipment«.[54] Nur ein Original oder doch wenigstens ein originalgetreues Replikat ermögliche »to go ›period‹ as much as possible«. »Modern materials« wie beispielsweise Schlafsäcke, Handys oder Armbanduhren sollten hingegen gar nicht verwendet werden (oder zumindest für die Zuschauer nicht zu sehen sein), damit das Erscheinungsbild des Reenactments nicht beeinträchtigt wird.[55] Für den noch unerfahrenen Hobbysoldaten stellt sich zunächst einmal die rein praktische Herausforderung, welche Gegenstände er tatsächlich zur Darstellung seiner historischen Figur benötigt. Sowohl für die Unions- als auch für die konföderierten Regimenter des Amerikanischen Bürgerkrieges ist diese Frage ebenso schwer zu beantworten wie auch für die meisten anderen Armeen, schließlich variierten Waffen, Uniformen und die dazu gehörende Ausrüstung wie Brotbeutel, Decken, Koch- und Essgeschirr, Kerzen, Tornister,

53 Vgl. allgemein: Turner, Bloodless Battles, S. 125 ff.; dort vor allem der Verweis auf die elementare Verbindung zwischen den Objekten und dem erworbenen und vermittelten Wissen über die dargestellte Vergangenheit. Objekte gelten als »index of performative competence« (S. 127); Stephen Gapps beschreibt hingegen »the holy grail of authenticity« aus der Insiderperspektive, vgl. ders., Mobile Monuments: A view of historical reenactment and authenticity from inside the costume cupboard of history, in: Rethinking History 13 (2009), Heft 3, S. 395-409; am Beispiel nachgespielter Sklavenauktionen und Lynchmorde problematisiert Mark Auslander *Authentizität*: ders., Touching the Past; die Aushandlungen der relevanten Standards für Uniformen und Materialien beim Civil War Reenactment analysiert: Mitchell D. Strauss, A Framework for Assessing Military Dress Authenticity in Civil War Reenacting, in: Clothing and Textiles Research Journal 19 (2001), Heft 4, S. 145-157; ders., Pattern categorization of male U.S. Civil war reenactor images, in: Clothing and Textiles Research Journal 20 (2002), Heft 2, S. 99-109; Authentisierungsdiskurse bezüglich konkreter Praktiken und verbindlicher Verhaltensnormen untersucht: Stephanie K. Decker, Being Period: An Examination of Bridging Discourse in a Historical Reenactment Group, in: Journal of Contemporary Ethnography 39 (2010), Heft 3, S. 273-296; zur Unterscheidung historischer und authentischer Erfahrungen anhand von Interviews mit aktiven Darstellern vgl. Gregory Hall, Selective Authenticity: Civil War Reenactors and Credible Reenactments, in: Journal of Historical Sociology 29 (2016), Heft 3, S. 413-436.

54 Hadden, Reliving the Civil War, S. 35.

55 Ebd., S. 35 f.

Zelte usw. je nach Truppenteil und Waffengattung. Da keinerlei Farbfotografien von Uniformen des Civil War existieren und die erhalten gebliebenen Uniformteile stark verblichen sind, lässt sich beispielsweise lange und genüsslich darüber streiten, wie die damals in der konföderierten Armee übliche *Butternut*-Einfärbung tatsächlich ausfiel. Außerdem veränderte sich die Ausrüstung der Soldaten und Offiziere im Laufe der jahrelangen militärischen Auseinandersetzung. Während auf konföderierter Seite die Uniformen ohnehin eher uneinheitlich waren und mancher Freiwilliger anfangs noch Teile seiner Zivilkleidung nutzte, zeigten sich die Unionstruppen zwar insgesamt gleichförmiger, doch auch bei ihnen differierte die Ausstattung nach Regiment, Waffengattung und Kriegsjahr. Mancher Nordstaatler trug anfangs noch die Milizuniform der Vorkriegszeit. Wie unterschieden sich die Uniformhosen der Infanteristen von denen der berittenen Verbände? Wer benutzte damals den regulären Ledergürtel mit ovaler und wer mit eckiger Messingschnalle? Welche Jacke ist für den ambitionierten Reenactor unverzichtbar – frock coat, sack coat oder shell jacket? Allein die Spezialliteratur zu den Uniformen des Sezessionskrieges füllt ganze Regale.[56] Hinzu kommen Stiefel, Munitionstaschen, Mützen, Wasserflaschen, Rangabzeichen, Knöpfe und alle anderen Artikel des täglichen Bedarfs. Trugen die konföderierten Soldaten rote, rotbraune oder braune Mützen? Welche Stiefel waren üblich, Federal Jefferson oder Wellington Boots? Welche der mehrere hundert verschiedenen Gürtelschnallen gehörte zu welcher Uniform? Mit welchen Knöpfen wurden welche Sakkos bestückt, waren die buttons aus Messing, Zinn oder Holz? Bereits dieser Teil der materiellen Ausstattung setzt nicht nur Detailwissen, sondern auch handwerkliche Geschicklichkeit und finanzielle Spielräume voraus. Hinzu kommt eine (oftmals akribische) Beschäftigung mit der zeitgenössischen Bewaffnung. Welches langläufige Gewehr nutzte der durchschnittliche Bürgerkriegssoldat, Enfield Rifle oder Springfield Rifle Musket? Die Ausführung aus dem Jahr 1861 oder doch noch das alte Modell von 1855? Colt oder Remington? Es ist nicht nur nicht gleichgültig, sondern von den Veranstaltern öffentlicher wie auch privater Reenactments oft auch vorgeschrieben, welche Gewehre, Karabiner, Revolver und Blankwaffen während eines Reenactments zum Einsatz kommen dürfen. Erweist sich

56 Einschlägig zu Uniformen der Konföderation und der Union: Davis, Reenactors' Encyclopedia; weiterhin: David Miller (Hg.), The illustrated Directory of Uniforms, Weapons, and Equipment of the Civil War, London 2001; William K. Emerson, Encyclopedia of United States Army insignia and uniforms, Norman/Oklahoma 1996; Henry Woodhead (Hg.), Echoes of Glory (Time Life Books), 3 Bde., Alexandria 1991.

die Wahl der Waffen bei der Infanterie und Artillerie bereits als aufwendig und kompliziert, sieht sich der Kavallerist noch ganz anderen Erfordernissen gegenüber. Nicht nur er selbst, sondern auch sein Pferd braucht eine möglichst originale Ausrüstung mit allem, was für die Darstellung imposanter Reitergefechte oder geheimer Aufklärungsmissionen unverzichtbar ist. Welche Seitenmesser gehörten zur Grundausstattung der konföderierten Kavalleristen? Wodurch unterschied sich ihr Säbel von denen der Union? War der McLellan Sattel Modell 1859 den Offizieren in der Unionsarmee vorbehalten? Auf den speziellen Ausrüstungsbedarf der Sanitätskompanien und der Musikkorps kann und soll hier gar nicht näher eingegangen werden, schließlich machen bereits die wenigen Schlaglichter deutlich, welche immense Bedeutung der Beschäftigung mit den materiellen Objekten zukommt und wie detailversessen das Sammeln, Herstellen und Verwenden der vielfältigen Ausrüstungsgegenstände ausfällt.

Reenactment setzt also schon allein aufgrund der materiellen Anforderungen eine gewisse Leidenschaft für das Hobby voraus, denn zur Ausstattung des einzelnen Soldaten kommt hinzu, dass mit dem Gebrauch der Objekte auch die Einübung bestimmter Fertigkeiten und Praktiken verbunden ist. Beim Nachstellen von Kriegshandlungen umfasst dies in erster Linie die Waffenhandhabung sowie das Erlernen bestimmter Kommandos und Kampftechniken. Das Exerzieren will ebenso geübt sein wie der Fahnengruß, die Reinigung der Waffe und der Marsch in der Kolonne.[57] Wenn Reenactor einer ausländischen »Armee« angehören, erwerben sie in der Regel auch gewisse Sprachkenntnisse. Gleichzeitig stellen sie manche Ausrüstungsgegenstände notgedrungen selbst her, wenn Originale nicht verfügbar oder bezahlbar sind. Die Handbücher enthalten daher u. a. Bauanleitungen für Transportkisten, Schnittbögen für Uniformjacken sowie Anleitungen zur Herstellung von Papierpatronen.[58] Darüber hinaus schließt dieser praktische Bereich faktisch alle Bedürfnisse des täglichen Lebens ein, so zum Beispiel auch die zeitgenössische Verpflegung. Das Backen der typischen *Hardtacks* will genauso erlernt werden wie die Herstellung von Trockenfleisch. Feldkaffee,

57 Nachgefragt und unverzichtbar sind zeitgenössische Anweisungen u. a. zum Exerzieren, beispielsweise für das österreichische Heer: Exercier-Reglement für die kaiserlich-königliche Infanterie, Wien 1807; weitere Beispiele: Exercier-Reglement für die Infanterie der Königlich Großbritannisch-Hannoverschen Armee, Hannover 1818-1823; Exerzier-Reglement für Infanterie der Königlichen Preußischen Armee, Berlin 1812. Zum Civil War vgl. dazu: Stephan, Handbuch, S. 45-57.

58 Bauanleitungen, Uniformschnittbögen und detaillierte Hinweise zur sachgerechten Herstellung der mit Schwarzpulver gefüllten Papierpatronen findet man: ebd., S. 17-39.

Cornbread, Baked Beans gehören ebenso wie diverse hochprozentige Erfrischungen in das kulinarische Repertoire eines jeden Civil-War-Darstellers.[59] Reenactment umfasst also nicht nur die möglichst originalgetreue Kostümierung der Akteure, es schließt auch zeitgenössische Kulturtechniken, Praktiken und Fertigkeiten ein, die es im Rahmen eines an historischen Vorbildern orientierten Gesamtarrangements ermöglichen sollen, immersiv in das vergangene Geschehen einzutauchen. Authentizität konstituiert sich nach diesem Verständnis in erster Linie durch das choreographierte Spiel in einer möglichst perfekt simulierten Handlungskulisse.[60]

Unverstellte Unmittelbarkeit

Das *Historische Wörterbuch der Philosophie* versteht Authentizität als einen Begriff der philologischen Kritik, der im 20. Jahrhundert vor allem durch Theodor W. Adornos *Philosophie der neuen Musik* in die ästhetische Diskussion übergegangen sei. Dass in ihm die Vorstellung des Objektiven aus der romantischen Dichtungstheorie nachwirke, dient in dem bemerkenswert kurzen Text aus dem Jahr 1971 vor allem dazu, Adornos Verständnis einer sich der Idee des »so und nicht anders Seins« entledigenden Kunst zu erläutern.[61] Während der Artikel abschließend nur flüchtig auf die (dem marxistischen Philosophen Karel Kosík zugeschriebene) »Möglichkeit einer authentischen Selbstverwirklichung des Individuums«[62] zu sprechen kommt, es aber ansonsten dabei bewenden lässt, sucht man in den ein Jahr später veröffentlichen *Geschichtlichen Grundbegriffen* vergeblich nach einem Eintrag über Authentizität.[63] Die Leerstelle verweist zweifellos auf den Wandel der wissenschaftlichen wie auch der alltagssprachlichen Begriffsverwendung in den letzten Jahrzehnten sowie auf die stetig gestiegene Relevanz und Popularität des Authen-

59 Ebd., S. 40 ff.

60 Der »authentische Ort« spielt beim Reenactment zwar auch eine Rolle, ist aber im Vergleich zu den Objekten und Praktiken eher zweitrangig. Lesenswert zu diesem Aspekt: Silvia Hess, Morgarten. Die Inszenierung eines Ortes, Baden 2018, Groebner, Retroland, S. 163-193; Hoffmann, Erinnerungsorte, S. 31-45. Vielversprechend, aber noch nicht vollends ausgearbeitet, sind auch Zugänge über das Atmosphärische, dazu u. a.: Kerz, Atmosphäre und Authentizität.

61 Edzard Krückeberg, Authentizität, in: Historisches Wörterbuch der Philosophie, Bd. 1, Basel/Stuttgart 1971, Spalte 692-693.

62 Ebd., Spalte 693.

63 Vgl. Otto Brunner/Werner Conze/Reinhart Koselleck (Hg.), Geschichtliche Grundbegriffe. Historisches Lexikon zur politisch-sozialen Sprache in Deutschland, Bd. 1, Stuttgart 1972.

tischen. Bei genauerer Betrachtung zeigt sich indes, dass das gegenwärtig inflationäre Reden über Authentizität nicht nur nach einer begriffsgeschichtlichen Einhegung verlangt, sondern dass sich Authentizität und die mit ihr verbundene Sehnsucht nach dem Unmittelbaren offenbar zu einer Art Signatur unserer Zeit entwickelten.[64] Die prononcierte Wertschätzung des Authentischen bezieht sich auf eine doppelte Wortbedeutung, zum einen im Sinne einer Subjektauthentizität, die eng an die Geschichte, Konzeption und Ethik des modernen Selbst gebunden ist und metaphorisch eine als erstrebenswert angesehene Treue zu sich selbst zum Ausdruck bringt, zum anderen im Sinne einer Objektauthentizität, die dem lateinischen *authenticus* folgend auf die materielle Echtheit und Originalität eines Objektes oder einer Überlieferung abhebt und daher mit Vorstellungen von Glaubwürdigkeit, Wahrheit, Ursprünglichkeit und Evidenz assoziiert ist.[65]

In der historischen Forschung erlebt Authentizität derzeit einen außergewöhnlichen Aufschwung, der im geschichtskulturellen Kontext vornehmlich um den authentischen Ort, das authentische Objekt oder das authentische Zeugnis kreist und der mit der oft eher rhetorischen denn faktischen Feststellung des Authentisch-Seins noch auf eine andere immanente Wortbedeutung rekurriert. Denn der Verweis auf bestehende oder erlangte Authentizität bestimmter kultureller Sachverhalte zielt immer auch auf ihre Autorisierung, mit der im Gestus der Letztbegründung die vermeintlich manifeste Unmittelbarkeit unwiderruflich beglaubigt werden soll. Verbürgte oder bekräftigte Authentizität gilt heutzutage

64 Die Konjunktur des Authentischen prägt gegenwärtig unser Geschichtsverständnis und entspricht einem zeitgebundenen Verständnis, das Geschichte nicht mehr als Fortschritt, sondern »Geschichte als Gedächtnis« konstruiert. Dabei gilt »unverstellte Unmittelbarkeit als Wert an sich«. Vgl. Martin Sabrow, Die Aura des Authentischen in historischer Perspektive, in: ders./Saupe, Historische Authentizität, S. 29-43, Zitat S. 43.

65 Vgl. den herausragenden Artikel von: Achim Saupe, Authentizität, Version: 3.0, in: Docupedia-Zeitgeschichte, 25.8.2015, http://docupedia.de/zg/Saupe_authentizitaet_v3_de_2015 (Zugriff: 1.11.2018). Dazu auch: Helmut Lethen, Versionen des Authentischen: sechs Gemeinplätze, in: Hartmut Böhme/Klaus R. Scherpe (Hg.), Literatur und Kulturwissenschaften. Positionen, Theorien, Modelle, Reinbek bei Hamburg 1996, S. 205-23; Regina Bendix, In Search of Authenticity. The Formation of Folklore Studies, Madison 1997; Detlef Hoffmann, Authentische Erinnerungsorte oder: Von der Sehnsucht nach Echtheit und Erlebnis, in: Hans-Rudolf Meier/Marion Wohlleben (Hg.), Bauten und Orte als Träger von Erinnerung. Die Erinnerungsdebatte und die Denkmalpflege, Zürich 2000, S. 31-45; Susanne Knaller, Ein Wort aus der Fremde. Geschichte und Theorie des Begriffs Authentizität, Heidelberg 2007; Wolfgang Funk/Lucia Krämer (Hg.), Fiktionen von Wirklichkeit. Authentizität zwischen Materialität und Konstruktion, Bielefeld 2011.

als Gütesiegel einer zeitkritischen Betrachtung der von Fragmentierung, Imitation, Künstlichkeit und Entfremdung geprägten Postmoderne.[66]

Mit Adorno ließe sich gegen den derzeitigen Authentizitätsdiskurs genüsslich polemisieren, dass er vorzugsweise ebenso unbeirrt wie hemmungslos im *Jargon der Eigentlichkeit* daherkommt. »Sakral ohne sakralen Gehalt, gefrorene Emanationen, Verfallsprodukte der Aura« sind demnach die zentralen Stichworte einer Rhetorik, die über den Rekurs auf das Erhabene vor allem ideologische Wahrheitsansprüche mit sich führe.[67] Als ertragreich erweist sich darüber hinaus die Lektüre von Benjamins Abhandlung über das *Kunstwerk im Zeitalter seiner technischen Reproduzierbarkeit*, in der Benjamin zwar das Ende des bisher als unverwechselbar geltenden Originals und damit den Verfall seiner von Unnahbarkeit, Echtheit und Einmaligkeit geprägten Aura konstatierte, die Wirkmächtigkeit der nun gleichwohl massenmedial hergestellten Authentizitäts- und Wirklichkeitseffekte allerdings in ihrer ganzen Tragweite verkannte.[68] Somit lässt sich festhalten, dass Authentizität im Sinne verbürgter Originalität von historischen Überresten zwar – wie Martin Sabrow es formuliert – auf einer Art »Unterlage« haftet, die als solche unverzichtbar ist, Authentizität als Zuschreibung hingegen stets kulturell verbürgt und nie materiell gegeben ist.[69] Daraus folgt, dass die als authentisch klassifizierten Objekte und Sachverhalte nicht ohne ihre Überlieferung, Tradierung und Überformung zu denken und zu verstehen sind. Die Relevanz des vermeintlich Authentischen liegt folglich weniger in seiner wie auch immer zu fassenden Substanz oder Faktizität, sondern in dem Umstand, dass Authentizität stets Resultat von zeit- und raumgebundenen und damit analysierbaren Zuschreibungs- und Autorisierungsprozessen ist.

Mag es im geschichtskulturellen Kontext gelegentlich auch darum gehen, die Historizität eines bestimmten Ortes zu beglaubigen, nach ursprünglichen Zuständen beispielsweise von Gebäuden oder Artefakten zu fragen oder die Echtheit eines bestimmten Gegenstandes unter Beweis zu stellen, so ist doch entscheidender, die Überformung des vermeintlich Authentischen als zeitliche Schichtung transparent zu machen. Ebenso

66 Vgl. Peter V. Zima, Entfremdung – Pathologien der postmodernen Gesellschaft, Tübingen 2014.

67 Theodor W. Adorno, Jargon der Eigentlichkeit. Zur deutschen Ideologie, Frankfurt a. M. 1964, S. 12.

68 Vgl. Walter Benjamin, Das Kunstwerk im Zeitalter seiner technischen Reproduzierbarkeit (1935), in: ders., Abhandlungen. Gesammelte Schriften, Bd. I (Zweiter Teil), hg. v. Rolf Tiedemann und Hermann Schweppenhäuser, Frankfurt a. M. 1974, S. 431-469; dazu lesenswert: Saupe, Authentizität, S. 7.

69 Sabrow, Aura des Authentischen, S. 33.

wie ihr geologisches Vorbild, so Reinhart Koselleck, verweist die räumliche Metapher der *Zeitschichten* auf Formationen, »die verschieden weit und verschieden tief zurückreichen und die sich im Laufe der sogenannten Erdgeschichte mit verschiedenen Geschwindigkeiten verändert und voneinander abgehoben haben«, die aber als Ablagerungen »dennoch gleichzeitig vorhanden und wirksam« sein können.[70] In einer Analyse von Überlieferungs- und Tradierungs(ge)schichten wäre demnach vordringlich danach zu fragen, wer welche Begebenheiten, Orte oder Sachzeugnisse zu welcher Zeit und aus welchen Gründen als authentisch klassifiziert oder sie in dieser Weise gewürdigt sehen möchte, welche Beglaubigungs- und Authentisierungsstrategien solchen Aushandlungsprozessen zugrunde liegen und wie die dadurch hergestellte Aura des nunmehr als authentisch Geltenden medial geprägt und inszeniert ist.

Obgleich die Bandbreite der für Authentisierungsprozesse in Frage kommenden Sachverhalte und Zeugnisse enorm ist, nehmen materielle Objekte dabei zweifellos eine zentrale Rolle ein.[71] Im Zuge der in jüngster Zeit wieder stärkeren Auseinandersetzung der Geschichtswissenschaft mit der materiellen Kultur, die in den letzten Jahren zunehmend deren Bedeutung und Wirkmächtigkeit für und in sozialen Beziehungen herausgestellt, ihre Formensprache und Traditionshorizonte beleuchtet sowie ihre potentiellen Erkenntnismöglichkeiten für die Analyse nicht mehr beobachtbarer Gesellschaftssysteme ausgelotet hat, erwies sich trotz aller wichtigen Impulse, die von einer solchen *Archäologie der Moderne* ausgegangen sind, die Mehrdeutigkeit materieller Zeugnisse als forschungspraktische Klippe. Es ist eben durchaus fraglich, ob und inwiefern sich

70 Reinhart Koselleck, Einleitung, in: ders., Zeitschichten. Studien zur Historik, Frankfurt a. M. 2000, S. 9 und 19.

71 Vgl. Arjun Appadurai (Hg.), The Social Life of Things. Commodities in Cultural Perspective, Cambridge 1986; Gert Selle, Siebensachen. Ein Buch über Dinge, Frankfurt a. M. 1997; Tobias L. Kienlin (Hg.), Die Dinge als Zeichen. Kulturelles Wissen und materielle Kultur, Bonn 2005; Christopher Tilley (Hg.), Handbook of Material Culture, London 2006. Zur begrifflichen Differenzierung von Dingen, Sachen, Objekten und Artefakten vgl. Andreas Ludwig, Materielle Kultur, Version: 1.0, in: Docupedia-Zeitgeschichte, 30. 5. 2011, http://docupedia.de/zg/ludwig_materielle_kultur_v1_de_2011 (Zugriff: 1. 11. 2018). Als Überblick: Stefanie Samida/Manfred K. H. Eggert/Hans Peter Hahn (Hg.), Handbuch Materielle Kultur. Bedeutungen, Konzepte, Disziplinen, Stuttgart 2014; Hans Peter Hahn (Hg.), Vom Eigensinn der Dinge. Für eine neue Perspektive auf die Welt des Materiellen, Berlin 2015. Lesenswert zur Herstellung und Analyse sozialer Asymmetrien vgl. Simone Derix/Benno Gammerl/Christiane Reinecke/Nina Verheyen, Der Wert der Dinge. Zur Wirtschafts- und Sozialgeschichte der Materialitäten, in: Zeithistorische Forschungen/Studies in Contemporary History, Online-Ausgabe, 13 (2016), Heft 3, https://zeithistorische-forschungen.de/3-2016 (Zugriff: 1. 11. 2018).

die Bedeutung von Dingen aus ihrer wie auch immer beschaffenen Materialität ableiten lässt, welche Aussagen über soziale Praktiken und gesellschaftliche Prozesse anhand materieller Gegebenheiten getroffen werden können und welche spezifischen Erkenntnisse sich nachweislich aus Objektanalysen ergeben, die nicht auch durch andere Quellen möglicherweise weitaus dezidierter zu gewinnen wären. Wie viel Geschichte steckt also in einem historischen Objekt und wie lässt sich diese überzeugend erzählen?

Die Erforschung der materiellen Welt stößt relativ rasch an ihre Grenzen, wenn sie auf die Stofflichkeit der Dinge, auf ihre Formen- und Symbolsprache sowie auf ihre unverwechselbaren Eigenarten beschränkt bleibt. Selbst wenn bis ins letzte Detail in Erfahrung gebracht werden könnte, wie die Uniform eines konföderierten Bürgerkriegssoldaten rein materiell beschaffen war, wüsste man immer noch relativ wenig über individuelle Kriegserfahrungen und soldatischen Kampfeinsatz, und noch viel weniger über Ursache, Gewaltdynamik und Transformationswirkung des Civil War. Nur die Verkoppelung von materialkundlichen Objektanalysen mit ihren zeitgebundenen Gebrauchsweisen, mit generierten und tradierten Handlungspraktiken, räumlichen Ordnungs- und Zirkulationskonstellationen sowie mit ihren zeitgenössischen Verwendungs- und Wahrnehmungskontexten ermöglicht es, mikrohistorische Mensch-Ding-Verhältnisse und sozial-, gesellschafts- und strukturgeschichtliche Veränderungen konstruktiv zueinander in Beziehung zu setzen. Objekte sind nicht einfach nur die materielle Erscheinung sozialer Veränderungen, sondern stets »in elaborierte Netzwerke eingebunden, die sie mit Menschen und anderen Dingen verknüpfen, und deren Strukturen und Ausdehnung sich dauernd wandeln«.[72] Bruno Latour hat diese Überlegungen zum Ausgangspunkt seiner *Soziologie für eine neue Gesellschaft* gemacht, in der er die Akteur-Netzwerk-Theorie (ANT) auf das Verhältnis von Menschen und Objekten ausweitet. Jedes Ding, das eine gegebene Situation verändere, indem es einen Unterschied mache, so Latours Argument, ist nach seinem Verständnis ein Akteur beziehungsweise ein Aktant. Dinge sind folglich »Beteiligte am Handlungsverlauf, die darauf warten, eine Figuration zu erhalten«.[73] Selbstverständlich sei dadurch menschliches Handeln nicht determiniert, wohl aber könne das Soziale in seiner ganzen Komplexität nur adäquat erfasst werden, wenn in die

72 Derix, Wert der Dinge, S. 403.

73 Bruno Latour, Eine neue Soziologie für eine neue Gesellschaft. Einführung in die Akteur-Netzwerk-Theorie, Frankfurt a. M. 2010, S. 124.

Erkundung, wer und was daran beteiligt ist, auch »nicht-menschliche Wesen (non-humans)« einbezogen würden.[74]

Man muss der Akteur-Netzwerk-Theorie nicht in allen ihren Facetten folgen, um anzuerkennen, dass die von Latour vertretene Gleichrangigkeit von Dingen und menschlichen Akteuren eine nicht nur in der Soziologie, sondern auch in der Geschichtswissenschaft lange Zeit vernachlässigte Dimension sozialer Praxis sichtbar macht. Wenn sich über die Handlungsmacht der Sachkultur und deren Wirkmächtigkeit zwar durchaus streiten ließe, verdeutlicht der gegenwärtig vor allem im geschichtskulturellen Kontext intensiv geführte Authentizitätsdiskurs in der Tat, wie sich das Verhältnis sozialer Gruppen und ganzer Gesellschaften zu ihrer materiellen Umwelt durch Zuschreibungs- und Autorisierungsprozesse ebenso gravierend wie rasant wandeln kann. Ein historisches Objekt, das gestern allenfalls unter Spezialisten als erhaltungswürdig galt, kann morgen aufgrund massenmedialer Beglaubigungs- und Zertifizierungsanstrengungen nahezu sakrale Bedeutung erlangen (und diese auch wieder einbüßen). Was eine solche kulturelle Überformung über die jeweilige Gruppe oder Gesellschaft und über ihr Verhältnis zur eigenen Vergangenheit aussagt, zeigt sich, wenn man den Authentisierungsvorgang selbst als soziale Kommunikation im Sinne einer – wenn man so will – Mensch-Ding-Interaktion analysiert und ihre Mechanismen, Interdependenzen und Zugzwänge sichtbar macht.

Um zu verstehen, wie Authentisierungsprozesse funktionieren, erweist es sich als unabdingbar, zu differenzieren, mit welcher Art von Objekten man es eigentlich zu tun hat. Hierbei sollte sinnvollerweise zwischen Relikten, Replikaten und Reliquien unterschieden werden.[75] Ein historisches Original gilt demnach als ein in seiner Substanz weitgehend erhaltenes Relikt vergangener Zeiten, dem trotz seiner technischen Reproduzierbarkeit eine über seine materielle Wertigkeit hinausweisende Qualität zugeschrieben wird, die sich in einer als unverwechselbar empfundenen Aura des zumeist museal präsentierten Objektes ausdrückt. Im Unterschied zum Überrest, der gemeinhin ohne Vorsatz und damit eher

74 Ebd.

75 Vgl. Mads Daugbjerg, Patchworking the past: materiality, touch and the assembling of ›experience‹ in American Civil War re-enactment, in: International Journal of Heritage Studies 20 (2014), Heft 7-8, S. 724-741; Wolfgang Hochbruck, Relikte, Reliquien und Replikate. Der Umgang mit historischen Objekten im Geschichtstheater, in: Historische Anthropologie 16 (2013), Heft 1, S. 138-153; Achim Saupe, Berührungsreliquien. Die geschichtsreligiöse Aufladung des Authentischen im historischen Museum, in: Thomas Eser/Michael Farrenkopf/Dominik Kimmel/Achim Saupe/Ursula Warnke (Hg.), Authentisierung im Museum. Ein Werkstatt-Bericht, Mainz 2017, S. 45-58.

zufällig erhalten geblieben ist, schließt die Bezeichnung *Relikt* auch diejenigen Gegenstände und Zeugnisse ein, bei denen eine Überlieferungsabsicht erkennbar ist.[76] Während sich das Relikt stets auf seinen Originalzustand bezieht, ohne mit diesem vollständig identisch zu sein, versteht man unter einem Replikat die originalgetreue, im Unterschied zur Fälschung gleichwohl kenntlich gemachte und als solche wahrnehmbare Nachbildung eines verschollenen, beschädigten, mittlerweile veränderten oder aus konservatorischen Gründen nicht präsentierbaren Originals. Replikate differieren in ihren stofflichen wie auch gestalterischen Annäherungen an ihre Vorbilder, was mithin dazu führen kann, dass gerade die Uneinholbarkeit des Originalzustands zu immer weiteren Reduplikationen anregt. Die Nachahmung eines Gegenstandes oder einer Handlung kann sich dann zu einer Art »unfinished business« ausweiten, dessen Reiz gerade darin liegt, letztlich nie an ein Ende gelangen zu können.[77] In gewisser Weise ist in jeder Replikation eine solche Wiederholungsstruktur bereits angelegt.

Ein Relikt wird durch kulturelle Zuschreibungen zu einem historischen und dadurch in mancherlei Hinsicht wertvollen Objekt, während gleichzeitig seine prinzipielle Mehrdeutigkeit in den Hintergrund tritt und durch eine wenn auch nicht unbedingt eindimensionale, so doch aber komplexitätsreduzierende Lesart ersetzt wird. Vereindeutigung zählt zu den zentralen Mechanismen kultureller Objektkonstituierungen, was auch die mögliche Umcodierung von historischen Relikten zu kultischen Reliquien einschließt. Im Lateinischen bezeichnet *reliquiae* allgemein etwas Zurück- oder Übriggebliebenes, im Speziellen die Gebeine oder die Asche eines Toten. Aufgrund der religiösen Wortprägung versteht man darunter zumeist materielle Überreste von Heiligen, die zu Gegenständen kultischer Verehrung werden.[78] Dabei muss es sich nicht zwingend um Körperteile handeln, sondern auch von der Person genutzte Gegenstände oder Kleidungsstücke können reliquiare Qualität erlangen. Der Feststellung, dass Reliquienverehrung beispielsweise im Katholizismus eine immer noch weit verbreitete Glaubenspraxis darstellt, kann nicht weiter nachgegangen werden, interessanter im hier diskutierten Zusammenhang ist die darin kulturell eingelagerte Vorstellung, dass bestimmte Überreste eine Verbindung zu verstorbenen Personen aufrecht-

76 Vgl. zur prinzipiellen Unterscheidung von Überrest und Tradition: Johann Gustav Droysen, Historik. Vorlesungen über Enzyklopädie und Methodologie der Geschichte, hg. v. Rudolf Hübner, München 1937, S. 38-84.

77 Zum Aspekt des Unvollendeten vgl. Daugbjerg, Patchworking, S. 731.

78 Arnold Angenendt, Heilige und Reliquien. Die Geschichte ihres Kultes vom frühen Christentum bis zur Gegenwart, München 1994.

erhalten können. Denn entgegen der landläufigen Auffassung, die Reliquie selbst habe magische Kräfte und könne Wunder bewirken, schreibt der Reliquienglauben diese Wirkungsmacht gerade nicht dem Gegenstand, sondern seinem Besitzer oder seiner Besitzerin zu. Nur die Heiligen, nicht das kultische Objekt besitzen demnach außergewöhnliche Kräfte, auch wenn in der Wallfahrts- und Glaubenspraxis diese elementare Unterscheidung manchmal bis zur Unkenntlichkeit verschwimmt. Die Reliquie indes dient dazu, dass der Gläubige eine emotionale und spirituelle Beziehung zu Gott aufbauen kann. Sie repräsentiert in ihrer irdischen Materialität den Heiligen, dessen Fürsprache bei Gott erbeten wird. Eine Reliquie ist nach diesem Verständnis eine Art Substitut, das die Kommunikation mit einer anderen Welt erlaubt, mit einer Form des *Da*-Seins, die dem Menschen zwar nicht unmittelbar zugänglich ist, mit der er allerdings emotional in Kontakt zu treten wünscht. Oftmals begibt sich der Gläubige für ein solches Beziehungs- oder auch Erweckungserlebnis im konkreten wie im metaphorischen Sinne auf eine Pilgerreise.

It is just a jump to the left

Das Reenactment ist einer Pilgerreise nicht unähnlich. Wie Letztere den Gläubigen mit einer ansonsten nicht direkt zugänglichen, für ihn gleichwohl ersehnten Welt in Beziehung treten lässt, erweist es sich am Ende als entscheidend, wie sich die Barriere zwischen Hier und Dort, zwischen Gegenwärtigem und Vergangenem überwinden lasst. Solche imaginierten Übergänge werden erfahrungsgemäß rituell gestaltet.[79] Rituale als zeremonielle Unterbrechungen des Alltags markieren einen Raum des Übergangs, des Wandels oder der Transformation. Sie dienen dazu, soziale Erfahrungen zum Ausdruck zu bringen, diese in Szene zu setzen

79 Zur Ritualforschung immer noch grundlegend: Victor Turner, Das Ritual. Struktur und Anti-Struktur (1969), deutsche Ausgabe, Frankfurt a. M. 1989; ders., Vom Ritual zum Theater. Der Ernst des menschlichen Spiels (1982), deutsche Ausgabe, Frankfurt a. M. 1989; zu einer Theorie des Rituals vgl. den herausragenden Aufsatz von Petra Bahr, Ritual und Ritualisation. Elemente zu einer Theorie des Rituals im Anschluss an Victor Turner, in: Praktische Theologie 33 (1998), Heft 2, S. 143-158; allgemein zu Ritualen vgl. auch: Ray B. Browne (Hg.), Rituals and Ceremonies in Popular Culture, Bowling Green/Ohio 1980; Arnold van Gennep, Übergangsriten (1981), deutsche Ausgabe, Frankfurt a. M. 1999; Thomas Macho, Rituale, Zürich 2006; Sandra Petermann, Rituale machen Räume. Zum kollektiven Gedenken der Schlacht von Verdun und der Landung in der Normandie, Bielefeld 2007; Barbara Stollberg-Rilinger, Rituale, Frankfurt a. M. 2013; Christiane Brosius/Axel Michaels/Paula Schrode (Hg.), Ritual und Ritualdynamik. Schlüsselbegriffe, Theorien, Diskussionen, Stuttgart 2013.

und gemeinschaftlich zu erleben. In solchen Prozessen der Darstellung, Repräsentation und Aneignung spielen Vergangenheitsbezüge seit jeher eine zentrale Rolle, daher kommt Ritualen auch die Funktion zu, die Vergegenwärtigung von Vergangenem szenisch zu arrangieren. Trotz ihrer Körper- und Affektzentrierung verweisen sie auf kognitive Geschichtsaneignungen, verlagern die Beschäftigung mit Vergangenheiten aber auf eine körperlich-sinnliche Ebene. Rituale konstituieren einen Schwellenraum, einen Ort des gestalteten Übergangs, eine »Passage zwischen Ordnung und Ordnung«,[80] die paradox strukturiert ist. Denn die Gleichzeitigkeit von Freiheit und Norm gewährt die gewünschte Verhaltenssicherheit, eine hohe aktuelle Erlebnisintensität sowie eine gewisse Interpretationsfreiheit. Rituale bilden weder Vergangenheit noch Wirklichkeit ab, sie ermöglichen indes eine gemeinschaftliche Aneignung der nun rituell verfremdeten Geschehnisse, indem die Akteure während des rituellen Vollzugs quasi eine »Erfahrung mit der Erfahrung«[81] machen. Die Darsteller übernehmen die im Skript vorgesehenen Rollen und können so ihre eigenen diffusen Gefühlslagen gemeinsam Ausdruck verleihen. Der liminale Raum ist ein Ort der sinnlich-körperlichen Verarbeitung, der individuellen Erfahrungsaneignung sowie der kollektiven Synchronisierung disparater Empfindungen. Liminalität ebnet den Zeitreisenden einen Weg von ihrer derzeitigen in eine historische Lebenswelt. Objekte, Praktiken sowie die gesamte Handlungskulisse dienen dabei in erster Linie dazu, »to bridge the gap«.

In der Literatur und im Film gehören rituell arrangierte Zeitsprünge zu den klassischen Topoi.[82] In der *Rocky-Horror-Picture-Show* beispielsweise wird der *Time Warp* durch einen gleichnamigen Tanz initiiert: *It is just a jump to the left.* Choreographierte körperliche Handlungssequenzen, aufwendige Kostümierung und rituelle Synchronisierung dienen im Film dazu, raumzeitliche Handlungsbarrieren ultimativ zu durchbrechen. Ähnlich im Reenactment – dort ist der simulierte Zeitsprung vor allem durch drei Elemente geprägt: zum einen durch das in der Regel vorab choreographierte Spiel, das im Unterschied zum Theater keinen fiktionalen Stoff inszeniert, sondern sich an historischen Vorlagen ausrichtet,

80 Bahr, Ritual und Ritualisation, S. 147.

81 Ebd., S. 155.

82 Der Schriftsteller Matthias Politycki beschreibt das so: »Ein Text muß einfach in sämtlichen Details ›stimmen‹, wenn er nicht in seiner Wirkung als Ganzes gefährdet sein möchte. Alles muß so genau recherchiert sein, daß man beim Erzählen nahtlos auch ganze Passagen aus freier Erfindung einbauen kann: Wenn die Fakten stimmen, kann man als Erzähler *richtig* draufloslügen.« Vgl. ders., Reduktio & Tempo. Als Erzähler unterwegs im 21. Jahrhundert, Göttingen 2017, S. 21.

zum zweiten durch verbürgte Praktiken wie beispielsweise Exerzieren, Waffenhandhabung und Kampftechniken, die möglichst originalgetreu nachgeahmt und durch wiederholtes Einüben verinnerlicht werden, sowie drittens durch die verwendeten und aufgrund von Zuschreibungsprozessen bereits authentisierten Objekte, die gleichsam die Verbindung zum historischen Geschehen materiell beglaubigen sollen. Das Grundprinzip beruht dabei auf der Vorstellung, dass ein (möglichst wissenschaftlich) authentifizierter Handlungsrahmen die darin hinein verlagerten Spielhandlungen in Erlebnisse mit der Vergangenheit verwandeln kann. Den als authentisch klassifizierten Objekten wird eine ihnen materiell inhärente Wirkungsmacht zugeschrieben. Demnach können sie die Vergangenheit in die jeweilige Gegenwart transferieren, weil sie aufgrund ihrer beglaubigten Authentizität über eine mit dem Original vergleichbare Aura verfügen, was sie zu magischen Dingen macht. Die Übergänge zwischen Auraerfahrungen und Reliquienverehrung sind dabei fließend.[83] Ein derart konstruierter Handlungsrahmen erzeugt nach dieser Logik quasi unweigerlich auch analoge Erlebnisse, da das Spiel in einer historisch verbürgten Kulisse stattfindet und somit die Simulation alle relevanten Ebenen des Ereignisablaufs abzubilden scheint. Während im »Zeugnismodus das Objekt als Repräsentant von Vergangenem im Mittelpunkt steht, ist im Erlebensmodus das Subjekt und dessen Gefühls- und Lebenswelt zentral«.[84] Simulation beschreibt hier weniger eine künstliche Realität im Sinne Jean Baudrillards, sondern eher ein imitierendes Spiel.[85] Es handelt sich um Handlungssequenzen, die unter als vergleichbar angesehenen Bedingungen vorgeben, ähnliche Wahrnehmungen, Emotionen und Erfahrungen, wie sie beim historischen Bezugsereignis vermutet werden, zu erzeugen. Das dabei vorherrschende »als-ob« konstituiert historisch-gegenwärtige Erlebnisse mit scheinbar hoher emotionaler Evidenz. Der Archäologe Cornelius Holtorf hat solche

83 Dabei können auch Replikate eine enorme Aufladung erhalten, sodass sie die dargestellte Szene nicht nur symbolisieren, sondern ihnen eine nahezu magische Wirkung zukommt. Der Anthropologe Mark Auslander hat das anhand von nachgestellten Sklavenauktionen untersucht. Objekte wie Handschellen oder eine Peitsche werden zu »structural operators«, weil sie während des Spiels die Dramatik der erzählten Geschichte verdichten. »This potent object can also serve to bridge past, present, and future«. Auslander nennt dieses Phänomen *doubleness*. Vgl. Auslander, Touching the Past, S. 164-181.

84 Eva Ulrike Pirker/Mark Rüdiger, Authentizitätsfiktionen in populären Geschichtskulturen: Annäherungen, in: Pirker u. a., Echte Geschichte, S. 11-30, Zitat S. 17.

85 Vgl. Jean Baudrillard, L'échange symbolique et la mort, Paris 1976; ders., Simulacres et Simulation, Paris 1981.

Authentisierungs- und Beglaubigungsprozesse anschaulich als die Erzeugung von *pastness* bezeichnet.[86]

Die Authentisierung von Objekten, Orten oder Handlungen dient immer auch der Legitimation des eigenen Tuns. Da im Reenactment an der authentisierten Handlungskulisse die Glaubwürdigkeit der simulierten Zeitreise hängt und sich Reenactor dadurch zugleich von anderen Formen des darstellenden Spiels (wie beispielsweise Live Acting Role Playing) abgrenzen, verwundert es kaum, dass die Einhaltung bestimmter Qualitätsstandards teilweise recht rigoros eingefordert wird. Während beispielsweise Veteranen des Amerikanischen Bürgerkrieges allein aufgrund ihrer biographischen Erfahrungen dazu autorisiert waren, das historische Geschehen zu bezeugen, und infolgedessen auf Kostüme, Relikte und choreographierte Nachstellungen weitgehend verzichteten, stellen Reenactor ihre Professionalität und Kompetenz vor allem materiell unter Beweis, indem sie vorzugsweise Originale oder zumindest echt wirkende Replikate verwenden.[87] Die Ansprüche an die eigene Ausstattung variieren allerdings erheblich: Sogenannte *Hardcore Reenactor*

> possessed near perfect reproduction uniforms and accouterments. In addition, the uniforms were worn properly and appeared appropriately weathered and »broken-in«. Including period hairstyles, facial hair, and studied postures, the hardcore images were almost evocative of the past.[88]

Progressive und *mainstream* Reenactor zeichnen sich hingegen trotz eines insgesamt immer noch überzeugenden Gesamteindrucks dadurch aus, dass beispielsweise ihre Uniformen neuwertig aussehen, farblich stark differieren, einzelne Ausrüstungs- oder Uniformteile nicht exakt zueinander passen oder der Haarschnitt zu wünschen übrig lässt. Nimmt der Anteil an fehlerhaften oder unzulänglichen Objekten zu und stimmen weder Körperhaltung noch Kopfbedeckung oder Bewaffnung, dann spricht man in der Reenactment-Szene von *Farbs*, was eine eindeutig abwertend gemeinte Bezeichnung für Darsteller mit gravierenden Ausstattungsmängeln ist.[89] Wer unzeitgemäße Stiefel oder modische Sonnen-

86 Cornelius Holtorf, From Stonehenge to Las Vegas: Archaeology as Popular Culture, Lanham/Maryland 2005, S. 112-129.

87 Wolfgang Hochbruck spricht hier in Anlehnung an Pierre Bourdieu von »kulturellem Kapital«, vgl. Hochbruck, Relikte, S. 151.

88 Strauss, Pattern Categorization, S. 103.

89 Ob es sich bei dem englischen Ausdruck *Farb* tatsächlich um ein deutsches Lehnwort handelt (im Sinne von *farbig*), scheint unklar zu sein. Andere meinen, dass es eine Abkürzung für »far be it for me to criticize your impression, however« sei. Wie auch immer – um diese Bezeichnung kreist seit Jahrzehnten die Debatte, was

brillen trägt, als konföderierter Soldat mit einer Uniformjacke der Union ins Gefecht zieht oder in einem modernen Schlafsack übernachtet, muss damit rechnen, Ärger und Spott seiner Mitstreiter auf sich zu ziehen. Entscheidend darf nicht sein, was gut oder cool aussieht, sondern was sich historisch nachweisen lässt. *Farbs* beschädigen nach Meinung vieler Darsteller nicht nur das Ansehen der Reenactment-Szene und konterkarieren deren Anspruch auf Authentizität, sie beeinträchtigen auch die Erlebnisqualität ihrer Mitstreiter. Jedes abweichende Detail stört oder verhindert demzufolge das immersive Eintauchen in die Vergangenheit, was dazu führen kann, dass *Farbs* von einer Schlachtennachstellung ausgeschlossen werden, weil sie den Mindestanforderungen des Spiels nicht entsprechen.

Der Insiderdiskurs über das, wofür das A-Wort steht, nimmt zuweilen bizarre Züge an. Der australische Historiker und Reenactor Stephen Gapps sieht seine »historische Ästhetik« verletzt, wenn

> I see someone at a »reenactment event« drinking out of an aluminum can or wearing modern army boots because they look »close enough« to the historical item. This »close enough is good enough« version of reenactment disturbs my need to uphold the status of reenactment as history work. I also feel as though I am in danger of becoming an authenticity fetishist, or, as fellow reenactors say, an »authenticity fascist«.[90]

Die Radikalität, mit der zuweilen über das Thema diskutiert wird, offenbart ebenso heikle wie absonderliche Seiten des historischen Reenactments. Denn die Frage, wie weit ein Authentizitätsanspruch im konkreten Einzelfall tatsächlich reicht, zielt ja nicht nur darauf, dass Gesundheit und Sicherheit der Teilnehmer/innen oberste Priorität haben sollten, sondern damit ist ebenfalls verbunden, welche Anforderungen hinsichtlich Aussehen, Alter, Herkunft und Kompetenz der Beteiligten noch als legitim gelten. Ist es zu rechtfertigen, dass Frauen aus bestimmten Gruppen ausgeschlossen bleiben, weil ihre Teilnahme an Reenactments dem Anspruch auf authentische Darstellung widerspricht? Wie gehen Reenactor, die deutsche Wehrmachts- oder SS-Verbände darstellen, damit um, wenn sich Männer um eine Mitgliedschaft bewerben, die ganz offensichtlich nicht den damals herrschenden Rekrutierungskriterien entsprechen? Kann ein Afro-Amerikaner oder ein Chinese einen SS-

Reenactor als authentisch empfinden. Vgl. Strauss, Pattern Categorization, S. 105; Hochbruck, Relikt, S. 150; Turner, Bloodless Battles, S. 127.

90 Gapps, Mobile Monuments, S. 396. Zu *Farbs* und *Superhardcore* vgl. ebd., S. 399 ff.

Mann porträtieren oder würde ihnen das aus Authentizitätsgründen verwehrt werden? Wird Juden generell die Mitgliedschaft in »deutschen« WW-II-Reenactment-Gruppen verweigert oder nur dann, wenn sie nach gängigen antisemitischen Vorstellungen auch jüdisch aussehen? Die wenigen Beispiele skizzieren bereits die politische Sprengkraft extremer Authentizitätsvorstellungen. Gleichzeitig ist kaum von der Hand zu weisen, dass es hochgradig irritierend wäre, wenn beim legendären Reenactment in Gettysburg auf konföderierter Seite mehrheitlich Afro-Amerikaner mitwirkten. In Australien beispielsweise wird immer wieder kontrovers darüber diskutiert, ob und wie die koloniale Geschichte des Kontinents wieder-aufgeführt werden kann. Dabei ist nicht nur strittig, inwiefern Gewaltdarstellungen überhaupt öffentlich gezeigt werden sollten, es stellt sich auch regelmäßig das Problem, dass es keine oder zu wenige Aborigines gibt, die sich daran beteiligen wollen.[91] Sollen sich andere Darsteller in einem solchen Fall als Indigene verkleiden, damit das Reenactment überhaupt stattfinden kann? Oder verbietet sich unter diesen Umständen das Wieder-Aufführen der kolonialen Landeroberung?

Manche Reenactment-Gruppen finden selbst für derart knifflige Probleme kreative Lösungen.[92] So hat es beispielsweise im Civil War wie auch in den antinapoleonischen Freiheitskriegen durchaus Frauen gegeben, die sich als männliche Soldaten ausgaben und aktiv mitkämpften. Diese historische Tatsache machen sich einige Gruppen zunutze, um Frauen in die von ihnen porträtierten Regimenter einzubinden. In anderen Fällen fungieren Frauen als Kriegsberichterstatterinnen, die beispielsweise während der Gefechte in der Normandie 1944 die kämpfende (weiterhin rein männliche) US-Truppe begleiteten. Oder ein Reenactor mit koreanischem Familienhintergrund wird kurzerhand zum japanischen Verbindungsoffizier ernannt, der im Auftrag seiner Regierung deutschen Wehrmachts- und SS-Verbänden während ihres Fronteinsatzes zugeteilt war.[93] Doch trotz einfallsreicher Lösungsversuche bleibt das Grundproblem bestehen. Reenactments, die sich extrem strengen Authentizitätsregeln verpflichtet fühlen, reproduzieren historische Ordnungs- und Klassifizierungssysteme und damit gegebenenfalls auch paternalistische,

91 Vgl. Gapps, Performing the Past, S. 56-129; zur Ausgrenzungs- und Diskriminierungsproblematik vgl. ebd., S. 313-330. Zu Beginn des 20. Jahrhunderts fanden in Australien Reenactments statt, »where non-indigenous people painted themselves with lamp-black to reenact Aborigines in Australian history – sometimes as Aboriginal people looked on«; Gapps, Mobile Monument, S. 403.

92 Zu Aushandlungsprozessen über Authentizität innerhalb von Reenactment-Gruppen vgl. Decker, Being Period, S. 273-296.

93 Vgl. Thompson, War Games, S. 228 ff.

rassistische, ethnische, völkische und manch andere Unterscheidungspraktiken. Diesem Dilemma wäre nur zu entkommen, wenn Reenactor die Reichweiten ihres eigenen Authentizitätsanspruches kritisch reflektieren und die Grenzen der Darstellbarkeit von Geschichte dort ziehen, wo Gleichbehandlungsrechte tangiert werden. Reenactments tendieren dazu, die historischen Ereignisse, auf die sie sich beziehen, wenig oder gar nicht in Frage zu stellen, und das, obwohl es zu ihren Grundkonflikten gehört, entscheiden zu müssen, ob bestimmte Begebenheiten beispielsweise aufgrund ihrer Brutalität ausgeklammert bleiben. Über die Darstellung von Sklavenauktionen und Lynchmorden, wie sie in den USA regelmäßig stattfindet, kann man durchaus geteilter Meinung sein.[94] Was aber ist mit Folter, Vergewaltigungen, Hinrichtungen und Massenerschießungen? Die meisten Reenactor würden hier vermutlich eine rote Linie ziehen, unabhängig davon, in welchem historischen Bezugskontext die verbrecherischen Handlungen standen. Im Rahmen öffentlicher Veranstaltungen sind solche Reenactments ohnehin nur schwer vorstellbar, zumindest solange diese Events familientauglich und als geschichtskulturelle Darstellungsformate akzeptiert sein wollen. Manche Reenactor geben allerdings zu bedenken, dass sich die Darstellung traumatischer oder verbrecherischer Geschehnisse zwar aus ethischen Gründen verbieten mag, dies aber dazu führe, dass zentrale Aspekte der jeweiligen Geschichte ausgeklammert bleiben. Während sich das Trauma auf diese Weise der Repräsentation entziehe, erweise sich die in *Pioneer Theme Parks* und *goldrush histories* dargebotene Kolonialgeschichte als überaus unterhaltsam.[95] Das kann ernsthaft niemand wollen, macht aber zugleich anschaulich, mit welchen Grundkonflikten sich Reenactor permanent auseinanderzusetzen haben.

94 Die ersten Reenactments von Sklavenauktionen fanden bereits Mitte des 19. Jahrhunderts in New York City statt, vgl. Auslander, Touching the Past, S. 161 ff.

95 Vgl. Gapps, Mobile Monuments, S. 406.

Abb. 31: Kranzniederlegung am Scharnhorstdenkmal zum 200. Jahrestag der *Schlacht bei Großgörschen*, 4. Mai 2013

Geschichte als Identitätsressource

Der im gesellschaftlichen Diskurs erst seit den 1990er Jahren gebräuchliche Ausdruck *Erinnerungskultur* erweist sich bei genauerer Betrachtung als bestenfalls schillernd. Manche verstehen darunter einen Ordnungs- und Sammelbegriff, der die verschiedenen Formen des bewussten Erinnerns und Gedenkens umfasst und somit einen weiten Bogen von familiären Erinnerungsnarrativen über das öffentliche Gedenken bis hin zur wissenschaftlichen Erforschung von historischen Prozessen, Ereignissen und Persönlichkeiten spannt.[96] In anderen Zusammenhängen wird Erin-

96 Eine weite Definition favorisiert beispielsweise: Christoph Cornelißen, Erinnerungskulturen, Version 2.0, in: Docupedia-Zeitgeschichte, 22.10.2012, https://docupedia.de/zg/Erinnerungskulturen (Zugriff: 19.10.2018). Eher abgrenzend: Hans

nerungskultur erheblich enger gefasst, indem beispielsweise dezidiert zwischen historischer Forschung einerseits und geschichtskulturellen Vorgängen und Praktiken andererseits unterschieden wird. Gleichzeitig fällt aber auch eine Abgrenzung zwischen dem, was der Begriff Erinnerungskultur beschreibt, und verwandten Termini wie »Geschichtspolitik«, »Geschichtskultur« oder »Gedenkkultur« nicht immer eindeutig aus. Versuche, hier zu einheitlichen Bezeichnungen zu kommen, scheinen bisher nicht zu greifen, zumindest findet man in der Fachliteratur ein breites Spektrum gebräuchlicher Ausdrücke.[97] Will man nicht generell vom öffentlichen Gebrauch von Geschichte sprechen (wofür es ja auch durchaus Argumente gäbe), hat es sich als nützlich erwiesen, die Begrifflichkeiten klarer voneinander abzugrenzen, indem man mit Erinnerungskultur alle rituellen, ästhetischen, intellektuellen und in der Regel öffentlichen Formen der Vergegenwärtigung von Geschichte bezeichnet.[98] Sie schließen zwar stets gewisse Bezüge zur historischen Forschung ein, verweisen auf deren Arbeitsergebnisse und sind mit ihr auch oftmals personell verbunden, unterscheiden sich von der wissenschaftlichen Beschäftigung mit Vergangenheiten aber vor allem durch eine andere Wissensgenerierung, durch spezifische Repräsentationsformen wie durch die Tatsache, dass individuelle wie kollektive Erinnerungen nicht in erster Linie auf reflektiertes Wissen über Vergangenheiten zielen, sondern auf die Deutungsrelevanz von Geschichte in der jeweiligen Gegenwart.

Günter Hockerts, Zugänge zur Zeitgeschichte. Primärerfahrung, Erinnerungskultur, Geschichtswissenschaft, in: Aus Politik und Zeitgeschichte 28 (2001), S. 15-30.

97 Von der umfangreichen Literatur zu dieser Thematik seien hier nur genannt: Edgar Wolfrum, Geschichtspolitik in der Bundesrepublik Deutschland. Der Weg zur bundesrepublikanischen Erinnerung 1948-1990, Darmstadt 1999; Peter Reichel, Von der »Vergangenheitsbewältigung« zur »Geschichtspolitik«. Anmerkungen zur Begrifflichkeit eines politisch-kulturellen Handlungsfeldes, in: Polis 2 (2005), S. 9-12; Harald Schmid (Hg.), Geschichtspolitik und kollektives Gedächtnis. Erinnerungskulturen in Theorie und Praxis, Göttingen 2009. Zur internationalen Rezeption des Begriffs *Geschichtspolitik* vgl. Etienne François/Kornelia Kończal/Robert Traba/Stefan Troebst (Hg.), Geschichtspolitik in Europa seit 1989. Deutschland, Frankreich und Polen im internationalen Vergleich, Göttingen 2013; Stefan Troebst, Geschichtspolitik, Version 1.0., in: Docupedia-Zeitgeschichte, 4. 8. 2014, https://docupedia.de/zg/Geschichtspolitik (Zugriff: 19. 10. 2018). Zum Begriff *Geschichtskultur* vgl. Jörn Rüsen, Was ist Geschichtskultur? Überlegungen zu einer neuen Art, über Geschichte nachzudenken, in: Klaus Füßmann/Heinrich Theodor Grüttner/Jörn Rüsen (Hg.), Historische Faszination. Geschichtskultur heute, Köln 1994, S. 3-26; Wolfgang Hardtwig, Geschichtskultur, in: Stefan Jordan (Hg.), Lexikon der Geschichtswissenschaft. Hundert Grundbegriffe, Stuttgart 2002, S. 112-115.

98 Vgl. Cornelißen, Erinnerungskultur, S. 2.

Obgleich Reenactment in Europa wie auch in anderen Ländern der Welt unterschiedlich stark verbreitet ist, lässt sich insgesamt feststellen, dass sich das in dieser Weise organisierte Wieder-Aufführen historischer Geschehnisse trotz vielerlei Kritik in den letzten zwanzig Jahren als eine kulturelle Form der Geschichtsaneignung etabliert hat. Während in den USA, in Australien und Großbritannien schon in den 1960er Jahren eine breitere Akzeptanz einsetzte, wächst das Interesse unter anderem in Russland, Polen und Deutschland erst seit den 1990er Jahren an. Dabei sind die Grenzen zwischen den verschiedenen Varianten vergleichsweise durchlässig: zum einen geht es um klassische Reenactments, die vorzugsweise als Schlachtennachstellungen stattfinden, darüber hinaus um die eher im museumsdidaktischen Bereich angesiedelte Living History, des Weiteren um die in jüngster Zeit vor allem theaterwissenschaftlich reflektierten Reenactments als moderne Kunstform sowie nicht zuletzt um das *Wieder*-Aufführen von Vergangenheiten als didaktisches Vermittlungsformat in der schulischen und außerschulischen Bildungsarbeit.

Wenn sich zur pädagogischen Praxis mittlerweile auch durchaus kritische Stimmen zu Wort melden, ist es ebenso verblüffend wie erschreckend, mit welcher Unbedarftheit immer wieder das bildungspolitische Potential von Reenactments angepriesen wird. Die »teilhabende Rekonstruktion von Geschichte«, so heißt es in einer Handreichung der Bundeszentrale für politische Bildung, ermögliche eine »ästhetische Erfahrung des Vergangenen am eigenen Körper und als gemeinsam erlebtes Live-Ereignis«. Für eine junge Generation, »die durch ihre Mediensozialisation über trockenes Buchwissen nur schwer Zugriff auf die Historie findet«, sei Reenactment überaus spannend, auch weil es »Fachwissen mit einer heutigen Ereigniskultur, gesellschaftspolitische Auseinandersetzung mit körperlicher und ästhetischer Erfahrung« verbinde.[99] Sowohl die Gegebenheiten schulischer Reenactment-Projekte (gerade im Unterschied zur akribischen Schlachtennachstellung) wie auch die schlichten (und falschen) Geschichtsbilder, die durch ein diffuses Hineinversetzen in eine angeblich historische Situation vermittelt werden, scheinen da wenig Kopfzerbrechen zu bereiten, zumindest hält das nicht davon ab, das For-

99 Alle Zitate aus: Melanie Hinz, Reenactment, Dossier der Bundeszentrale für politische Bildung (2011), http://www.bpb.de/gesellschaft/bildung/kulturelle-bildung/60259/reenactment?p=all (Zugriff: 3.12x.2018). Kritische Beiträge zum Reenactment als pädagogisches Vermittlungsformat findet man u.a. hier: Juliane Brauer/Martin Lücke (Hg.), Emotionen, Geschichte und historisches Lernen. Geschichtsdidaktische und geschichtskulturelle Perspektiven, Göttingen 2013; Sénécheau/Stefanie Samida (Hg.), Living History.

mat als »Hybrid zwischen Geschichtswissenschaft, Freizeitaktivität und Kunst« für den Geschichtsunterricht zu empfehlen.[100]

Dass sich Geschichte auf diese Weise körperlich nacherleben und sich durch das Spiel emotionale Zugänge zu den Lebenswelten historischer Akteure herstellen lassen, gehört zu den nicht nur weit verbreiteten, sondern auch alarmierenden Fehleinschätzungen. Suggerierte Wirklichkeitseffekte werden als historische Realitäten missverstanden, einschließlich der Annahme, Vergangenheit sei nur von Bedeutung, wenn sie aktuell erlebbar und damit identitätsrelevant ist. Solche Vermittlungskonzepte gaukeln den Adressaten vor, identitätsrelevante Geschichtserlebnisse zu ermöglichen, während gleichzeitig verschleiert wird, dass diese wie auch jede andere Deutung vergangener Ereignisse nur eine von vielen Möglichen darstellt. Was solche Versprechen rein praktisch bewirken, zeigt exemplarisch ein erlebnispädagogisches Angebot zum Schulalltag in der DDR.[101] Im Schulmuseum Leipzig können Jugendliche in entsprechendem Ambiente an »Historischen Unterrichtstunden«, wahlweise zum Kaiserreich und zur DDR, teilnehmen. Die »nachgespielten DDR-Unterrichtsstunden halten sich an die Empfehlungen aus den Unterrichtshilfen für DDR-Lehrer« und stellen »deutschlandweit ein Alleinstellungsmerkmal« dar.[102] Dass es in diesem Rollenspiel auch heute noch viel Mut koste, der Lehrerin zu widersprechen, will man als kreative Auseinandersetzung mit diktatorischer Vergangenheit verstanden wissen. Ob es in diesem speziellen Fall nicht eher um die persönliche, im Rollenspiel regelmäßig wiederholte und fatalerweise als pädagogisch sinnvoll ausgegebene Beschäftigung einer ehemaligen DDR-Lehrerin mit ihrer eigenen Berufsbiographie geht, sei hier mal dahingestellt, das Beispiel zeigt jedenfalls eindrücklich, welche fragwürdigen Praktiken damit einhergehen. Das hat unter anderem auch damit zu tun, dass Living History und Reenactment derweil Bestandteile einer Geschichtskultur geworden sind, die sich vorzugsweise identifikatorisch auf vergangene Ereignisse, Prozesse und Persönlichkeiten bezieht. Ob im Geschichtsunterricht, im Museum oder in der Gedenkstätte – unermüdlich wird angemahnt, es müsse emotionale, vorzugsweise biographische Zugänge zur Geschichte geben, damit sich junge Menschen zur vermeintlich

100 Hinz, Reenactment, S. 6.

101 Vgl. dazu allgemein: Juliane Brauer, (K)Eine Frage der Gefühle? Die Erinnerung an die DDR aus emotionshistorischer Perspektive, in: Carolin Führer (Hg.), Die andere deutsche Erinnerung. Tendenzen literarischen und kulturellen Lernens, Göttingen 2016, S. 77-96.

102 Vgl. zum pädagogischen Angebot des Schulmuseums Leipzig, https://schulmuseum.leipzig.de/angebote/historische-unterrichtsstunden/ (Zugriff: 3. 12. 2018).

trockenen, weil erwiesenermaßen ja toten Vergangenheit überhaupt in Beziehung setzen können. Solche Anstrengungen verdeutlichen hinlänglich den Wunsch, sich in erster Linie identifikatorisch mit Geschichte beschäftigen zu wollen. Es scheint kaum noch möglich, historische Geschehnisse zu vergegenwärtigen, ohne danach zu fragen, welches Identitätsangebot diese oder jene Begebenheit für uns heute bereithält. Unsere Geschichtskultur, vor allem in Deutschland aufgrund der Geschichte des Nationalsozialismus, tendiert bereits seit Jahrzehnten zu einer von Identitätsfragen gesteuerten Naherinnerung, wie Karl Heinz Bohrer das bereits 2001 prononciert formuliert hat.[103] Diese Art der identifikatorischen Geschichtsaneignung steht dabei unweigerlich in der Gefahr, Vorstellungen, Personen und Begebenheiten vergangener Zeiten zu enthistorisieren, um sie im Sinne der intendierten Identitätsstiftung überhaupt kommunizieren zu können.

Angesichts der gegenwärtigen gesellschaftlichen, politischen und ökonomischen Veränderungen kommen indes Zweifel auf, ob ein auf homogene Gemeinschaften ausgerichteter Identitätsbegriff noch den Kern kollektiver Vergegenwärtigungen von Geschichte beschreibt oder es mittlerweile nicht in erster Linie politische Gebrauchskonjunkturen, private Konsumgewohnheiten sowie ökonomisch orientierte Unterhaltungs- und Marktmechanismen sind, die unseren gesellschaftlichen Vergangenheitsbezug dominieren. Ein Kollektiv, wie immer es auch imaginiert, beschrieben oder umrissen sein mag, erinnert sich nicht im eigentlichen Sinne des Wortes an historische Geschehnisse, vielmehr geht es um soziale und gesellschaftliche Verständigungs-, Konstruktions- und Vergegenwärtigungsprozesse, die es kommunikations-, kultur- und medienhistorisch und – wenn man mag – auch diskursanalytisch zu deuten gilt. Als grundlegend hat sich hierfür die in den 1920er und 1930er Jahren erarbeitete kulturelle Gedächtnistheorie erwiesen, die insbesondere mit Namen wie Maurice Halbwachs und Aby Warburg verbunden ist.[104] Ihnen ging es in erster Linie um die Frage, wie überindividuelles Wissen entsteht und weitergegeben wird. Demnach unter-

103 Karl Heinz Bohrer, Erinnerungslosigkeit, in: ders., Ekstasen der Zeit. Augenblick – Gegenwart – Erinnerung, München 2003, S. 10-29.

104 Einen historischen Überblick mit Bezug zum Historismus als spezifische Form des kulturellen Gedächtnisses liefert: Otto Gerhard Oexle (Hg.), Memoria als Kultur, Göttingen 1995; zu Halbwachs u. a. Gerald Echterhoff/Martin Saar (Hg.), Kontexte und Kulturen des Erinnerns. Maurice Halbwachs und das Paradigma des kollektiven Gedächtnisses, Konstanz 2002; Stephan Egger (Hg.), Maurice Halbwachs – Aspekte des Werks, Konstanz 2003; Astrid Erll, Kollektives Gedächtnis und Erinnerungskulturen. Eine Einführung, Stuttgart 2005; Hermann Krapoth/Denis Laborde (Hg.), Erinnerung und Gesellschaft, Wiesbaden 2005.

liegen sowohl individuelle wie auch kollektive Vergegenwärtigungen einem ständigen Anpassungs- und Überschreibungsprozess, weil sich die sozialen Bedingungen ihrer Konstituierung und Überformung fortwährend wandeln. Die kulturelle Gedächtnistheorie, wie sie also bereits in der ersten Hälfte des 20. Jahrhunderts als interdisziplinärer Forschungsansatz entwickelt war, erfuhr nach 1945 zunächst relativ wenig Beachtung. Erst im Zuge der intensiven Beschäftigung mit Nationalsozialismus, Holocaust und Vernichtungskrieg seit den 1980er Jahren wurden allmählich die theoretischen Konzepte des kollektiven Erinnerns weiterentwickelt und angepasst. Das kollektive Gedächtnis fungiert seither als identitätsstiftender Mechanismus und wird vereinfachend »als Selbstbild-bezogenes Wissensreservoir« verstanden, »durch dessen Pflege und Weitergabe [es] sich im Sinne kultureller Arterhaltung reproduziert«.[105] Obgleich durchaus fraglich ist, inwiefern die kausale Verkoppelung von erinnerungskulturellen Prozessen und kollektiven Identitätskonstruktionen als anthropologische Konstante gelten kann, traf dieser behauptete Mechanismus in der damaligen zeitgeschichtlichen Konstellation der 1980er und 1990er Jahre auf ein gesellschaftlich wachsendes Bedürfnis nach identitätsstiftenden Geschichtsbezügen. Seither hat sich ein Verständnis etabliert, das kulturelles Erinnern eng mit kollektiver Identitätsstiftung verklammert und diesem Mechanismus per se eine positive Qualität zuschreibt. Reenactment ist daher immer auch Bestandteil nationaler wie global verflochtener Geschichtskulturen, die in durchaus unterschiedlicher Intensität, aber doch substantiell von normativ aufgeladenen Identitätsfragen geprägt sind.[106]

105 Vgl. Jan und Aleida Assmann, Schrift, Tradition, Kultur, in: Wolfgang Raible (Hg.), Zwischen Festtag und Alltag: zehn Beiträge zum Thema Mündlichkeit und Schriftlichkeit, Tübingen 1988, S. 25-49, S. 28. Von den zahlreichen Publikationen sei hier nur genannt: Jan Assmann, Das kulturelle Gedächtnis. Schrift, Erinnerung und politische Identität in frühen Hochkulturen, 2. durchgesehene Auflage, München 1997; Aleida Assmann, Erinnerungsräume. Formen und Wandlungen des kulturellen Gedächtnisses, München 1999; dies., Der lange Schatten der Vergangenheit. Erinnerungskultur und Geschichtspolitik, München 2006; dies., Geschichte im Gedächtnis. Von der individuellen Erfahrung zur öffentlichen Inszenierung, München 2007; dies., Das neue Unbehagen an der Erinnerungskultur. Eine Intervention, München 2013.

106 Kritisch zu dieser Rhetorik des Erinnerns: Martin Sabrow, Das Unbehagen an der Aufarbeitung. Zur Engführung von Wissenschaft, Moral und Politik in der Zeitgeschichte, in: Thomas Schaarschmidt (Hg.), Historisches Erinnern und Gedenken im Übergang vom 20. zum 21. Jahrhundert, Frankfurt a. M. 2008, S. 11-20; Claus Leggewie, Ein Schlachtfeld wird besichtigt. Sieben Kreise transnationaler Erinnerung Europas, in: Manfred Grieger/Ulrike Gutzmann/Dirk Schlinkert (Hg.), Die Zukunft der Erinnerung, Wolfsburg 2008, S. 21-34; Meier, Das Gebot

Zweifellos lässt sich Reenactment als eine geschichtskulturelle Form der Vergangenheitsaneignung verstehen, nur ob damit das Phänomen hinreichend beschrieben ist, kann bezweifelt werden. In der Forschung kursiert ferner die Bezeichnung *Geschichtstheater*, ein vor allem von dem Amerikanisten und langjährigen Reenactor Wolfgang Hochbruck geprägter Ausdruck, der darunter »die verschiedenen Felder der inszenierten und theatralen Repräsentationen von Geschichte« fasst. Geschichtstheater beschreibt demnach »Präsentations- und Aneignungsformen historischer Ereignisse, Prozesse und Personen mit Praktiken des Theaters – Kostümierung, personalisierende Dramatisierung, Inszenierung – im öffentlichen und halböffentlichen Raum«.[107] Damit soll in Abgrenzung zur Living History einerseits die Geschichtlichkeit, andererseits die performative Darstellung hervorgehoben werden. Hochbruck reklamiert zudem einen gewissen Unterschied zwischen seinem Verständnis von Geschichtstheater und einer theaterwissenschaftlichen Perspektive, wie sie unter anderem von Erika Fischer-Lichte entwickelt wurde. Fischer-Lichte versteht unter Reenactments

> verkörperte Vergegenwärtigungen vergangener Ereignisse […], die hier und jetzt vollzogen werden, ein je spezifisches Verhältnis zur Vergangenheit herstellen und damit zugleich ein je besonderes Verständnis von Geschichte implizieren oder auch deutlich artikulieren.

Reenactments sind demzufolge niemals mit dem identisch, »was sie wieder holen, d. h. leiblich ins Gedächtnis zurückholen«, daher »sind sie gar nicht anders denn als einmalige Ereignisse im Hier und Jetzt zu konzeptualisieren«.[108] Wenn auch nach Meinung Hochbrucks ein solches Verständnis das »Verhältnis zwischen der Darstellung in der Gegenwart und dem Bild der Geschichte« aus dem Blick verliert,[109] knüpft das Konzept Geschichtstheater doch relativ eng an die in den Kultur- und

zu vergessen; Volkhard Knigge, Die Zukunft der Erinnerung, in: Aus Politik und Zeitgeschichte 25-26 (2010); Ulrike Jureit/Christian Schneider, Gefühlte Opfer. Illusionen der Vergangenheitsbewältigung, Stuttgart 2010; Margrit Frölich/Ulrike Jureit/Christian Schneider (Hg.), Das Unbehagen an der Erinnerung – Wandlungsprozesse im Gedenken an den Holocaust, Frankfurt a. M. 2012; Dana Giesecke/Harald Welzer, Das Menschenmögliche. Zur Renovierung der deutschen Erinnerungskultur, Hamburg 2012; Volkhard Knigge, »Das radikal Böse ist das, was nicht hätte passieren dürfen.« Unannehmbare Geschichte begreifen, in: Aus Politik und Zeitgeschichte 3-4 (2016).

107 Hochbruck, Geschichtstheater, S. 11.

108 Erika Fischer-Lichte, Die Wiederholung als Ereignis. Reenactment als Aneignung von Geschichte, in: Roselt/Otto, Theater als Zeitmaschine, S. 13-52, Zitat S. 13.

109 Hochbruck, Geschichtstheater, S. 13.

Theaterwissenschaften geleistete Auseinandersetzung mit Reenactments als Kunstform an.[110] Gleichwohl bleibt zu hinterfragen, ob es sich bei historischen Reenactments tatsächlich um Theater handelt, denn das müsste es ja schon sein, um von Geschichtstheater sprechen zu können, auch wenn mit dem Verweis auf das Historische letztlich eine spezifische Form gemeint wäre. Reenactment und Theater haben zweifellos den Handlungs-, Aufführungs- und Kommunikationscharakter gemeinsam, beide zeichnen sich durch Kostümierung, körperlichen Vollzug sowie die gleichzeitige Anwesenheit von Akteuren und Zuschauern aus, wobei Letzteres nur auf öffentliche Reenactments zutrifft.[111] Gemeinsam ist ihnen auch, dass sie mit unterschiedlich detaillierten Skripten arbeiten, ihre Inszenierungen mehr oder weniger intensiv einüben und gewisse Spielräume für Improvisationen lassen. Doch beim Theater sind im Unterschied zum historischen Reenactment die zeitlichen Ebenen klar unterschieden. Ein fiktionaler Stoff, ob mit oder ohne historischem Inhalt, wird szenisch vor Publikum aufgeführt, ohne sich dabei auf ein zurückliegendes Ereignis als Vorlage wiederholend zu beziehen. Zwar verkörpern in beiden Fällen Darsteller das im Skript vorgesehene Handlungspersonal, wodurch sich elementare Unterschiede zum Ritual ergeben, allerdings sind es beim Reenactment ausschließlich Laien, um nicht zu sagen Dilettanten, die eher ein Spiel und weniger Theater spielen. Ohne hier noch detaillierter auf gebräuchliche (substantiell aber nicht unbedingt weiterführende) Kategorisierungen wie *Performanz*, *Medialität* und *Embodiment* eingehen zu können, sind es doch vor allem zwei Aspekte, die das historische Reenactment über das bereits Gesagte hinaus auszeichnen: zum einen die nachahmende Wiederholung und

110 Reenactment als Kunstform unterscheidet sich vom historischen Reenactment meistens durch professionelle Schauspieler/innen, durch den fehlenden Bezug zu historischen oder generell zu spezifischen Veranstaltungsorten wie auch durch die Irrelevanz wiederkehrender Jahrestage oder Jubiläen, wobei die beiden letzten Aspekte auch bei historischen Reenactments nicht immer von Bedeutung sind. Entscheidend ist jedoch, dass künstlerische Reenactments in der Regel nicht auf die Nachahmung oder Wiederholung eines historischen Geschehens zielen und die ästhetische Gestaltung der eigenen Performance thematisieren oder diese zumindest nicht zu kaschieren versuchen. Vgl. auch: Fischer-Lichte, Wiederholung als Ereignis, hier: S. 38-48; Arns, History Will Repeat Itself; Günther Heeg/Micha Braun/Lars Krüger/Helmut Schäfer (Hg.), Reenacting History: Theater & Geschichte, Berlin 2014.

111 Vgl. dazu auch die Abgrenzung zwischen Theater und Ritual bei: Stollberg-Rilinger, Rituale, S. 208-211; ebenso: Matthias Warstat, Reenactment und Ritualisierung. Formen der Wiederholung in politischen Bewegungen, in: Roselt/Otto, Theater als Zeitmaschine, S. 213-228.

zum anderen das regelgebundene Spiel, Letzteres weniger im Sinne der theatralen Darbietung fiktiver Lebenswelten denn als choreographierte Imitation vergangener Geschehnisse.[112]

Es ist Krieg, und alle wollen hin

> Russische Reservetruppen auf dem Marsch in Richtung Leipzig, aufgenommen am späten Nachmittag. Guten Abend, meine Damen und Herren, willkommen zu dieser Sondersendung. Seit heute früh um neun Uhr hat rund um Leipzig eine der größten militärischen Auseinandersetzungen der Weltgeschichte begonnen.[113]

Der verwunderte Fernsehzuschauer, der zur besten Sendezeit um 19.50 Uhr auf die *Tagesschau* oder die nächste Folge seiner Lieblingsserie wartet, sieht stattdessen marschierende Soldaten in historischen Uniformen, wie sie um 1800 in allen europäischen Armeen üblich waren. Der Mitteldeutsche Rundfunk (MDR) informiert »live« vom Schlachtfeld in der Weinteichsenke bei Markkleeberg. Vier Tage lang steht der 200. Jahrestag der *Völkerschlacht bei Leipzig* nicht nur im Zentrum der medialen Aufmerksamkeit, der MDR berichtet über die bis dahin vermutlich größte Schlacht der Weltgeschichte mit schätzungsweise 100.000 Toten und Verwundeten als Live-Reportage – Titel der Sendung: *Die Völkerschlacht überrollt Sachsen.*

»Es ist ein Experiment«, sagt Katja Wildermuth, Leiterin der Redaktion *Geschichte und Gesellschaft.* Da viele, vor allem junge Menschen heute über die Völkerschlacht von 1813 wenig wissen, habe man nach anderen Vermittlungsformen gesucht: »Wir wollten diese Geschichte erlebbar machen.«[114] *MDR Top News* heißt das trimediale Geschichtsformat, das

112 Zum *performative turn* vgl. Marvin Carlson, Performance. A Critical Introduction, New York 1996; Jürgen Martschukat/Steffen Patzold (Hg.), Geschichtswissenschaft und »performative turn«. Ritual, Inszenierung und Performanz vom Mittelalter bis zur Neuzeit, Köln 2003; Erika Fischer-Lichte, Ästhetik des Performativen, Frankfurt a. M. 2004; dies., Performativität. Eine Einführung, Bielefeld 2012. Zu Medialität und Embodiment vgl. Dreschke, Reenactments; Gisela Ecker, »Human Memo Board«: Körperbeschriftungen als inszenierte Erinnerung, in: Paragrana 9 (2000), Heft 2, S. 155-174. Zum Reenactment als Spiel vgl. auch das Kapitel »Krieg als Sehnsuchtsort«.

113 Moderation von Ingo Zamperoni während der Live-Berichterstattung des MDR über die Völkerschlacht bei Leipzig am 14. Oktober 2013, https://www.youtube.com/watch?v=RkpgW-cABt8 (Zugriff: 5. 8. 2018).

114 DPA-Meldung, MDR wagt TV-Experiment zu Völkerschlacht, in: Rheinische Post online vom 31. 8. 2013, https://rp-online.de/panorama/fernsehen/tv-experiment-zur-leipziger-voelkerschlacht_aid-15117345 (Zugriff: 5. 8. 2018).

nicht nur Fernsehen und Radio, sondern auch die Vielfalt der digitalen Medien nutzt. Im Stil tagesaktueller Berichterstattungen inklusive Live-Ticker, wie sie dieser Tage ansonsten eher aus Syrien oder Afghanistan kommen, wird über den Kriegsverlauf nahe Leipzig informiert. Ingo Zamperoni führt gewohnt professionell durch die Sendung, kommentiert Filmaufnahmen von den verschiedenen Kampfgebieten, erläutert den Angriff französischer Truppen anhand von Handyvideos und präsentiert Mitschnitte von Helmkameras der in vorderster Front eingesetzten russischen Soldaten. Der Zuschauer sitzt bei den öffentlich-rechtlichen Sendern auch dieses Mal wieder in der ersten Reihe. Reporter melden sich in Live-Schalten aus den umkämpften Ortschaften und überfüllten Lazaretten, ARD-Korrespondenten aus Moskau und Paris liefern Einschätzungen zur gesamteuropäischen Lage im Oktober 1813. Der ins Studio geladene Prof. Dr. Norbert Finzsch von der Universität zu Köln kommentiert gewohnt nüchtern die historisch-politischen Entwicklungsdynamiken rund ums Kriegsgeschehen, während die Zuschauer gespannt auf die angekündigte Pressekonferenz des französischen Armeesprechers warten. Hintergrundberichte zur Regentschaft Napoleons wie auch zum politischen Kalkül seiner sächsischen und vormals auch bayerischen Verbündeten runden das Bild ab. Derweil interviewt der Adelsexperte Rolf Seelmann-Eggebert in Versailles die französische Kaiserin Marie-Louise, die sich nicht nur als Gattin Napoleons, sondern auch als Tochter des österreichischen Kriegsfeindes zu ihrer persönlich ambivalenten Gefühlslage äußert. ARD-Börsenexpertin Anja Kohl meldet sich aus Berlin zu Wort und gibt Einschätzungen zu den Auswirkungen des Krieges und der absehbaren Niederlage Napoleons auf Aktienkurse und Rohstoffpreise. Kultur darf selbstverständlich auch nicht fehlen: Der in Wien lebende Komponist Ludwig van Beethoven verurteilt nach langjähriger Napoleonbegeisterung den verheerenden Krieg und wird seine neue, mittlerweile siebte Sinfonie den antinapoleonischen Freiheitskämpfern widmen. Nach Ansicht des MDR bekommen die Zuschauer in diesem »spektakulären neuen Geschichtsformat […] das Gefühl vermittelt, mitten im Geschehen dieser beginnenden Völkerschlacht zu sein«.[115]

Die Berichterstattung des MDR, die auch bundesweit Diskussionen auslöste, gehörte zu einer Serie von weit mehr als einhundert Veranstaltungen und Aktivitäten, die im Rahmen einer sogenannten Festwoche in Leipzig stattfanden.[116] Die Stadt beging im Oktober 2013 ein Doppel-

115 Ebd.

116 Insgesamt handelte es sich um ein ganzes Gedenkjahr, das unter dem Titel »Leipzig 1813-1913-2013. Eine europäische Geschichte« von der Leipzig Tourismus und Marketing GmbH in Zusammenarbeit mit einer vorwiegend mit städtischen

jubiläum, zum einen den 200. Jahrestag der *Völkerschlacht*, zum anderen den 100. Geburtstag des gleichnamigen (und frisch sanierten) Denkmals, das 1913 kurz vor Ausbruch des Ersten Weltkrieges als Nationaldenkmal eingeweiht worden war. Konzerte, Jugendcamps, Stadtführungen, Lesungen, Theateraufführungen, Ausstellungen, Gedenkgottesdienste, Dioramen, Lichtinstallationen und nicht zuletzt ein »Jubiläumsbürgerfest« am Völkerschlachtdenkmal lockten im Gedenkjahr hunderttausende Besucher nach Sachsen. Neben der obligatorischen Fachkonferenz für Historiker/innen wurde unter anderem auch zur Jazznacht »leipzig. 1813. dead men walking« eingeladen, ebenso fanden sich Waffensammler zu einem öffentlichen Rundtischgespräch zusammen und der amerikanische War Game Designer Kevin Zucker präsentierte sein neues Völkerschlachtspiel »Das Mysterium des 17. Oktobers 1813«.[117] Die Veranstalter waren sichtlich bemüht, für jede nur erdenkliche Interessenlage ein attraktives Angebot im Programm zu haben. Historische Schauplätze des Geschehens von 1813 wie Wachau, Markkleeberg, Dölitz oder Liebertwolkwitz bildeten »den Hintergrund für Reenactments, Schlachtnach-

Vertretern besetzten Steuerungsgruppe professionell organisiert und vermarktet wurde. Vgl. http://www.leipziger-freiheit.de/uploads/tx_sbdownloaderchange/Ansprechpartner_Steuerungsgruppe.pdf (Zugriff: 18.11.2018). Die Reaktionen auf die Berichterstattung des MDR sowie auf den Veranstaltungsmarathon in Leipzig fielen durchaus unterschiedlich aus. *Spiegel online* beispielsweise sah darin »unterhaltsames, leidenschaftliches Fernsehen« und sprach von einem dröhnenden multimedialen Völkerschlachtdenkmal, »stellenweise so fugenlos dargeboten und mit einem dermaßen konsequenten Spaß am Gemetzel, dass sich bisweilen ein ›Krieg der Welten‹-Effekt einstellt«. Vgl. Arno Frank, Völkerschlacht live mit Ingo Zamperoni, in: Spiegel online vom 12.10.2013, http://www.spiegel.de/kultur/tv/voelkerschlacht-im-mdr-a-927399.html (Zugriff: 18.11.2018). Der *Tagesspiegel* bezeichnete das Jubiläum hingegen als ein »gigantisches Nostalgiker-Spektakel«, einen »Mummenschanz fürs Publikum« mit tausenden »aktiven Napoleon-Freaks«. Vgl. Christine Keilholz, 6000 Darsteller proben für die Völkerschlacht am Sonntag, in: Der Tagesspiegel vom 17.10.2013. Die *taz* warf dem MDR vor, »mit tausend Sendeschlachtfernsehminuten selber maximales Kapital aus dem Datum« schlagen zu wollen, während die Veranstaltungen der Gedenkwoche als »Leipziger Allerlei aus historischer Peepshow, Kriegsspiel, Heimatpflege, Sachsentümelei, Personenkult, Nostalgie-Nippes, Abenteuerwanderungen, echten Informationsangeboten, Ausstellungen, künstlerisch-kritischen Adaptionen und einigen wenigen pazifistischen Nachdenklichkeiten« bezeichnet wurden. Für die erinnerungskulturellen Ambitionen der Reenactor zeigte die *taz* kein Verständnis, die »6000 Hobbyschlächter« gingen einem »archaischen Drang zum Kräftemessen« nach, Krieg spielen heiße »im nettisierten Neusprech jetzt ›Reenactment‹«. Vgl. Michael Bartsch, Schlachtfestspiel, in: taz vom 17.10.2013.

117 Festprogramm zum Gedenkjahr in Leipzig 2013, hg. v. der Leipzig Tourismus und Marketing GmbH, Leipzig 2013.

stellungen und andere traditionelle Elemente der Geschichtsrekonstruktion mit touristischem Potential«.[118]

Ein, wenn nicht sogar *der* Höhepunkt der Feierlichkeiten war ein am 20. Oktober 2013 dargebotenes Reenactment, an dem sich mehr als 6000 Darsteller aus 26 Nationen beteiligten – eine Größenordnung, die in Deutschland bis dato noch nicht erreicht worden war. Rund 35.000 Zuschauer kamen an diesem Tag nach Leipzig, und es hätten nach Auskunft der Veranstalter weit über 50.000 sein können, wenn nicht ein erheblicher Teil der Schaulustigen im Verkehrschaos stecken geblieben wäre: »Es ist Krieg und alle wollen hin«.[119] Als »Lebendige Historie« bezeichnete es die Marketingabteilung der Stadt Leipzig, wenn »Darsteller in Uniformen der napoleonischen Ära […] die Ereignisse lebendig werden« lassen.[120] Eingebunden in ein historisches Kulissendorf, gerahmt von mehreren Friedensgottesdiensten und einer feierlichen Gedenkminute für die Kriegstoten wurde mittags um 12 Uhr in dem hügeligen Gelände nahe Wachau ein professionell inszeniertes Spektakel geboten, das sich mit vergleichbaren Veranstaltungen in den USA oder in Großbritannien durchaus messen lassen konnte. Spätestens in Leipzig etablierte sich Reenactment in der deutschen Geschichtskultur als ein ebenso öffentlichkeitswirksames wie lukratives Veranstaltungsformat.

Historische Gefechtsnachstellungen, wenn sie denn – wie 2013 in Leipzig – als öffentliche Darbietungen im Rahmen von Gedenkfeierlichkeiten und historischen Jubiläen stattfinden, fühlen sich zwar nach eigenem Bekunden wissenschaftlichen Qualitätsstandards wie auch hohen Authentizitätsansprüchen verpflichtet, sie richten sich aber gleichzeitig an touristischen und marktwirtschaftlichen Erfordernissen aus oder sehen sich doch zumindest mit den Zugzwängen regionaler, nationaler wie auch globaler Vermarktungsstrategien historischer Orte konfrontiert. Leipzigs Oberbürgermeister Burkhard Jung betonte 2013, er hoffe, »dass uns der Spagat gelingt zwischen würdiger, respektvoller Erinnerung und einem Marketing verpflichteten Werben für die Stadt. Das ist kein Spektakel, sondern es ist, glaube ich, ein ernsthaftes Bemühen um Antworten

118 Homepage der Stadt Leipzig zu den Festveranstaltungen im Oktober 2013, https://www.leipzig.de/freizeit-kultur-und-tourismus/veranstaltungen-und-termine/jubilaeen-und-festivals/200-jahre-voelkerschlacht-100-jahre-voelkerschlachtdenkmal/ (Zugriff: 18. 11. 2018).

119 Christine Keilholz, Und am Ende wird getrunken, in: Der Tagesspiegel vom 20. 10. 2013.

120 Festprogramm zum Gedenkjahr in Leipzig 2013, hg. v. der Leipzig Tourismus und Marketing GmbH, Leipzig 2013, S. 26.

auf die Frage nach der Zukunft Europas«.[121] In der Tat handelte es sich um ein überaus zwiespältiges Unterfangen, da die gesamte Veranstaltungsorganisation des Gedenkjahres 2013 unter Federführung der städtischen *Tourismus und Marketing GmbH* stand. Zu deren zentralen Aufgaben zählt die Förderung des »Tourismus-, Veranstaltungs- und Kongresswesens sowie die Imagekommunikation und Standortwerbung« in der Region. Dabei wird sowohl auf die nationale wie auch internationale Vermarktung Leipzigs besonderer Wert gelegt.[122] Obgleich in die Veranstaltungsplanung auch Vertreter des *Vereins Jahrfeier Völkerschlacht bei Leipzig 1813 e. V.*, des *Völkerschlachtdenkmals Leipzig* und zahlreiche Experten eingebunden waren, stellt sich dennoch die Frage, wie sich so explizit kommerzielle Interessen mit geschichtskulturellen Ansprüchen vereinbaren lassen und wie sich eine solche Verschränkung auf die Darstellung der historischen Geschehnisse auswirkt. Eine Gedenkwoche wie die zum 200. Jahrestag der *Völkerschlacht bei Leipzig* erfüllt aufgrund ihrer Größenordnung, ihrer organisatorischen Struktur sowie ihrer intendierten Öffentlichkeitswirksamkeit alle Kriterien, um von einem *Event* zu sprechen.[123] Damit ist nicht nur allgemein eine öffentliche kommerzielle Großveranstaltung gemeint, sondern ein Event impliziert spezifische Vermarktungs-, Repräsentations- und Inszenierungsstrategien, die in erster Linie darauf zielen, die Veranstaltung durch einen optimierten Erlebniswert für ein möglichst breites Publikum maximal attraktiv zu machen. Da eine solche Vorgehensweise in der Regel marktwirtschaftlichen Mechanismen unterliegt, greifen hier zwangsläufig bestimmte Parameter des Eventmanagements. Bezogen auf die öffentliche Repräsentation historischer Geschehnisse bedeutet dies, dass über den generellen kulturellen Überformungsprozess hinaus eine konsequente Umwand-

121 Oberbürgermeister Burkhard Jung im Interview mit MDR 1 Radio Sachsen am 16. Oktober 2013, https://www.mdr.de/mediathek/mediathek-suche--100_zc-89922dc9_zs-df360c07.html?q=V%C3%B6lkerschlacht (Zugriff: 18. 11. 2018).

122 Vgl. Selbstdarstellung der Leipzig Tourismus und Marketing GmbH, https://www.leipzig.travel/de/wir-ueber-uns/ (Zugriff: 19. 11. 2018).

123 Vgl. Gerhard Schulze, Kulissen des Glücks. Streifzüge durch die Eventkultur, 2. Auflage, Frankfurt a. M. 2000; Harald Pühl/Wolfgang Schmidbauer (Hg.), Eventkultur, Berlin 2007. Zur Eventisierung von Geschichte vgl. die durchweg interessanten Beiträge in: Christoph Kühberger/Andreas Pudlat (Hg.), Vergangenheitsbewirtschaftung. Public History zwischen Wirtschaft und Wissenschaft, Innsbruck 2012, darunter: Manfred Grieger, Zur Hybridisierung der Unternehmensgeschichte durch Verwissenschaftlichung, Marketingisierung und Eventisierung. Das Beispiel Volkswagen, S. 96-119; sehr lesenswert auch: Mischa Gabowitsch/Cordula Gdaniec/Ekatarina Makhotina (Hg.), Kriegsgedenken als Event. Der 9. Mai 2015 im postsozialistischen Europa, Paderborn 2017; Julian Blomann, Geschichte verkaufen. Eventkultur als Arbeitsfeld, Saarbrücken 2012.

lung zu einem absatz- und imagefördernden Event in Rechnung zu stellen ist. Zu den zentralen Techniken solcher marktorientierten Kommunikationsstrategien zählen im Allgemeinen Emotionalisierung, Interaktivität und Inszenierung.[124] Reenactments sind für diese Marktanforderungen geradezu prädestiniert, vor allem weil sie sich besonders gut dazu eignen, intendierte Inhalte erlebnisorientiert zu vermitteln. Eventisierung zielt auf Attraktivitätssteigerung durch individuelle wie auch kollektive Erlebnisangebote.

Dafür ist nicht nur die Berichterstattung des MDR im Oktober 2013 beispielhaft, dadurch erklärt sich auch die wachsende Popularität von Reenactments bei Darstellern und Zuschauern. Einerseits kommen Reenactments den Grundprinzipien eines jeden Event-Marketings entgegen, andererseits sind sie aufgrund ihrer ästhetischen Form massenmedial außerordentlich kompatibel. Sämtliche Berichte des MDR, vor allem diejenigen, die aktuelle Live-Berichterstattungen simulierten, verarbeiteten Aufnahmen von Reenactments, was dazu führte, dass deren Ästhetik den (fingierten) Nachrichtengehalt dominierte. Die nachgestellten Gefechte dienten der medialen Vermittlung visuell festgehaltener Handlungsabläufe. Sie sollten im Rahmen der als *TopNews* inszenierten Nachrichtensendung den Eindruck erwecken, die Filmberichte zeigten das, was gerade vor den Toren Leipzigs geschah. Zwar wurde der Zuschauer keineswegs im Unklaren darüber gelassen, dass es sich um eine fingierte Nachrichtensendung handelte, gleichwohl ersetzten die Aufnahmen der Reenactments die ansonsten in Nachrichtensendungen üblichen Live-Bilder, wodurch ihnen – wenn auch im Kontext einer fiktionalen Reportage – ein gewisser dokumentarischer Wert zugeschrieben wurde. Dass Reenactments stets nur bestimmte Deutungen eines historischen Geschehens verkörpern und andere Interpretationen und Perspektiven ausklammern, wurde nicht offengelegt. In dieser interpretatorischen Engführung unterscheiden sich Reenactments nicht grundlegend von anderen Darstellungs- und Gedenkformaten (wie zum Beispiel Ausstellungen, Romane oder Gedenkveranstaltungen). Da sie sich aber in das Tableau der in digitalisierten Gesellschaften üblichen Wahrnehmungs-, Seh- und Konsumgewohnheiten geräuschloser einfügen, sind sie – ähnlich wie Filme und Videospiele – stärker mit der Erwartung

124 Vgl. Cornelia Zanger (Hg.), Events und Marke. Stand und Perspektiven der Eventforschung, Wiesbaden 2018; Lorenz Pöllmann, Kulturmarketing. Grundlagen – Konzepte – Instrumente, Wiesbaden 2018; Dieter Jäger, Grundwissen Eventmanagement, 3. überarbeitete Auflage, Wiesbaden 2018; Ronald Hitzler, Eventisierung. Drei Fallstudien zum marketingstrategischen Massenspaß, Wiesbaden 2011.

assoziiert, zeigen zu können, »wie es eigentlich gewesen«.[125] Ihre mediale Kompatibilität wie auch ihr dokumentarisches Image lassen daher vermuten, dass Reenactments als geschichtskulturelle Vermittlungsformate in einer eventisierten Kulturindustrie weiter an Akzeptanz gewinnen werden.

Es geht also in erster Linie nicht um konkrete Darstellungsfehler, wie sie wohl bei jedem Reenactment auszumachen sind und ja auch immer wieder Anlass zur Kritik liefern, sondern ebenso entscheidend sind Mechanismen der kommerziellen wie auch der medialen Überformung.[126] Ein so komplexes historisches Geschehen wie die *Völkerschlacht bei Leipzig* muss nicht nur aufgrund der begrenzten Anzahl der Darsteller und ihrer Ressourcen, sondern auch aufgrund des Veranstaltungsformats auf einige wenige Gefechtsabläufe reduziert werden. Will man in erster Linie ein breites, heterogenes und historisch wenig informiertes Publikum ansprechen, verbieten sich komplizierte, langatmige und undurchsichtige Handlungsabläufe. Die 1813 an verschiedenen Orten in der Region ausgetragenen Gefechte wurden daher zu einem einzelnen, in diesem Fall etwa zweistündigen Handlungsstrang eingedampft, was dazu führte, dass unter anderem die militärstrategische wie auch logistische Dynamik des Schlachtengeschehens allenfalls angedeutet werden konnte. Durch die Komprimierung verändern sich beispielsweise kriegsrelevante Relationen der beteiligten Regimenter, dadurch fokussiert sich zudem das Kriegsgeschehen auf Kampfformationen, die sich besonders gut vor einem Massenpublikum darstellen lassen (u.a. Kavalleriegefechte und Tirailleurkämpfe). Andere historisch relevantere Begebenheiten fallen hingegen weg, weil sie die intendierten Intensivierungs- und Dramatisierungseffekte unterlaufen (beispielsweise mehrtägige, dennoch kriegsrelevante Aufmarschwege) oder sich für das Genre der öffentlichen Inszenierung schlicht nicht eignen (in anderen Kontexten sind das u.a. Seeschlachten und U-Boot-Kriege). Die ohnehin ja nur in ihrer kulturellen Überformung zugängliche Vergangenheit wird genrebedingt fortwährend

125 Leopold von Ranke, Sämtliche Werke, Bd. 33/34, Leipzig 1885, S. 7.

126 Kritisch zum Event in Leipzig mit einigen Kommentaren: Monika Fenn, 200 Jahre Völkerschlacht – Was bleibt nach der Eventisierung?, in: Public History Weekly 1 (2013), 2, https://public-history-weekly.degruyter.com/1-2013-2/200-jahre-voelkerschlacht-bleibt-nach-eventisierung/ (Zugriff: 10.12.2018). Ebenso kritisch der Künstler Bertram Haude, der in Leipzig eine Art Gegen-Reenactment organisierte: Bertram Haude, Krieg als Hobby? Das Leipziger Völkerschlacht-Reenactment und der Versuch einer Entgegnung, in: Forum Kritische Archäologie 4 (2015), S. 1-12; direkt dazu: Stefanie Samida, Krieg(s)|spiele(n), in: ebd., S. 13-15; Wolfgang Hochbruck, Eine Replik auf Bertram Haudes Essay »Krieg als Hobby?«, in: ebd., S. 16 f.

verdichtet, fokussiert und vereinfacht, um sie durch eine möglichst maximale Reizintensivierung besser vermarkten zu können. Die inhaltliche Entleerung des historischen Geschehens tritt besonders eklatant hervor, wenn aus Rücksicht auf das Publikum die Brutalität und Gewalt kriegerischer Konflikte nahezu vollständig eliminiert werden. Wer unterhaltsame Familienevents am Sonntagnachmittag organisiert, simuliert weder massenhaft sterbende Soldaten noch elendig krepierende Pferde. Die standrechtliche Erschießung von Deserteuren, Spionen und Kriegsgefangenen, der qualvolle Tod von Soldaten durch Hunger, Seuchen oder Wundbrand, das Plündern und Abbrennen von Dörfern sowie das Vergewaltigen von Frauen und Mädchen bleibt bei öffentlichen Reenactments außen vor. Das Gemetzel muss familientauglich sein. Die Grenze dessen, was gesellschaftlich als zumutbar empfunden wird, definiert das Darstellbare, unabhängig davon, ob es um antinapoleonische Freiheitskriege, um die alliierte Landung in der Normandie oder um den Dschungelkrieg in Vietnam geht. Was sich nicht kompatibel machen lässt, gilt fortan als uninteressant, irrelevant oder nicht vermittelbar. Marktanteile, Rankings und Umsatzzahlen sind darüber hinaus die Parameter, die über die öffentliche Präsens von Geschichte entscheiden, schließlich bewegen sich geschichtskulturelle Angebote auf einem von Konkurrenzen geprägten Unterhaltungs- und Freizeitmarkt, auf dem sperrige historische Inhalte nur dann erfolgreich platziert werden können, wenn sie als identitätsrelevant gelten oder in irgendeiner Weise Spaß machen – idealerweise natürlich beides.

Gedenkwoche und Reenactment zum 200. Jahrestag der *Völkerschlacht* verweisen exemplarisch auf eine Entwicklung, die sich bereits seit Jahren abzeichnet. Die Suche nach historischem Sinn verlagert sich immer stärker auf Formen des Geschichtskonsums.[127] Das ist zweifellos ein globales

127 Vgl. Daniela Mysliwietz-Fleiß/Angela Schwarz (Hg.), Reisen in die Vergangenheit: Geschichtstourismus im 19. und 20. Jahrhundert, Köln 2019; Groebner, Retroland; Hanno Hochmuth, Vom alternativen Stadtrundgang zur kommerziellen Videobustour: historische Authentizität im Berliner Geschichtstourismus, in: Christoph Bernhardt/Martin Sabrow/Achim Saupe (Hg.), Gebaute Geschichte: historische Authentizität im Stadtraum, Göttingen 2017, S. 285-300. Einzigartig in der Beschreibung skurriler Begegnungen zwischen Hardcore-Reenactor und Geschichtstouristen: Horwitz, Confederates in the Attic, S. 275 ff. Über Reisen des Volksbundes Deutsche Kriegsgräberfürsorge (VDK) zu Soldatenfriedhöfen des Zweiten Weltkrieges: Wiebke Kolbe, Trauer und Tourismus. Reisen des Volksbundes Deutsche Kriegsgräberfürsorge 1950-2010, in: Zeithistorische Forschungen/Studies in Contemporary History, Online-Ausgabe, 14 (2017), Heft 1, http://www.zeithistorische-forschungen.de/1-2017/id=5451 (Zugriff: 10.12.2018), Druckausgabe, S. 68-92. In diesem Kontext ebenfalls aufschlussreich: Philip R. Stone/Rudi Hartmann/Tony Seaton/Richard Sharpley/Leanne White (Hg.),

Phänomen. Je nach Gefühls- und Lebenslage werden Erinnerungsorte vorzugsweise allein oder in kleinen Gruppen nach emotional handlichen, bestenfalls global kompatiblen und vor allem leicht konsumierbaren Schnäppchen durchstöbert, die man dann je nach Geschmack und Gelegenheit überstreifen und auch bald schon wieder entsorgen kann. Das Warenlager erweist sich glücklicherweise und dank einer aufgeweckten Unterhaltungs-, Freizeit- und Tourismusindustrie als nahezu unerschöpflich, sodass sich niemand sorgen braucht, morgen nicht zu wissen, wohin sein nächster nostalgischer Kurztrip gehen wird. Die Sehnsucht nach dem historischen Kick, der zumindest für einen kurzen Moment das wohlige Gefühl vortäuscht, zu dem großen Durcheinander, das wir gemeinhin Geschichte nennen, doch irgendwie in Beziehung zu stehen und trotz gegenteiliger Vorahnung darin vielleicht auch eine gewisse Bedeutung zu erlangen, verändert unser Verhältnis zur Vergangenheit auf eine bisher noch nicht wirklich verstandene Art und Weise.

Geschichtstourismus, Reenactment, Computerspiele: Geschichte ist eine öffentliche Ressource, mit der – so muss man wohl zuspitzen – scheinbar jeder machen kann, was er will. Manche sehen darin eine überfällige Demokratisierung von Geschichtsaneignungen, für andere drückt sich darin die Sehnsucht nach dem verschwundenen Paradies aus.[128] Angesichts mancher Absurdität kommt einem eher die Bezeichnung *postfaktisch* in den Sinn.[129] Jenseits der allseits bekannten staat-

The Palgrave Handbook of Dark Tourism Studies, London 2018; Heinz-Dieter Quack/Albrecht Steinecke (Hg.), Dark Tourism. Faszination des Schreckens, Paderborn 2012; Richard Sharpley/Philip R. Stone (Hg.), The Darker Side of Travel. The Theory and Practice of Dark Tourism, Bristol 2009; J. John Lennon/Malcolm Foely, Dark Tourism, London 2000; John E. Tunbridge/Gregory J. Ashworth, Dissonant Heritage. The Management of the Past as a Resource in Conflict, New York 1996.

128 Hochbruck, Geschichtstheater, S. 24-31; Groebner, Retroland, S. 127-148.

129 Jan Böhmermann und Ralf Kabelka provozierten im Oktober 2018 mit dem Bericht »Unternehmen Reichspark« eine kontroverse Debatte über historische Erlebnisangebote. Sie präsentierten angebliche Pläne einer Consulting-Firma für einen historischen Erlebnispark zum Nationalsozialismus unter dem Leitmotiv: »Gegen das Vergessen. Für die ganze Familie«. Mit Mitmachangeboten zur Bücherverbrennung, Rundflügen über den Obersalzberg und einem eigenen KZ-Bereich zielt der im Brandenburgischen geplante Freizeitpark auf den allgemeinen Wunsch nach erlebter Geschichte: historisch korrekt, verantwortungsvoll und familienfreundlich. Vgl. zur Böhmermann-Satire die Videodokumentation auf YouTube: https://www.youtube.com/watch?v=VeuJOskNsSQ. Vgl. auch: Constantin Goschler, Reenactment, speziell: Unternehmen Reichspark, in: Public History Weekly 5 (2017) 40, dx.doi.org/10.1515/phw-2017-10518 (Zugriff: 10.12.2018). Die zum Teil empörten Reaktionen auf die Satiresendung machen es sich allerdings zu einfach, denn sehr viele Zuschauer haben sich ernsthaft gefragt, ob es das

lichen oder allgemein politischen Indienstnahme geschichtlicher Ereignisse ist gegenwärtig jedenfalls zu beobachten, dass sich alle möglichen sozialen Gruppen ebenso wie Familien, Freundeskreise und Einzelpersonen *ihr* eigenes Geschichtserlebnis basteln. Die Aura des Authentischen avanciert dabei zum Losungswort für die Mobilisierung der nach historischem Sinn verlangenden Pilger. Das hat manchmal emotional anrührende, manchmal karnevaleske und manchmal auch groteske Züge. So strömen beispielsweise in Plymouth/Massachusetts jährlich tausende Touristen zu einem als *Plymouth Rock* bezeichneten Felsen, auf dem 1620 die Passagiere der *Mayflower* erstmals ihren Fuß auf nordamerikanischen Boden gesetzt haben sollen.[130] Über den Umstand, dass sich auf den Klippen unerklärlicherweise keinerlei Spuren verewigt haben, hilft eine Nachbildung der *Mayflower* hinweg. Sie erhebt den Ort für jeden zu einem unvergesslichen Highlight, der sich auf die Suche nach dem einzig wahren, beglaubigten und daher heiligen Ursprung aller Ursprünge gemacht hat. Ein solches Versprechen kann allerdings nicht überall ohne weiteres eingelöst werden: So sah sich die Stadt Verona beispielsweise in den 1920er Jahren gezwungen, an dem nachweislich erst seit dem 19. Jahrhundert von der Familie Capulet bewohnten Haus in der Via Capello 23 einen Balkon anzubringen, durch den das Liebesgeständnis von *Romeo und Julia* endlich ein würdiges Zuhause erhielt. Bis heute wissen Liebespaare aus aller Welt diese kleine architektonische Korrektur zu honorieren. Denn nur am vermeintlich authentischen Ort weht der Atem der Geschichte. Wen wundert es da noch, dass Besucher des Berliner Holocaust-Mahnmals anfangs irritiert und manchmal enttäuscht nachfragten, wo denn auf dem Gelände in der Nähe vom Brandenburger Tor die Gaskammern gewesen seien. An diesen und vielen anderen Stätten will Geschichte ganz offenbar weniger erlernt, kritisch reflektiert oder verstanden, sie will vor allem erlebt und gefühlt werden.

Projekt unter dem Hashtag #Reichspark tatsächlich gibt, und das ja wohl vor allem deswegen, weil es sich irritierend nahtlos in unsere Eventkultur einfügen würde. Was hier absurd erscheint, ist andernorts längst Realität: Eine Londoner Firma bietet beispielsweise das Live-Adventure-Spiel »Fluchtplan« an. Das Spiel für sechs Personen simuliert den Ausbruch aus einem Kriegsgefangenenlager der Nazis. Mit Hilfe eines überlieferten Tagebuchs müssen die Teilnehmer innerhalb einer Stunde aus einem nachgebauten Barackenlager entkommen. Vgl. https://escapeplanltd.com/ (Zugriff: 18.12.2018).

130 Dieses und weitere Beispiele untersucht David Lowenthal in seinem anregenden Aufsatz: »History« und »heritage«. Widerstreitende und konvergente Formen der Vergangenheitsbetrachtung, in: Rosemarie Baier (Hg.), Geschichtskultur in der zweiten Moderne, Frankfurt a.M. 2000, S. 71-94; ders., The Past is a foreign country, New York 1985.

Reenactments, wie sie in Leipzig 2013 und bei vielen anderen Jubiläums- und Gedenkveranstaltungen regelmäßig und mit offenbar wachsendem Zulauf stattfinden, wollen ein zwar kommerzialisiertes, aber dennoch geschichtskulturell sinnstiftendes Erlebnis bieten, das seine Begründung in der als verbindend empfundenen Historie sieht.[131] Laiendarsteller verkörpern vor einem Publikum körperlich Abwesende, die oftmals – wenn auch im recht weiten Sinne – als genealogisch nahestehend angesehen werden. Entgegen der Behauptung, an diesen Orten könne gemeinsam Geschichte erlebt und lebendig gehalten werden, besteht das Gemeinsame aber allenfalls darin, eine zur Aufführung gebrachte, in ihren Konstruktionsprinzipien allerdings weitgehend diffus bleibende Deutungsvariante des Geschehenen darzustellen beziehungsweise anzuschauen. Die Faszination liegt in der auch von Sportveranstaltungen bekannten, dadurch nicht weniger irrigen Annahme, dass die körperlich Anwesenden angesichts des Dargebotenen nicht nur das Gleiche sehen, sondern auch das Gleiche empfinden. Die synchronisierten Äußerungen der Zuschauer wie Applaus, Zurufe, Schweigen oder Verwunderung werden als »Gleichzeitigkeit des Innenlebens« aufgefasst.[132] Doch bei genauerer Betrachtung geht es weitaus weniger gemeinschaftlich zu, eher steht das Erleben des Einzelnen in Anwesenheit vieler anderer im Mittelpunkt. *Event* bezeichnet eine zum Selbstzweck verkümmerte Veranstaltung, bei der letztlich entscheidend ist, wem diese spezielle Art und Weise der zur Darstellung gebrachten Vergangenheitsdeutung gefällt und ob sich genügend zahlungswillige Zuschauer gut unterhalten fühlen. Die konsumierte Geschichte gleicht einer Kulisse, deren Relevanz in erster Linie darin liegt, optimierte Gefühlserlebnisse für Darsteller und Zuschauer zu generieren. Also alles nur Folklore?

Auf die Vorhaltung, jenseits der spektakulären Oberfläche keinerlei Bedeutung oder gar historischen Sinn zu stiften, reagieren Veranstalter und Reenactor regelmäßig mit dem immer gleichen Mantra, das Wieder-Aufführen historischer Schlachten diene hier wie anderswo dazu, die Geschichte so zu zeigen, wie sie wirklich war, die Toten zu ehren und die

131 Vgl. beispielsweise die Erinnerungsolympiade zum 500. Reformationsjubiläum 2017. Eine Auswahl der zahllosen Veranstaltungen findet man in der von der Staatlichen Geschäftsstelle »Luther 2017« und der Geschäftsstelle der EKD »Luther 2017-500 Jahre Reformation« herausgegebenen Programmbroschüre: https://www.luther2017.de/fileadmin/luther2017/material/Broschueren/Luther2017_Programmheft.pdf (Zugriff: 5.8.2018).

132 Schulze, Kulissen, S. 86.

Erinnerung an die historischen Geschehnisse in unserer Gegenwart wachzuhalten.[133] Darin mischt sich oftmals eine latente oder auch explizite Kritik an üblichen Darstellungen von Vergangenheit, sei es seitens der professionellen Historiographie, die als zu abstrakt, kopflastig oder komplex empfunden wird, sei es seitens der Museen, in denen Geschichte trocken, steril und verstaubt daherkomme, sei es seitens der Didaktik, die nur eine allgemeine und oftmals politisch korrekte Version dessen, was tatsächlich geschehen sei, vermittele. Auch während der regelmäßig wiederkehrenden Gedenkfeierlichkeiten zu runden Jahrestagen stehe nicht die historische Erfahrung der damals Betroffenen, sondern das Legitimationsbedürfnis heutiger politischer Eliten im Vordergrund. Im Unterschied dazu will man im Reenactment nachvollziehen, was die Menschen damals emotional erlebt, was sie körperlich erlitten und tagtäglich gemeistert haben. Dicke Bücher zu lesen »doesn't let you comprehend it until you go actually out and do this. When you start doing it and you get wrapped up into it, you understand!«[134] Den vermeintlich fehlerhaften oder auch geschönten Geschichtserzählungen wird eine individualisierte Perspektive entgegnet, die andere, »authentische« Episoden, Handlungsabläufe und Befindlichkeiten zeige. Viele aktive Darsteller leiten daraus einen geradezu missionarischen Auftrag ab. Man habe zwar auch Spaß beim Reenactment, »but the main part of it is teaching the public exactly what went on«.[135] So sei beispielsweise in den USA die Vorstellung weit verbreitet, der Amerikanische Bürgerkrieg »was fought over slavery which it wasn't. It was fought over state's rights«.[136] In anderen Zusammenhängen wie den antinapoleonischen Freiheitskriegen will man einem eher alltagsgeschichtlichen Verständnis folgend die Lebenswelt durchschnittlicher Soldaten und Zivilisten aufzeigen und weniger das als geschichtsmächtig tradierte Wirken gesellschaftlicher Eliten, historischer Persönlichkeiten oder prominenter Politiker zur Kenntnis nehmen müssen. Die Beispiele ließen sich fortsetzen. Nach diesem Selbstverständnis geht es beim Reenactment neben Spaß und Spiel eben auch um Deutungshoheit, Perspektivwechsel und Wahrheitsansprüche, und für so manchen geht es eben vor allem um seinen emotionalen Bezug zur Geschichte. Als »crusaders for the truth«[137]

133 Vgl. beispielsweise: Thompson, War Games, S. 150.

134 Aussage eines Civil War Reenactors (2012), zit. n.: West, Affective Authority, S. 13. Zur Kritik des Reenactments an konventionellen Geschichtsdarstellungen vgl. auch: Daugbjerg, Patchworking the Past, S. 730.

135 Zit. n.: West, Affective Authority, S. 13.

136 Ebd.

137 Ebd.

verstehen sich etliche Hobbysoldaten, die Schlachten wie Gettysburg, Waterloo oder Verdun darstellen, lassen dabei allerdings außer Acht, dass nicht nur die von ihnen als konventionell oder verordnet kritisierte Sicht auf die Vergangenheit, sondern eben auch ihre eigene immer nur eine von vielen möglichen ist.

Umso nachdrücklicher drängt sich die Frage auf, welches Bedürfnis in der wachsenden Popularität von Reenactment und Living History zum Ausdruck kommt. Auf welche Erfahrungen sind diese Inszenierungen vergangener Geschehnisse eigentlich die Antwort? Unsere Geschichtskultur hat sich seit den 1980er Jahren – in historisch zweifellos einzigartiger Weise – der gesellschaftlichen Aufarbeitung von Kriegs- und Massenverbrechen des 20. Jahrhunderts verschrieben. Nationalsozialismus, Holocaust und Vernichtungskrieg sind seither *die* entscheidenden historischen Bezugsereignisse und für das kollektive Selbstverständnis maßgeblich.[138] Kein 8. Mai, kein 27. Januar oder 9. November vergeht ohne die nachdrückliche und stets wiederholte Mahnung, den Holocaust zu erinnern, der Opfer zu gedenken und die spezifisch deutsche Schuld zu bekennen. Als eine »Pflicht zur Erinnerung«, der man sich nicht ungestraft entziehen könne, hat der französische Zeithistoriker Henry Rousso diese Obsession bezeichnet.[139] Andere sprechen von der Vergötzung des Gedächtnisses, von einer »Epidemie des Gedenkens«,[140] sogar von einem »Diktat der Aufarbeitung« ist die Rede.[141] Eine derart normativ aufgeladene, in erster Linie opferidentifizierte und zudem politisch vereinnahmte Gedenkkultur löst mittlerweile allerdings auch Erschöpfung, Langeweile und ein gewisses Unbehagen aus, und das längst nicht mehr nur bei denjenigen, die den Nationalsozialismus im Mülleimer der Geschichte entsorgen wollen. Es regt sich Kritik an der Olympiade der Betroffenheit: Unsere Geschichtskultur erstarre in einer

138 Vgl. dazu u.a.: Norbert Frei, Vergangenheitspolitik. Die Anfänge der Bundesrepublik und die NS-Vergangenheit, München 1996; Wolfrum, Geschichtspolitik in der Bundesrepublik; Insa Eschebach, Öffentliches Gedenken. Deutsche Erinnerungskulturen seit der Weimarer Republik, Frankfurt a.M. 2005; Peter Reichel/Harald Schmid/Peter Steinbach (Hg.), Der Nationalsozialismus – die zweite Geschichte: Überwindung, Deutung, Erinnerung, München 2009; Norbert Frei, 1945 und wir. Das Dritte Reich im Bewusstsein der Deutschen, München 2009.

139 Vgl. Henry Rousso, The Haunting Past: History, Memory, and Justice in Contemporary France, Philadelphia 2002, S. 3.

140 Y. Michal Bodemann, Gedächtnistheater. Die jüdische Gemeinschaft und ihre deutsche Erfindung, Hamburg 1996, S. 85.

141 Vgl. Katrin Hammerstein/Ulrich Mählert/Julie Trappe (Hg.), Aufarbeitung der Diktatur – Diktat der Aufarbeitung? Diktaturen und ihre Überwindung im 20. und 21. Jahrhundert. Normierungsprozesse beim Umgang mit diktatorischer Vergangenheit, Göttingen 2009.

»normativen Rhetorik des Erinnerns«,[142] während alternative Formen der Geschichtsaneignung wie auch schlicht andere Fragen an die Vergangenheit kritisiert, skeptisch beäugt oder als politisch inkorrekt abqualifiziert würden. Die Suche nach historischem Sinn verlagert sich auch aufgrund dieser geschichtskulturellen Gesamtkonfiguration und jenseits akademischer Auseinandersetzungen auf erlebnisorientierte Angebote, zum einen weil sie im Unterschied zum routinierten Gedenken eine gewisse Lebendigkeit von Geschichte versprechen, zum anderen weil sie sich vielfältigen, auch widersprüchlichen und damit ambivalenten historischen Erfahrungen zuwenden, die aus gängigen Geschichtsnarrativen allzu oft herausfallen. Das Wieder-Aufführen vergangener Ereignisse und Begebenheiten ist auch ein Stück weit praktizierte Kritik an einer Geschichtskultur, die sich in den letzten Jahrzehnten normativ, thematisch und intellektuell verengt hat.[143]

Reenactment steht also einerseits der gegenwärtigen Gedenkkultur durchaus kritisch gegenüber, ist aber andererseits auch fester Bestandteil derselben, wie die Veranstaltungswoche zum 200. Jahrestag der *Völkerschlacht bei Leipzig* eindrücklich verdeutlicht. Nicht alle, aber doch viele Reenactment-Gruppen suchen im Rahmen solcher Gedenkfeierlichkeiten regelrecht den Kontakt zum Publikum, vor allem weil dies die Chance eröffnet, ihre Art der Geschichtsaneignung öffentlich zu legitimieren. Gleichzeitig handeln sich Reenactor damit aber oft auch den Vorwurf ein, Geschichte und historisches Gedenken, vor allem an Krieg und Gewalt, im öffentlichen Raum zu banalisieren. Der Spaß an der Sache wird zum Handicap. Die Vereinbarkeit von kommerziellen, populären und sinnstiftenden Elementen beruht in Gesellschaften, in denen Reenactment weitaus weniger kritisch gesehen wird (wie beispielsweise in den USA und in Großbritannien), auf einem historisch gewachsenen Gemeinschaftsversprechen, das zwar keineswegs unumstritten ist, aber nicht prinzipiell in Frage steht. Dort, wo die Einheit der Nation gesellschaftliche Konflikte, Spaltungen und Zerwürfnisse noch halbwegs glaubhaft zu regulieren verspricht, partizipiert Reenactment an dieser ebenso übergeordneten wie tief verwurzelten Sinnschicht. Die nationale Einheit will in Gettysburg zwar regelmäßig bekräftigt, sie muss dort aber nicht erst hergestellt werden. In einem solchen an sich als sinnvoll erachteten Gedenkrahmen kann und darf Geschichte dann auch Spaß machen. Fehlt hingegen eine integrierende Sinnorientierung, steht historisches Reenactment in der Gefahr, als kommerzielle Spaßveranstaltung

142 Knigge, Das radikal Böse, S. 1.
143 Vgl. Jureit/Schneider, Gefühlte Opfer, S. 17-103.

an Glaubwürdigkeit zu verlieren. Aber was tun, wenn die Nation aus historischen oder anderen Gründen keine legitime Referenzerzählung mehr darstellt?

In Leipzig und auch an anderen Orten, an denen 2013 der antinapoleonischen Freiheitskriege gedacht wurde, stand stattdessen ein alternatives Sinnstiftungsangebot im Mittelpunkt. Oberbürgermeister Burkhard Jung brachte es bereits im Vorfeld klar zum Ausdruck: Im Sinne der europäischen Verständigung würden in Leipzig Menschen aus allen an der *Völkerschlacht* beteiligten Nationen zusammentreffen, um gemeinsam zurück und nach vorn zu blicken. Die *Völkerschlacht* markiere

> einen bedeutenden Wendepunkt in der europäischen Geschichte. Heute leben wir in Frieden und in einem vereinten Europa. Deshalb möchten wir 2013 ein großes europäisches Fest feiern und laden alle ein, sich von dieser Idee begeistern zu lassen und sich einzubringen.[144]

Das Festprogramm lud entsprechend zu einem europäischen Chortreffen ein, bei einem internationalen Sommercamp tauschten sich junge Menschen aus zehn europäischen Ländern über »Europa: gestern – heute – morgen« aus, beim »Ball der Nationen« amüsierten sich »Besucher und Uniformierte mit Musik und Tanz« und auf einem öffentlichen Podium diskutierten vier mit dem Leipziger Buchpreis zur europäischen Verständigung ausgezeichnete Autoren über die »Rolle von Geist und Kultur im europäischen Einigungsprozess«.[145] Wo immer es halbwegs zu passen schien, wurde der europäische Zusammenhalt als Erbe und Auftrag der verheerenden Kriegserfahrung von 1813 reklamiert. Autorin Sabine Ebert, Verfasserin eines Historienromans mit dem Titel *Kriegsfeuer – 1813*, avancierte im MDR zur *Völkerschlacht*-Expertin und sprach trotz der im Hintergrund donnernden Artillerie von einer »friedlichen Verständigung« auf den ehemaligen Schlachtfeldern. Hier werde nicht etwa Krieg gespielt, sondern an ihn erinnert, und das sei »gelebtes Europa«.[146] Ähnlich wollte es auch der Vorsitzende des örtlichen Traditionsvereins verstanden wissen: »In unseren Biwaks machen wir Geschichte lebendig, bei den Treffen mit Aktiven aus vielen Nationen

144 Oberbürgermeister Burkhard Jung im Interview mit MDR1 Radio Sachsen am 16. Oktober 2013, https://www.mdr.de/mediathek/mediathek-suche--100_zc-89922dc9_zs-df360c07.html?q=V%C3%B6lkerschlacht (Zugriff: 18.11.2018).

145 Festprogramm zum Gedenkjahr in Leipzig 2013, hg. v. der Leipzig Tourismus und Marketing GmbH, Leipzig 2013, S. 18.

146 MDR Reportage »Das historische Gefecht vor den Toren Leipzigs« vom 20. Oktober 2013, https://www.youtube.com/watch?v=lYegu3-oVTg (Zugriff: 22.12.2018).

werden Freundschaften geknüpft – so wird Versöhnung gelebt«.[147] Der französische Napoleon-Darsteller beschwor seinerseits die europäische Einigung und besiegelte sie sodann symbolträchtig per Handschlag mit Generalfeldmarschall Gebhard Leberecht von Blücher.

Die zum Festakt am 18. Oktober 2013 geladenen politischen Repräsentanten nutzten die Europathematik als willkommene Steilvorlage. Die *Völkerschlacht bei Leipzig* markiere in zweifacher Weise den Beginn einer neuen Epoche: zum einen, so der damalige Präsident des Europäischen Parlaments, Martin Schulz, verweise sie bereits auf den totalen Krieg, wie er einhundert Jahre später für die erste Hälfte des 20. Jahrhunderts prägend werden sollte, zum anderen seien trotz der Wiederherstellung der alten Ordnung durch den Wiener Kongress die Ideen von Freiheit, Einigkeit und Demokratie nicht mehr aus der Welt zu schaffen gewesen.[148] Schulz benennt mit dem Wartburgfest 1817, dem Hambacher Fest 1832, der Paulskirche 1848, der Novemberrevolution 1918 sowie mit den Leipziger Montagsdemonstrationen 1989 markante Ereignisse der deutschen Geschichte, die er als traditionsstiftend verstanden wissen will. Da es sich hierbei um eine dezidiert nationale und historisch zudem überaus brüchige Entwicklung handelt, fällt der narrative Übergang zur europäischen Einigung entsprechend holprig aus. Europa sei ein Friedensprojekt, das nach 1945 »in der dunkelsten Stunde unseres Kontinents geboren« worden sei. Als Lehre aus der zerstörerischen und traumatischen Geschichte sei mit der europäischen »Gemeinschaftsmethode« nach 1945 ein »Immunsystem gegen Krieg« entstanden, das auf Dialog, Konsens und Ausgleich beruhe. Dabei gerät aus dem Blick, dass mit Verweis auf die militärischen Großkonflikte in der europäischen Geschichte immer auch die Brüchigkeit aller politischen Verhältnisse vor Augen geführt wird und es angesichts dessen wenig überzeugt, von einer mittlerweile errungenen »Immunität gegen Krieg« auszugehen. Die Verbindung zwischen *1813* und der europäischen Einigung, wie wir sie heute kennen, bleibt weitgehend diffus. Nichtsdestotrotz würdigt Schulz es als einen mutigen Schritt, dass die antinapoleonischen Freiheitskriege und mit ihnen das Leipziger Völkerschlachtdenkmal nun in einem friedlichen europäischen Kontext stehen, den er in den »libertär-progressiven Traditionen«, wie sie bereits zur Zeit der *Völkerschlacht* und bei der Denkmals-

147 Homepage des Verbands *Jahrfeier Völkerschlacht bei Leipzig 1813 e. V.*, http://www.leipzig1813.com/de/home.html (Zugriff: 22. 12. 2018).

148 Rede Martin Schulz' am 18. Oktober 2013 in Leipzig, http://www.europarl.europa.eu/former_ep_presidents/president-schulz-2012-2014/en/press/press_release_speeches/speeches/sp-2013/sp-2013-october//leipzig-1813---1913---3 (Zugriff: 22. 12. 2018). Darauf beziehen sich auch alle nachfolgenden Zitate und Paraphrasierungen.

einweihung 1913 bestanden, verortet sehen will. Schließlich habe der Sozialdemokrat Georg Ledebour auf einer Gegenveranstaltung zur nationalchauvinistischen Denkmalseinweihung des deutschen Kaisers von der »Entartung des nationalen Gedankens« gesprochen, der »geboren wurde als ein Kind der Freiheitsbestrebungen«. Es sei »diese Tradition, in die wir uns heute stellen wollen«. Die Verklammerung dieser explizit nationalen Perspektive mit der europäischen Einigung nach 1945 will dann allerdings nur unter großen Mühen gelingen. Dass es sich bei Leipzig nicht nur um einen deutschen, sondern um einen europäischen Erinnerungsort handele, macht Schulz daran fest, dass sich zu eben diesem 200. Jahrestag der *Völkerschlacht* viele junge Europäer friedlich an einem Ort begegnen, an dem 1813 noch Zehntausende ihr Leben im und durch Krieg verloren. Die begründete Hoffnung, dass auch zukünftige Generationen in Frieden leben werden, so Schulz, »verdanken wir nicht dem Geist dieses Denkmals, das verdanken wir dem Geist der europäischen Einigung«.[149]

Die Inanspruchnahme der europäischen Integration als Referenz- und Fluchtpunkt einer zweihundertjährigen Geschichte ist unverkennbar von dem Bemühen geleitet, freiheitlich-demokratische Kontinuitätslinien – seien sie noch so brüchig und konstruiert – nach dem Muster »Leipzig 1813-1913-2013« herzustellen. Dabei bleibt allerdings ausgeblendet, dass gerade die Freiheits- und Demokratiegeschichten der europäischen Staaten historisch ausgesprochen stark divergieren. Großbritannien und Frankreich durchliefen eine ganz andere Nationalstaats- und Demokratieentwicklung als Deutsche und Ungarn. Eine einheitliche europäische Tradition lässt sich daraus nur unter Inkaufnahme grober Vereinfachungen herstellen, daher wirft die Rückbindung an die antinapoleonischen Freiheitskriege als Ursprungs- und Referenzpunkt europäischer Freiheits- und Demokratiebewegungen sachlich mehr Probleme auf, als sie plausible Deutungsangebote liefert.[150] Vor den Toren Leipzigs wurde 1813 weder

149 Auch in der Rede des sächsischen Ministerpräsidenten Stanislaw Tillich am 18. Oktober 2013 fungieren die Völkerschlacht von 1813 sowie das Völkerschlachtdenkmal als Negativfolie für die mittlerweile errungene Freiheit und für den Frieden in Europa seit 1989, vgl. https://www.medienservice.sachsen.de/medien/news/187581?page=1 (Zugriff: 22.12.2018). Interessanterweise fehlt die europäische Umdeutung der Völkerschlacht in der Rede des ehemaligen tschechischen Außenministers Karl Fürst von Schwarzenberg, der sich in erster Linie über Napoleon als Genie und Tyrann Gedanken machte, seine Rede ist ebenfalls online nachzulesen: https://fürstenhäuser-kulturträger.eu/Rede-Karl-Fuerst-Von-Schwarzenberg (Zugriff: 22.12.2018).

150 Zu Europa als Erinnerungsort im Sinne Pierre Noras vgl. Klausing, Napoleonischen Kriege. Einen ähnlichen, aber ebenfalls weiterhin nationalstaatlich-vergleichenden Zugriff findet man bei: Dmitrieva, Das Jahr 1813.

um Demokratie noch um individuelle Freiheitsrechte gerungen, vielmehr schickten europäische Monarchen ihre Untertanen zu Hunderttausenden in eine Schlacht, bei der es um das Kräftegleichgewicht in Europa, um nationale Selbstbehauptung und um das Verhältnis von monarchischer Souveränität und Volkssouveränität ging. Dieter Langewiesche spricht von »Gründungskriegen des modernen Europas«, womit allerdings das Europa der souveränen Nationalstaaten im 19./20. Jahrhundert und nicht die europäische Einigung im Sinne der Verträge von Maastricht (1992) und Lissabon (2007) gemeint ist.[151] Eine Übertragung vormals nationalstaatlicher Deutungsmuster auf die supranationale europäische Ebene verkennt, dass es – wenn man es nicht bei einer eher nichtssagenden europäischen Vielfalt politischer Entwicklungen belassen möchte – unumgänglich wäre, konkret zu benennen, was über eine rein additive Betrachtung und Verflechtung der Geschichte europäischer Einzelstaaten hinaus als dezidiert europäisch gelten kann und soll. Zudem liegt das Spezifische der Europäischen Union ja nicht nur in einem Verzicht auf gewalthafte Konfliktlösungsstrategien innerhalb Europas, sondern in einem postsouveränen politischen Ordnungs- und Regierungssystem, das keinerlei historische Vorbilder hat. Daher gelte es wohl eher darüber nachzudenken, ob *1813* nicht genau für das steht, was Europa heute nicht (mehr) sein will.[152]

Reenactment als populäre Erinnerungs- und Gedenkform legitimierte sich 2013 in Leipzig wie auch an anderen historischen Orten, an denen die antinapoleonischen Freiheitskriege wüteten, mithilfe eines geschichtskulturellen Narrativs, das *1813* als einen europäischen Erinnerungsort verstanden wissen möchte. Ähnlich wie in der US-amerikanischen Gedenkkultur des Civil War wird die verheerende Gewalt während der napoleonischen Eroberungs- und Freiheitskriege mit dem Ziel öffentlich in Szene gesetzt, den damals zerstörten, mittlerweile aber wiedergewonnenen Frieden zu bekräftigen. Während in den Vereinigten Staaten allerdings die Nation als Garant für Frieden und Einheit über allem steht, bezieht man sich in Leipzig und anderswo auf die Europäische Union als identitätsstiftende Größe. Die historische Erfahrung von Krieg, Zerstörung und Gewalt wird dabei durch Kontextwechsel, genauer gesagt durch Ent- und Neukontextualisierung in eine Friedensbotschaft übersetzt,

151 Vgl. Dieter Langewiesche, Das Europa der Kriege, in: Pim den Boer/Heinz Duchhardt/Georg Kreis/Wolfgang Schmale (Hg.), Europäische Erinnerungsorte, Bd. 1, München 2012, S. 275-284.

152 Vgl. Andreas Fahrmeir, »Das Jahr 1813 und das moderne Europa«. Ein Versuch aus der Sicht des Jahres 2013, in: Birgit Aschmann/Thomas Stamm-Kuhlmann (Hg.), 1813 im europäischen Kontext, Stuttgart 2015, S. 19-34.

die fortan mit der Negativfolie historischer Großkonflikte des 19./20. Jahrhunderts verbunden bleibt.[153] Die Tatsache, dass heute auf den ehemaligen Schlachtfeldern Krieg gespielt statt geführt wird, wollen Veranstalter und Teilnehmer als »gelebtes Europa« verstanden wissen, in dem Krieg als politische Konfliktstrategie (zumindest unter den Mitgliedsstaaten) überwunden zu sein scheint. Wieso aber Krieg spielen, wenn man doch ein friedliches Europa zum Ausdruck bringen will?

153 Kontextwechsel ist hier im Sinne eines zeitlichen Übersetzungsvorgangs zu verstehen, durch den neue Bedeutungen generiert werden. Dabei enthalten gegenwärtige Begrifflichkeiten (wie beispielsweise die Bezeichnung *Europa*) bereits unreflektierte Voranahmen, die zu fragwürdigen Analogien führen können. Unser aktuelles Verständnis von Europa erweist sich bei genauerer Betrachtung als weitgehend ungeeignet, die politischen Ordnungsverhältnisse um 1800 adäquat zu beschreiben. Zudem geht hier der Übersetzungsvorgang über den zeitlichen Transfer hinaus: Die historische Erfahrung von Krieg wird in eine Friedensbotschaft umgedeutet, womit dieser Vorgang eher dem entspricht, was Eric Hobsbawm als *invention of tradition* bezeichnet hat. Sie führt in der Regel zur Reduzierung von Komplexität. Vgl. Eric Hobsbawm/Terence Ranger (Hg.), The Invention of Tradition, New York 1983; Bachmann-Medick, Übersetzung zwischen den Zeiten; Reinhard Blänkner, Begriffsgeschichte in der Geschichtswissenschaft. Otto Brunner und die *Geschichtlichen Grundbegriffe*, Forum Interdisziplinäre Begriffsgeschichte (FIB), E-Journal 1 (2012), Heft 2, S. 102-108.

Abb. 32: *War in the Desert*, Display auf der War and Peace Show in Westenhanger/Kent am 19. Juli 2014

Erleben statt zuschauen

Als mehrere Wanderer in der Grafschaft Cornwall dem Reenactor Mike Robson begegneten, erlebten sie eine böse Überraschung. Robson, der einen japanischen Offizier während der *Schlacht um Iwo Jima* spielte, hatte nicht mitbekommen, dass das Reenactment seit Stunden beendet war und alle anderen Teilnehmer bereits im Pub saßen. Darauf aufmerksam gemacht, wies er die Nachricht als Kriegspropaganda zurück und beschimpfte die Wanderer als »Yankees«, die ihn zu entehren und zu täuschen versuchten. Als die Gruppe ihren Weg fortsetzte, bezeichnete Robson ihre Outdoor-Bekleidung als unerträglichen Anachronismus und drohte unter lautem Geschrei mit seinem Plastikschwert. Viele solcher und ähnlicher Geschichten über (vor allem britische) Reenactor kursieren in der Szene. Ob sie sich tatsächlich so zugetragen haben, sei mal dahingestellt, zumindest zeigen sie eindrücklich, wie intensiv einige Darsteller das Spiel erleben und sich in ihre Rolle hinein imaginieren. Reenactment ist in erster Linie ein Spiel und entspricht somit einer der ältesten Kulturtechniken, die wir kennen. Als Grundkategorie des (nicht nur) menschlichen Verhaltens ist Spielen sogar älter als die Kultur selbst.[1] Der Kulturhistoriker Johan Huizinga grenzte 1938 den *Homo ludens* vom Gegenprinzip des *Homo faber* ab und entwarf damit ein Erklärungsmodell, wonach der Mensch basale Fähigkeiten im Spiel entwickelt und mit ihm über eine elementare Form der Sinnfindung verfügt. Huizinga verstand das Spielen als Ausdruck freien Handelns, das sich zugleich vom »eigentlichen« Leben absondere und für begrenzte Zeit, aber stets wiederholbar, eine Sphäre des »als-ob« schaffe. Ein intensives Spiel binde emotional wie körperlich, ja es könne sogar »bezaubern«, wie Huizinga formulierte.[2]

Der in diesem Kontext obligatorische Verweis auf Friedrich Schillers berühmte Sentenz, dass der Mensch nur dort spiele, »wo er in voller Bedeutung des Wortes Mensch ist«, und er »nur da ganz Mensch«[3] sei, wo er spiele, soll hier weniger dazu dienen, das Wieder-Aufführen historischer Geschehnisse als eine Schlüsselkompetenz auszuweisen, sondern eher dazu anregen, der damit verbundenen Hintergrundannahme nachzugehen, nach der sich im Spiel ein kulturstabilisierender Ausgleich zwischen antagonistischen Kräften (bei Schiller ist das Natur und Vernunft) vollzieht. Reenactment ließe sich durchaus in diesem Sinne verstehen, dabei verdeutlicht eine solche Perspektive zugleich, dass die Reenactor vergangene Ereignisse nicht etwa nacherleben oder Geschichte wieder zum Leben erwecken, wie oft gesagt und behauptet wird, sondern dass sie einen Handlungs- und Imaginationsraum abstecken, in dem sich ihr Erleben zwischen den verschiedenen Zeitebenen hin und her bewegt. Diese Art von Spiel beruht auf der Vorstellung, dass ein (möglichst wissenschaftlich) beglaubigter Handlungsrahmen Erlebnisse erzeugen kann, die denjenigen der damaligen Akteure ähneln. Der so definierte Spiel- und Zwischenraum rekurriert auf eine Wortbedeutung, die Spielen

1 Vgl. Rolf Oerter, Psychologie des Spiels, 2. Auflage, Weinheim 1997; Jürgen Fritz, Das Spiel verstehen: eine Einführung in Theorie und Bedeutung, Weinheim 2004; Hans Mogel, Psychologie des Kinderspiels. Von den frühesten Spielen bis zum Computerspiel, 3. erweiterte Auflage, Berlin 2008.

2 Johan Huizinga, Homo Ludens. Vom Ursprung der Kultur im Spiel (1938), Hamburg 1956, S. 19.

3 Friedrich von Schiller, Über die ästhetische Erziehung des Menschen in einer Reihe von Briefen, 15. Brief, in: ders., Sämtliche Werke, Fünfter Band, 9. Auflage, Darmstadt 1993, S. 614-619, Zitat S. 618.

nicht nur als Tätigkeit beschreibt, sondern im Sinne eines flexiblen Übergangs von einem zum anderen Zustand darauf verweist, dass »etwas Spiel hat«.[4] Reenactment gestaltet sowohl atmosphärisch als auch materiell ein *Dazwischen* und greift dabei auf elementare Formen spielerischen Handelns zurück, wie wir sie bereits als Kind erlernen. Neben dem körperlich-emotionalen Erleben entspricht Reenactment dem Symbolspiel, bei dem bekannte Gegenstände neue Bedeutungen erhalten und sich der Spieler auf diese Weise in andere Realitäten phantasiert. An dieses »als-ob« schließt auch das komplexere Rollenspiel an, das nicht nur die Imitation anderer sozialer Verhaltensweisen umfasst, sondern zugleich den Übergang zum stärker geregelten Miteinander markiert. Denn dem gemeinschaftlichen Spiel kommt erst dann größere Bedeutung zu, wenn das Kind in der Lage ist, Regeln zu verstehen, sie zu erlernen und einzuhalten. Mit dem Regelspiel erwerben wir Kernkompetenzen für das Leben in sozialen Gemeinschaften und Ordnungen, wir lernen zum einen die Notwendigkeit, sich an Gegebenheiten anzupassen, zum anderen eröffnen sich auch Möglichkeiten, die äußere Welt nach den eigenen Bedürfnissen zu verändern und zu formen.[5]

Befragungen von US-amerikanischen WW-II-Reenactor haben ergeben, dass die meisten von ihnen – trotz des verhältnismäßig hohen Anteils an ehemaligen Soldaten – über keine eigenen Kriegserfahrungen verfügen, sich aber nach eigenem Bekunden bereits seit ihrer Kindheit mit Krieg beschäftigen.[6] Manche wuchsen in Soldatenfamilien auf oder hatten enge familiäre Beziehungen zu Veteranen, die viel und gern über den Krieg sprachen. Aber auch bei denjenigen, bei denen die Väter und Großväter schwiegen und keine Kriegsgeschichten erzählten, wurde gerade ihre Verschlossenheit zum Antrieb, sich intensiver mit dem Kämpfen und Sterben im Krieg auseinanderzusetzen. Andere verschlangen massenweise Bücher, Comics und Filme über D-Day, über den Vietnam- und den Koreakrieg. »Our heads were filled with war stories«, resümiert ein langjähriger Reenactor und sieht in erster Linie darin seine Affinität zum Kriegsspiel begründet.[7] Als Kind seien sie in Tarnkleidung durch die Nachbarschaften gezogen und hätten sich mit anderen Jungen Gefechte geliefert. Für manche waren eher Bücher wie *All Quiet at the Western Front* oder *Company Commander* der Einstieg – »we came of age

4 Vgl. Claus Pias/Christian Holtorf (Hg.), Escape! Computerspiele als Kulturtechnik, Köln 2007.
5 Vgl. Oerter, Psychologie des Spiels, S. 89-116.
6 Vgl. Thompson, War Games, S. 84-94.
7 Ebd., S. 85.

consuming war«.[8] Dabei ist das Interesse an Uniformen und Waffen eher eine Folge dieser Faszination als ihr eigentlicher Gegenstand. Das Spezifische scheint vielmehr zu sein, dass sowohl die persönlichen Beziehungen zu Kriegsveteranen und ihren (mitgeteilten oder verschwiegenen) Erfahrungen wie auch die starke mediale Vermarktung von Krieg als ausschlaggebend empfunden werden. Der Kampfeinsatz einfacher Soldaten wurde zu einer stets präsenten, zu einer bald ersehnten und doch nie einholbaren Erfahrung. Reenactment als nicht mehr kindliches, sondern ambitioniertes Spiel ist für diese Akteure quasi der nächste logische Schritt, mit dem sie sich den Erlebnissen der kämpfenden Truppe weiter anzunähern versuchen. Sie wollen nicht mehr nur Voyeure sein. Viele Reenactor sehnen sich nach dem eigenen »Kriegserlebnis«: Nicht medial konsumieren, sondern am eigenen Körper erfahren, wie es sich angefühlt haben könnte.[9] *To Fill the Gap* – das scheint für viele Reenactor der entscheidende Reiz dieses Spiels zu sein.

Es ließe sich darüber streiten, ob ein Gefecht im Krieg als geregeltes Spiel verstanden werden kann, in jedem Fall steckt in der Vorstellung des heroischen Zweikampfes noch das Motiv des spielerischen Kräftemessens. Die Idee des »edlen Kampfes bleibt nun einmal einer der kräftigsten Impulse der Kultur«, schrieb Huizinga noch 1938, das Ende des an Regeln gebundenen Krieges bereits klar vor Augen.[10] Dass sich der geregelte Kampf mit den damit verbundenen Lebensidealen von Mut, Tapferkeit und Ehre auf gesellschaftliche Ordnungen bezieht, die u. a. im Rittertum des christlichen Mittelalters und in dem als Samurai bekannten Kriegerstand des japanischen Feudalismus ihren markantesten Ausdruck fanden, steht im krassen Gegensatz zur anhaltenden Popularität des als edel und heroisch geltenden Kampfes Mann gegen Mann. Während die mittelalterliche Reenactment-Szene unmittelbar auf archaische Kampfformationen zugreifen kann, kollidiert das Nachspielen moderner Militärkonflikte mit der Tatsache, dass sie die von Huizinga noch konstatierten klassischen Elemente des soldatischen Kampfes (wie beispielsweise individueller Wettstreit, regulierte Gewaltanwendung und Respektbekundungen gegenüber dem Feind) weitgehend eingebüßt haben. Reenactment begründet eine Spielkonfiguration, die dazu tendiert, den modernen Krieg selektiv darzustellen und unter der Hand in Lebensformen zu kleiden, die mittlerweile nicht mehr existieren und die selbst zum Zeitpunkt des jeweiligen historischen Konfliktes oft schon nicht mehr üblich waren.

8 Ebd.
9 Vgl. Ulf Otto, Re: Enactment, S. 240.
10 Huizinga, Homo Ludens, S. 115. Zum »totalen Krieg« vgl. ebd., S. 102.

Helden wie wir

Der kriegerische Held hat seine kulturelle Anerkennung in Europa weitgehend eingebüßt.[11] Was im 21. Jahrhundert gesellschaftlich noch als heroisch gilt, bezieht sich kaum noch auf den Kampfeinsatz von Soldaten. Reenactment wird folglich immer wieder als Begleiterscheinung oder auch als Antwort auf die Krise des Heroischen gedeutet, da sowohl während des Wieder-Aufführens der historischen Schlachten wie auch in der Reenactment-Szene selbst konventionelle Vorstellungen von Männlichkeit, Kameradschaft und Ehre praktiziert, idealisiert und tradiert werden.[12] Ist Reenactment ein Refugium für unverbesserliche Machos, die sich nicht mit dem Ende des Patriachats abfinden wollen? Sicherlich spielen solche Bedürfnisse eine gewisse Rolle, wenn Akteure voller Stolz ihre Uniformen und Tarnanzüge anlegen, ihre Waffen entschlossen zur Schau stellen oder sich in martialischen Posen ihrem Publikum präsentieren. Die damit verbundenen Leidenschaften, Erregungen und Bedürfnisse können im Reenactment nicht nur legal ausgelebt werden, sie

11 Vgl. die Forschungen im Rahmen des SFB 948 *Helden – Heroisierungen – Heroismen* der Universität Freiburg. Das Heroische wird dort als Konstrukt gefasst, als »ein Fremd- und Selbstzuschreibungsphänomen, das sich in seiner kultur-, gruppen- und zeitspezifischen Prägung essentialistischen Bestimmungen entzieht«. Heroisierungen sind demnach Zuschreibungsprozesse, »durch die eine Figur zum gestalthaften Fokus einer Gemeinschaft wird«, während unter Heroismen die gemeinschaftliche Orientierung an heroischen Modellen verstanden wird, die »auf die individuelle wie kollektive Selbstvergewisserung in der Nachahmung und Aneignung heroischen Handelns und Verhaltens« ausgerichtet ist. Vgl. Ronald G. Asch/Achim Aurnhammer/Carolin Bahr/Ulrich Bröckling/Michael Butter/Andreas Friedrich/Andreas Gelz/Barbara Korte/Jörn Leonhard/Stefanie Lethbridge/Monika Mommertz/Dietmar Neutatz/Tobias Schlechtriemen/Gero Schreier/Thomas Seedorf/Ralf von den Hoff, Das Heroische in der neueren kulturhistorischen Forschung: Ein kritischer Bericht, in: H-Soz-Kult vom 28.7.2015, S. 4, https://www.hsozkult.de/literaturereview/id/forschungsberichte-2216 (Zugriff: 19.3.2020). Vgl. zu Kriegs-, Alltags- und Antihelden u.a.: Karl Heinz Bohrer/Kurt Scheel (Hg.), Heldengedenken. Über das heroische Phantasma (Sonderheft der Zeitschrift Merkur 69 [2009], Heft 9-10), Stuttgart 2009, darin vor allem der Text von Niels Werber, Soldaten und Söldner, S. 793-802; Jan Philipp Reemtsma, Der Held, das Ich und das Wir, in: Mittelweg 36, 18 (2009), Heft 4, S. 41-64; Münkler, Kriegssplitter; Johanna Rolshoven/Toni Janosch Krause/Justin Winkler (Hg.), Heroes. Repräsentationen des Heroischen in Geschichte, Literatur und Alltag, Bielefeld 2018.

12 Vgl. hierzu u.a. das Befragungsprojekt von Stephen J. Hunt mit Mitgliedern der *American Civil War Society* 2002-2004, ders., But We're Men Aren't We!, S. 460-483. Ähnliche Beobachtungen hinsichtlich Computerspielen: Harald Koberg, Wirkungsmacht per Tastendruck. Mannwerdung im digitalen Spiel, in: Rolshoven, Heroes, S. 581-598.

gelten aufgrund des sozial anerkannten Spieles auch als halbwegs legitim. Im Reenactment driftet das Heroische zwar ins Unterhaltsame und mancherorts auch ins Folkloristische ab, für den einzelnen Akteur eröffnet sich gleichwohl eine multiple Gegenwelt, in der er gemeinsam mit Gleichgesinnten schlichtweg ein anderer sein kann. Krieg lässt sich nicht nacherleben, wenn man es mit aller Konsequenz täte, würde man sterben oder schwer verletzt werden. Wer sich dem soldatischen Kampf allerdings maximal annähern will, ohne sich in Gefahr zu begeben oder ernsthaft Schaden zu nehmen, der kann dies in Verbänden wie der amerikanischen *Great War Association* oder der britischen Reenactmentgruppe *Rolling Thunder* spielerisch tun. Die Erfahrungen, die er in diesen Zusammenhängen macht, die körperlich-emotionale Intensität, die er dort über Stunden und manchmal Tage erlebt, sind für ihn unmittelbar und fühlen sich echt an, sie haben aber nur wenig mit dem zu tun, was Soldaten damals wie heute im Krieg widerfährt. Das spielerische Nachleben von Krieg und Gewalt offenbart die Paradoxie simulierender Geschichtsaneignungen in signifikanter Weise, denn schließlich setzt selbst jede bis ins letzte historische Detail arrangierte Darstellung voraus, die existentielle Dimension aller Kriegserfahrungen auszusparen. Bezeichnenderweise betonen gerade diejenigen Darsteller, die Reenactment als Spiel perfektioniert haben, den elementaren Unterschied zu realen Kriegserfahrungen: »We have not come close to experiencing what a […] soldier experienced. I hope to God we never do.«[13]

»Der Gegensatz zum Spiel ist nicht Ernst, sondern – Wirklichkeit«, so jedenfalls sah es Sigmund Freud.[14] Im Spiel lehnt das Kind die Dinge an ihre realen Erscheinungen an, ist sich aber trotz der Wünsche, die darin zum Ausdruck kommen, stets im Klaren über die Differenz zur Realität. Wenn Reenactor meinen, darstellen zu können, »wie es wirklich war«, verwechseln sie nicht nur Wirklichkeit, Spiel und Unterhaltung, sie kaschieren auch die Konstruktionsprinzipien ihrer in Szene gesetzten Geschichtsbetrachtung. Das Nachleben von Krieg ist stets in gegenwärtige wie auch historisch gewachsene Deutungs- und Handlungssysteme eingebunden, und deswegen sind Reenactments, unabhängig davon, ob sie nun die *Völkerschlacht bei Leipzig*, die alliierte Landung in der Normandie oder den US-amerikanischen Militäreinsatz in Afghanistan thematisieren, weder objektiv noch politisch neutral. Während in einigen Ländern noch die Nation als gemeinschaftsstiftendes Sinnangebot über-

13 Zit.n. Thompson, War Games, S. 163.

14 Sigmund Freud, Der Dichter und das Phantasieren (1908), in: ders., Bildende Kunst und Literatur, Studienausgabe Bd. X, 11. Auflage, Frankfurt a. M. 1969, S. 171-179, Zitat S. 171.

zeugt, experimentieren andere mittlerweile mit vor allem europäisch konnotierten Ersatznarrativen, die allerdings kaum darüber hinwegtäuschen können, dass historische Reenactments in erster Linie populäre Unterhaltungs- und Vergnügungsspektakel für Darsteller und Zuschauer sind. Dabei tendieren Reenactments dazu, die Ereignisse, die sie zur Darstellung bringen, wenig oder gar nicht zu hinterfragen, so zum Beispiel wenn historische Unterscheidungs- und Klassifizierungssysteme wie Geschlecht oder ethnische Zugehörigkeit stillschweigend reproduziert werden. Die politische Dimension des imitierenden Spiels hat für das Selbstverständnis der Akteure oft nur eine marginale Bedeutung, sie wird zuweilen sogar verleugnet oder von einer auf gesellschaftliche Anerkennung zielenden, erinnerungskulturellen Legitimationsrhetorik vollständig überlagert. Wenn überhaupt, dann existiert in der Szene eher ein Bewusstsein dafür, dass die Ausrichtung der Reenactments an kommerziellen, medialen und touristischen Vermarktungsinteressen für die Art der Darstellung historischer Geschehnisse wie auch für das individuelle Erleben der beteiligten Reenactor gravierende, nicht immer nur positive Folgen hat.

Für die meisten Darsteller überwiegt ohnehin der Reiz der mit Reenactment verbundenen Erlebnisse. Auf dieser Ebene erweist sich das Kriegsspiel als ein mit starken Affekten besetzter Handlungszusammenhang, bei dem zwar ein Bezug zur (historischen) Realität gewahrt bleibt, der aber ein Eintauchen in signifikante Gegenwelten verspricht, in denen alle möglichen Wünsche, Bedürfnisse und Leidenschaften der Beteiligten deponiert und ausgelebt werden können. Nicht immer sind es handfeste Begehrlichkeiten, wie die oft pauschal unterstellte Lust an der Gewalt, die sich im Reenactment mal mehr, mal weniger offen zeige.[15] Manche Darsteller haben ein eher sportliches Verhältnis zum Kriegsspiel, weil es für sie entscheidender ist, sich vor anderen als harter Kerl hervorzutun. Schließlich galt das Schlachtfeld jahrhundertelang als Ort und Gelegenheit, sich als Kriegsheld bewähren zu können. Nicht alle Reenactments verharren allerdings in dieser Rückwärtsgewandtheit, manche Gruppe wie beispielsweise *360 History* fragt in durchaus kritisch-reflektierter Form nach der Physiognomie postmoderner Helden. In ihren Displays setzen sich die britischen Reenactor am Beispiel des US-amerikanischen Militäreinsatzes in Somalia dezidiert mit der in Frage gestellten Figur des Kriegshelden auseinander. Ihre Episoden beziehen sich zwar auf reale Geschehnisse, sie spielen aber in einer anderen, in diesem Fall in einer fast schon vorzivilisatorisch wirkenden Welt. Was gilt angesichts

15 Vgl. zum Beispiel: Haude, Krieg als Hobby, S. 6.

militärischer Einsätze in Afghanistan oder Syrien als heldenhaft? Und was bedeutet die Krise des Heroischen für die dort kämpfenden Soldaten und für die jeweilige Gesellschaft, die sie in diese Kriege geschickt hat?

Die Rückkehr des kriegerischen Helden im Reenactment geht mit der Beobachtung konform, dass das Heroische stets das Außerordentliche ist. Heldengeschichten spielen zumeist in Kontexten, die in signifikanter Weise anders sind als diejenigen, in denen ihre Adressaten leben.[16] So wirkt auch der Reenactor, wenn er historische Gefechte und Schlachten darstellt, wie eine Figur aus einer fremden Welt: Er gehört in eine andere Zeit, die als (manchmal überaus professionell gestaltetes) Spiel vergegenwärtigt und gedeutet wird, er agiert in einem kriegerischen Konflikt, der in krassem, wenn auch oft identitätsrelevantem Gegensatz zur befriedeten Gesellschaft steht, aus der er kommt und in die er auch wieder zurückkehrt. Die meisten europäischen Länder wie auch die USA haben seit Längerem keinen Krieg mehr auf eigenem Territorium geführt oder erlebt. Und nicht zufälligerweise erfreut sich das Wieder-Aufführen historischer Schlachten gerade dort wachsender Beliebtheit. Allerdings kann Reenactment da, wo militärische Interventionen außerhalb des eigenen Landes nicht nur eine theoretische oder marginale, sondern auch eine faktische Option sind (wie beispielsweise in den USA und in Großbritannien), unmittelbarer an Kontinuitätsnarrative anknüpfen und wird aufgrund engerer Bindungen an das soldatische Milieu auch weitaus weniger skeptisch beobachtet als in Teilen Europas. In den USA entwickelte sich Reenactment als soziale Praxis direkt aus der nationalen Veteranenkultur des Amerikanischen Bürgerkrieges heraus und ist heute fester Bestandteil einer kommerzialisierten und zuweilen skurrilen, wenn auch politisch deswegen nicht weniger konflikthaften Geschichtskultur.

In Deutschland steht das Nachspielen von Krieg und Gewalt aufgrund historischer Erfahrungen und politischer Normierungen hingegen stärker unter dem Verdacht, nationalistische Tendenzen zu befördern, und kollidiert folglich mit einer weit verbreiteten Distanz gegenüber allem Militärischen. Der soldatische Kampf im direkten Gefecht, das Töten des Feindes und das Sterben auf dem Schlachtfeld, die brutale Gewalt im Krieg sind mitunter derart tabuisiert, dass selbst die Darbietung als blutleeres Spektakel regelmäßig für Aufregung und Empörung sorgt. Je näher die dargebotenen Kriegsereignisse zeitlich sind, desto leidenschaftlicher erregen sich die Gemüter. Die Darstellung von Ritterkämpfen gilt

16 Vgl. Jan Philipp Reemtsma, Dietrichs mißlungene Brautwerbung. Der Held als Figur der klassischen Heldengeschichte: ein sonderbar vorzivilisatorischer Mann, Vortrag am 29.11.2018 auf der Tagung *Gewalt und Heldentum* des Sonderforschungsbereich 948 *Helden – Heroisierungen – Heroismen* der Universität Freiburg.

gemeinhin als weniger problematisch als der Endkampf um Berlin im Frühjahr 1945. Die Reenactor reagieren auf dieses ihnen oftmals nicht wohlgesonnene Klima mit der Rechtfertigung, das zur Anschauung gebrachte Kriegsspiel diene – wie andere geschichtskulturelle Aktivitäten auch – keineswegs der Verherrlichung von Krieg, sondern seiner Ächtung. Durch das Wieder-Aufführen historischer Schlachten soll die Geschichte so gezeigt werden, wie sie wirklich war, sollen die gefallenen Soldaten geehrt und die Erinnerung an die historischen Geschehnisse wachgehalten werden – so oder ähnlich lautet das gebetsmühlenartig wiederholte Bekenntnis. Quasi unter der Hand lässt sich dabei allerdings spielerisch etwas erleben, was in unserer Kultur ansonsten eher geleugnet wird: Krieg ist trotz des Schreckens, der Gewalt und der Todesgefahr, die mit ihm verbunden sind, für manche ein Faszinosum – ein Ort, an dem gesellschaftlich überholte Männlichkeitsbilder noch ohne Wenn und Aber akzeptiert sind, ein Ort, an dem physische Gewalt erlaubt, gefordert und anerkannt wird, ein Ort, an dem sich der Einzelne hervortun, ausprobieren und bewähren kann, sowie ein Ort des geregelten Miteinanders in einer verschworenen Gemeinschaft, die in erster Linie die Erfahrung miteinander teilt, dass ein Kampfeinsatz mit außerordentlich beängstigenden, aber auch mit ebenso intensiven Erlebnissen verbunden ist. Reenactment beinhaltet das Versprechen, sich ohne Gefahr für Leib und Leben in solche Situationen begeben zu können. Dabei steht das Kriegsspiel im Kontrast zu einem zivilen Leben, das angesichts der Todes- und Tötungsbereitschaft des kämpfenden Soldaten vergleichsweise langweilig und für manchen sogar regelrecht sinnlos erscheint.

Das Nachleben von Krieg und Gewalt im Reenactment ermöglicht die Imagination körperlich-emotionaler Erlebnisse, wie sie im »realen« Leben kaum erfahren werden. Nicht ohne Grund gilt Ernst Jüngers *Krieg als inneres Erlebnis* in der Reenactment-Szene als einschlägig. Die Intensität des *Da-Seins* als Soldat in einer kämpfenden Truppe macht die nachgestellten Gefechte zu existentiellen Erlebnissen, die viele Akteure, wenn sie sich erst einmal darauf eingelassen haben, nicht mehr missen wollen. Gerade die Intensität der emotionalen und körperlichen Erfahrung lässt die »Soldaten« offenbar nicht wieder los: die physisch spürbare Angst vor dem Kampf und dem drohenden Tod, die unerträgliche Anspannung vor dem nächsten Angriff, der Kitzel des Ungewissen, wenn ein nächtlicher Überfall des Gegners bevorsteht, sowie die souveränen Machtgefühle, mit der selbst simulierte Gewaltausübungen einherzugehen scheinen. Reenactments sagen zuweilen mehr über die Sehnsucht nach anderen Existenzweisen in gegenwärtigen Gesellschaften aus als über diejenigen historischen Geschehnisse, die sie zu rekonstruieren vorgeben.

Quellen- und Literaturverzeichnis

Theodor W. Adorno, Jargon der Eigentlichkeit. Zur deutschen Ideologie, Frankfurt a.M. 1964.

Inge Adriansen, Lebensbedingungen der Zivilbevölkerung im Sundewitt und auf Alsen während des Krieges, in: Rainer Hering/Hans Schultz Hansen (Hg.), 1864 – Menschen zwischen den Mächten, Hamburg 2015, S. 173-198.

Vanessa Agnew, What is Reenactment? in: Criticism 46 (2004), Heft 3, S. 327-339.

– History's Affective Turn: Historical Reenactment and its Work in the Present, in: Rethinking History 11 (2007), Heft 3, S. 299-312.

Klaus Alberts, Düppel 1864. Schleswig-Holstein zwischen Dänemark und Preußen, Heide 2013.

Peter Alheit/Erika M. Hoerning (Hg.), Biographisches Wissen. Beiträge zu einer Theorie lebensgeschichtlicher Erfahrungen, Frankfurt a.M. 1989.

Randal Allred, Catharsis, Revision, and Re-enactment: Negotiating the meaning of the American Civil War, in: The Journal of American Culture 19 (1996), Heft 4, S. 1-14.

Mark Anderson, Caesar Krauss. The Man behind the Memorial, http://www.greatwarassociation.com/caesarkrauss.html (Zugriff: 1.7.2018).

Arnold Angenendt, Heilige und Reliquien. Die Geschichte ihres Kultes vom frühen Christentum bis zur Gegenwart, München 1994.

Arjun Appadurai (Hg.), The Social Life of Things. Commodities in Cultural Perspective, Cambridge 1986.

Anthony Ardisone, Trouble in Tunesia, in: The Front, 2017, Heft 3, S. 20-25.

– Caught in a Vice, in: The Front, 2018, Heft 1, S. 6-16.

Inke Arns/Gabriele Horn (Hg.), History will Repeat Itself. Strategien des Reenactment in der zeitgenössischen (Medien-)Kunst und Performance, Frankfurt a.M. 2007.

Ronald G. Asch/Achim Aurnhammer/Carolin Bahr/Ulrich Bröckling/Michael Butter/Andreas Friedrich/Andreas Gelz/Barbara Korte/ Jörn Leonhard/Stefanie Lethbridge/Monika Mommertz/Dietmar Neutatz/Tobias Schlechtriemen/Gero Schreier/Thomas Seedorf/Ralf von den Hoff, Das Heroische in der neueren kulturhistorischen Forschung: Ein kritischer Bericht, in: H-Soz-Kult vom 28.7.2015, S. 4, https://www.hsozkult.de/searching/id/forschungsberichte-2216?title=das-heroische-in-der-neueren-kulturhistorischen-forschung-ein-kritischerbericht&q=Das%20Heroische%20in%20der%20neueren%20kultur historischen%20Forschung&sort=&fq=&total=1&recno=1&subType =fdl (Zugriff: 19.3.2020).

Aleida Assmann, Erinnerungsräume. Formen und Wandlungen des kulturellen Gedächtnisses, München 1999.

– Der lange Schatten der Vergangenheit. Erinnerungskultur und Geschichtspolitik, München 2006.

– Geschichte im Gedächtnis. Von der individuellen Erfahrung zur öffentlichen Inszenierung, München 2007.

– Das neue Unbehagen an der Erinnerungskultur. Eine Intervention, München 2013.

Jan Assmann, Das kulturelle Gedächtnis. Schrift, Erinnerung und politische Identität in frühen Hochkulturen, 2. durchgesehene Auflage, München 1997.

– /Aleida Assmann, Schrift, Tradition, Kultur, in: Wolfgang Raible (Hg.), Zwischen Festtag und Alltag: zehn Beiträge zum Thema Mündlichkeit und Schriftlichkeit, Tübingen 1988, S. 25-49.

Oliver Auge/Ulrich Lappenküper/Ulf Morgenstern (Hg.), Der Wiener Frieden 1864. Ein deutsches, europäisches und globales Ereignis, Paderborn 2016.

Mark Auslander, Touching the Past: Materializing Time in Traumatic »Living History« Reenactments, in: Signs and Society 1 (2013), Heft 1, S. 161-183.

Doris Bachmann-Medick, Cultural Turns. Neuorientierungen in den Kulturwissenschaften, Reinbek bei Hamburg 2006.

– Übersetzung zwischen den Zeiten – ein *travelling concept*? in: Saeculum 67 (2017), Heft I, S. 21-43.

Petra Bahr, Ritual und Ritualisation. Elemente zu einer Theorie des Rituals im Anschluss an Victor Turner, in: Praktische Theologie 33 (1998), Heft 2, S. 143-158.

Joanna Barck, Hin zum Film – Zurück zu den Bildern. Taleaux Vivants: »Lebende Bilder« in Filmen von Antamoro, Korda, Visconti und Pasolini, Bielefeld 2008.

Michael Bartsch, Schlachtfestspiel, in: taz vom 17.10.2013.

Marc Bastet/Susanne Götting-Nilius, Eleonore Prochaska, gestorben 1813 in Dannenberg. Fakten, Mythos, Rezeptionsgeschichte, Gifkendorf 2014.

Christopher Bates, Civil Rights Meets the Civil War Centennial: the 100th Anniversary Reenactments of Manassas and Gettysburg, in: Directions in Cultural History 21 (2005-2006), S. 16-32.

Jean Baudrillard, L'échange symbolique et la mort, Paris 1976.

– Simulacres et Simulation, Paris 1981.
Frank Bauer, Großgörschen 2. Mai 1813. Festigung des preußisch-russischen Bündnisses im Frühjahrsfeldzug, Potsdam 2005.
Bayerisches Armeemuseum Ingolstadt, Vom Bunten Rock zum Kampfanzug. Uniformentwicklung vom Dreißigjährigen Krieg bis zur Gegenwart, Ingolstadt 1987.
Regina Bendix, In Search of Authenticity. The Formation of Folklore Studies, Madison 1997.
Walter Benjamin, Das Kunstwerk im Zeitalter seiner technischen Reproduzierbarkeit (1935), in: Abhandlungen. Gesammelte Schriften, Bd. I (Zweiter Teil), hg. v. Rolf Tiedemann und Hermann Schweppenhäuser, Frankfurt a. M. 1974, S. 431-469.
Wilfried R. Bion, Lernen durch Erfahrung, Frankfurt a. M. 1992.
Ruth Bettina Birn, Die Höheren SS- und Polizeiführer. Himmlers Vertreter im Reich und in den besetzten Gebieten, Düsseldorf 1986.
Samuel M. Blackwell, In the First Line of Battle: The 12th Illinois Cavalry in the Civil War, DeKalb/IL 2001.
Reinhard Blänkner, Begriffsgeschichte in der Geschichtswissenschaft. Otto Brunner und die *Geschichtlichen Grundbegriffe*, Forum Interdisziplinäre Begriffsgeschichte (FIB), E-Journal 1 (2012), Heft 2, S. 102-108.
David W. Blight, Race and Reunion: The Civil War in American Memory, Cambridge 2002.
Julian Blomann, Geschichte verkaufen. Eventkultur als Arbeitsfeld, Saarbrücken 2012.
Otto Freiherr von Blomberg, Geschichte des 6. Westfälischen Infanterie-Regiments Nr. 55, von seiner Errichtung bis zum 2. September 1877, fortgesetzt und beendet von Stanislaus von Leszczynski, Detmold 1877.
Gerhard Bock/Wolfgang Weigel/Georg Seitz, Handbuch der Faustfeuerwaffen, 7. erweiterte Auflage, Melsungen 1978.
Gaston Bodart (Hg.), Militär-Historisches Kriegslexikon (1618-1905), Wien/Leipzig 1908.
Y. Michal Bodemann, Gedächtnistheater. Die jüdische Gemeinschaft und ihre deutsche Erfindung, Hamburg 1996.
John Bodnar, Remaking America: Public Memory, Commemoration, and Patriotism in the Twentieth Century, Princeton 1993.
Wendelin Boeheim, Handbuch der Waffenkunde: das Waffenwesen in seiner historischen Entwickelung vom Beginn des Mittelalters bis zum Ende des 18. Jahrhunderts, Leipzig 1890.
Hans-Jürgen Bömelburg, Vergessen neben Erinnern. Die brüchige Erinnerung an die Schlacht bei Tannenberg/Grunwald in der deutschen

und polnischen Öffentlichkeit, in: Peter Oliver Loew/Christian Prunitsch (Hg.), Polen. Jubiläen und Debatten. Beiträge zur Erinnerungskultur, Wiesbaden 2012, S. 37-55.

Hans-Jürgen Bömelburg/Andreas Gestrich/Helga Schnabel-Schüle (Hg.), Die Teilungen Polen-Litauens. Inklusions- und Exklusionsmechanismen – Traditionsbildung – Vergleichsebenen, Osnabrück 2013.

Karl Heinz Bohrer, Ekstasen der Zeit. Augenblick – Gegenwart – Erinnerung, München 2003.

– /Kurt Scheel (Hg.), Heldengedenken. Über das heroische Phantasma (Sonderheft der Zeitschrift Merkur 69 [2009], Heft 9-10), Stuttgart 2009.

Wlodzimierz Borodziej, Geschichte Polens im 20. Jahrhundert, München 2010.

Marguérite Bos/Bettina Vincenz/Tanja Wirz (Hg.), Erfahrung – alles nur Diskurs? Zur Verwendung des Erfahrungsbegriffes in der Geschlechtergeschichte, Zürich 2004.

Mark Bowden, Black Hawk Down. A Story of Modern War, New York 1999.

John A. Braden, The Centennial and Reenacting, in: Camp Chase Gazette, 1. 11. 2010, S. 19-24.

Juliane Brauer, (K)Eine Frage der Gefühle? Die Erinnerung an die DDR aus emotionshistorischer Perspektive, in: Carolin Führer (Hg.), Die andere deutsche Erinnerung. Tendenzen literarischen und kulturellen Lernens, Göttingen 2016, S. 77-96.

– /Martin Lücke (Hg.), Emotionen, Geschichte und historisches Lernen. Geschichtsdidaktische und geschichtskulturelle Perspektiven, Göttingen 2013.

Frank Britsche, Historische Feiern im 19. Jahrhundert. Eine Studie zur Geschichtskultur Leipzigs, Leipzig 2016.

Christiane Brosius/Axel Michaels/Paula Schrode (Hg.), Ritual und Ritualdynamik. Schlüsselbegriffe, Theorien, Diskussionen, Stuttgart 2013.

Ray B. Browne (Hg.), Rituals and Ceremonies in Popular Culture, Bowling Green/Ohio 1980.

Otto Brunner/Werner Conze/Reinhart Koselleck (Hg.), Geschichtliche Grundbegriffe. Historisches Lexikon zur politisch-sozialen Sprache in Deutschland, Bd. 1, Stuttgart 1972.

Wendy Bryce Wilhelm/Sandra Mottner, An Empirical Study of the Motivations and Consumption Behaviors of Civil War Re-Enactors: Implications for Re-Enactment Tourism, in: Journal of Hospitality & Leisure Marketing 12 (2005), Heft 4, S. 27-55.

Alex Buchner, Das Handbuch der deutschen Infanterie, 1939-1945: Gliederung, Uniformen, Bewaffnung, Ausrüstung, Einsätze, Friedberg 1987.
Hartmut Bücker/Dieter Härtig, Das Gefecht bei Rippach am 1. Mai 1813, die Schlacht bei Großgörschen am 2. Mai 1813 und der Überfall auf das Lützow'sche Freikorps bei Kitzen am 17. Juni 1813, Schwäbisch Hall 2004.
Tom Buk-Swienty, Dommedag Als. 29. Juni 1864. Kampen for Danmarks eksistens, København 2010.
– Schlachtbank Düppel. 18. April 1864. Die Geschichte einer Schlacht (Slagtebænk Dybbøl, 2008), 2. Auflage, Hamburg 2014.
Jacob Burckhardt, Briefe, Bd. X, Basel 1986.
Ken Burns, Civil War, 5 DVDs (2006).
Nikolaus Buschmann, »Im Kanonenfeuer müssen die Stämme Deutschlands zusammengeschmolzen werden«. Zur Konstruktion nationaler Einheit in den Kriegen der Reichsgründungsphase, in: ders./Dieter Langewiesche (Hg.), Der Krieg in den Gründungsmythen europäischer Nationen und der USA, Frankfurt a. M. 2003, S. 99-119.
John W. Busey (Hg.), The Last Full Measure. Burials in the Soldiers' National Cemetery at Gettysburg, Hightstown 1988.
Marvin Carlson, Performance. A Critical Introduction, New York 1996.
Jan Carstensen/Uwe Meiners/Ruth-E. Mohrmann (Hg.), Living History im Museum: Möglichkeiten und Grenzen einer populären Vermittlungsform, Münster 2008.
Carl Cassau, Für Militär- und Krieger-Vereine, Berlin 1896.
Stan Cohen, Hands across the Wall. The 50th and the 75th Reunion of the Gettysburg Battle, Charleston 1982.
Robin George Collingwood, The Idea of History (1946 posthum), Oxford 1993.
– The Principles of History, Oxford 1999 (posthum).
Commonwealth of Pennsylvania, Fiftieth Anniversary of the Battle of Gettysburg. Report of the Pennsylvania Commission, 31. 12. 1913, Harrisburg 1913.
Commonwealth of Pennsylvania, One Hundredth Anniversary of the Battle of Gettysburg and Lincoln's Gettysburg Address Commission, Harrisburg 1964.
Robert J. Cook, Troubled Commemoration: The American Civil War Centennial 1961-1965, Baton Rouge 2007.
Christoph Cornelißen, Erinnerungskulturen, Version 2.0, in: Docupedia-Zeitgeschichte, 22. 10. 2012, https://docupedia.de/zg/Erinnerungs kulturen (Zugriff: 19. 10. 2018).

Kent Courteney/Al Thelin, Returning to the Civil War. Grand Reenactments of an anguished Time, Layton/Utah 1997.

Karen L. Cox, Why Confederate Monuments Must Fall, in: New York Times, August 15, 2017, https://www.nytimes.com/2017/08/15/opinion/confederate-monuments-white-supremacy-charlottesville.html (Zugriff: 19.3.2020).

Michael Crichton, Timeline, München 2000.

Margaret S. Crighton, The Colors of Courage: Gettysburg's forgotten History. Immigrants, Women, and African Americans in the Civil War's defining Battle, New York 2005.

Jim Cullen, The Civil War in Popular Culture. A Reusable Past, Washington D.C. 1995.

Mads Daugbjerg, Patchworking the past: materiality, touch and the assembling of ›experience‹ in American Civil War re-enactment, in: International Journal of Heritage Studies 20 (2014), Heft 7-8, S. 724-741.

Wallace Evan Davies, Patriotism on Parade. The Story of Veterans' and Hereditary Organizations in America, 1783-1900, Cambridge 1955.

Patricia G. Davis, The Other Southern Belles: Civil War Reenactment, African American Women, and the Performance of Idealized Femininity, in: Text and Performance Quarterly 32 (2012), Heft 4, S. 308-331.

– Hardtack, Hoopskirts and Hybridity: Race, Heritage Tourism, and new south Narratives in African American Civil War Reenactment, in: Jeffrey Lee Meriwether/Laura Mattoon D'Amore (Hg.), We are what we remember: The American Past through Commemoration, Newcastle upon Tyne 2012, S. 2-22.

William C. Davis (Hg.), The Civil War Reenactors' Encyclopedia, London 2002.

Major Clifford E. Day, Critical Analysis on the Defeat of Task Force Ranger, Montgomery/Alabama 1997.

Stephanie K. Decker, Conflict of Interest: Blue vs. Gray. Civil War reenctors' passion for history plays out on old battlefield, in: American Demographics 26 (2004), Heft 5, S. 10 f.

– Being Period: An Examination of Bridging Discourse in a Historical Reenactment Group, in: Journal of Contemporary Ethnography 39 (2010), Heft 3, S. 273-296.

Hans Delbrück, Geschichte der Kriegskunst. Teil 2: Die Neuzeit. Vom Kriegswesen der Renaissance bis zu Napoleon, Berlin 1920 (Neuausgabe Hamburg 2008).

– Das Leben des Feldmarschalls Grafen Neidhardt von Gneisenau (1882), Bd. 1, 4. Auflage, Berlin 1921.

August Demmin, Die Kriegswaffen in ihren geschichtlichen Entwickelungen von den ältesten Zeiten bis auf die Gegenwart: eine Encyclopädie der Waffenkunde, 3. erweiterte Auflage, Gera 1891.

Simone Derix/Benno Gammerl/Christiane Reinecke/Nina Verheyen, Der Wert der Dinge. Zur Wirtschafts- und Sozialgeschichte der Materialitäten, in: Zeithistorische Forschungen/Studies in Contemporary History, Online-Ausgabe, 13 (2016), Heft 3, https://zeithistorische-forschungen.de/3-2016 (Zugriff: 1. 11. 2018).

Erhard Deutelmoser, Geschichte des 5. Westfälischen Infanterie-Regiments Nr. 53, Köln 1901.

Georges Didi-Huberman, Das Nachleben der Bilder: Kunstgeschichte und Phantomzeit nach Aby Warburg, Berlin 2010.

Marina Dmitrieva/Lars Karl (Hg.), Das Jahr 1813, Ostmitteleuropa und Leipzig. Die Völkerschlacht als (trans-)nationaler Erinnerungsort, Köln 2016.

William Dray, History as Re-enactment: R. G. Collingwoods Idea of History, Oxford 1995.

Anja Dreschke/Ilham Huynh/Raphaela Knipp/David Sittler (Hg.), Reenactments. Medienpraktiken zwischen Wiederholung und kreativer Aneignung, Bielefeld 2016.

Johann Gustav Droysen, Historik. Vorlesungen über Enzyklopädie und Methodologie der Geschichte, hg. v. Rudolf Hübner, München 1937.

Tom Dunning, Civil War Reenactment: Performance as a Cultural Practice, in: Australian Journal of American Studies 21 (2002), Heft 1, S. 63-73.

Edvard Duntzfeld, Bericht über die Wirksamkeit Rolf Krake's während des Feldzuges von 1864, namentlich in Betreff der Eroberung von Alsen, aus dem Dänischen übersetzt, Berlin 1865.

Michael J. Durant (mit Steven Hartov), In the Company of Heroes, New York 1980.

Gerald Echterhoff/Martin Saar (Hg.), Kontexte und Kulturen des Erinnerns. Maurice Halbwachs und das Paradigma des kollektiven Gedächtnisses, Konstanz 2002.

Gisela Ecker, »Human Memo Board«: Körperbeschriftungen als inszenierte Erinnerung, in: Paragrana 9 (2000), Heft 2, S. 155-174.

Stephan Egger (Hg.), Maurice Halbwachs – Aspekte des Werks, Konstanz 2003.

Sven Ekdahl, Tannenberg/Grunwald – ein politisches Symbol in Deutschland und Polen, in: Journal of Baltic Studies 22 (1991), Heft 4, S. 271-324.

John Ellis, The social history of the machine gun, Baltimore 1986 (reprint).

Mark Elson/Jeannine Stein, Battlefields of Honor. American Civil War Reenactors, London 2012.
William K. Emerson, Encyclopedia of United States Army insignia and uniforms, Norman/Oklahoma 1996.
Astrid Erll, Kollektives Gedächtnis und Erinnerungskulturen. Eine Einführung, Stuttgart 2005.
Insa Eschebach, Öffentliches Gedenken. Deutsche Erinnerungskulturen seit der Weimarer Republik, Frankfurt a.M. 2005.
Geoffrey Evans, Tannenberg 1410:1914, London 1970.
Exercier-Reglement für die kaiserlich-königliche Infanterie, Wien 1807.
Exercier-Reglement für die Infanterie der Königlich Großbritannisch-Hannoverschen Armee, Hannover 1818-1823.
Andreas Fahrmeir, »Das Jahr 1813 und das moderne Europa«. Ein Versuch aus der Sicht des Jahres 2013, in: Birgit Aschmann/Thomas Stamm-Kuhlmann (Hg.), 1813 im europäischen Kontext, Stuttgart 2015, S. 19-34.
William Faulkner, Intruder in the Dust, New York 1972.
Clive Fencott/Mike Lockyer/Jo Clay/Paul Massey, Game Invaders. The Theory and Understanding of Computer Games, New Jersey 2012.
Monika Fenn, 200 Jahre Völkerschlacht – Was bleibt nach der Eventisierung? in: Public History Weekly 1 (2013), Heft 2, dx.doi.org/10.1515/phw-2013-192 (Zugriff: 10.12.2018).
– /Christiane Kuller (Hg.), Auf dem Weg zur transnationalen Erinnerungskultur? Konvergenzen, Interferenzen und Differenzen der Erinnerung an den Ersten Weltkrieg im Jubiläumsjahr 2014, Schwalbach/Taunus 2016.
Michaela Fenske, Abenteuer Geschichte. Zeitreisen in der Spätmoderne, in: Wolfgang Hardtwig/Alexander Schug (Hg.), History Sells! Angewandte Geschichte als Wissenschaft und Markt, Stuttgart 2009, S. 79-90.
Niccolò Ferrari, La Civiltà Perduta: gli Stati Confederati nella guerra civile americana, Verona 2013.
Monée Fields-White, Black Civil War Re-enactors Reclaim History (2011), https://www.theroot.com/black-civil-war-re-enactors-reclaim-history-1790863837 (Zugriff: 19.3.2020).
Erika Fischer-Lichte, Ästhetik des Performativen, Frankfurt a.M. 2004.
– Performativität. Eine Einführung, Bielefeld 2012.
– Die Wiederholung als Ereignis. Reenactment als Aneignung von Geschichte, in: Jens Roselt/Ulf Otto (Hg.), Theater als Zeitmaschine. Zur performativen Praxis des Reenactments. Theater- und kulturwissenschaftliche Perspektiven, Bielefeld 2012, S. 13-52.

– /Christian Horn/Isabel Pflug/Matthias Warstatt (Hg.), Inszenierung von Authentizität, Tübingen 2000.

Eric Foner, Reconstruction. America's Unfinished Revolution, 1863-1877, New York 1988.

Theodor Fontane, Der Schleswig-Holsteinische Krieg von 1864, Berlin 1866.

Shelby Foote, The Civil War: A Narrative, 3 Bde., New York 1958-1974.

James Ford Rhodes, The Battle of Gettysburg, in: The American Historical Review 4 (1899), Heft 4, S. 665-677.

Gaines M. Foster, Ghosts of the Confederacy. Defeat, the Lost Cause, and the Emergence of the New South, New York 1987.

Etienne François/Kornelia Kończal/Robert Traba/Stefan Troebst (Hg.), Geschichtspolitik in Europa seit 1989. Deutschland, Frankreich und Polen im internationalen Vergleich, Göttingen 2013.

Steen Bo Frandsen, Klein und national. Dänemark und der Wiener Frieden 1864, in: Oliver Auge/Ulrich Lappenküper/Ulf Morgenstern (Hg.), Der Wiener Frieden 1864. Ein deutsches, europäisches und globales Ereignis, Paderborn 2016, S. 225-238.

Arno Frank, Völkerschlacht live mit Ingo Zamperoni, in: Spiegel online vom 12. 10. 2013, http://www.spiegel.de/kultur/tv/voelkerschlacht-im-mdr-a-927399.html (Zugriff: 18. 11. 2018).

John W. Frazier, Gettysburg: Reunion of the Blue and Grey, Philadelphia 1906.

Norbert Frei, Vergangenheitspolitik. Die Anfänge der Bundesrepublik und die NS-Vergangenheit, München 1996.

– 1945 und wir. Das Dritte Reich im Bewusstsein der Deutschen, München 2009.

Sigmund Freud, Der Dichter und das Phantasieren (1908), in: ders., Bildende Kunst und Literatur, Studienausgabe Bd. X, 11. Auflage, Frankfurt a. M. 1969, S. 171-179.

Jürgen Fritz, Das Spiel verstehen: eine Einführung in Theorie und Bedeutung, Weinheim 2004.

Margrit Frölich/Ulrike Jureit/Christian Schneider (Hg.), Das Unbehagen an der Erinnerung – Wandlungsprozesse im Gedenken an den Holocaust, Frankfurt a. M. 2012.

Wolfgang Funk/Lucia Krämer (Hg.), Fiktionen von Wirklichkeit. Authentizität zwischen Materialität und Konstruktion, Bielefeld 2011.

Mischa Gabowitsch/Cordula Gdaniec/Ekatarina Makhotina (Hg.), Kriegsgedenken als Event. Der 9. Mai 2015 im postsozialistischen Europa, Paderborn 2017.

Hans-Georg Gadamer, Wahrheit und Methode, 4. Auflage, Tübingen 1975.

Garry W. Gallagher, Lee and his Generals in War and Memory, Louisiana 1998.
– /Alan T. Nolan (Hg.), The Myth of the Lost Cause and Civil War History, Bloomington/Indiana 2000.
– Causes Won, Lost, and Forgotten, Chapel Hill 2008.
Jan Ganschow/Olaf Haselhorst/Maik Ohnezeit, Der Deutsch-Dänische Krieg 1864: Vorgeschichte – Verlauf – Folgen, Graz 2013.
Stephen Gapps, Performing the Past: The Culture History of Historical Reenactment, Sydney 2002.
– Mobile Monuments: A view of historical reenactment and authenticity from inside the costume cupboard of history, in: Rethinking History 13 (2009), Heft 3, S. 395-409.
Arnold van Gennep, Übergangsriten (1981), Frankfurt a. M. 1999.
Doris Gerber, Analytische Metaphysik der Geschichte. Handlungen, Geschichten und ihre Erklärung, Berlin 2012.
Michael Geyer, Amerikanisches Totengedenken. Privatisierung des Leids und Nationalisierung der Toten, in: Manfred Hettling/Jörg Echternkamp (Hg.), Gefallenengedenken im globalen Vergleich. Nationale Tradition, politische Legitimation und Individualisierung der Erinnerung, München 2013, S. 483-513.
Dana Giesecke/Harald Welzer, Das Menschenmögliche. Zur Renovierung der deutschen Erinnerungskultur, Hamburg 2012.
David Glassberg, American Historical Pageantry. The Uses of Tradition in the Early Twentieth Century, Chapel Hill 1990.
Ernst H. Gombrich, Aby Warburg. Eine intellektuelle Biographie, Frankfurt a. M. 1981.n
Victor Gondos Jr., Karl S. Betts and the Civil War Centennial Commission, in: Military Affairs 27 (1963), S. 49-70.
Beth Goodacre/Gavin Baldwin, Living the Past. Reconstruction, Recreation, Re-enactment and Education at Museums and Historical Sites, Middlesex 2002.
Constantin Goschler, Reenactment, speziell: Unternehmen Reichspark, in: Public History Weekly 5 (2017) 40, dx.doi.org/10.1515/phw-2017-10518 (Zugriff: 10.12.2018).
Kirsten Gram Holmström, Monodrama, Attitudes, Tableaux vivants. Studies on Some Trends of Theatrical Fashion 1770-1815, Uppsala 1967.
Oliver Grau, Virtuelle Kunst in Geschichte und Gegenwart: visuelle Strategien, Berlin 2001.
Manfred Grieger, Zur Hybridisierung der Unternehmensgeschichte durch Verwissenschaftlichung, Marketingisierung und Eventisierung. Das Beispiel Volkswagen, in: Christoph Kühberger/Andreas Pudlat (Hg.),

Vergangenheitsbewirtschaftung. Public History zwischen Wirtschaft und Wissenschaft, Innsbruck 2012, S. 96-119.

Grace Griffaton, Annual Remembrance Day Parade takes place despite threat in Gettysburg, in: Fox 43, November 18, 2017, http://fox43.com/2017/11/18/annual-remembrance-day-parade-takes-place-despite-threat-in-gettysburg-streets-lined-with-bulldozers-police-hoards-and-barricades/ (Zugriff: 19.3.2020).

Valentin Groebner, Ein Staubsauger namens Emotion. Geschichte und Gefühl als akademischer Komplex, in: Zeitschrift für Ideengeschichte 7 (2013), Heft 3, S. 109-116.

– Retroland: Geschichtstourismus und die Sehnsucht nach dem Authentischen, Frankfurt a. M. 2018.

Jerome de Groot, »I am not a trained historian. I improvise.« Jeremy Deller interviewed by Jerome de Groot, in: Rethinking History 16 (2012), Heft 4, S. 587-595.

Gerhard P. Groß (Hg.), Die vergessene Front – der Osten 1914/15: Ereignis, Wirkung, Nachwirkung, Paderborn 2006.

– Im Schatten des Westens. Die deutsche Kriegsführung an der Ostfront bis Ende 1915, in: ders. (Hg.), Die vergessene Front – der Osten 1914/15: Ereignis, Wirkung, Nachwirkung, Paderborn 2006, S. 49-64.

Kip M. Grunska, From Farb to Pard. A Story of Civil War Reenactment, Lincoln 2003.

Allen C. Guelzo, Gettysburg: The Last Invasion, New York 2013.

R. Lee Hadden, Reliving the Civil War. A reenactor's handbook, 2. Auflage, Mechanicsburg 1999.

Karen Hagemann, ›Heroic Virgins‹ and ›Bellicose Amazons‹: Armed Women, the Gender Order and the German Public during and after the Anti-Napoleonic Wars, in: European History Quarterly 37 (2007), S. 507-527.

– Revisiting Prussia's Wars against Napoleon: history, culture and memory, New York 2015.

Hans Peter Hahn (Hg.), Vom Eigensinn der Dinge. Für eine neue Perspektive auf die Welt des Materiellen, Berlin 2015.

Dennis Hall, Civil War Reenactors and the Postmodern Sense of History, in: The Journal of American Culture 17 (1994), Heft 3, S. 7-11.

Gregory Hall, Selective Authenticity: Civil War Reenactors and Credible Reenactments, in: Journal of Historical Sociology 29 (2016), Heft 3, S. 413-436.

Hamburger Institut für Sozialforschung (Hg.), Verbrechen der Wehrmacht. Dimensionen des Vernichtungskrieges 1941 bis 1944, Hamburg 2002.

Leif Hammelev, Der Deutsch-Dänische Krieg in zeitgenössischen dreidimensionalen Fotos und Berichten (Krigen 1864 i stereoskopbilleder: den dansk-tyske krig skildret i samtidens tredimensionale fotografier og øjenvidners tekst), Flensburg 2007.

Katrin Hammerstein/Ulrich Mählert/Julie Trappe (Hg.), Aufarbeitung der Diktatur – Diktat der Aufarbeitung? Diktaturen und ihre Überwindung im 20. und 21. Jahrhundert. Normierungsprozesse beim Umgang mit diktatorischer Vergangenheit, Göttingen 2009.

Wolfgang Hardtwig, Geschichtskultur, in: Stefan Jordan (Hg.), Lexikon der Geschichtswissenschaft. Hundert Grundbegriffe, Stuttgart 2002, S. 112-115.

– /Alexander Schug (Hg.), History Sells! Angewandte Geschichte als Wissenschaft und Markt, Stuttgart 2009.

– Verlust der Geschichte – oder wie unterhaltsam ist die Vergangenheit? Berlin 2010.

Bertram Haude, Krieg als Hobby? Das Leipziger Völkerschlacht-Reenactment und der Versuch einer Entgegnung, in: Forum Kritische Archäologie 4 (2015), S. 1-12.

Günther Heeg/Micha Braun/Lars Krüger/Helmut Schäfer (Hg.), Reenacting History: Theater & Geschichte, Berlin 2014.

Christian J. Heidorf, Gettysburg: The 125th Anniversary. What they did here, o. O. 1990.

John Heiser, The Great Reunion of 1913, Gettysburg 1998, https://de.scribd.com/presentation/139928673/John-Heiser-The-Great-Reunion-of-1913 (Zugriff: 19. 3. 2020).

Nicole Hensley, Throngs of Confederate Flag supporters and counter-protesters face-off at Gettysburg, in: Daily News, March 5, 2016, http://www.nydailynews.com/news/national/protesters-face-confederate-flag-gettysburg-article-1.2554307 (Zugriff: 19. 3. 2020).

Silvia Hess, Morgarten. Die Inszenierung eines Ortes, Baden 2018.

Manfred Hettling, Erlebnisraum und Ritual. Die Geschichte des 18. März 1848 im Jahrhundert bis 1948, in: Historische Anthropologie 5 (1997), Heft 3, S. 417-434.

– Das Unbehagen in der Erkenntnis. Max Weber und das »Erlebnis«, in: Simmel Newsletter 7 (1997), S. 49-65.

– /Paul Nolte (Hg.), Bürgerliche Feste. Symbolische Formen politischen Handelns im 19. Jahrhundert, Göttingen 1993.

Leutnant Ferdinand von Heuß, Geschichte des Infanterie-Regiments Graf Bülow von Dennewitz (6. Westfälischen) Nr. 55, Stuttgart 1910.

Mike Hill (Hg.), Whiteness: A critical Reader, New York 1997.

Melanie Hinz, Reenactment, Dossier der Bundeszentrale für politische

Bildung (2011), http://www.bpb.de/gesellschaft/bildung/kulturelle-bildung/60259/reenactment?p=all (Zugriff: 3.12.2018).

John L. Hirsch/Robert B. Oakley, Somalia and Operation Restore Hope, Reflections on Peacemaking and Peacekeeping, Washington D.C. 1995.

Bettina Hitzer, Emotionsgeschichte – ein Anfang mit Folgen, in: H-Soz-Kult, 23.11.2011, <www.hsozkult.de/literaturereview/id/forschungsberichte-1221> (Zugriff: 19.3.2020).

Ronald Hitzler, Eventisierung. Drei Fallstudien zum marketingstrategischen Massenspaß, Wiesbaden 2011.

Eric Hobsbawm/Terence Ranger (Hg.), The Invention of Tradition, New York 1983.

Wolfgang Hochbruck, Von »Flandern Fields« bis »Fort Mutzig«. »Living Histories« des Ersten Weltkriegs als zweite Ableitungen der Vergangenheit, in: Barbara Korte/Sylvia Paletschek/ders. (Hg.), Der Erste Weltkrieg in der populären Erinnerungskultur, Essen 2008, S. 157-168.

– Geschöpfe des Epimetheus. Veteranen, Erinnerung und die Reproduktion des amerikanischen Bürgerkriegs, Trier 2011.

– Relikte, Reliquien und Replikate. Der Umgang mit historischen Objekten im Geschichtstheater, in: Historische Anthropologie 16 (2013), Heft 1, S. 138-153.

– Geschichtstheater. Formen der »Living History«. Eine Typologie, Bielefeld 2013.

– Eine Replik auf Bertram Haudes Essay »Krieg als Hobby?«, in: Forum Kritische Archäologie 4 (2015), S. 16-17.

– Reenacting Across Six Generations, in: Sarah Willner/Georg Koch/Stefanie Samida (Hg.), Doing History. Performative Praktiken in der Geschichtskultur, Münster 2016, S. 97-116.

Michael Hochgeschwender, Der Amerikanische Bürgerkrieg, München 2010.

Hanno Hochmuth, Vom alternativen Stadtrundgang zur kommerziellen Videobustour: historische Authentizität im Berliner Geschichtstourismus, in: Christoph Bernhardt/Martin Sabrow/Achim Saupe (Hg.), Gebaute Geschichte: historische Authentizität im Stadtraum, Göttingen 2017, S. 285-300.

Hans Günter Hockerts, Zugänge zur Zeitgeschichte. Primärerfahrung, Erinnerungskultur, Geschichtswissenschaft, in: Aus Politik und Zeitgeschichte 28 (2001), S. 15-30.

Jesko von Hoegen, Der Held von Tannenberg. Genese und Funktion des Hindenburg-Mythos, Köln 2007.

Erika M. Hoerning, Erfahrungen als biographische Ressourcen, in: Peter Alheit/dies. (Hg.), Biographisches Wissen. Beiträge zu einer Theorie lebensgeschichtlicher Erfahrungen, Frankfurt a. M. 1989, S. 148-163.

Martin Hofbauer/Martin Rink (Hg.), Die Völkerschlacht bei Leipzig. Verläufe, Folgen, Bedeutungen 1813 – 1913 – 2013, München 2017.

Detlef Hoffmann, Authentische Erinnerungsorte oder: Von der Sehnsucht nach Echtheit und Erlebnis, in: Hans-Rudolf Meier/Marion Wohlleben (Hg.), Bauten und Orte als Träger von Erinnerung. Die Erinnerungsdebatte und die Denkmalpflege, Zürich 2000, S. 31-45.

Karl Hoffmann, Des teutschen Volkes feuriger Dank- und Ehrentempel oder Beschreibung wie das aus zwanzigjähriger französischer Sklaverei durch Fürsten-Eintracht und Volkskraft gerettete Teutsche Volk die Tage der entscheidenen Völker- und Rettungsschlacht bei Leipzig am 18. und 19. Oktober 1814. zum erstenmale gefeirt hat –, Offenbach 1815.

Cornelius Holtorf, From Stonehenge to Las Vegas: Archaeology as Popular Culture, Lanham/Maryland 2005.

Tony Horwitz, Confederates in the Attic. Dispatches from the Unfinished Civil War, New York 1998.

Gangolf Hübinger, Über die Aufgaben des Historikers, Berlin 2012.

Johan Huizinga, Homo Ludens. Vom Ursprung der Kultur im Spiel (1938), Hamburg 1956.

Tom Hulme, »A nation of town criers«: civic publicity and historical pageantry in inter-war Britain, in: Urban History 44 (2016), Heft 2, S. 270-292.

Robert Hunt Rhodes (Hg.), All for the Union. The Civil War Diary and Letters of Elisha Hunt Rhodes, New York 1985.

Stephen J. Hunt, But We're Men Aren't We! Living History as a Site of masculine identity Construction, in: Men and Masculinities 10 (2008), Heft 4, S. 460-480.

Mary L. Jackson, Fears, Civil War and living history reenacting about »people of color«. How to begin, what to wear, why reenact, Westminster/Maryland 2012.

Dieter Jäger, Grundwissen Eventmanagement, 3. überarbeitete Auflage, Wiesbaden 2018.

Peter Jahn, »Zarendreck, Barbarendreck«. Die russische Besetzung Ostpreußens 1914 in der deutschen Öffentlichkeit, in: Karl Eimermacher (Hg.), Verführungen der Gewalt. Russen und Deutsche im Ersten und Zweiten Weltkrieg, München 2005, S. 223-242.

Curt Jany, Die Gefechtsausbildung der preußischen Infanterie von 1806 (Urkundliche Beiträge zur Geschichte des preußischen Heeres, Heft 5), Berlin 1903.

Rudolf Jaworski/Christian Lübke/Michael G. Müller, Eine kleine Geschichte Polens, Frankfurt a. M. 2005.
Birgit Jooss, Lebende Bilder. Körperliche Nachahmung von Kunstwerken in der Goethezeit, Frankfurt a. M. 1999.
Ernst Jünger, Kampf als inneres Erlebnis, in: ders., Sämtliche Werke, Bd. 7: Essays I: Betrachtungen zur Zeit, Stuttgart 1980, S. 9-103.
Frank Jung, 1864. Der Krieg um Schleswig-Holstein, Hamburg 2014.
Ulrike Jureit/Christian Schneider, Gefühlte Opfer. Illusionen der Vergangenheitsbewältigung, Stuttgart 2010.
Friedrich Kambartel, Erfahrung, in: Historisches Wörterbuch der Philosophie, Bd. 2, Basel 1972, Sp. 609-617.
Immanuel Kant, Kritik der reinen Vernunft (1787), in: Werke, Bd. III, Berlin 1913.
Philip R. N. Katcher, Confederate Flags of the Civil War, Chicago 2003.
Jack Katz, How Emotions Work, Chicago 1999.
Will Kaufmann, The Civil War in American Culture, Edinburgh 2006.
John Keegan, Die Schlacht. Azincourt 1415 – Waterloo 1815 – Somme 1916, München 1981.
– Six Armies in Normandy. From D-Day to the Liberation of Paris, June 6 – Aug. 5, 1944, New York 1994.
– Der Erste Weltkrieg. Eine europäische Tragödie, Reinbek bei Hamburg 2001.
– Der Amerikanische Bürgerkrieg, 3. Auflage, Berlin 2012.
André Keil, Der Erste Weltkrieg in der britischen Erinnerungskultur. Mediendiskurse, Museen und Literatur zum Centenary, in: Monika Fenn/Christiane Kuller (Hg.), Auf dem Weg zur transnationalen Erinnerungskultur? Konvergenzen, Interferenzen und Differenzen der Erinnerung an den Ersten Weltkrieg im Jubiläumsjahr 2014, Schwalbach/Taunus 2016, S. 97-117.
Christine Keilholz, 6000 Darsteller proben für die Völkerschlacht am Sonntag, in: Der Tagesspiegel vom 17. 10. 2013.
– Und am Ende wird getrunken, in: Der Tagesspiegel vom 20. 10. 2013.
Christina Kerz, Atmosphäre und Authentizität. Gestaltung und Wahrnehmung in Colonial Williamsburg, Virgina (USA), Stuttgart 2017.
Tobias L. Kienlin (Hg.), Die Dinge als Zeichen. Kulturelles Wissen und materielle Kultur, Bonn 2005.
Stefanie Kiwi Menrath/Alexander Schwinghammer (Hg.), What does a chameleon look like? Topographies of Immersion, Berlin 2011.
Caroline Klausing/Verena von Wiczlinski (Hg.), Die Napoleonischen Kriege in der europäischen Erinnerung, Bielefeld 2017.

Susanne Knaller, Ein Wort aus der Fremde. Geschichte und Theorie des Begriffs Authentizität, Heidelberg 2007.

Gerhard Knieß, Quellen zur Geschichte des Kreises Neidenburg, Bd. 6: Der Kreis Neidenburg/Ostpr. im Ersten Weltkrieg und die Tannenberg-Schlacht 1914, Bremerhaven 1981.

Volkhard Knigge, Die Zukunft der Erinnerung, in: Aus Politik und Zeitgeschichte 25-26 (2010), http://www.bpb.de/apuz/32665/zur-zukunft-der-erinnerung?p=all (Zugriff: 19. 11. 2018).

– »Das radikal Böse ist das, was nicht hätte passieren dürfen.« Unannehmbare Geschichte begreifen, in: Aus Politik und Zeitgeschichte 3-4 (2016), http://www.bpb.de/apuz/218716/unannehmbare-geschichte-begreifen?p=all (Zugriff: 19. 11. 2018).

Nick Knight, The first American civil war reenactors were actually veterans of the war, The Vintage News, 22. 1. 2016, https://www.thevintagenews.com/2016/01/22/47538/ (Zugriff: 19. 3. 2020).

Richard Knötel, Handbuch der Uniformkunde: Die militärische Tracht in ihrer Entwicklung bis zur Gegenwart; mit 1600 Uniformdarstellungen (1896), fortgeführt und erweitert von Herbert Knötel, Hamburg 1937.

Harald Koberg, Wirkungsmacht per Tastendruck. Mannwerdung im digitalen Spiel, in: Johanna Rolshoven/Toni Janosch Krause/Justin Winkler (Hg.), Heroes. Repräsentationen des Heroischen in Geschichte, Literatur und Alltag, Bielefeld 2018, S. 581-598.

Horst Kohl (Hg.), Deutschlands Einigungskriege 1864-1871 in Briefen und Berichten der führenden Männer, Erster Teil: Der deutsch-dänische Krieg 1864, Leipzig 1912.

Wiebke Kolbe, Trauer und Tourismus. Reisen des Volksbundes Deutsche Kriegsgräberfürsorge 1950-2010, in: Zeithistorische Forschungen/Studies in Contemporary History, 14 (2017), Heft 1, S. 68-92.

Dean R. Koontz, Der Schutzengel, München 2000.

Barbara Korte/Ralf Schneider/Claudia Sternberg, Der Erste Weltkrieg und die Mediendiskurse der Erinnerung in Großbritannien. Autobiographie – Roman – Film, 1919-1999, Würzburg 2005.

– /Sylvia Paletschek/Wolfgang Hochbruck (Hg.), Der Erste Weltkrieg in der populären Erinnerungskultur, Essen 2008.

Reinhart Koselleck, Erfahrungswandel und Methodenwechsel. Eine historisch-anthropologische Skizze [1988], in: ders., Zeitschichten. Studien zur Historik, Frankfurt a. M. 2000, S. 27-77.

Andreas Kossert, Ostpreußen: Geschichte und Mythos, München 2005.

Hermann Krapoth/Denis Laborde (Hg.), Erinnerung und Gesellschaft, Wiesbaden 2005.

Georg Kreis, Das Festspiel – ein antimodernes Produkt der Moderne, in: Balz Engler/ders. (Hg.), Das Festspiel: Formen, Funktionen, Perspektiven, Willisau 1988, S. 186-208.

Edzard Krückeberg, Authentizität, in: Historisches Wörterbuch der Philosophie, Bd. 1, Basel/Stuttgart 1971, Spalte 692-693.

Christoph Kühberger/Andreas Pudlat (Hg.), Vergangenheitsbewirtschaftung. Public History zwischen Wirtschaft und Wissenschaft, Innsbruck 2012.

Adalbert Kuhn, Die Schreckenstage von Neidenburg in Ostpreußen. Kriegserinnerungen aus dem Jahre 1914, Minden 1915.

Ronald D. Laing, Phänomenologie der Erfahrung, 2. Auflage, Frankfurt a. M. 1969.

Dieter Langewiesche, Das Europa der Kriege, in: Pim den Boer/Heinz Duchhardt/Georg Kreis/Wolfgang Schmale (Hg.), Europäische Erinnerungsorte, Bd. 1, München 2012, S. 275-284.

Charles LaRocca, Civil War Reenactments – »A real and complete image«, in: Educational Leadership 50 (1993), Heft 7, S. 42-44.

Bruno Latour, Eine neue Soziologie für eine neue Gesellschaft. Einführung in die Akteur-Netzwerk-Theorie, Frankfurt a. M. 2010.

John Leete, A Re-Enactor's War: The Home Front Revisited and Remembered, London 2012.

Claus Leggewie, Ein Schlachtfeld wird besichtigt. Sieben Kreise transnationaler Erinnerung Europas, in: Manfred Grieger/Ulrike Gutzmann/Dirk Schlinkert (Hg.), Die Zukunft der Erinnerung, Wolfsburg 2008, S. 21-34.

Max Lehmann, Scharnhorst, Bd. I, Leipzig 1886.

J. John Lennon/Malcolm Foely, Dark Tourism, London 2000.

Helmut Lethen, Versionen des Authentischen: sechs Gemeinplätze, in: Hartmut Böhme/Klaus R. Scherpe (Hg.), Literatur und Kulturwissenschaften. Positionen, Theorien, Modelle, Reinbek bei Hamburg 1996, S. 205-223.

Peter Lieb, Unternehmen Overlord: Die Landung in der Normandie und die Befreiung Westeuropas, München 2014.

Friedrich Wilhelm Liel, Das Deutsch Ordens-Infanterie-Regiment Nr. 152 unter Benutzung der ersten Regimentsgeschichte des Oberleutnants Oehler bearbeitet, Marienburg/Westpreußen 1910.

Adda von Liliencron, Lebende Bilder zu patriotischen Festfeiern, Berlin 1896.

– Das Lebensbild Wilhelms des Großen in 10 lebenden Bildern (= Fest-Aufführungen für Kriegervereine, Vaterländische Gedenktage und Soldatenfeste, hg. v. Vaterlands-Verein, Heft 4), Berlin 1897.

Edward Tabor Linenthal, Sacred Ground: Americans and Their Battlefields, Urbana 1991.
Edward G. Longacre, General John Buford: A Military Biography, Conshohocken/PA 1995.
David Lowenthal, The Past is a foreign country, New York 1985.
– »History« und »heritage«. Widerstreitende und konvergente Formen der Vergangenheitsbetrachtung, in: Rosemarie Baier (Hg.), Geschichtskultur in der zweiten Moderne, Frankfurt a. M. 2000, S. 71-94.
Erich Ludendorff, Meine Kriegserinnerungen, Berlin 1919.
Andreas Ludwig, Materielle Kultur, Version: 1.0, in: Docupedia-Zeitgeschichte, 30. 5. 2011, http://docupedia.de/zg/ludwig_materielle_kultur_v1_de_2011 (Zugriff: 1. 11. 2018).
Sven Lütticken (Hg.), Life, Once More. Forms of Reenactment in Contemporary Art, Rotterdam 2005.
Thomas Macho, Rituale, Zürich 2006.
Ernst-Adolf Otto Hilmar von Mansberg, Offizier-Stammliste des königlich Preußischen Infanterie-Regiments Graf Bülow von Dennewitz (6. Westfälischen) Nr. 55, vormals 6. Westfälischen Infanterie-Regiments, Berlin 1900.
Magdalena Marszałek, Performative Wiederholung zwischen Skandal, Kitsch und Experiment. Zum ludischen und künstlerischen Reenactment in Polen, in: Esther Kilchmann (Hg.), artefrakte: Holocaust und Zweiter Weltkrieg in experimentellen Darstellungsformen in Literatur und Kunst, Köln 2016, S. 127-144.
Jürgen Martschukat/Steffen Patzold (Hg.), Geschichtswissenschaft und »performative turn«. Ritual, Inszenierung und Performanz vom Mittelalter bis zur Neuzeit, Köln 2003.
Christopher Mathias/Andy Campbell, Guns and KKK Members at Gettysburg, in: HuffPost, July 5, 2017, https://www.huffingtonpost.com/entry/gettysburg-confederate-rally-kkk-antifa_us_59592bd8e4b05c37bb7f0ca4 (Zugriff: 19. 3. 2020).
Peter von Matt, Die ästhetische Identität des Festspiels, in: Balz Engler/Georg Kreis (Hg.), Das Festspiel: Formen, Funktionen, Perspektiven, Willisau 1988, S. 12-28.
Michael Maurer, Feste und Feiern als historischer Forschungsgegenstand, in: Historische Zeitschrift 253 (1991), S. 101-130.
James Mayall, The new interventionism, 1991-1994: United Nations experience in Cambodia, former Yugoslavia and Somalia, Cambridge 1996.
Iain McCalman/Paul A. Pickering (Hg.), Historical Reenactment. From Realism to the Affective Turn, Basingstoke/Hampshire 2010.

Jack McLaughlin, Gettysburg: the Long Encampment. The Battle, the Men, the Memories, New York 1963.

Alison McMahan, Immersion, Engagement, and Presence. A Method for Analyzing 3-D Video Games, in: Mark J. P. Wolf/Bernard Perron (Hg.), The Video Game, Theory Reader, New York 2003, S. 67-86.

James M. McPherson, Battle Cry of Freedom: The Civil War Era, New York 1988.

– What they fought for, 1861-1865, Baton Rouge 1994.

– Hallowed Ground: A Walk at Gettysburg, New York 2003.

– (Hg.), Civil War, 1860-1865, Ipswich 2014.

Christian Meier, Das Gebot zu vergessen und die Unabweisbarkeit des Erinnerns: Vom öffentlichen Umgang mit schlimmer Vergangenheit, München 2010.

Marcus Merkel, Erlebnisgemeinschaften. Über die Inszenierung von Gemeinschaft seit Beginn der europäischen Moderne, Berlin 2014.

Mathias Mertens (Hg.), Vergegenwärtigung (Jahrbuch für Kulturwissenschaften und ästhetische Praxis 4 [2009]), Tübingen 2010.

Christoph Mick, »Den Vorvätern zum Ruhm – den Brüdern zur Ermutigung«. Variationen zum Thema Grunwald/Tannenberg, in: Zeitenblicke 3 (2004), Heft 1, http://www.zeitenblicke.de/2004/01/mick/Mick.pdf?origin=publication_detailbei (Zugriff: 19. 3. 2020).

David Miller (Hg.), The illustrated Directory of Uniforms, Weapons, and Equipment of the Civil War, London 2001.

Kazimierz Moczarski, Gespräche mit dem Henker. Das Leben des SS-Gruppenführers und Generalleutnants der Polizei Jürgen Stroop, aufgezeichnet im Mokotów-Gefängnis zu Warschau (1978), Neuausgabe Berlin 2008.

Hans Mogel, Psychologie des Kinderspiels. Von den frühesten Spielen bis zum Computerspiel, 3. erweiterte Auflage, Berlin 2008.

Herfried Münkler, Kriegssplitter. Die Evolution der Gewalt im 20. und 21. Jahrhundert, Berlin 2015.

Hans-Peter Müller/Jürgen Wittlinger, Napoleon gegen Europa: Geschichte der Befreiungskriege in Zinnfiguren, 2. Auflage, Neu-Ulm 2015.

Michael G. Müller, Die Teilungen Polens 1772, 1793, 1795, München 1984.

Nikolaus Müller-Schöll (Hg.), Ereignis. Eine fundamentale Kategorie der Zeiterfahrung. Anspruch und Aporien, Bielefeld 2003.

Paul Münstermann/Robert Begau, Geschichte des Infanterie-Regiments von Goeben (2. Rheinisches) Nr. 28 im Weltkriege 1914-1918, Köln 1932.

Janet Murray, Hamlet on the Holodeck: the Future of Narrative in Cyberspace, Cambridge 1997.

Jennifer M. Murray, On a great battlefield: the making, management, and memory of Gettysburg National Military Park, 1933-2013, Knoxville 2014.

Julia Murken, Bayerische Soldaten im Russlandfeldzug 1812. Ihre Kriegserfahrungen und deren Umdeutungen im 19. und 20. Jahrhundert, München 2006.

Museum Industriekultur Osnabrück, Der Tod als Maschinist. Der industrialisierte Krieg 1914-1918, Ausstellungskatalog, Bramsche 1998.

Daniela Mysliwietz-Fleiß/Angela Schwarz (Hg.), Reisen in die Vergangenheit: Geschichtstourismus im 19. und 20. Jahrhundert, Köln 2019.

Anna Nadolska-Styczyńska, Zabawa w wojne. Muzea a rekonstrukcje historyczne (Lass uns Krieg spielen. Museen und historische Reenactments), in: Rocznik Muzeum Wsi Mazowieckiej w Sierpcu 5 (2014), S. 113-125.

John R. Neff, Honoring the Civil War Dead. Commemoration and the Problem of Reconciliation, Lawrence/Kansas 2005.

Thomas Nipperdey, Rede zum Wartburgtreffen 1990, in: Ulrich Zwiener (Hg.), Ein demokratisches Deutschland für Europa. Wartburgtreffen 1990, Jena 1990, S. 48-58.

Rolf Oerter, Psychologie des Spiels, 2. Auflage, Weinheim 1997.

Otto Gerhard Oexle (Hg.), Memoria als Kultur, Göttingen 1995.

Mathieu Olivier, Schlacht bei Tannenberg. Erfolg und Scheitern von Siegesmythen, in: Hans Henning Hahn/Robert Traba (Hg.), Deutsch-Polnische Erinnerungsorte, Bd. 1: Geteilt/Gemeinsam, Paderborn 2015, S. 283-300.

Georg Ortenburg, Waffen und Waffengebrauch im Zeitalter der Einigungskriege 1848-1871 (Heerwesen der Neuzeit, Abteilung IV, Bd. 1), Koblenz 1990.

– Waffe und Waffengebrauch im Zeitalter der Millionenheere, Bonn 1992.

Ulf Otto, Re: Enactment. Geschichtstheater in Zeiten der Geschichtslosigkeit, in: Jens Roselt/ders. (Hg.), Theater als Zeitmaschine. Zur performativen Praxis des Reenactments. Theater- und kulturwissenschaftliche Perspektiven, Bielefeld 2012, S. 229-254.

Anthony Parker, Pageants: their Presentation and Production, London 1954.

Elaine F. Parsons, Ku-Klux: The Birth of the Klan during Reconstruction, Chapel Hill 2015.

John S. Patterson, A Patriotic Landscape: Gettysburg, 1863-1913, in: Prospects 7 (1982), S. 315-333.

Vanessa Pellechio, Officials: Gettysburg 150th Attendance Numbers in Hundreds of thousands, in: Hanover Evening Sun, July 7, 2013.

James Edward Peters, Arlington National Cemetery. Shrine to America's Heroes, Bethesda 2008.

Thomas R. Pero, Gettysburg 1863. Seething Hell, Washington D. C. 2016.

Sandra Petermann, Rituale machen Räume. Zum kollektiven Gedenken der Schlacht von Verdun und der Landung in der Normandie, Bielefeld 2007.

Florian Peters, Revolution der Erinnerung. Der Zweite Weltkrieg in der Geschichtskultur des spätsozialistischen Polen, Berlin 2016.

Harry W. Pfanz, Gettysburg – The First Day, Chapel Hill 2001.

Ferdinand Pflug, Der Deutsch-Dänische Krieg: Geschichte des Feldzugs in Schleswig-Holstein im Jahre 1864, Leipzig 1865.

Michael Phipps/John S. Peterson, »The Devil's To Pay« – General John Buford, USA, Gettysburg/PA 1995.

Claus Pias/Christian Holtorf (Hg.), Escape! Computerspiele als Kulturtechnik, Köln 2007.

Paul Pietsch, Die Formations- und Uniformierungs-Geschichte des preußischen Heeres 1808-1910, Bd. I: Fußtruppen (Infanterie, Jäger und Schützen, Pioniere) und deren Landwehr (Berlin 1910), Neubearbeitung Hamburg 1963.

Eva Ulrike Pirker/Mark Rüdiger/ Christa Klein/Thorsten Leiendecker/ Carolyn Oesterle/Miriam Sénécheau/Michiko Uike-Bormann (Hg.), Echte Geschichte: Authentizitätsfiktionen in populären Geschichtskulturen, Bielefeld 2010.

– /Mark Rüdiger, Authentizitätsfiktionen in populären Geschichtskulturen: Annäherungen, in: Eva Ulrike Pirker/Mark Rüdiger/ Christa Klein/Thorsten Leiendecker/Carolyn Oesterle/Miriam Sénécheau/ Michiko Uike-Bormann (Hg.), Echte Geschichte: Authentizitätsfiktionen in populären Geschichtskulturen, Bielefeld 2010, S. 11-30.

Berit Pleitner, Erlebnis- und erfahrungsorientierte Zugänge zur Geschichte. Living History und Reenactment, in: Sabine Horn/Michael Sauer (Hg.), Geschichte und Öffentlichkeit. Orte – Medien – Institutionen, Göttingen 2009, S. 40-47.

Markus Pöhlmann, Tod in Masuren: Tannenberg, 23. bis 31. August 1914, in: Stig Förster/ders./Dierk Walter (Hg.), Schlachten der Weltgeschichte. Von Salamis bis Sinai, 3. Auflage, München 2002, S. 279-293.

Lorenz Pöllmann, Kulturmarketing. Grundlagen – Konzepte – Instrumente, Wiesbaden 2018.

Kerstin Pörtner, Kriegervereine zwischen Euphorie und Selbstgleichschaltung. Ostwestfalen und Lippe 1933-1937, in: Werner Freitag (Hg.), Das Dritte Reich im Fest. Führermythos, Feierlaune und Verweigerung in Westfalen 1933-1945, Bielefeld 1997, S. 135-142.

Matthias Politycki, Reduktion & Tempo. Als Erzähler unterwegs im 21. Jahrhundert, Göttingen 2017.
Thomas J. Pressly, Americans Interpret Their Civil War, Princeton 1954.
Evan Preston, »All May Visit the Big Camp«: Race and the Lessons of the Civil War at the 1913 Gettysburg Reunion, in: The Gettysburg College Journal of the Civil War Era 2 (2011), S. 66-88.
Harald Pühl/Wolfgang Schmidbauer (Hg.), Eventkultur, Berlin 2007.
Wolfram Pyta, Hindenburg: Herrschaft zwischen Hohenzollern und Hitler, 3. Auflage, München 2009.
Heinz-Dieter Quack/Albrecht Steinecke (Hg.), Dark Tourism. Faszination des Schreckens, Paderborn 2012.
James Rada Jr., No North, No South … The Grand Reunion at the 50th Anniversary of the Battle of Gettysburg, Gettysburg 2013.
Leopold von Ranke, Sämtliche Werke, Bd. 33/34, Leipzig 1885.
Milo Rau, Die seltsame Kraft der Wiederholung. Zur Ästhetik des Reenactments, in: Jens Roselt/Ulf Otto (Hg.), Theater als Zeitmaschine. Zur performativen Praxis des Reenactments. Theater- und kulturwissenschaftliche Perspektiven, Bielefeld 2012, S. 71-78.
Ulrich Raulff, Nachleben. Herkünfte und Kontexte eines Begriffs, Vortrag gehalten am 12.7.2016 im Warburg-Haus in Hamburg, https://lecture2go.uni-hamburg.de/l2go/-/get/v/19722 (Zugriff: 19.3.2020).
Carol Reardon, Pickett's Charge in History and Memory, Chapel Hill 1997.
Andreas Reckwitz, Grundelemente einer Theorie sozialer Praktiken: Eine sozialtheoretische Perspektive, in: Zeitschrift für Soziologie 32 (2003), Heft 4, S. 282-301.
– Praktiken und ihre Affekte, in: Mittelweg 36, 24 (2015), S. 27-45.
Jan Philipp Reemtsma, Der Held, das Ich und das Wir, in: Mittelweg 36, 18 (2009), Heft 4, S. 41-64.
– Warum Affekte? in: Mittelweg 36, 24 (2015), Heft 1-2, S. 15-26.
Regimentskameradschaft Deutschland (Hg.), Frontkämpfer. SS-Panzergrenadierregiment 3 »Deutschland«, Selent 2015.
Theodor Rehtwisch, Großgörschen 2. Mai 1813, Leipzig 1912.
Peter Reichel, Von der »Vergangenheitsbewältigung« zur »Geschichtspolitik«. Anmerkungen zur Begrifflichkeit eines politisch-kulturellen Handlungsfeldes, in: Polis 2 (2005), S. 9-12.
– /Harald Schmid/Peter Steinbach (Hg.), Der Nationalsozialismus – die zweite Geschichte: Überwindung, Deutung, Erinnerung, München 2009.
David Reisch/David M. Dettweiler, Gettysburg. The Story of the Battle with Maps, Mechanicsburg/PA 2013.
Andreas Remy, Sempach 1386 – Darstellungen einer Schlacht im Wandel der Zeit. Vom unerklärlichen Sieg zum festen Bestandteil eidgenös-

sischer Militärtradition, in: Marian Füssel/Michael Sikora (Hg.), Kulturgeschichte der Schlacht, Paderborn 2014, S. 79-92.
Nils Reschke, »Die Wirklichkeit als Bild«. Lebende Bilder in Goethes »Wahlverwandtschaften«, in: Jürgen Fohrmann/Andrea Schütte/Wilhelm Voßkamp (Hg.), Medien der Präsenz. Museum, Bildung und Wissenschaft im 19. Jahrhundert, Köln 2001, S. 42-69.
David Reynolds, The Long Shadow. The Great War and the Twentieth Century, London 2013.
Ernst-Martin Rhein, Das Rheinisch-Westfälische Infanterie-/Grenadier-Regiment 18 (1921-1945), Bergisch-Gladbach 1993.
Rhode Island Commission, Report of the Rhode Island Fiftieth Anniversary of the Battle of Gettysburg Commission, Providence 1914.
James Ford Rhodes, The Battle of Gettysburg, in: The American Historical Review 4 (1899), Heft 4, S. 665-677.
Wilhelm Rudolf Richter, Geschichte des 5. Westfälischen Infanterie-Regiments Nr. 53 während der ersten fünfundzwanzig Jahre seines Bestehens, Berlin 1885.
James I. Robertson Jr., The Civil War Centennial – Archival Aspects, in: The American Archivist 26 (1963), Heft 1, S. 11-18.
Michael Rössner/Heidemarie Uhl (Hg.), Renaissance der Authentizität? Über die neue Suche nach dem Ursprünglichen, Bielefeld 2012.
Thomas Rohkrämer, Der Militarismus der »kleinen Leute«. Die Kriegervereine im Deutschen Kaiserreich 1871-1914, München 1990.
Johanna Rolshoven/Toni Janosch Krause/Justin Winkler (Hg.), Heroes. Repräsentationen des Heroischen in Geschichte, Literatur und Alltag, Bielefeld 2018.
Jens Roselt/Ulf Otto (Hg.), Theater als Zeitmaschine. Zur performativen Praxis des Reenactments. Theater- und kulturwissenschaftliche Perspektiven, Bielefeld 2012.
Jeff L. Rosenheim, Photography and the American Civil War, New York 2013.
Henry Rousso, The Haunting Past: History, Memory, and Justice in Contemporary France, Philadelphia 2002.
Krzysztof Ruchniewicz, Der fremde Krieg, in: FAZ vom 11. 8. 2014.
Jörn Rüsen, Was ist Geschichtskultur? Überlegungen zu einer neuen Art, über Geschichte nachzudenken, in: Klaus Füßmann/Heinrich Theodor Grüttner/ders. (Hg.), Historische Faszination. Geschichtskultur heute, Köln 1994, S. 3-26.
Andreas Ruppert, Militär in Lippe, in: ders./Hansjörg Riechert, Militär und Rüstung in der Region Lippe 1914-1945, Bielefeld 2001, S. 11-115.
Steve Rushton (Hg.), Essays on Rod Dickinson's Re-enactment of Stanley Milgram's Obedience to Authority Experiment, Maastricht 2003.

Martin Sabrow, Das Unbehagen an der Aufarbeitung. Zur Engführung von Wissenschaft, Moral und Politik in der Zeitgeschichte, in: Thomas Schaarschmidt (Hg.), Historisches Erinnern und Gedenken im Übergang vom 20. zum 21. Jahrhundert, Frankfurt a. M. 2008, S. 11-20.
– Die Aura des Authentischen in historischer Perspektive, in: ders./Achim Saupe (Hg.), Historische Authentizität, Göttingen 2016, S. 29-43.
– /Achim Saupe (Hg.), Historische Authentizität, Göttingen 2016.
Stefanie Samida, Moderne Zeitreisen oder Die performative Aneignung vergangener Lebenswelten, in: Sabine Reinhold/Kerstin P. Hofmann (Hg.), Zeichen der Zeit. Archäologische Perspektiven auf Zeiterfahrung, Zeitpraktiken und Zeitkonzepte, Themenheft: Forum Kritische Archäologie 3 (2014), S. 136-150.
– Krieg(s)|spiele(n), in: Forum Kritische Archäologie 4 (2015), S. 13-15.
– Zwischen »Vatermörder« und Feldgrau. Living History-Darstellungen zum Ersten Weltkrieg, in: Monika Fenn/Christiane Kuller (Hg.), Auf dem Weg zur transnationalen Erinnerungskultur? Konvergenzen, Interferenzen und Differenzen der Erinnerung an den Ersten Weltkrieg im Jubiläumsjahr 2014, Schwalbach/Taunus 2016, S. 224-240.
– /Ruzana Liburkina, Living History-Darstellungen zum Ersten Weltkrieg als erinnerungskulturelles Phänomen. Nationalhistorische Erzählungen und Europäisierungstendenzen, in: Bayerisches Jahrbuch für Volkskunde (2016), S. 41-54.
– /Manfred K. H. Eggert/Hans Peter Hahn (Hg.), Handbuch Materielle Kultur. Bedeutungen, Konzepte, Disziplinen, Stuttgart 2014.
Roger Sangvic, Battle of Mogadishu: Anatomy of a Failure, Fort Leavenworth/Kansas 1998.
Philipp Sarasin, Stadt der Bürger. Bürgerliche Macht und städtische Gesellschaft Basel 1846-1914, Göttingen 1997.
Karol Sauerland, Diltheys Erlebnisbegriff. Entstehung, Glanzzeit und Verkümmerung eines literaturhistorischen Begriffs, Berlin 1972.
Klaus Saul, Der Deutsche Kriegerbund. Zur innenpolitischen Funktion eines »nationalen« Verbandes im kaiserlichen Deutschland, in: Militärgeschichtliche Mitteilungen 6 (1969), S. 95-160.
Achim Saupe, Authentizität, Version: 3.0, in: Docupedia-Zeitgeschichte, 25. 8. 2015, http://docupedia.de/zg/Saupe_authentizitaet_v3_de_2015 (Zugriff: 1. 11. 2018).
– Berührungsreliquien. Die geschichtsreligiöse Aufladung des Authentischen im historischen Museum, in: Thomas Eser/Michael Farrenkopf/Dominik Kimmel/ders./Ursula Warnke (Hg.), Authentisierung im Museum. Ein Werkstatt-Bericht, Mainz 2017, S. 45-58.

Udo Sautter, Der Amerikanische Bürgerkrieg 1861-1865, Darmstadt 2009.

Kirk Savage, Standing Soldiers, Kneeling Slaves. Race, War, and Monument in Nineteenth-Century America, Princeton 1997.

Gerhard von Scharnhorst, Über die Vor- und Nachteile der stehenden Armeen (1792), in: Ausgewählte militärische Schriften, hg. v. Hans-Jürgen Usczeck und Christa Gudzent, Berlin 1986, S. 63-73.

Theodore R. Schatzki, Social Practices: a Wittgensteinian approach to human activity and social, Cambridge 1996.

Theodore R. Schatzki/Karin Knorr Cetina/Eike von Savigny (Hg.), The practice turn in contemporary theory, London 2001.

Monique Scheer, Are Emotions a Kind of Practice (and Is That What Makes Them Have a History)? A Bourdieuan Approach to Defining Emotion, in: History and Theory 51 (2012), S. 193-220.

Frithjof Benjamin Schenk, Tannenberg/Grunwald, in: Etienne François/Hagen Schulze (Hg.), Deutsche Erinnerungsorte, Bd. I, München 2001, S. 438-454.

Friedrich von Schiller, Über die ästhetische Erziehung des Menschen in einer Reihe von Briefen, 15. Brief, in: ders., Sämtliche Werke, Fünfter Band, 9. Auflage, Darmstadt 1993, S. 614-619.

Harald Schmid (Hg.), Geschichtspolitik und kollektives Gedächtnis. Erinnerungskulturen in Theorie und Praxis, Göttingen 2009.

Dorothea Schmidt (Hg.), Erinnerungen aus dem Leben des Generalfeldmarschalls Hermann von Boyen, Bd. II: 1811-1813, Berlin 1990.

Rebecca Schneider, Performing Remains. Art and War in Times of theatrical Reenactment, New York 2011.

Tobias Schneider, Geschichte im Zeichen patriotischer Erziehung?, in: Wolfgang Hardtwig/Alexander Schug (Hg.), History Sells! Angewandte Geschichte als Wissenschaft und Markt, Stuttgart 2009, S. 413-424.

Ute Schneider, Politische Festkultur. Die Rheinprovinz von der französischen Zeit bis zum Ende des Ersten Weltkrieges (1806-1918), Essen 1995.

Charlie Schroeder, Man of War. My Adventures in the World of Historical Reenactment, New York 2012.

Alfred Schütz/Thomas Luckmann, Strukturen der Lebenswelt, 2 Bde., Frankfurt a. M. 1979.

Charles M. Schulz, Charlie Brown und seine Freunde, Nr. 699, Ravensburg 1979.

Gerhard Schulze, Die Erlebnisgesellschaft: Kultursoziologie der Gegenwart, Frankfurt a. M. 1992.

– Kulissen des Glücks. Streifzüge durch die Eventkultur, 2. Auflage, Frankfurt a. M. 2000.

Anja Schwarz, ›Not this Year!‹ Reenacting contested Pasts Aboard *The Ship*, in: Rethinking History 11 (2007), Heft 3, S. 427-446.

Stephen W. Sears, Gettysburg, New York 2003.

Gert Selle, Siebensachen. Ein Buch über Dinge, Frankfurt a. M. 1997.

Miriam Sénécheau/Stefanie Samida, Living History als Gegenstand historischen Lernens: Begriffe – Problemfelder – Materialien, Stuttgart 2015.

Gary Shapiro, The Meaning of our Confederate Monuments, in: New York Times, May 15, 2017, https://www.nytimes.com/2017/05/15/opinion/the-meaning-of-our-confederate-monuments.html?action=click&contentCollection=Opinion&module=RelatedCoverage&region=Marginalia&pgtype=article (Zugriff: 19. 3. 2020).

Richard Sharpley/Philip R. Stone (Hg.), The Darker Side of Travel. The Theory and Practice of Dark Tourism, Bristol 2009.

Dennis E. Showalter, The Wars of German Unification, New York 2004.

– Tannenberg. Clash of empires 1914, Washington D. C. 2004.

Georg Simmel, Das Abenteuer, in: ders., Philosophische Kultur, 3. Auflage, Potsdam 1923, S. 13-30.

Andreas Skrobanek, Alles zu Fuß. Wozu in fremden Ländern auf Zeitreise gehen, wenn eine preußische Bundesfestung vor der Haustür liegt? Die Reenactment-Gruppe Fuß 9 dient gern daheim, in: Visier 1/2011, http://www.fuss9.rivido.de/visier12011.pdf (Zugriff: 1. 7. 2018).

Alexander Solschenizyn, August Vierzehn, Darmstadt 1971.

Cathy Stanton, Reenactors in the Parks: A Study of external Revolutionary War Reenactment Activity at National Parks, Boston 1999, https://www.nps.gov/revwar/reenactors/ (Zugriff: 19. 3. 2020).

State of New York, Fiftieth Anniversary of the Battle of Gettysburg 1913. Report of the New York State Commission, Albany 1916.

State of Vermont, Vermont at Gettysburg July 1863 and fifty years later, Rutland/Vermont 1914.

Edward Steere, Shrines of the Honored Dead. A Study of the National Cemetery System, Washington D. C. 1954.

Johann Steinbeck, Steinbeck's Vorträge für Kriegervereine, Berlin 1888.

Wolfgang Stephan, Das große Handbuch für den Civil War Reenactor. Lebendige Geschichte als Hobby, Wyk auf Föhr 1997.

Richard W. Stewart, The United States Army in Somalia, 1992-1994, Washington D. C. 2003.

Barbara Stollberg-Rilinger, Rituale, Frankfurt a. M. 2013.

Gerd Stolz, Das deutsch-dänische Schicksalsjahr 1864: Ereignisse und Entwicklungen, 2. Auflage, Husum 2013.

Allan K. Stone: GeneraLee Speaking: My Life as a Living Historian, North Charleston 2016.

David R. Stone, The Russian Army in the Great War: The Eastern Front, 1914-1917, Lawrence/Kansas 2015.

Norman Stone, The Eastern Front 1914-1917, London 1975.

Philip R. Stone/Rudi Hartmann/Tony Seaton/Richard Sharpley/Leanne White (Hg.), The Palgrave Handbook of Dark Tourism Studies, London 2018.

Hew Strachan, Die Ostfront. Geopolitik, Geographie und Operationen, in: Gerhard P. Groß (Hg.), Die vergessene Front – der Osten 1914/15: Ereignis, Wirkung, Nachwirkung, Paderborn 2006, S. 11-26.

Mitchell D. Strauss, A Framework for Assessing Military Dress Authenticity in Civil War Reenacting, in: Clothing and Textiles Research Journal 19 (2001), Heft 4, S. 145-157.

– Pattern categorization of male U.S. Civil war reenactor images, in: Clothing and Textiles Research Journal 20 (2002), Heft 2, S. 99-109.

– Identity Construction among Confederate Civil War Reenactors: A Study of Dress, Stage Props, and Discourse, in: Clothing and Textiles Research Journal 20 (2003), Heft 4, S. 149-161.

Karl Strecker, Das Deutsch Ordens-Infanterie-Regiment Nr. 152 im Weltkriege (Deutsche Tat im Weltkrieg 1, Bd. 23), Berlin 1933.

Piotr Szlanta, Der Erste Weltkrieg von 1914 bis 1915 als identitätsstiftender Faktor für die moderne polnische Nation, in: Gerhard P. Groß (Hg.), Die vergessene Front – der Osten 1914/15: Ereignis, Wirkung, Nachwirkung, Paderborn 2006, S. 153-164.

Piotr Szlanta, Poland, in: 1914-1918-online. International Encyclopedia of the First World War, ed. by Ute Daniel/Peter Gatrell/Oliver Janz/Heather Jones/Jennifer Keene/Alan Kramer/Bill Nasson, Berlin 2014; https://encyclopedia.1914-1918-online.net/article/poland (Zugriff: 3.4.2018).

Tomasz Szlendak/Wojciech Burszta/Arkadiusz Karwacki/Jacek Nowiński/Krzysztof Olechnicki (Hg.), Dziedzictwo w akcji. Rekonstrukcja historyczna jako sposób uczestnictwa w kulturze (Erbe in Aktion. Historische Rekonstruktionen als Modus kultureller Partizipation), Warszawa 2012.

Nina Tecklenburg, Mythos Ereignis – Mythos Aufführung. Künstlerische Reenactments als Entmythisierungsverfahren, in: Jens Roselt/Ulf Otto (Hg.), Theater als Zeitmaschine. Zur performativen Praxis des Reenactments. Theater- und kulturwissenschaftliche Perspektiven, Bielefeld 2012, S. 79-100.

Joram Ten Brink/Joshua Oppenheimer (Hg.), Killer Images. Documentary Film, Memory and the Performance of Violence, London 2012.

Kristopher A. Teters, Albert Murton Moore and Alabama's Centennial Commemoration of the Civil War: The Rhetoric of Race, Romance, and Reunion, in: Alabama Review 66 (2013), Heft 2, S. 122-152.

Amy Lynne Thomas, AntiFa to Burn Flag and Desecrate Graves in Gettysburg, in: Harrisburg 100, June 13, 2017, https://hbg100.com/2017/06/13/antifa-to-burn-flag-and-desecrate-graves-in-gettysburg/comment-page-2/ (Zugriff: 19. 3. 2020).

Jenny Thompson, War Games. Inside the World of 20th-Century War Reenactors, Washington D. C. 2004.

Graham Tibbetts, Neo-Nazis infiltrate WW II re-enactment group, in: Daily Telegraph vom 25. August 2007.

Jürgen Tietz, Das Tannenberg-Nationaldenkmal. Architektur, Geschichte, Kontext, Berlin 1999.

Christopher Tilley (Hg.), Handbook of Material Culture, London 2006.

Dan Todman, The Ninetieth Anniversary of the Battle of the Somme, in: Michael Keren/Holger H. Herwig (Hg.), War Memory and Popular Culture. Essays on Modes of Remembrance and Commemoration, Jefferson 2009, S. 23-40.

Ryszard Tomkiewicz, Rocznice bitwy od Grunwaldem w Polsce Ludowej (Jubiläumsfeiern zur Schlacht bei Grunwald in der Volksrepublik Polen), Olsztyn 2011.

John Tregaskis, Souvenir of the Re-Union of the Blue and the Gray on the Battlefield of Gettysburg, July 1, 2, 3 and 4, 1888, New York 1888.

Stefan Troebst, Geschichtspolitik, Version 1.0., in: Docupedia-Zeitgeschichte, 4. 8. 2014, https://docupedia.de/zg/Geschichtspolitik (Zugriff: 19. 10. 2018).

Michel-Rolp Trouillot, Silencing the Past: Power and the Production of History, Boston 2015.

Barbara Tuchmann, August 1914, Frankfurt a. M. 2004.

John E. Tunbridge/Gregory J. Ashworth, Dissonant Heritage. The Management of the Past as a Resource in Conflict, New York 1996.

Rory Turner, Bloodless Battles: The Civil War Reenacted, in: The Drama Review 34 (1990), Heft 4, S. 123-136.

Victor Turner, Das Ritual. Struktur und Anti-Struktur (1969), Frankfurt a. M. 1989.

– Vom Ritual zum Theater. Der Ernst des menschlichen Spiels (1982), Frankfurt a. M. 1989.

Janusz Tycner, Auf den Spuren von Tannenberg 1914. Ostpreußen im Ersten Weltkrieg, 2. überarbeitete Auflage, Warszawa o. J. (2003).

United States War Department, The War of the Rebellion: a Compilation of the Official Records of the Union and the Confederate Armies, Washington D.C. 1880-1901.

Viola Vahrson, 80064 kuratieren. Zu einem fragwürdigen Umgang mit Geschichte im Werk von Artur Żmijewski, in: dies./Stefan Krankenhagen (Hg.), Geschichte kuratieren: kultur- und kunstwissenschaftliche An-Ordnungen von Vergangenheit, Köln 2017, S. 139-152.

Richard Van Emden/Richard Humphries, All Quiet on the Home Front: An Oral History of Life in Britain During The First World War, London 2004.

Christine Vendel, Armed »patriot« accidentally shoots self in leg at Gettysburg battlefield, in: Pennsylvania Real Time News, July 1, 2017, http://www.pennlive.com/news/2017/07/patriot_shot_in_leg_gettysburg.html (Zugriff: 19.3.2020).

Nina Verheyen, Geschichte der Gefühle, Version: 1.0, in: Docupedia-Zeitgeschichte, 18.6.2010, http://docupedia.de/zg/Geschichte_der_Gef.C3.BChle?oldid=128789 (Zugriff: 19.3.2020).

Dierk Walter, Preußische Heeresreformen 1807-1870. Militärische Innovationen und der Mythos der »Roonschen Reform«, Paderborn 2003.

Gerrit Walther, »Vergegenwärtigung«. Forschung und Darstellung in der deutschen Historiographie des 19. Jahrhunderts, in: Werner Freitag (Hg.), Halle und die deutsche Geschichtswissenschaft um 1900, 2. Auflage, Halle 2004, S. 78-92.

Aby Warburg, Dürer und die italienische Antike (1906), in: ders., Ausgewählte Schriften und Würdigungen, hg. v. Dieter Wuttke, Baden-Baden 1980, S. 125-135.

Matthias Warstat, Reenactment und Ritualisierung. Formen der Wiederholung in politischen Bewegungen, in: Jens Roselt/Ulf Otto (Hg.), Theater als Zeitmaschine. Zur performativen Praxis des Reenactments. Theater- und kulturwissenschaftliche Perspektiven, Bielefeld 2012, S. 213-228.

Caroline Elisabeth Weber, Der Wiener Frieden von 1864. Wahrnehmungen durch die Zeitgenossen in den Herzogtümern Schleswig und Holstein bis 1871, Frankfurt a.M. 2015.

Franz Weber, Liederbuch für Militär- und Kriegervereine: Eine Sammlung der beliebtesten Vaterlands-, Soldaten- und Volkslieder, Breslau 1910.

Herbert George Wells, Time Machine, London 1952.

Leo von Wenckstern, Patriotische Reden und Toaste: Ein Handbuch für Jedermann insbesondere für patriotische und Krieger-Vereine, Minden 1887.

Niels Werber, Soldaten und Söldner, in: Karl Heinz Bohrer/Kurt Scheel (Hg.), Heldengedenken. Über das heroische Phantasma (Sonderheft der Zeitschrift Merkur 69 [2009], Heft 9-10), Stuttgart 2009, S. 793-802.

Robert Werling, Saipan. Mopping up holds out in the Pacific, in: The Front, 2016, Heft 2, S. 22-27.

Brad West, Historical Re-enacting and Affective Authority: Performing the American Civil War, in: Annals of leisure research 17 (2014), Heft 2, S. 161-179.

Alfred Westphal, Handbuch für die Kriegervereine des Preußischen Landes-Kriegerverbandes, Berlin 1906.

Sarah Willner/Georg Koch/Stefanie Samida (Hg.), Doing History. Performative Praktiken in der Geschichtskultur, Münster 2016.

Sarah Willner/Georg Koch/Stefanie Samida, Doing History – Geschichte als Praxis, in: dies.: Doing History. Performative Praktiken in der Geschichtskultur, Münster 2016, S. 1-28.

Garry Wills, Lincoln at Gettysburg: The Words that Remade America, New York 2006.

Jay Winter, Sites of Memory, Sites of Mourning. The Great War in European Culture, Cambridge 1995.

Eric J. Wittenberg, The Devil's to Pay: John Buford at Gettysburg. A History and Walking Tour, El Dorado Hills/CA 2014.

Alexander Wolf, Die US-amerikanische Somaliaintervention 1992-1994, Wiesbaden 2010.

Edgar Wolfrum, Geschichtspolitik in der Bundesrepublik Deutschland. Der Weg zur bundesrepublikanischen Erinnerung 1948-1990, Darmstadt 1999.

Henry Woodhead (Hg.), Echoes of Glory (Time Life Books), 3 Bde., Alexandria 1991.

Lisa Woolfork, Embodying American Slavery in contemporary culture, Urbana 2009.

Cornelia Zanger (Hg.), Events und Marke. Stand und Perspektiven der Eventforschung, Wiesbaden 2018.

Frank Zielsdorf, Militärische Erinnerungskulturen in Preußen im 18. Jahrhundert. Akteure – Medien – Dynamiken, Göttingen 2016.

Peter V. Zima, Entfremdung – Pathologien der postmodernen Gesellschaft, Tübingen 2014.

Harm-Peer Zimmermann, »Der feste Wall gegen die rote Flut«. Kriegervereine in Schleswig-Holstein 1864-1914, Neumünster 1989.

Abbildungsverzeichnis

Abb. 1: 200. Jahrestag der *Schlacht bei Großgörschen* (1813), Reenactment am 4. Mai 2013 (Privatbesitz).
Abb. 2: Napoleon-Darsteller Frank Samson beim Appell am 4. Mai 2013 in Großgörschen (Privatbesitz).
Abb. 3: Der taktische Körper am 4. Mai 2013 in Großgörschen (© Scharnhorstkomitee Großgörschen).
Abb. 4: Reenactment am 150. Jahrestag der *Schlacht bei Gettysburg*/Pennsylvania, 5. Juli 2013 (Privatbesitz).
Abb. 5: »Tote« und »Verwundete« auf dem »Schlachtfeld«, Gettysburg 4. Juli 2013 (Privatbesitz).
Abb. 6: »Incidents of the war. A harvest of death, Gettysburg, July, 1863«; Timothy H. O'Sullivan, Library of Congress, Prints and Photographs Division Washington, Washington, D.C., 20540-4730.
Abb. 7: Veteranen der *Philadelphia Brigade Association* und der *Pickett's Division Association* reichen sich am 3. Juli 1913 in Gettysburg »at the Stone Wall« die Hände; Fiftieth Anniversary of the Battle of Gettysburg, Report of the Pennsylvania Commission 31.12.1913, Harrisburg 1913.
Abb. 8: Einige noch lebende Veteranen beider Armeen reichten sich auch 1938 zum 75. Jahrestag in Gettysburg die Hände; National Archives, Record Group 111: Records of the Office of the Chief Signal Officer, 1860-1985, Photographs of American Military Activities, ca. 1918 – ca. 1981, 4529731.
Abb. 9: Governors Robert P. Casey, Gerald L. Baliles und Senator Al D'Amato reichen sich am Steinwall die Hände, Gettysburg 2. Juli 1988 (© 125th Anniversary Comission, GNMP Archives).
Abb. 10: »Handshakes across the Wall« am *Cemetery Ridge*, 3. Juli 2013, 150. Jahrestag der *Schlacht bei Gettysburg* (Privatbesitz).
Abb. 11: 150. Jahrestag der *Schlacht um Als*/Dänemark, Gefechtsnachstellung am 29. Juni 2014 (© Museum Sonderjylland).
Abb. 12: Nachtgefecht auf der Insel Als, 25. Juni 2017 (© Verein Historischer Uniformen e.V.).
Abb. 13: 100. Jahrestag der *Schlacht bei Tannenberg*, Reenactment am 27. Juli 2014 in Szkotowo/Polen (Privatbesitz).
Abb. 14: Feuerwehreinsatz beim Reenactment am 27. Juli 2014 in Szkotowo (Privatbesitz).
Abb. 15: *SRH Marienburg* marschiert als IR152 ins Gefecht, Szkotowo 27. Juli 2014 (Privatbesitz).

Abb. 16: *We're here because we're here*, Reenactmentin insgesamt 27 britischen Städten (© 14-18 NOW, Imperial War Museum, London).
Abb. 17-19: Reenactment-Gruppe Infanterie Regiment 28 »von Goeben« (re-created) (© Inf.Regt. von Goeben 28, UK).
Abb. 20: Die britische Reenactment-Gruppe *Three Sixty History* auf der War and Peace Show in Westenhanger/Kent, 19. Juli 2014 (Privatbesitz).
Abb. 21-22: Mitglieder der Reenactment-Gruppe *Three Sixty History* auf der War and Peace Show, 20. Juli 2014 (Privatbesitz).
Abb. 23: Der abgestürzte *Black Hawk* (links) und der zur Rettung gelandete MH-6 (rechts) mit den beiden »Piloten« während des Reenactments von *Three Sixty History* auf der War and Peace Show in Paddock Wood/Kent, 27. Juli 2018 (Privatbesitz).
Abb. 24: »SS-Offizier« während der Flugdarbietung einer historischen *Spitfire*, War and Peace Revival, 27. Juli 2018 (Privatbesitz).
Abb. 25-27: WW II: Displays auf der War and Peace Show 2014 (Privatbesitz).
Abb. 28: Deutsch-britisches Gefecht auf der War and Peace am 28. Juli 2018 (Privatbesitz).
Abb. 29: Gustav Krupp von Bohlen und Halbach auf der Hundertjahrfeier der Firma Krupp, 1912 (© Historisches Archiv Krupp, Essen, Signatur HA FAH 4 A 10.1.32).
Abb. 30: Uniformteile zur Darstellung eines deutschen Soldaten des Deutsch-Französischen Krieges 1871, Spicherer Höhen, 10. August 2013 (Privatbesitz).
Abb. 31: Kranzniederlegung am Scharnhorstdenkmal zum 200. Jahrestag der *Schlacht bei Großgörschen*, 4. Mai 2013 (Privatbesitz).
Abb. 32: *War in the Desert*, Display auf der War and Peace Show in Westenhanger/Kent am 19. Juli 2014 (Privatbesitz).

Abkürzungsverzeichnis

ABC	atomar, biologisch, chemisch
ACAV	armored cavalry assault vehicle
AIPS	American Infantry Preservation Society
AK	Armeekorps
AK	Avtomat Kalashnikova
ANT	Akteur-Netzwerk-Theorie
BAOR	British Army of the Rhine
BBC	British Broadcasting Cooperation
CHG	California Historical Group
CWCA	Civil War Centennial Association
CWCC	Civil War Centennial Commission
CWRT	Civil War Round Tables
DDR	Deutsche Demokratische Republik
dpa	Deutsche Presse-Agentur
DSM	Darstellungsgruppe Süddeutsches Militär
ebd.	ebenda
EKD	Evangelische Kirche in Deutschland
FAP	Forward Aid Post
FARG	French Army Reenactment Group
FG	Feldgendarmerie
FIB	Forum Interdisziplinare Begriffsgeschichte
GAC	Gettysburg Anniversary Committee
GAR	Grand Army of the Republic
GBMA	Gettysburg Battlefield Memorial Association
GHQ	General Head Quarters
GI	Government Issue
GNMPL	Gettysburg National Military Park Library
GRH	Grupy Rekonstrukcji Historycznej
GWA	Great War Association
GWHS	Great War Historical Society
Hg.	Herausgeber
IR	Infanterie-Regiment
KKK	Ku-Klux-Klan
LARP	Live Acting Role Play
MDR	Mitteldeutscher Rundfunk
MG	Maschinengewehr
MH	Marine Helicopter
MP	Maschinenpistole

MUTT	Military Utility Tactical Truck
NAACP	National Association for the Advancement of Colored People
NATO	North Atlantic Treaty Organization
NPS	National Park Service
NRW	Nordrhein-Westfalen
NS	Nationalsozialismus
NVA	Nationale Volksarmee
o.J.	ohne Jahr
QAIMNS	Queen Alexandra Imperial Military Nursing Service
RAMC	Royal Army Medical Corps
RT	Russia Today
SADF	South African Defence Forces
SANDF	South African National Defence Force
SBG	Second Battle Group
SOSKAN	Southern Skirmish Association
SNA	Somali National Alliance
Sp	Spalte
SRH	Stowarzyszenie Rekonstrucji Historycznych
SS	Schutzstaffel
UCR	Union & Confederate Reenactors
UCV	United Confederate Veterans
UNITAF	Unified Task Force
UNO	United Nations Organization
UNOSOM	United Nations Operation in Somalia
USA	United States of America
VDK	Volksbund Deutsche Kriegsgräberfürsorge
VLHG	Vietnam Living History Group
WW I	Erster Weltkrieg
WW II	Zweiter Weltkrieg